UTB **2440**

Eine Arbeitsgemeinschaft der Verlage

Beltz Verlag Weinheim · Basel
Böhlau Verlag Köln · Weimar · Wien
Wilhelm Fink Verlag München
A. Francke Verlag Tübingen und Basel
Haupt Verlag Bern · Stuttgart · Wien
Lucius & Lucius Verlagsgesellschaft Stuttgart
Mohr Siebeck Tübingen
C. F. Müller Verlag Heidelberg
Ernst Reinhardt Verlag München und Basel
Ferdinand Schöningh Verlag Paderborn · München · Wien · Zürich
Eugen Ulmer Verlag Stuttgart
UVK Verlagsgesellschaft Konstanz
Vandenhoeck & Ruprecht Göttingen
Verlag Recht und Wirtschaft Heidelberg
VS Verlag für Sozialwissenschaften Wiesbaden
WUV Facultas Wien

JÜRGEN SCHIEWE

Öffentlichkeit

Entstehung und Wandel in Deutschland

FERDINAND SCHÖNINGH

PADERBORN · MÜNCHEN · WIEN · ZÜRICH

Der Autor:
Prof. Dr. phil. Jürgen Schiewe studierte Germanistik, Philosophie und Geschichte in Regensburg und Freiburg. Nach Tätigkeiten als wissenschaftlicher Mitarbeiter und Hochschuldozent an der Albert-Ludwigs-Universität Freiburg ist er seit 2000 Inhaber des Lehrstuhls für Germanistische Sprachwissenschaft an der Ernst-Moritz-Arndt-Universität Greifswald.

Umschlagabbildung:
G. Opitz: *Antiquar auf der Leipziger Messe* (um 1800).

Bibliografische Information Der Deutschen Bibliothek

Die Deutsche Bibliothek verzeichnet diese Publikation in der Deutschen Nationalbibliografie; detaillierte bibliografische Daten sind im Internet über http://dnb.ddb.de abrufbar.

Gedruckt auf umweltfreundlichem, chlorfrei gebleichtem Papier (mit 50 % Altpapieranteil)

© 2004 Verlag Ferdinand Schöningh, Paderborn
(Verlag Ferdinand Schöningh GmbH, Jühenplatz 1, D-33098 Paderborn)
ISBN 3-506-99010-1

Internet: www.schoeningh.de

Printed in Germany.
Herstellung: Ferdinand Schöningh, Paderborn
Einbandgestaltung: Atelier Reichert, Stuttgart

UTB-Bestellnummer: ISBN 3-8252-2440-6

Oeffentlichkeit. Die Oeffentlichkeit ist eine der ersten Bedingungen einer wohleingerichteten Staatsgesellschaft. Das was alle Actionärs der Gesellschaft betrifft, müssen alle Actionärs auch wissen, insofern die Kenntniß desselben ihres Amtes ist. Aber eben die wichtigsten Angelegenheiten sind ihres Amtes, nämlich die, welche den Geldhaushalt der Gesellschaft betreffen. Jeder will gern wissen, wo das Geld bleibt, so er in Staatssteuern gibt, und wie es verwendet wird. Was die diplomatischen Geheimnisse der Minister betrifft, die mögen sie immer für sich behalten, damit sie durch deren Bekanntmachung nicht in unangenehme Spannungen mit befreundeten Mächten kommen. Gewöhnlich werden diese den Deputirten des Volks erst dann vorgelegt, wenn die Verhandlungen geendet sind; und eine besondere Commission untersucht die darauf Bezug habenden Papiere, ohne sie indeß durch den Druck bekannt zu machen. – Die Oeffentlichkeit betrifft daher nur die Angelegenheiten der Gesellschaft, nie aber die Angelegenheiten von Privatpersonen, die Fälle ausgenommen, wo diese die Gesellschaft interessiren, oder wo Privatpersonen bei ihren Streitigkeiten sich auf das Urtheil der Gesellschaft oder das der öffentlichen Meinung beziehen. […] Seit der Erfindung der Druckerey der Zeitungen und der Posten, hat die Oeffentlichkeit einen ganz andern Charakter angenommen als sie in den Staaten der Alten hatte, und indem die öffentliche Meinung gebildeter und unterrichteter geworden, ist sie zugleich besser geworden; überall strebt sie jetzt als eine Macht in gesetzlicher Weise in den Staatshaushalt einzugehen, und sie sucht ihre Organe in der Volksvertretung und in der Preßfreiheit. Sie wird sich nicht eher in ihrem Streben beruhigen, bis sie sie gefunden, da sie so stark geworden, daß sie wohl geneigt seyn dürfte, sich ihre Rechte zu nehmen, wenn man geneigt seyn sollte, sie ihr zu versagen.
Bg.

Allgemeine deutsche Real=Encyclopädie für die gebildeten Stände. (Conversations=Lexicon.) In zehn Bänden. Siebenter Band. O bis Q. Fünfte Original=Ausgabe. Mit Königl. Württembergischen Privilegien. Leipzig: F.A. Brockhaus, 1819, 39.

Wahrheit und Oeffentlichkeit
Wer den Zweck will, muß das Mittel wollen, wer Wahrheit – Oeffentlichkeit, denn jene achtet nur der nicht, der es für unmöglich hält, daß sie ihm gesagt werde.

Carl Gustav Jochmann: Ueber die Sprache. Heidelberg: C.F. Winter, 1828, 357.

Inhaltsverzeichnis

TEIL II: POLITIK UND GESELLSCHAFT

Vorwort

Die Ausführungen in diesem Buch greifen teilweise zurück auf einen Studienbrief, der 1990 für den Bereich ‚Ältere Geschichte' an der FernUniversität Hagen geschrieben wurde. Die grundsätzliche Konzeption des Studienbriefes wurde übernommen, jedoch stellt die vorliegende Fassung in großen Teilen eine Umarbeitung und vor allem eine Erweiterung dar.

Mein Dank gilt Jana Kiesendahl für vielfältige Hilfe, insbesondere für eine erste kritische Lektüre, an die sich nicht wenige Verbesserungsvorschläge angeschlossen haben. Ferner danke ich Sarah Spiegel und Annika Schwedesky sowie Petra Westphal für das sorgfältige Korrekturlesen des Manuskripts.

Zu großem Dank verpflichtet bin ich meinem Lektor Dr. Diethard Sawicki vom Verlag Ferdinand Schöningh, der die Entstehung des Manuskripts mit bewundernswerter Geduld, stetem Zuspruch und großer Kompetenz begleitet hat.

Greifswald, im Juni 2004   JÜRGEN SCHIEWE

Einleitung

In diesem Buch wird der Versuch unternommen, einen wesentlichen Bereich gesellschaftlichen Lebens und Zusammenlebens, den der *Öffentlichkeit*, in seinem historischen Wandel vom 16. bis zum 20. Jahrhundert zu beschreiben und zu interpretieren. Die Darstellung bleibt auf jenen Raum beschränkt, den man schon vor seiner politischen Einigung im 19. Jahrhundert durchgängig als ‚Deutschland‘ bezeichnet hat. Ohne eine solche Beschränkung wäre eine auch nur einigermaßen befriedigende Erfassung von Öffentlichkeit nicht zu leisten – und selbst mit der Beschränkung bleibt die Unternehmung ein Wagnis.

Das Hauptaugenmerk der Betrachtung wird, der Gewichtigkeit historischer Fakten entsprechend, auf dem 18. Jahrhundert liegen. Auf diesen Zeitraum und auf diese Form von Öffentlichkeit hin sollen die Linien vom 16. Jahrhundert her gezogen und bis in das 20. Jahrhundert hinein weitergeführt werden. Die Schwerpunktbildung begründet sich aus dem Umstand, dass der Bereich ‚Öffentlichkeit‘ im 18. Jahrhundert einen tiefgreifenden und weitreichenden Wandel erfahren hat. Es ist Ziel des Buches, zunächst die Bedingungen, die Formen und die Konsequenzen dieses Wandels, an dessen Ende die bürgerliche Öffentlichkeit stand, aufzuzeigen und anschließend die Ausdifferenzierungen, Veränderungen und Erweiterungen der Formen und Bereiche von Öffentlichkeit im 19. und beginnenden 20. Jahrhundert zu beleuchten.

Schwerpunkt:
18. Jahrhundert

Ziel des
Lehrbuches

Diese Vorgehensweise leitet sich aus zwei grundlegenden Einsichten ab: Die Kenntnis und Erkenntnis historischer Fakten und Ereignisse hat zum einen immer auch den Sinn, die gegenwärtigen Zustände aus der Perspektive ihrer Entwicklung deutlicher zu erkennen. Zum anderen gewinnen die historischen Formen von Öffentlichkeit mit ihren typischen Merkmalen erst vor dem Hintergrund unseres – außerhalb der Fachwissenschaften zumeist wenig reflektierten – Verständnisses von Öffentlichkeit einen festeren Umriss.

Konzeption des
Buches

Die Anlage des Buches folgt jedoch nicht der Chronologie, sondern thematisch relevanten Bezügen und Feldern. Dieser Strukturierung liegt der Gedanke zugrunde, dass das Phänomen ‚Öffentlichkeit‘ diachronisch, also im historischen Längsschnitt, besser zu erfassen ist, wenn seine verschiedenen Bezüge gesondert betrachtet und erläutert werden. Innerhalb dieser

Bezüge können die Entstehung und die Folgen der im Mittelpunkt der Darstellung stehenden bürgerlichen Öffentlichkeit über den gesamten zu behandelnden Zeitraum hinweg geschlossen aufgezeigt werden.

Gliederung   Gegliedert ist das Buch in zwei Abschnitte. Die Titel dieser Abschnitte *Sprache und Medien* sowie *Politik und Gesellschaft* deuten die vorrangig behandelten Bezüge an. Mit dieser Einteilung wird die Komplexität des Gesamtphänomens ‚Öffentlichkeit' synchron, also im zustandsbezogenen Querschnitt, zwar aufgelöst, sie lässt sich jedoch durch ein – gewiss sinnvolles und auch gewünschtes – ‚Querlesen' der einzelnen Abschnitte leicht herstellen.

Sprache und Medien   Der erste Abschnitt mit der Überschrift *Sprache und Medien* behandelt jene Aspekte, die den Rahmen, in dem Öffentlichkeit entsteht und sich verändert, abstecken. Es wird sich zeigen, dass Öffentlichkeit mit der Konstituierung und Erweiterung bestimmter Kommunikationsräume und -bedingungen zu tun hat und dass sich der Wandel von Öffentlichkeit auch aus der Veränderung eben dieser kommunikativen Faktoren erklären lässt.

Das erste Kapitel dieses Abschnitts liefert einen Überblick über die Begriffsgeschichte von ‚Öffentlichkeit'. Nach einer Einführung in die begriffsgeschichtliche Methode wird der Begriff ‚Öffentlichkeit' in seinem diachronen Wandel beschrieben. Diese Methode besitzt gerade für das Phänomen ‚Öffentlichkeit' eine herausragende Bedeutung, weil die konkreten, sachgeschichtlich greifbaren Formen von Öffentlichkeit nicht zu jeder Zeit mit denen des ‚Denkens' über Öffentlichkeit parallel laufen. Aus begriffsgeschichtlicher Sicht geraten, vor allem um die Wende vom 18. zum 19. Jahrhundert, bedeutsame Schichten von Öffentlichkeit in den Blick, die aus anderer Perspektive nicht leicht wahrnehmbar sind.

Die Erweiterung der Kommunikationsräume hängt ganz wesentlich mit der Herausbildung einer überregionalen deutschen Einheitssprache im 18. Jahrhundert zusammen. Ihre Entstehung und Ausdifferenzierung ist Thema des zweiten Kapitels. Die an einer schriftsprachlichen Norm orientierte Hoch- oder Standardsprache hob zwar nicht die regionale Differenzierung nach (mündlichen) Dialekten auf, sie schuf jedoch die kommunikativen Bedingungen für einen breiteren, nicht mehr lokal begrenzten Austausch der Menschen untereinander über die verschiedenen zur Debatte stehenden oder erst in die Debatte geworfenen Themen. Diese Themen waren, jedenfalls für eine bestimmte gesellschaftliche Schicht, zunächst im weitesten Sinne wissenschaftlicher Art. Der Übergang der Wissenschaften von der lateinischen Gelehrtensprache in die deutsche Volkssprache begünstigte die formale Herausbildung und inhaltliche Ausrichtung der Öffentlichkeit im 18. Jahrhundert maßgeblich. Die Differenzierung und Diversifizierung der Standardsprache im 19. und 20. Jahrhundert schuf dann neue Kommunikationsräume und verlagerte bestimmte Themen – beispielsweise auch die Wissenschaftssprache(n) – in Varietäten, so dass die im 18. Jahrhundert gewonnene Öffentlichkeit aufgespalten wurde und Teilöffentlichkeiten entstanden.

Eng verbunden mit dieser Schaffung einer sprachlichen Norm ist der Wandel der Medien, in denen Sprache transportiert und zugänglich gemacht wurde und wird. Der Übergang von der Handschrift zum sich immer mehr ausbreitenden Buchdruck bis hin zur Konstituierung der Presse als einem periodischen Meinungsforum bewirkte auch eine grundlegende Veränderung der Form und Funktion von Öffentlichkeit. Wiederum werden die Kommunikationsräume ausgeweitet, werden mehr Menschen zu einer Kommunikationsgemeinschaft zusammengeschlossen. Dieser Wandel der Medien – er ist Gegenstand des dritten Kapitels – hat entschieden zur Herausbildung unseres ‚modernen' Verständnisses von Öffentlichkeit beigetragen. Das Aufkommen der Massenpresse im 19. Jahrhundert, die Etablierung elektronischer Medien im 20. Jahrhundert und der globale Zusammenschluss von Information und Kommunikation mittels digitaler Medien (Computer, World Wide Web etc.) verlagert und mischt das Verhältnis von privater und öffentlicher Kommunikation auf eine jeweils neue Weise, die zu charakterisieren sein wird.

Der zweite Abschnitt mit der Überschrift *Politik und Gesellschaft* handelt von den sozialen Gegebenheiten und den politischen Maßnahmen, die zur Entstehung von Öffentlichkeit führten oder aber sie behinderten. Anknüpfend an Überlegungen und mit Hilfe des im ersten Abschnitt erarbeiteten Instrumentariums werden vor allem drei gesellschaftliche und politische Bezüge zu den unterschiedlichen Formen von Öffentlichkeit hergestellt.

Politik und Gesellschaft

Das erste Kapitel beschreibt zunächst die geschlossenen Kommunikationsräume der Höfe und der Stände in ihrem Wandel vom 16. bis zum 18. Jahrhundert. Diese Geschlossenheit durchbricht die Kirche mit ihrer Institution der – öffentlichen – Predigt. Sodann werden die Unterschiede der kommunikativen Möglichkeiten in der Stadt und auf dem Land beleuchtet. Gerade in der Stadt nämlich gewinnt im 18. Jahrhundert eine neue, sich zunehmend als ‚Publikum' verstehende Schicht an Bedeutung. In diesem Zusammenhang wird zu fragen sein, mit welchen Themen sich diese Schicht beschäftigt, inwiefern sie über ihren eigenen Status reflektiert und welche Formen der ‚Publizität' des Gedachten damals zu finden sind. Der gesellschaftliche Wandel im 19. und 20. Jahrhundert macht zunächst bestimmte Schichten, dann bestimmte Institutionen und Funktionsträger zu Begründern und Beherrschern von Kommunikationsräumen. Sie werden mehr und mehr von einem Forum zur Findung und Verbreitung der ‚öffentlichen Meinung' zu einem Ort der ‚veröffentlichten Meinung', die lediglich konsumiert, nicht aber mitbestimmt werden kann.

Die jeweilige Form der Kommunikationsgemeinschaft kann nachhaltig behindert werden durch die Zensur. Diesem Thema ist das zweite Kapitel dieses Abschnitts gewidmet. Neben einem Überblick zur Zensurgeschichte wird, an einem konkreten Fall, das im 18. Jahrhundert sich bildende bürgerliche Selbstverständnis gegenüber dem Staat anhand des Kampfes um „Preßfreiheit" beschrieben. Anschließend werden die Folgen der Karlsbader Beschlüsse diskutiert und es wird danach gefragt, welche anderen Regelungsmechanismen öffentlicher Kommunikation nach der Aufhebung der Zensur 1848 etabliert wurden. Abgeschlossen wird dieses Kapitel mit Ausblicken auf die „Gleichschaltung" der Medien in der Zeit des Nationalsozialismus und auf das Thema ‚Zensur in der DDR'.

Anspruch und Wirklichkeit der bürgerlichen Öffentlichkeit werden im dritten Kapitel vor dem Hintergrund der bisherigen Erkenntnisse kritisch reflektiert. Hier soll die Frage aufgegriffen werden, warum in Deutschland, wie es die einschlägige Literatur beschreibt, eine Öffentlichkeit in politischer Gestalt – im Gegensatz zu England und Frankreich – erst relativ spät, nämlich Mitte des 19. Jahrhunderts, entstand. Die politische Öffentlichkeit wandelt sich im Laufe des 19. und des 20. Jahrhunderts in Folge des Umbruchs von Staats- und Gesellschaftsformen sowie unter dem Einfluss der Medien mehrfach und grundlegend. Es wird – abschließend – zu fragen sein, wie sich Öffentlichkeit in moderner Form überhaupt differenziert und welche Gestalt politische Öffentlichkeit im Medienzeitalter besitzt.

Öffentlichkeit im Spannungsfeld von Staat und Gesellschaft

Die Darstellung der Öffentlichkeitsgeschichte endet mit einer Zusammenfassung *Öffentlichkeit im Spannungsfeld von Staat und Gesellschaft*. Eine nach Quellen und Forschungsliteratur gegliederte Bibliographie sowie ein Namen- und ein Sachregister schließen das Buch ab.

Dieses Buch möchte in Bezug auf ‚Öffentlichkeit' zweierlei leisten: *Beschreibung* und *Interpretation*. Die Beschreibung dient der Vermittlung von wichtigen historischen Fakten und Forschungsergebnissen. Die Interpretation weist auf die Historizität und Komplexität des Phänomens ‚Öffentlichkeit' hin und zeigt, wie historische Tatsachen aus unterschiedlichen methodischen Zugriffen erfasst werden können. Gerade am Beispiel ‚Öffentlichkeit' kann darüber hinaus deutlich gemacht werden, wie Begriffe entstehen und nach Verwirklichung streben, und es kann angedeutet werden, welche Bedeutung der Geschichte für die Verfassung der Gegenwart zukommt.

Intention des Studienbuches: Beschreibung und Interpretation

Konzipiert ist dieses Buch als ein Studienbuch. Auf die Darstellung wirkt sich diese Konzeption vor allem dahingehend aus, dass explizit in die grundlegende Begrifflichkeit eingeführt und den Quellen sowie der Sekundärliteratur ein verhältnismäßig breiter eigenständiger Raum überlassen wird. Aus dem methodenpluralistischen und interdisziplinären Vorgehen folgt, dass das Studienbuch für die Geschichtswissenschaft, Sprachwissenschaft, Literaturwissenschaft, Kommunikationswissenschaft, Medienwissenschaft, Soziologie und Politikwissenschaft von Interesse sein könnte und sollte – wenn auch wohl nicht für jedes Fach in gleichem Maße, so doch grundsätzlich. In einer Zeit der Forderung nach einem vernetzten Denken und der gewollten Überwindung von Fächergrenzen ist dieses Studienbuch der Versuch, die Komplexität von Öffentlichkeit in ihren Facetten zumindest zu spiegeln und, wo möglich, diese Facetten wieder zu einem Gesamtbild zu bündeln.

TEIL I:

SPRACHE UND MEDIEN

1. „Öffentlichkeit" als Begriff

Geschichte – ganz gleich, von welchem Fach aus man sie betrachtet – hat es immer mit Sprache und zumeist mit Schrift zu tun:

> Geschichtswissenschaft ist ohne schriftliche Hinterlassenschaften der Vergangenheit kaum denkbar. Wenn man sich allein auf schriftlose Reste beziehen kann, die stummen Dinge (Bauten, Gerät, Knochen) also keine Beziehung zu sprechenden Texten erlauben, dann bleiben die Deutungen Vermutungen. Mit dem überlieferten Schriftstück haben die Historiker das Faustpfand für ihre Deutungsarbeit. Der Sinn des Schriftstücks, die Sinnbeziehungen der verschiedenen Schriftstücke stehen im Zentrum des wissenschaftlichen Interesses. (Kuchenbuch 1987, 30)

Die in diesem Zitat getroffenen Feststellungen gelten zweifellos auch für das in diesem Buch behandelte Thema. Ohne Schriftstücke, ohne Texte aus vergangenen Zeiten, ist die Geschichte von Öffentlichkeit, ihre Entstehung und ihr Wandel, nicht zu erfassen.

Und dennoch besitzt „Öffentlichkeit" in Bezug auf Sprache und Schrift offenbar noch andere, weiter gehende Dimensionen. Wir benötigen bestimmte Texte nicht nur zur Erforschung dessen, was Öffentlichkeit einmal war, wir benötigen sie auch, um zu erfahren, was Menschen früher einmal unter „Öffentlichkeit" begriffen haben und – das dürfte ein Charakteristikum gerade dieses Gegenstandes sein – wir benötigen sie, weil Texte selbst ein Stück Öffentlichkeit sind, weil aus und mit ihnen, zum großen Teil jedenfalls, eine bestimmte Form von Öffentlichkeit überhaupt erst hergestellt wurde und wird. Bedeutung der Schrift für die Entstehung von Öffentlichkeit

Die Sprache, die uns auch hier fast durchweg in Form von Schriftlichkeit begegnet, hat also wenigstens drei Bezüge zur Öffentlichkeit. Zum Verhältnis von Schriftlichkeit und Öffentlichkeit

Sie konstituiert
- die **Möglichkeit der Erforschung** von Öffentlichkeit,
- den **jeweils gültigen Begriff** von Öffentlichkeit, und
- die **Öffentlichkeit selbst**.[1]

---

[1] Vor allem der dritte Bezug, die Konstituierung der Öffentlichkeit durch Sprache, hat selbstverständlich auch mit Mündlichkeit zu tun: Reden, Predigten zum Beispiel und nicht zuletzt das – halb-öffentliche oder

Diese drei Bezüge, die – zusammengenommen – für historische Gegenstände nicht unbedingt typisch sind, werfen die Frage auf, welche Eigenheiten unser Gegenstand besitzt. „Öffentlichkeit" ist offensichtlich ja kein Gegenstand oder Ding wie ein „Rad" oder ein „Webstuhl", die konkret und fasslich sind und die, jedenfalls nach ihrer Erfindung, auch außerhalb und unabhängig von uns in Raum und Zeit existieren. Ebenso ist „Öffentlichkeit" kein bloßes gedankliches Konstrukt, vergleichbar mit Begriffen wie „Ehre" oder „Gewissen", für die es zwar gesellschaftliche Normen gibt, die ansonsten aber nur als Denkformen bzw. -inhalte präsent sind.

„Öffentlichkeit" als Begriff

„Öffentlichkeit" scheint beides zu sein, konkret und abstrakt zugleich: Sie hat Züge, die sich in der gesellschaftlichen Realität ‚dingfest' machen lassen, und sie hat Züge, die auf das Denken der Menschen verweisen. Insofern ist „Öffentlichkeit" zu vergleichen mit Begriffen wie „Feudalismus", „Absolutismus" oder auch „Demokratie". Ihnen gemeinsam ist, dass sie nicht nur **Wort** (also ein – sprachlicher – Name) sind und eine **Sache** (also einen – außersprachlichen – Referenten) repräsentieren: Sie sind – und davon handelt dieses Kapitel – auch ein **Begriff**.[2]

1.1 Was ist Begriffsgeschichte?

Die Unterscheidung zwischen Wort und Begriff hat nicht die Sprachwissenschaft, sondern bemerkenswerterweise die Geschichtswissenschaft für ihren Gegenstand und für ihr For-

---

öffentliche – Gespräch über gesellschaftliche Belange sind ein wesentlicher Bestandteil dessen, was wir unter dem Bereich von Öffentlichkeit fassen.

[2] Sprachwissenschaftlich ließe sich hier die einfache Unterscheidung zwischen ‚Konkreta' und ‚Abstrakta' anführen: *Rad* und *Webstuhl* sind gegenständlich, mit den Sinnen erfassbar; ihre sprachlichen Bezeichnungen, die Namen ‚Rad' und ‚Webstuhl', sind Konkreta, auch wenn sie eine ganze Klasse von Gegenständen kollektiv zusammenfassen. *Ehre* und *Gewissen* dagegen sind ungegenständlich, unsinnlich; die sprachlichen Bezeichnungen ‚Ehre' und ‚Gewissen' werden Abstrakta genannt. – An dieser Stelle eine Anmerkung zur Schreibweise: Wird im Text auf die Sache (linguistisch gesprochen: den Referenten) Bezug genommen, dann erscheint das Wort *kursiv*. Ist die Bezeichnung (linguistisch: der Name) gemeint, dann wird das Wort in ‚einfache Anführungszeichen' gesetzt. Wenn beides, Referent wie Name, mithin der Begriff, ausgedrückt werden sollen, erscheint das Wort in „doppelten Anführungszeichen".

schungsinteresse in der sogenannten ‚Begriffsgeschichte' frucht-
bar gemacht.[3] In erster Linie war es die schon genannte Einsicht, dass die Geschichtswissenschaft es vor allem mit Sprache
in Form von Schrift zu tun hat, die für dieses Interesse der Historiker den Anstoß gegeben hat.

Folgende vier Fragen sollen uns nun etwas ausgiebiger beschäftigen:

1. Welchen theoretischen Hintergrund hat die historische Erforschung von Begriffen?
2. Wie geht die sogenannte Begriffsgeschichte vor?
3. Welche Ergebnisse sind bislang erzielt worden?
4. Was ist der Nutzen der Begriffsgeschichte für die Geschichtswissenschaft, die primär ja nicht an der Sprache ihrer Quellen, sondern an dem, was sie aussagen, interessiert ist?

Leitfragen

Für die Beantwortung der ersten Frage nach der theoretischen
Ausrichtung der Begriffsgeschichte kann ein in der Zwischenzeit beinahe klassisch gewordener Text herangezogen werden.
Es handelt sich um die *Einleitung* zu dem acht Bände umfassenden Kompendium *Geschichtliche Grundbegriffe. Historisches Lexikon zur politisch-sozialen Sprache in Deutschland.*
Verfasst hat diese *Einleitung* der Bielefelder Historiker Reinhart
Koselleck, einer der Begründer und sachkundigsten Vertreter
der begriffsgeschichtlichen Forschung in Deutschland.

*1. Leitfrage:
Der theoretische
Hintergrund der
Begriffsgeschichte*

Zu den „geschichtlichen Grundbegriffen", quasi den Gegenständen der Begriffsgeschichte, führt Koselleck (1972, XIII) aus:

> Unter geschichtlichen Grundbegriffen sind nicht die Fachausdrü-
> cke der historischen Wissenschaften zu verstehen, die in eigenen
> Handbüchern und Methodenlehren dargelegt werden. Vielmehr
> handelt es sich hier um Leitbegriffe der geschichtlichen Bewe-
> gung, die, in der Folge der Zeiten, den Gegenstand der histori-
> schen Forschung ausmacht. Dabei ist die Historie als Wissenschaft
> – zwangsweise – auf den Wortgebrauch verwiesen, der in dem je-
> weiligen Sachbereich ihrer Fragestellung vorherrscht. Keine histo-

---

[3] Die moderne Linguistik hatte lange Zeit einen blinden Fleck für eine Geschichte der Begriffe. Im 20. Jahrhundert war sie kaum an historischen
Aspekten der Sprache interessiert. Ihr vorrangiges Interesse richtete
sich auf die Erforschung der sprachlichen Formen, also des Ausdrucks,
zu einem bestimmten historischen Zeitpunkt. Das Postulat dieser in der
Linguistik vorherrschenden Methode des Strukturalismus lautet: syn-
chronische Erfassung des sprachlichen Systems auf der Ebene der formalen Strukturen. Die Methode geht zurück auf das erstmals 1916 er-
schienene Werk Ferdinand de Saussures *Cours de linguistique générale*
(vgl. Saussure [3]2001).

rische Forschung kann umhin, die sprachliche Aussage und Selbstauslegung vergangener oder gegenwärtiger Zeiten als Durchgangsphase ihrer Untersuchung zu thematisieren. In gewisser Weise ist die gesamte Quellensprache der jeweils behandelten Zeiträume eine einzige Metapher für die Geschichte, um deren Erkenntnis es geht.

Geschichtliche Grundbegriffe sind Teil der Geschichte (Faktoren) und sie verweisen auf historische Ereignisse und Zusammenhänge (Indikatoren)

Koselleck stellt hier fest, dass unter „geschichtlichen Grundbegriffen" nicht die (theoretischen, metasprachlichen) Methodenbegriffe der Geschichtswissenschaft zu verstehen sind.[4] Geschichtliche Grundbegriffe sind Begriffe des geschichtlichen Ablaufes selbst, Begriffe also, die zu bestimmten Zeiten in einem bestimmten Sinne Teil der Geschichte waren (und es noch immer sind).

Der Begriff „Bürgertum" als Beispiel

An einem Beispiel erläutert hieße das: Der Begriff „Bürgertum" wird von der Geschichtswissenschaft einerseits benutzt, um eine bestimmte gesellschaftliche Schicht zu bezeichnen, die, im Gegensatz zu anderen Schichten, charakteristische Eigenschaften aufweist. Diese Eigenschaften können nach gründlicher Erforschung der Fakten per definitionem festgelegt werden, womit zugleich auch die Verwendung dieses Begriffs innerhalb der Geschichtswissenschaft vereinbart ist. Damit hätten wir einen recht typischen Methodenbegriff dieses Wissenschaftszweiges vorliegen.

„Bürgertum" ist andererseits aber auch ein Begriff, der – vorwiegend im 18. und dann vor allem im 19. Jahrhundert – in zeitgenössischen Texten auftaucht, über den diskutiert wird oder der zur Bezeichnung eines bestimmten gesellschaftlichen Selbstverständnisses dient. Er ist also selbst ein Stück Geschichte, das von der Geschichtswissenschaft erforscht werden kann. Handelt es sich zusätzlich noch, wie bei „Bürgertum", um einen zentralen Begriff, um ein Schlüsselwort einer Epoche oder einer gesellschaftlichen Gruppierung, dann kann man ihn als einen ‚geschichtlichen Grundbegriff' betrachten.

Koselleck (1972, XIV) spricht angesichts dieser Grundbegriffe von „Bausteinen für ein Forschungsgebiet, das die soziale und politische Sprache, speziell ihre Terminologie, zugleich als Faktoren und als Indikatoren geschichtlicher Bewegung betrachtet". Auch damit ist noch einmal die soeben getroffene

---

[4] Solche Methodenbegriffe wären z.B. „Altertum", „Mittelalter", „Neuzeit" oder „Schicht", „Klasse", „Bürgertum" etc. Die gleichen Begriffe können – müssen es aber nicht – ebenfalls auch geschichtliche Grundbegriffe im Sinne der Begriffsgeschichte sein.

Unterscheidung angesprochen: Die geschichtlichen Grundbegriffe sind zum einen **Teil der Geschichte (Faktoren)**, zum anderen verweisen sie auf **historische Ereignisse und Zusammenhänge (Indikatoren)**.

Was auf diese Weise für die Begriffe gesagt wurde, gilt für Sprache überhaupt. Sprache ist ein Mittel (der Verständigung etwa oder auch der Bezeichnung), sie ist zugleich aber auch etwas Eigenständiges, das dem geschichtlichen Ablauf unterworfen ist und das deshalb Gegenstand des (geschichts-)wissenschaftlichen Interesses werden kann.

Sprache unterliegt – wie Begriffe auch – dem geschichtlichen Wandel

Diese doppelte Funktion ist ein erster theoretischer Aspekt der Begriffsgeschichte. Ein zweiter wäre die Unterscheidung zwischen **Wort** und **Begriff**. Dazu führt Koselleck (1972, XXII) in einem interpretationsbedürftigen Abschnitt aus:

Abgrenzung von Wort und Begriff

> Die Bedeutung eines Wortes verweist immer auf das Bedeutete, sei es ein Gedanke, sei es eine Sache. Dabei haftet die Bedeutung zwar am Wort, aber sie speist sich ebenso aus dem gedanklich intendierten Inhalt, aus dem gesprochenen oder geschriebenen Kontext, aus der gesellschaftlichen Situation. Ein Wort kann eindeutig werden, weil es mehrdeutig ist. Ein Begriff dagegen muß vieldeutig bleiben, um Begriff sein zu können. Der Begriff haftet zwar am Wort, ist aber zugleich mehr als das Wort. Ein Wort wird – in unserer Methode – zum Begriff, wenn die Fülle eines politisch-sozialen Bedeutungszusammenhanges, in dem – und für den – ein Wort gebraucht wird, insgesamt in das eine Wort eingeht.

Der Versuch einer Erläuterung dieses recht schwierigen Abschnitts könnte folgendermaßen aussehen: Aus der Sicht der Sprachwissenschaft[5] (die von Koselleck auch übernommen wird) lassen sich für das Wort drei Komponenten benennen – erstens der Wortkörper (auch Bezeichnung oder Name genannt), zweitens die Bedeutung (der Begriff) und drittens die Sache oder der Sachverhalt (der Referent), auf die mit dem Wort verwiesen wird.

Mit dem **Wortkörper** ist nichts anderes als die Lautgestalt eines Wortes (der Name) gemeint, eben jenes physikalische ‚Gebilde‘, das entsteht, wenn wir sprechen.

Die drei Wortelemente:
- *Wortkörper*
- *Bedeutung*
- *Sache oder Sachverhalt*

Die **Bedeutung** ist, ganz vage ausgedrückt, dasjenige, woran wir denken, wenn wir einen Wortkörper hören oder lesen.

---

[5] Es sei darauf hingewiesen, dass die folgende Beschreibung der Wortsemantik eine gängige, aber nicht die einzige Sichtweise der Sprachwissenschaft ist. Die Beschreibung orientiert sich an Ullmann 1973, v.a. 45-85.

Die **Sache** oder der **Sachverhalt** ist etwas Außersprachliches (der Referent), eben der konkrete Gegenstand in der sinnlich wahrnehmbaren Realität.

Betrachtet man diese drei Komponenten des Wortes jeweils für sich in einer historischen Dimension, dann ergeben sich folgende Bereiche:

- für den Wortkörper: eine **Wortgeschichte**, eine Geschichte der sprachlichen Formen – dafür wäre allein die Sprachwissenschaft zuständig;
- für die Bedeutung: eine **Begriffsgeschichte**, in einem ganz allgemeinen, noch nicht auf den Bereich des Politisch-sozialen beschränkten Sinn – dies ist ein Bereich der begriffsgeschichtlich orientierten Geschichtswissenschaft, im Grunde aber auch der Sprachwissenschaft und der Psychologie;
- für die Sachen und Sachverhalte: eine **Sachgeschichte**, die sich orientiert an den Fakten, an den sinnlich wahrnehmbaren Gegenständen – für diesen Bereich sind zahlreiche Wissenschaften zuständig: die Geschichtswissenschaft natürlich, aber auch die Archäologie, die Ethnologie, die Soziologie, die Politikwissenschaft usw.

Die Begriffsgeschichte beschäftigt sich mit der Bedeutung eines Wortes und ihrer Veränderung im Laufe der Geschichte

Die Begriffsgeschichte legt also das Gewicht der Betrachtung auf die Bedeutung, auf den begrifflichen Kern eines Wortes, und sie sucht dann dasjenige zu rekonstruieren, was im Laufe der Geschichte unter diesem Wort (das dann zu einem Begriff wird) verstanden und was mit ihm ausgedrückt wurde.

Der Begriff „Staat" als Beispiel

In dem zuletzt zitierten Abschnitt hieß es, der Begriff hafte zwar am Wort, er sei zugleich aber mehr als das Wort. An einem Beispiel erläutert Koselleck (1972, XXII f.) dieses Mehr an Bedeutung, das sich in einem Begriff konzentriert:

> Was alles geht z.B. in das Wort ‚Staat' ein, daß er zu einem geschichtlichen Begriff werden kann: Herrschaft, Gebiet, Bürgertum, Gesetzgebung, Rechtsprechung, Verwaltung, Steuer, Heer, um nur das Geläufigste zu nennen. Alle, in sich mannigfachen, Sachverhalte mit ihrer eigenen Terminologie werden vom Wort ‚Staat' aufgegriffen, auf ihren Begriff gebracht. Begriffe sind also Konzentrate vieler Bedeutungsgehalte. Wortbedeutungen und das Bedeutete können getrennt gedacht werden. Im Begriff fallen Bedeutung und Bedeutetes insofern zusammen, als die Mannigfaltigkeit geschichtlicher Wirklichkeit in die Mehrdeutigkeit eines Wortes so eingeht, daß sie nur in dem einen Wort ihren Sinn erhält, begriffen wird. Ein Wort enthält Bedeutungsmöglichkeiten, der Begriff vereinigt in sich Bedeutungsfülle. Ein Begriff kann also klar, muß aber vieldeutig sein. Er bündelt die Vielfalt geschichtlicher Erfah-

Während das Wort Bedeutungsmöglichkeiten enthält, ist der Begriff durch Bedeutungsfülle gekennzeichnet

rung und eine Summe von theoretischen und praktischen Sach-
bezügen in einem Zusammenhang, der als solcher nur durch den
Begriff gegeben ist und wirklich erfahrbar wird. Überspitzt formuliert: Wortbedeutungen können durch Definitionen exakt bestimmt werden, Begriffe können nur interpretiert werden.

Bei den Begriffen allgemein handelt es sich also um eine bestimmte Art von Wörtern. Die „geschichtlichen Grundbegriffe"
sind dann noch einmal eine Unterabteilung dieser allgemeinen
Begriffe.[6]

Zur Kennzeichnung des Unterschieds zwischen Wort und
Begriff sei noch einmal auf die Sprachwissenschaft zurückgegriffen. Koselleck hatte geschrieben, ein Wort enthielte „Bedeutungsmöglichkeiten", ein Begriff dagegen „Bedeutungsfülle".
Will die Sprachwissenschaft die semantische Seite, also die Bedeutung von Wörtern, beschreiben, dann benutzt sie oft den
Ausdruck „semantisches Merkmal". Wörter, so ließe sich sagen,
können auf der Bedeutungsseite mit semantischen Merkmalen
– wie auf der formalen Seite mit lautlichen Merkmalen – beschrieben werden.

Die semantischen Merkmale von „Haus" zum Beispiel wären
etwa zunächst ‚konkret', ‚artifiziell', dann auch ‚Gebäude aus
beständigem Material', ‚zum Wohnen für Menschen', ‚mit Öffnungen für den Lichteinfall', ‚mit Öffnungen, die das Betreten
und Verlassen ermöglichen' usw. Im Grunde wären hier vor allem Merkmale aufzuzählen, durch die „Haus" von anderen Ge-
bäuden wie „Hütte", „Stall", „Scheune", „Villa", „Schloss" etc.
unterschieden ist. Die genannten semantischen Merkmale, aus
denen sich die Bedeutung des Wortes zusammensetzt (und in
die die Bedeutung auch zerlegt werden kann), sind für das
Wort „Haus" konstitutiv, d.h. wir denken sie – meist unbewusst
– immer mit, wenn wir dieses Wort benutzen. Verbindet man
mit „Haus" diese semantischen Merkmale nicht, dann wird das
Wort für die Verständigung unbrauchbar.

Daneben gibt es aber noch andere semantische Merkmale,
die – je nach Absicht und Kontext, mit und in dem das Wort
benutzt wird – hervorgehoben oder in den Hintergrund ge-

> Wortbedeutun-
> gen setzen sich
> aus semanti-
> schen Merkmalen
> zusammen

---

[6] Es gibt selbstverständlich auch ‚(Grund-)Begriffe' in anderen Wissenschaften. In der Physik z.B. wären das „Raum", „Zeit", „Materie",
„Kraft" usw., in der Philosophie etwa „Sein", „Wesen", „Substanz"
oder „Idee". Im Grunde hat jeder Bereich des menschlichen Seins und
der menschlichen Erkenntnis, sobald er geschichtlich betrachtet wird,
seine ‚Grundbegriffe', die sich im Laufe der Geschichte verändern.

drängt werden können. In dem Satz „Dieses Haus ist schön"
wird das semantische Merkmal ‚ästhetische Qualität' angesprochen, das für das Wort selbst nicht unbedingt konstitutiv ist. In
anderen Kontexten könnten z.B. die Merkmale ‚Farbe', ‚Größe',
‚Lage', ‚Stabilität', ‚Umgebung' usw. hervorgehoben werden.

Bedeutungs-
möglichkeiten

All diese letztgenannten semantischen Merkmale sind Be-
deutungs*möglichkeiten* des Wortes „Haus". Auf welches Merkmal jeweils beim Sprechen oder Schreiben konkret abgehoben
wird, bestimmt der Kontext, in dem das Wort steht.

Ein Beispiel für die Fülle der semantischen Merkmale, die
ein Begriff enthalten kann, wurde für „Staat" bereits gegeben.
Der auffälligste Unterschied zu „Haus" dürfte vermutlich der
sein, dass in „Staat" Merkmale zusammengefasst werden, die
jeweils eine geschichtliche Dimension, einen Erfahrungshorizont repräsentieren.[7] Diese geschichtliche Dimension ist wiederum, wie der Begriff selbst auch, interpretationsbedürftig,
weil sie auf ganz bestimmte (und zu bestimmende) historische
Kontexte zielt. Die semantischen Merkmale der Begriffe sind
also komplex, denn schon sie bündeln die „Fülle eines politisch-sozialen Bedeutungszusammenhanges".

Schließen wir diesen Überblick zur Theorie der Begriffsgeschichte ab mit einem allgemeinen Zitat, das nun, nach den getroffenen Unterscheidungen, ohne weitere Erläuterung verständlich sein sollte:

> Jede Begriffsgeschichte bewegt sich im Spannungsfeld zwischen
> den Sachbereichen, auf die sich die Begriffe erstrecken, und der
> Sprache, kraft derer die Begriffe artikuliert werden. Beide, die
> Sachbereiche und die Sprache, haben ihre eigenen Geschichten,
> die nicht zuletzt durch die begriffsgeschichtliche Forschung zusam-
> mengehalten werden. (Koselleck [Hrsg.] 1979, 5)

Die weiteren, zu Beginn formulierten Fragen, können kürzer
beantwortet werden.

---

[7] Es ist übrigens nicht gesagt, dass nur Abstrakta zu Begriffen in dem
hier gemeinten Sinne werden können. Das Wort „Webstuhl" beispielsweise war zu einer bestimmten Zeit auch ein Begriff: Im 19. Jahrhundert nämlich, als mit der Einführung des Webstuhls zahlreiche Arbeits-
plätze ‚wegrationalisiert' wurden, gingen in das Bedeutungsfeld des
Wortes auch Merkmale wie ‚Industrialisierung', ‚Verarmung', ‚Kapitalismus', ‚Ausbeutung' usw. ein. Derartige semantische Merkmale, die
über die eigentliche Bezeichnung des Gegenstandes hinausgehen, deuten auf das Vorhandensein eines Begriffs hin. Heute allerdings ist
„Webstuhl" hauptsächlich wieder auf der Ebene eines Wortes reali-
siert. In ähnlicher Weise aber wie „Webstuhl" vor gut einhundert Jahren könnte nun beispielsweise „Computer" zu einem Begriff werden.

Die Vorgehensweise der Begriffsgeschichte, hauptsächlich die Problematik, vor die sie gestellt ist, wird aus dem folgenden Zitat deutlich, das sich – auch wenn es von einem anderen Autor stammt – inhaltlich an das vorangehende anschließen lässt:

2. Leitfrage:
Die Vorgehensweise der Begriffsgeschichte

> Wort- und Sachgeschichte stehen in der Begriffsgeschichte in einem problematischen Verhältnis zueinander. Denn da der begriffsgeschichtlichen Untersuchung die Sprache nicht nur als Medium, sondern auch als Gegenstand historischer Erkenntnis vorgegeben ist, hat die Geschichte des Begriffs weder denselben Umfang wie die Sache, die er – sei es einst oder heute – bezeichnet, noch fällt sie mit der Geschichte der Wortbedeutung zusammen. Von einer Sache kann in den Quellen die Rede sein, wo das Wort fehlt, mit dem wir sie heute benennen. Aber auch umgekehrt kann ein Wort früher ganz andere Sachverhalte, bzw. dieselbe Sache in anderer Weise gefaßt haben, als dies heute üblich ist. Auf welche Weise sich Wort und Sache zu verschiedenen Zeiten aufeinander bezogen, ist in der Begriffsgeschichte Gegenstand der Untersuchung, und wird nicht durch eine vorgängige Definition festgelegt. (Hölscher 1979, 9)

Konflikt von Wort- und Sachgeschichte

Der Begriff, den die Begriffsgeschichte zu bestimmen versucht, ist also nicht vor der Untersuchung per definitionem festgelegt, sondern soll aus den Quellen heraus interpretiert werden. Dabei ist es allerdings wichtig, dass man sich nicht von der Existenz oder Nicht-Existenz eines Wortes leiten lässt und ebenso wenig das Wort unbesehen für den Begriff nimmt. Entscheidend ist, dass der Begriff jeweils im historischen Kontext aufgesucht und in diesem historischen Kontext beschrieben und interpretiert wird.

Begriffe werden im historischen Kontext aufgesucht, beschrieben und interpretiert

Die Begriffsgeschichte hat bemerkenswerte, nicht nur für die Geschichtswissenschaft wichtige Ergebnisse aufzuweisen. Neben der Beschreibung und Interpretation zahlreicher „geschichtlicher Grundbegriffe", wie sie in dem schon genannten Lexikon gleichen Titels zu finden sind, ergeben sich durch die begriffsgeschichtliche Forschung auch Einsichten in historische Zusammenhänge, die außerhalb dieses methodischen Zugriffs bislang noch nicht in dem Maße erkannt worden sind. Von diesen Einsichten können zahlreiche Wissenschaften profitieren.

3. Leitfrage:
Ergebnisse der Begriffsgeschichte

Ein Beispiel wäre die aus den Quellen gespeiste Vermutung, „daß sich seit der Mitte des achtzehnten Jahrhunderts ein tiefgreifender Bedeutungswandel klassischer Topoi vollzogen [habe], daß alte Worte neue Sinngehalte gewonnen haben, die mit Annäherung an unsere Gegenwart keiner Übersetzung mehr bedürftig sind" (Koselleck 1972, XV). Diese Einsicht wird uns für den Begriff „Öffentlichkeit" noch besonders interessieren.

4. Leitfrage: Nutzen der Begriffsgeschichte für die Geschichtswissenschaft

Den Historikerinnen und Historikern nun kann die Begriffsgeschichte in erster Linie dazu dienen, die Quellen, mit denen sie sich beschäftigen, besser zu verstehen. Erhält man nämlich Kenntnis darüber, wie die Leitbegriffe der Quellen in ihrer ganzen historischen Breite zu interpretieren sind, dann ist das in der Regel eine willkommene Hilfe für das Verständnis dieser Quellen.

1.2 Von ‚publicus' zu ‚öffentlich'

‚Öffentlichkeit' – von der Wortgeschichte her gesehen die Form eines abstrakten Kollektivsingulars[8] – ist ein verhältnismäßig junges Wort und auch ein junger Begriff.[9] Vor dem 18. Jahrhundert existierte in keiner europäischen Sprache ein Wort für diesen Sachverhalt (vgl. Hölscher 1979, 9); in Deutschland kristallisierte sich eine feste Bezeichnung gar erst um die Wende zum 19. Jahrhundert heraus.

Dieser Umstand wirft noch einmal grundsätzliche Fragen auf: Können wir überhaupt von *Öffentlichkeit* reden, wenn gar kein Wort dafür vorhanden ist? Lässt sich überhaupt begründet annehmen, dass der Sachverhalt *Öffentlichkeit* vor seiner sprachlichen Bezeichnung existiert hat? Beide Fragen können aus der Sicht der Begriffsgeschichte bejaht werden, mit den Einschränkungen allerdings, dass wir unsere ‚moderne' Auffassung von der Sache wie auch von dem Begriff nicht auf frühere Zeiten übertragen dürfen und dass wir den Begriff in einem ganz bestimmten Sinne verwenden müssen. So benutzt bezeichnet „Öffentlichkeit" nämlich einen Sachverhalt, „den wir heute meinen, wenn wir von der Öffentlichkeit eines Kunstwerks, der Kirche, der Presse, der Gerichte und Parlamente, aber auch von feudaler oder bürgerlicher, qualifizierter oder demonstrativer Öffentlichkeit sprechen. In all diesen Fällen ist ‚Öffentlichkeit' zunächst eine Beschreibungskategorie für bestimmte soziale und politische Strukturen, die sich ebenso für die Vergangenheit wie für die Gegenwart in je spezifischer Weise nachzeichnen lassen". (Hölscher 1979, 8 f.)

---

[8] Ein Kollektivsingular ist eine Wortform, für die eine Pluralform nicht gebräuchlich ist, die aber eine Mehrzahl von Gegenständen oder Sachverhalten bezeichnet. „Freiheit" z.B. wäre ebenfalls ein Kollektivsingular.
[9] Die folgende Skizze der Begriffsgeschichte von „Öffentlichkeit" lehnt sich eng an die grundlegenden Arbeiten von Lucian Hölscher 1978, 1979 und 1984 an.

Bezogen auf bestimmte Gegenstände, Institutionen und Sachverhalte also lässt sich in jeder Epoche von „Öffentlichkeit" reden, und die jeweils eigentümlichen Formen von Öffentlichkeit lassen sich für die jeweilige Epoche auch beschreiben und analysieren.

In einem anderen Sinne ist „Öffentlichkeit" aber nicht nur ein Sachverhalt, sondern auch ein Begriff. Fast parallel zu dem Auftauchen des Wortes erfolgte am Ende des 18. Jahrhunderts auch seine Aufwertung zu einem Begriff in der Weise, dass er „über theoretische Schriften, politische Programme und Gesetzesvorschriften diejenige soziale Wirklichkeit selbst mitgestaltete, die er bezeichnete" (Hölscher 1979, 9). Spricht man nun in diesem Verständnis von „Öffentlichkeit", dann kann man weder das Wort noch die Sache für die Zeit vor dem 18. Jahrhundert annehmen.

Die begriffsgeschichtliche Rekonstruktion des Begriffes „Öffentlichkeit" setzt nun bei der Frage an, auf welchem Weg die Prägung des Wortes ‚Öffentlichkeit' zustande kam, wie dieses Wort dann zu einem Begriff wurde und welche Sachverhalte auf den verschiedenen Stufen der Wort- und Begriffsgeschichte jeweils bezeichnet wurden.

Der Begriff „Öffentlichkeit"

‚Öffentlichkeit' ist in der zweiten Hälfte des 18. Jahrhunderts als Substantivierung aus dem Wort ‚öffentlich' hervorgegangen. Deshalb ist es angebracht, sich zunächst der Wortgeschichte von ‚öffentlich' zuzuwenden und zu bestimmen, welche Sachverhalte mit diesem Ausdruck bezeichnet wurden. Erste Anhaltspunkte liefert ein etymologisches Wörterbuch:

Entwicklung vom Wort zum Begriff

> **öffentlich** Adj. (<*9. Jh., Form < 13. Jh.). Mhd. *offenlich*, ahd. *offanlīh*, as. *opanlīko Adv.* Entsprechend ae. *openlīc* Weiterbildung zu *offen* im Sinn von ‚vor Augen liegend', erst spät im politischen Sinn ‚der Öffentlichkeit zugänglich gemacht'. Hierzu **Öffentlichkeit** seit dem 18. Jh. als Ersatzwort für *Publizität*. Der Übergangslaut *-t-* erscheint seit 1300. Präfixableitung: **veröffentlichen**. (Kluge [23]1999, 598)

Diesem knappen Artikel lässt sich immerhin soviel entnehmen, dass das Wort schon sehr früh belegt ist und sich aus dem althochdeutschen ‚offanlih' über das mittelhochdeutsche ‚offenlich' im 16. Jahrhundert zunächst im oberdeutschen Sprachraum die Form ‚offentlich' bzw. ‚öffentlich' gebildet hat. Neben dieser Formveränderung, die in unserem Zusammenhang nicht sonderlich interessiert, ist auch eine Bedeutungsveränderung festzustellen. Die ursprüngliche Bedeutung von „öffentlich", nämlich dass ‚etwas bekannt, klar und offensichtlich' ist, wan-

Bedeutungswandel im 16. Jahrhundert

delte sich im 16. Jahrhundert dahingehend, dass nun nicht mehr eine Tatsache, sondern ein Zweck gemeint ist: „öffentlich" meint das, was ‚bekannt sein soll'. So ist nun mit einer „öffentlichen Rede" eine Rede bezeichnet, die den Charakter besitzt, allen bekannt werden zu können, nicht aber unbedingt auch eine, die tatsächlich allen bekannt ist. Zudem hat die Bedeutung von „öffentlich" – im 17. Jahrhundert – noch eine Erweiterung erfahren. Als Übersetzung von lateinisch „publicus" erhielt „öffentlich" nun auch die Bedeutungskomponenten ‚staatliche Herrschaft' und ‚die soziale Gemeinschaft betreffend'. Vorher wurde das Wortfeld der Bezeichnungen für soziale Zusammenschlüsse von „gemein" beherrscht.

> ‚Öffentlich', das soviel wie ‚klar', ‚deutlich', ‚offensichtlich' bedeutete, kam der Bedeutung von ‚gemein' nur in Ausdrücken wie *vor der gemeind und Offenlich reden, Dicere publice* nahe. (Hölscher 1978, 414)

Dass „öffentlich" und „gemein" aber von ihren Bedeutungen her sich nur in einem kleinen Teilbereich überschnitten haben, zeigen die jeweiligen Gegenbegriffe: „geheim" und „verborgenlich" bezeichneten das Gegenteil von „öffentlich", „besunder" und „sonderlich" das Gegenteil von „gemein". Hölscher interpretiert und belegt das Bedeutungsspektrum von 'öffentlich' in dieser frühen Zeit seiner Verwendung so:

> Die Fülle von Bedeutungsaspekten, die bis Ende des 16. Jahrhunderts mit dem Wort ‚öffentlich' verbunden waren, läßt sich in anderen Sprachen nur durch mehrere Äquivalente abdecken: MAALER führte 1561 als synonym mit ‚öffentlich' *enucleate, insigniter, aperte, patenter, explicate, manifeste, vulgo, foro, publice* und *palam* an. Deutlich lassen sich unter diesen Ausdrücken ein visuell-intellektueller und ein sozialer Bedeutungsaspekt unterscheiden. Sie stellen Anschauungsweisen des „Öffentlichen" dar, keine Bedeutungen des Wortes ‚öffentlich'.
>
> Das Wort ‚öffentlich' implizierte darüber hinaus jedoch auch einen wertenden Sinn: Laster suchten nach mittelalterlicher Metaphorik das Dunkel, Tugenden das Licht. *Die êre treit man offenlîchen, laster siht man in winkel slîchen*, heißt es Mitte des 14. Jahrhunderts bei HEINRICH DEM TEICHNER. Erst im Licht ihres öffentlichen Erscheinens gewannen die Handlungen der Menschen das Maß an Klarheit und Deutlichkeit, das ihre Beurteilung möglich machte. An einen *öffentlichen Irrthumb, öffentlicher Narrheit* und einem *öffentlichen Wunder* konnte niemand zweifeln; indem sie öffentlich wurden, stellten sich die Dinge so dar, wie sie waren. *Ein öffentliche Lüge ist keiner Antwort werth*, lautete ein von LUTHER mehrfach zitiertes Sprichwort. Und vom

Predigtamt forderte er: *das predigampt und Gottes wort sol daher leuchten wie die sonne, nicht jm tunckeln schleichen ... sondern frey am tage handlen und jm wol lassen unter die augen sehen, das beide prediger und zuhorer des gewis seyen, das es recht geleret und das ampt befolen sey, das sie es kein heel haben durffte. So thu du auch; wenn du jm ampt bist und befehl hast zu predigen, so tritt frey offentlich erfur und schewe niemand, auff das du konnest rhumen mit Christo: Ich habe frey offentlich gelert fur der wellt und habe nichts jm winckel gered* (Joh. 18, 20).
Es war gerade das Zeichen der guten Obrigkeit, daß sie nichts im Verborgenen halten mußte. Die von ihr errichtete Ordnung war also, indem sie öffentlich war, auch rechtmäßig. Dies galt in Luthers Lehre jedoch nicht in gleicher Weise für die Kirche, welche nur als äußerliche Gemeinschaft der Getauften eine weltliche Gemeinschaft darstellte, als geistiger Körper Christi dagegen verborgen blieb: *das die lieb und gemeynschafft Christi unnd aller heyligen verborgen, unsichtlich und geystlich, gescheh*, begründete er mit dem Argument: *dan wo die selben lieb, gemeynschafft und beystand offentlich were, wie der menschen zeytlich gemeynschafft, so wurden wir da durch nit gesterckt noch geubt, an die unsichtlichen und ewigen guter zu trawen odder yhr zu begeren.*[10]

An diesen Ausführungen wird deutlich, dass „öffentlich" bis zum Ende des 16. Jahrhunderts die auf bestimmte Gegenstände, Sachverhalte und Institutionen bezogene Zugänglichkeit für alle oder zumindest für eine Gruppe meinte. Der metaphorische Gehalt des Lichtes oder der Sonne deutet darauf hin, dass zunächst wohl ganz konkret das Sichtbare als „öffentlich" (im Gegensatz zu „geheim") bezeichnet wurde und erst nach und nach auch eine Übertragung auf Ungegenständliches wie den Staat oder die Kirche stattfand. Gerade in der Annäherung von „öffentlich" und „gemein" (bzw. „publicus") deutet sich diese Verschiebung von dem, wie Hölscher sagt, visuell-intellektuellen zu einem sozialen Bedeutungsaspekt an.

Auch für das Rechtswesen in Deutschland – solange es, bis zum Ende des 15. Jahrhunderts, auf germanischen Traditionen fußte – sind die Bedeutungsbestandteile des „Sichtbaren" und des „allen Zugänglichen" in der Verwendung von 'öffentlich' präsent. Michel Foucault ([3]1978, 136) bemerkt dazu allgemein:

Bis zum siebzehnten Jahrhundert kann das Böse in all seinen gemeinsten und unmenschlichsten Ausmaßen nur aufgehoben und

---

[10] Hölscher 1978, 416. Zitiert wird hier aus Josua Maaler: *Die Teütsch Spraach. Alle wörter, namen, unarten zü reden in Hochteütscher Spraach ... unnd mit gutem Latein.* Zürich 1561, sowie aus Martin Luthers Werken.

bestraft werden, wenn es an die Öffentlichkeit gebracht wird. Allein das Licht der Öffentlichkeit, in dem das Geständnis gemacht und die Strafe ausgeführt wird, kann die Dunkelheit ausgleichen, aus der das Böse kommt. Es gibt einen Zyklus der Erfüllung des Bösen, welches notwendigerweise durch das öffentliche Geständnis und das Sich-Kundtun gehen muß, bevor es zu seiner Vollendung in der Auslöschung gelangt.

Einfluss des
römischen Rechts
auf den
Bedeutungswandel
von „öffentlich"

Mit der Rezeption des römischen Rechts ändern sich dann nicht nur die Formen der Gerichtsbarkeit, sondern auch die Bedeutungen von „öffentlich" (vgl. Stolleis 1988, 58 ff.). Das Gerichtsverfahren wurde verschriftlicht, die Rechtsfindung und Urteilsvollstreckung mehr und mehr in die Hand der Obrigkeit (im kirchlichen Bereich in Gestalt der Inquisitionsprozesse) verlegt, die nun als Vertreter des öffentlichen Rechts auftrat:

> An die Stelle einer Rechtsordnung, in der Verbrechen und Strafe durch ihre öffentlichen Manifestationen die Rechtmäßigkeit des Verfahrens bezeugten, trat eine Rechtsordnung, in der die Obrigkeit nicht nur als Leiter des Verfahrens, sondern auch als Garant seiner Rechtmäßigkeit auftrat und im Lichte der Öffentlichkeit weniger dessen Legitimität als ihre eigene demonstrierte. (Hölscher 1978, 419)

In dieser Verschiebung der rechtssprachlichen Bedeutung von „öffentlich" – weg von dem ‚allen Zugänglichen' und hin zu dem ‚obrigkeitlich Sanktionierten' – kündigt sich schon der allgemeine Bedeutungswandel an, der dann im 17. Jahrhundert stattfindet.

In der Folge der religiösen Bürgerkriege entstand „das Bedürfnis nach einer Fundierung des Rechts jenseits der konfessionellen Differenzen" (Hölscher 1978, 422). Es waren vor allem französische Rechtslehrer und Staatstheoretiker im späten 16. Jahrhundert, die wesentlich darauf wirkten, den Begriff des „bellum publicum" dahingehend zu verändern, dass mit ihm nun Kriege zwischen souveränen Staaten bezeichnet wurden, nicht mehr aber jede Auseinandersetzung, also auch Bürgerkriege. Durch diese Lehre, die mit den Namen Balthasar Ayala (1548–1584) und Alberico Gentilis (1552–1608) verbunden ist, wurde die Bedeutung von „publicus" zunehmend auf ‚staatlich, dem souveränen Herrscher zugehörig' verschoben.

Bedeutung von
„publicus"

Den Gegensatz zu „publicus" bzw. zu „öffentlich", das im Laufe des 17. Jahrhunderts in deutschsprachigen Schriften zunehmend als Übersetzung für das lateinische „publicus" auftaucht, bildet nun ‚privat(us)". Zur näheren Bestimmung dieses Gegensatzpaares schreibt Hölscher (1978, 425):

> Obwohl die ständische Ordnung nicht preisgegeben wurde, traten die Stände [...] dem Fürsten überall dort als ‚privati‘ gegenüber, wo sie nicht Träger seiner obersten Gewalt waren. Selbst der Fürst war von dieser funktionalen Aufspaltung in publike und private Bereiche nicht ausgenommen, wo sein Privatvermögen vom Domänen- oder Staatsvermögen, der private Aufwand von dem seiner repräsentativen Pflichten als Fürst unterschieden wurde. In gleichem Sinn trat beispielsweise bei CHRISTIAN WEISE der ‚Staatsklugheit‘ die ‚Privatklugheit‘ als diejenige entgegen, die sich nicht in Erfüllung eines ‚öffentlichen Amtes‘, eines ‚officium‘, bzw. ‚munus publicum‘ geltend machte, dem ‚Staats-‘ das ‘Privatinteresse’ und der ‚Staatsperson‘ die ‚Privatperson‘.

Durch den Einfluss des ursprünglich einen Rechtsbegriff bezeichnenden „publicus“ wandelte sich im 17. Jahrhundert also die Bedeutung von „öffentlich“ dahingehend, dass nun nicht mehr das ‚jedermann Zugängliche‘, das ‚dem Volke Zugehörige‘ gemeint war. „Öffentlich“ war nun all dasjenige, was als ‚dem Staate zugehörig‘ erschien.

> „Öffentlich“ ist im 17. Jahrhundert gleichbedeutend mit „staatlich“

Das ältere „gemein“ machte diesen Bedeutungswandel nicht mit. Es erfuhr gar als Folge der Verschiebungen in dem Wortfeld für soziale Zusammenschlüsse eine Bedeutungsverschlechterung: ‚gemein‘ meint heute ja etwas Niederträchtiges. Die ältere Bedeutung ist allgemeinsprachlich lediglich noch in Wörtern wie „gemeinsam“, „allgemein“ oder „Gemeinde“ aufgehoben.

> Die Entfernung des Wortes „öffentlich“ von seiner ursprünglichen Bedeutung hatte weitreichende Folgen:
> [...] was ‚öffentlich‘ im Sinne von „staatlich“ genannt wurde, stand nicht eo ipso auch jedermann offen. Und mit dem Bedeutungswandel ging ein Wandel im Verständnis des Öffentlichen selbst einher, wo die fürstenstaatliche Verwaltung die bestehenden Formen von Öffentlichkeit ihrem reglementierenden Ordnungsanspruch unterwarf und über Polizeiordnungen tief in das häusliche und berufliche Leben des Privatmanns eingriff. Mannigfache Formen des Vergnügens, wie z.B. die Glücksspiele, wurden durch sie mit der Begründung aus dem Bannkreis der staatlichen Ordnung verdrängt, sie seien unwirtschaftlich und hätten Selbstmord, ungezügelte Leidenschaften und die Beleidigung Gottes zur Folge. Kristallsehern, Wahrsagern, Zauberern etc. wurde im 18. Jahrhundert der Auftritt auf öffentlichen Märkten untersagt, da man ihnen die Förderung des Aberglaubens zur Last legte. Die Verarmung öffentlicher Vergnügungsformen traf vor allem die Unterschichten; denn Adel und Bürgertum konnten statt dessen neue Formen privater Geselligkeit entwickeln, von denen jene ausgeschlossen waren. Schließlich mußte mit dem Ausbau der öffentli-

chen als einer staatlichen Ordnung ein Raum aus der Gesellschaft ausgegrenzt werden, in dem diejenigen erfaßt wurden, die sich dieser Ordnung nicht einfügen ließen: Verbrecher, Müßiggänger, Arme, Kranke und Wahnsinnige. Für sie wurden seit Anfang des 18. Jahrhunderts „öffentliche" Anstalten errichtet, deren pervertiertes Öffentlichkeitsverständnis die negative Bedingung der institutionell verwalteten Öffentlichkeit im 18. Jahrhundert darstellt. (Hölscher 1978, 426 f.)

Indem „öffentlich" zu „staatlich" wurde, weitete sich der Zugriff der Institutionen aus, die das „Öffentliche" verwalteten. Der Staat konnte Bereiche ordnungspolitisch okkupieren, die vormals keiner Beschränkung unterlagen. Wir sind über diese Veränderung der Bedeutung von „öffentlich" auf dem Wege zu einem starken, zu einem absolutistischen Staat.

1.3 Publikum und Publizität

Neben „publicus" war schon im klassischen Latein das substantivierte Neutrum „publicum" geläufig. Es meinte damals „einerseits das Gebiet, Eigentum und Einkommen der res publica, andererseits eine nicht näher qualifizierte Öffentlichkeit im Gegensatz zum Haus" (Hölscher 1978, 430; vgl. Hölscher 1979, 83). Diese ziemlich unspezifische, sowohl sachgebundene wie auch personenbezogene Bedeutung von „publicum" nahm im Mittelalter etwas konkretere Formen an. Das Wort bezeichnete dann auch die Staatsangelegenheiten im Ganzen („publica") oder genauer das Gericht, den Fiskus oder die Steuern – dies allerdings wohl ausschließlich in lateinischen Texten und somit auch in der lateinischen Form des Wortes. Die personale Bedeutung von „publicum" ist, wie Hölscher berichtet, allerdings in dieser Zeit ebenfalls belegt. So findet sich in einem Text des 12. Jahrhunderts die deutsche Übersetzung „offenstat, gemein Volk" für das lateinische „publicum" (Hölscher 1979, 84).

Die Doppeldeutigkeit von „publicum" hielt sich – entsprechend der von „publicus" und „öffentlich" – auch das 16. und 17. Jahrhundert hindurch und ist selbst noch im 18. Jahrhundert zu beobachten. Einrichtungen des Staates oder der Staat selbst konnten mit dem Wort ebenso bezeichnet werden wie auch das Volk im Sinne eines „Staatspublikums", nämlich als Empfänger obrigkeitlicher Verordnungen. So findet man Anfang des 18. Jahrhunderts noch folgende, zum Teil differierende Bedeutungsangaben:

- „Publica werden genennet die Staats-Sachen"[11];
- „Publicum pfleget man das gemeine Wesen einer Stadt oder Landes zu nennen"[12];
- „Publicum bedeutet auch in denen Rechten dasjenige, was eigentlich dem Fürsten oder der hohen Landesobrigkeit, nicht aber bloßen Privatpersonen, zuständig ist".[13]

Mit dem in der ersten Hälfte des 18. Jahrhunderts „intensivierten literarischen Verkehr" (Hölscher 1978, 431), von dem im dritten Kapitel noch ausführlicher die Rede sein wird (vgl. unten, 135 ff.), wurde der Begriff zunehmend in der Bedeutung von ‚Lesepublikum' verwendet. In Zeitungen, Zeitschriften und Büchern kamen verstärkt Wendungen wie „dem publico bekannt machen" auf, die darauf hindeuten, dass nun ein bestimmter, näher zu umschreibender Personenverband gemeint war.

Wie dieses ursprünglich dem Lateinischen entlehnte Fremdwort nach und nach in den Sprachbesitz der Deutschen und damit auch in die deutsche Sprache einging, lässt sich gut an dem Wandel seiner Formen ablesen. War zunächst ganz und gar die lateinische Form üblich, also Kleinschreibung, Schreibung mit „c" und vor allem mit lateinischen Deklinationsendungen, so wurde das Wort im Laufe des 18. Jahrhunderts langsam assimiliert: zunächst führte man die Großschreibung ein („dem Publico"), dann gab man die lateinische Deklination auf („dem Publicum").[14]

Formenwandel des Wortes „publicum"

Ohne schon ein Wort für die Sache zu haben, dennoch aber mit einer recht deutlichen Vorstellung von dem, was im 18. Jahrhundert mit dem Ausdruck „Publicum" dann zu einem „sozialen Schichtenbegriff" (Hölscher 1978, 430 f.) werden sollte,

---

[11] Johann Christoph Nehring: *Historisch-politisch-juristisches Lexicon*, Gotha 1710, 337.

[12] Sperander: *A la Mode-Sprach der Teutschen oder compendieuses Hand-Lexicon, in welchem die meisten aus fremden Sprachen entlehnte Wörter und gewöhnliche Redensarten [...] klar und deutlich erkläret werden*, Nürnberg 1728, 532.

[13] [Zedler, Johann Heinrich]: *Grosses vollstandiges Universal-Lexikon Aller Wissenschafften und Künste [...]*, Leipzig, Halle 1740, Band 29, 1139. – Die drei vorstehenden Zitate sind Hölscher 1978, 430, sowie Hölscher 1979, 84, entnommen.

[14] Der Übergang von der Schreibweise „Publicum" zu „Publikum" vollzog sich erst um 1900, als die allgemeine Orthographiereform die Schreibung von Fremdwörtern regelte und je nach Aussprache für das lateinische *c* ein *k* oder ein *z* vorsah.

„Publicum" als
sozialer
Schichtenbegriff

entwirft Gottfried Wilhelm Leibniz in dem Aufsatz *Ermahnung an die Deutschen, ihren Verstand und ihre Sprache besser zu üben, samt beigefügtem Vorschlag einer deutschgesinnten Gesellschaft* (um 1682/83 verfasst) das folgende Bild der Zielgruppe seines Anliegens:

Was man allhier vorzutragen gemeint, geht auf die Jugenderziehung nicht, es hat mit Universitäten und Schulen nichts zu schaffen. Und ob es zwar von der Gelehrsamkeit nicht entfernt, so geht es doch eben die allein nicht an, deren Profession ist, gelehrt geachtet zu werden, sondern alle diejenigen, die ihr Gemüt sowohl vermittelst guter Bücher als nützlicher Gesellschaft weiden wollen. Das sind nicht die, so da ihre angehenden Studien fortsetzen, sondern alle die, so diesfalls ihr Ziel erlangt und bei ihren Amts- oder Berufsgeschäften sich nützlich erquicken wollen. Solchen zu Dienst und zur Ergötzlichkeit und aber zugleich, wie hernach erscheinen wird, zum gemeinen Besten und zu Ruhm und Aufnehmen des Vaterlandes soll dieses gemeint sein.

Weil nun unter solchen Personen nicht nur gelehrte, sondern auch Hof- und Weltleute, ja selbst und zuvorderst das Frauenzimmer, und kürzlich alle diejenigen begriffen, so unter den gemeinen Mann nicht zu rechnen, so wird dienlich sein, allhier zu erklären, worin eigentlich der gemeine Mann von denen unterschieden ist, die Prometheus aus edlerem Lehm gebildet; weil an sich selbst nicht Reichtum, noch Macht oder Geschlecht, sondern die Gaben den Unterschied machen. Wenn man nun mich fragen will, was eigentlich der gemeine Mann sei, so weiß ich ihn nicht anders zu beschreiben, als daß er diejenigen begreife, deren Gemüt mit nichts anders als Gedanken ihrer Nahrung eingenommen, die sich niemals höher schwingen und sowenig sich einbilden können, was die Begierde zu wissen oder die Gemütslust für ein Ding sei, als ein Taubgeborener von einem herrlichen Konzert zu urteilen vermag. Diese Leute sind ohne Erregung und Feuer; es scheint, sie seien zwar aus der Adamischen Erde gemacht, allein der Geist des Lebens sei ihnen nicht eingeblasen worden. Sie leben in der Welt in den Tag hinein und gehen ihren Schritt fort wie das Vieh; Historien sind ihnen so gut wie Märlein, die Reisen und Weltbeschreibungen fechten sie nichts an, daher sie auch die Weisheit und Regierung Gottes wenig betrachten; sie denken nicht weiter, als sie sehen; man wird auch sogar finden, daß sie denen Feind seien, so etwas weiter gehen und sich von diesem Haufen absondern wollen. Kommen solche Leute zusammen, so sind ihre Unterredungen oft nichts als Verleumdung ihres Nächsten, und ihre Lust ist viehisches Saufen oder spitzbübisches Kartenspiel. Von diesem dummen Volk sind alle diejenigen abzusondern, so ein mehr freies Leben führen, die eine Beliebung an Historien und Reisen haben, die bisweilen mit einem annehmlichen Buche sich erquicken, und wenn in einer Gesellschaft ihnen ein gelehrter und beredter Mann aufstößt, solchen mit besonderer Begierde anhören. Solche Leute sind gemeiniglich eines weit edleren Gemüts und tugendhafteren Lebens, sie sind auch dem Gemeinwesen verträglich, sie werden nicht gegen ihre Obrigkeit toben, noch des Pöbels Gemütsbewegungen folgen, sondern sich gern von ihren Vorgesetzten weisen lassen; und weil sie weiter hinaus sehen als andere, so können sie auch jedesmal die schwerliche Zeit, die gemeine Not und die Vorsorge ihrer Obrigkeit besser beherzigen. Sie werden auch in Kriegssachen nicht ein blindes Wesen und tolle Lust, alles zu verderben, sondern ein ehr- und ruhmliebendes Gemüt, auch mehr Herz und Verstand spüren lassen und zu allen Kriegs- und Friedensämtern und Verrichtungen geschickter sein. Je mehr nun dieser Leute in einem Land, je mehr ist die Nation abgefeint oder zivilisiert, und desto glückseliger und tapferer sind die Einwohner.

Können wir nun dieser Leute Zahl vermehren, die Lust und Liebe zu Weisheit und Tugend bei den Deutschen heftiger machen, die Schlafenden erwecken oder auch diesem reinen Feuer, so sich bereits in vielen trefflichen Gemütern sowohl bei Standespersonen, als auch sogar bei niedrigen Leuten und nicht weniger bei dem liebreichen Frauenzimmer als tapferen Männern entzündet, neue und annehmliche Nahrung verschaffen, so achten wir, dem Vaterland einen der größten Dienste getan zu haben, deren Privatpersonen fähig sind. (Leibniz 1983, 57-59)

Diese Passage ist deswegen von Interesse, weil Leibniz hier einerseits prospektiv eine Charakteristik des erst im 18. Jahrhundert sich in typischer Weise herausbildenden Publikums liefert, andererseits aber noch nicht die Ausdrucksmöglichkeiten besitzt, mit denen sich das Publikum positiv bestimmen lässt. Zwar führt er an, dass er an „Hof- und Weltleute" denke und nennt ausdrücklich die zu der Zeit als potentielle Leserinnen ‚entdeckten' Frauen, doch kann er den inhaltlichen Umriss seiner Zielgruppe nur durch eine negative Abgrenzung nach unten, gegen den „gemeinen Mann" geben. Diesem „gemeinen Mann", dessen Gesamtheit den „Pöbel" ausmacht, fehlen offenbar ‚Bildung', ‚Toleranz', ‚Ordnungsliebe', ‚Triebverzicht' usw. – Merkmale, die, eben weil sie dem gemeinen Mann abgehen, das Publikum konstituieren.

Das Wortfeld, das Leibniz in dem zitierten Abschnitt benutzt, deutet an, dass er sich im Bereich des „Öffentlichen" bewegt und auf einen Begriff von „Publikum" zielt: „nützliche Gesellschaft", „gemeiner Mann", „Gemeinwesen", „Privatpersonen". Der Ausdruck ‚Publikum' fehlt ihm noch, über einen Begriff dessen, wer das „Publikum" ausmacht, durch welche Eigenschaften es sich auszeichnet und welche Interessen es verfolgt, aber ver-

Leibnitz' prospektive Charakterisierung des Publikums

Ein Begriff von einer Sache kann bereits existieren, bevor es einen Ausdruck dafür und die Sache selbst gibt

Merkmale des Publikums im 18. Jahrhundert

fügt er schon. Die zitierte Passage ist ein schönes Beispiel dafür, dass ein Begriff von einer Sache existieren kann, bevor es einen Ausdruck und sogar auch die Sache selbst geben muss.

Schon Leibniz erläutert, dass die Angehörigen jener gesellschaftlichen Gruppe, auf die er seine Hoffnungen bezüglich einer Verbesserung der deutschen Sprache setzt, sich dadurch auszeichnen, dass sie „ihr Gemüt sowohl vermittelst guter Bücher als nützlicher Gesellschaft weiden wollen". „Gute Bücher" bzw. Lektüre überhaupt und „nützliche Gesellschaft" werden denn auch im 18. Jahrhundert zu den wichtigsten Merkmalen des „Publikums". Entscheidend ist, dass die alte Gelehrtengemeinschaft, dieser nicht zuletzt durch das Vorherrschen der lateinischen Sprache geschlossene Kommunikationsraum, aufgebrochen wird und die trennenden Standesgrenzen zumindest überspielt werden.

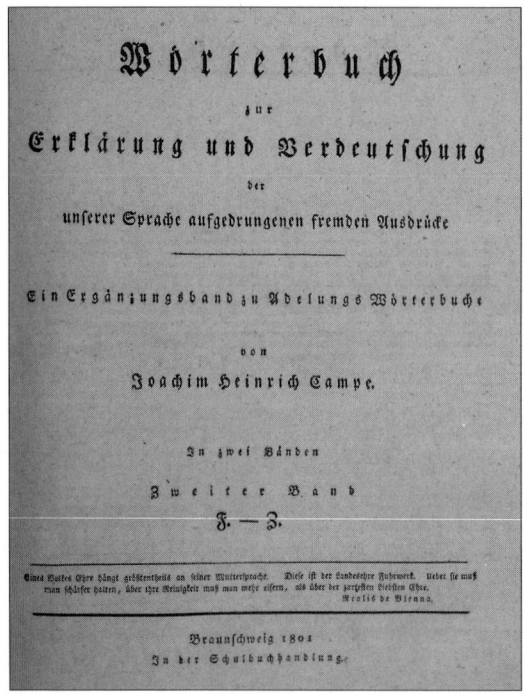

Abb. 1: Campes *Verdeutschungswörterbuch* von 1801, Titelblatt.

„Publikum", das meint im 18. Jahrhundert jene soziale Schicht, die an den neuen Geselligkeitsformen wie Theater, Konzert, Lesezirkel usw. teilnehmen konnte und wollte. Einschränkungen, die durch die traditionelle Ständegesellschaft motiviert gewesen wären, gab es nicht, wohl aber sachliche Voraussetzungen: Bildung zum einen und zum anderen selbstverständlich den finanziellen Rahmen, sich jene Geselligkeit leisten zu können.

In welcher Weise das Wort ‚Publikum' im Laufe des 18. Jahrhunderts produktiv geworden ist, lässt sich recht gut an den entsprechenden Artikeln aus den beiden Auflagen (1801 und 1813)[15] von Joachim Heinrich Campes *Wörterbuch zur Er-*

---

[15] Es werden hier trotz der Wiederholungen die Artikel beider Auflagen vollständig abgedruckt, weil sich daran auch interessante Veränderungen ablesen lassen.

*klärung und Verdeutschung der unserer Sprache aufgedrunge-
nen fremden Ausdrücke* ablesen:

Public, publique (spr. püblik), *öffentlich*. **Persona publica**, *eine öf-
fentliche Person*. Auch *gemeinkundig*: „Ich überlasse es Ihnen, diese
Anzeige gemeinkundig zu machen." Ein Ungenannter in der Jen. Lit.
Zeitung. So auch *landkundig*.

Publicandum und **Publication**. Das erste bezeichnet etwas, das bekannt gemacht werden soll, das andere die Handlung des Bekanntmachens. Man sollte also für jenes eigentlich nur *Bekanntzumachendes*,
und bloß für dieses *Bekanntmachung* sagen. Allein man gebraucht das
letzte für beide. Es wäre indeß besser für **Publicandum** *öffentliche Anzeige* zu sagen. **Publicatio bonorum** bedeutet die *Einziehung des Vermögens*.

Publiciren, *bekanntmachen, eröffnen*, z.B. den letzten Willen eines
Verstorbenen.

Publicist, ein *Lehrer* oder *Kenner des Staatsrechts*.

Publicität, die *Oeffentlichkeit*. Diese Verdeutschung, die ich ehemahls
schon versuchte, ist in der Jen. Liter. Zeitung gebilliget worden, und
auch Rochow hat sie angenommen.

Publicum. In einigen Fällen können wir das *Gemeinwesen* dafür sagen; z.B. der brave Mann sieht bei allen seinen Unternehmungen mehr
auf den Vortheil des Gemeinwesens, als auf seinen eigenen. „Wir legen diese Schrift dem gelehrten gemeinen Wesen vor." Anhalt. Krit.
Bibliothek. In andern können wir das Wort *Welt* oder *Lesewelt* dafür gebrauchen. Die Welt nahm an diesem Streite wenig Antheil. Er berief
sich auf das Urtheil der gesammten Lesewelt. Kaiser Joseph nannte es
(in einer Schrift über die einzuführende neue Steuer) das *Allgemeine*:
„Der Landesfürst in einem monarchischen Staate hat über die Verwendung der öffentlichen Einkünfte, nach seiner Ehre, (seinem) Gewissen,
und (seinen) Pflichten, dem *Allgemeinen* Rede und Antwort zu geben."
Zu unbestimmt. Zuweilen können wir das Wort **Publicum** durch den
Gebrauch des Beiwortes *öffentlich* umgehen. Dis hätte z.B. in folgender Stelle geschehen können: „Was reine und schöne Empfindung für
zwei gleichgestimmte Seelen ist, das wird durch Darlegung vor dem
Publicum (durch *öffentliche Darlegung*) zur Empfindelei." Oft kann
man auch die *Leute*, oft *man* dafür setzen; z.B. Was werden *die Leute*
(das Publicum) dazu sagen? *Man* (das Publicum) hat es nicht gut aufgenommen. Auch *die Leser* und der *Lesekreis* passen oft dafür; z.B. ein
Schriftsteller muß den Geschmack der Leser zu Rathe ziehen. „Aus
Achtung gegen das Urtheil eines so großen, durch so viele Länder verbreiteten Lesekreises." In der Vorrede zur siebten Ausgabe des jüngern
Robinsons. (Campe 1801, 557)

Public, publique (spr. püblihk), *öffentlich*. **Persona publica**, *eine öffentliche Person*. Auch *gemeinkundig*: „Ich überlasse es Ihnen, diese
Anzeige *gemeinkundig* zu machen." Ein Ung. in der Jen. Lit. Zeitung.

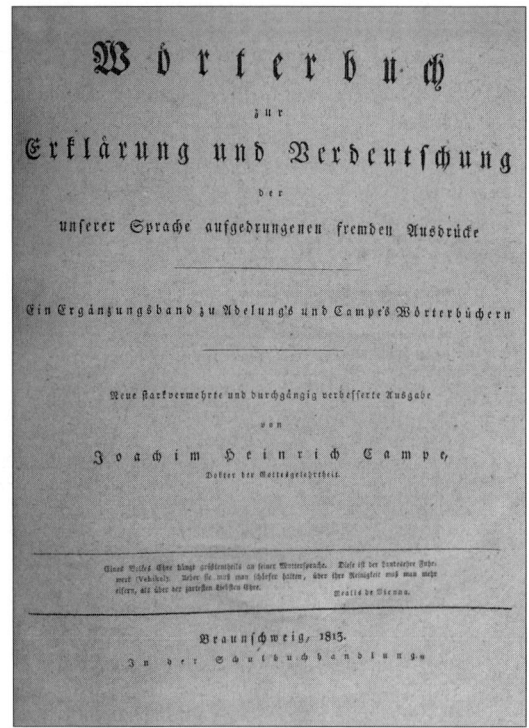

Abb. 2: Campes *Verdeutschungswörterbuch* von 1813, Titelblatt.

Man hat auch *offenkundig* dafür gesagt. So auch *landkundig*. (Zus.) Für **Bien publique** (spr. Biäng püblihk) können wir das *Gemeinbeste* sagen.

Publicandum und **Publication**. Das erste bezeichnet Etwas, das bekannt gemacht werden soll, das andere die Handlung des Bekanntmachens. Man sollte also für jenes eigentlich nur *Bekanntzumachendes*, und bloß für dieses *Bekanntmachung* sagen. Allein man gebraucht das letzte für beide. Es wäre indeß besser für **Publicandum** *öffentliche Anzeige* zu sagen. **Publicatio bonorum**, bedeutet die *Einziehung des Vermögens*.

Publice und **publique** (spr. püblihk), *öffentlich, offenkundig, gemeinkundig*.

Publicieren, *bekanntmachen, eröffnen*, z.B. den letzten Willen eines Verstorbenen.

Publicist, ein *Lehrer* oder *Kenner des Staatsrechts*, der *Staatsrechtslehrer*, der *Staatsrechtskundige* oder *-kenner*.

Publicistisch, *staatsrechtlich*, z.B. dergleichen Erörterungen.

Publicitæt, die *Oeffentlichkeit*. Diese Verdeutschung, die ich ehemahls schon versuchte, ist in der Jen. Liter. Zeitung gebilliget worden, und auch Rochow hat sie angenommen. (Zus.) Auch J.P. Richter hat das Wort *Öffentlichkeit* angenommen und gebraucht: „Ist es nicht Grausamkeit eines Dichters, welcher der Schauspielerinn eine *Öffentlichkeit* aufdringt, deren sich eine *Öffentliche* schämt." Oft passt auch *Offenkundigkeit* dafür.

Publicum. In einigen Fällen können wir das *Gemeinwesen* dafür sagen; z.B. der brave Mann sieht bei allen seinen Unternehmungen mehr auf den Vortheil des *Gemeinwesens*, als auf seinen eigenen. „Wir legen diese Schrift dem gelehrten *gemeinen Wesen* vor." Anhalt. Krit. Bibliothek. In andern können wir das Wort *Welt* oder *Lesewelt* dafür gebrauchen. Die *Welt* nahm an diesem Streite wenig Antheil. Er berief sich auf das Urtheil der gesammten *Lesewelt*.
- - Durch Erzählen
    Wirst du der Lesewelt vielleicht dich mehr empfehlen. Bürde.
In Scherz hat Wolke *Vielkopf* dafür gesagt. Kaiser Joseph nannte es (in einer Schrift über die einzuführende neue Steuer) das *Allgemeine*: „Der

Landesfürst in einem monarchischen Staate hat über die Verwendung der öffentlichen Einkünfte, nach seiner Ehre, seinem Gewissen, und seinen Pflichten, dem *Allgemeinen* Rede und Antwort zu geben." Zu unbestimmt. Zuweilen können wir das Wort **Publicum** durch den Gebrauch des Beiwortes *öffentlich* umgehen. Dis hätte z.B. in folgender Stelle geschehen können: „Was reine und schöne Empfindung für zwei gleichgestimmte Seelen ist, das wird durch Darlegung vor dem **Publicum** (durch *öffentliche Darlegung*) zur Empfindelei." Oft kann man auch die *Leute*, oft *man* dafür setzen; z.B. was werden *die Leute* (das Publicum) dazu sagen? *Man* (das Publicum) hat es nicht gut aufgenommen. Auch *die Leser*, der *Lesekreis* und die *Zuschauer* passen oft dafür; z.B. ein Schriftsteller muß den Geschmack der *Leser* zu Rathe ziehen. „Aus Achtung gegen das Urtheil eines so großen, durch so viele Länder verbreiteten *Lesekreises*." In der Vorrede zur siebten Ausgabe des jüngern Robinson's. „Die Zuschauer gingen unbefriedigt von dannen." Das *Allgemeine*, welches Kaiser Joseph für **Publicum** gebrauchte, brachte mich auf den Gedanken, die *Allgemeinde* dafür vorzuschlagen. Dieser Ausdruck bezeichnet alle Glieder des großen Gesellschaftskörpers zusammengenommen, welcher alle einzelne und besondere Gemeinden oder Gesellschaften in sich faßt; also Das, was man das **Publicum** nennt. Man könnte z.B. sagen: Man muß nicht vergessen, daß er sein Werk nur für die kleine Gemeine, zu der er sich rechnet, nicht für die *Allgemeinde*, schrieb. Ich wählte zu dieser Zusammensetzung das Wort *Gemeinde*, und nicht das gleichbedeutende *Gemeine*, weil jenes deutlicher als dieses angibt, daß es das Grundwort (Substantiv), und nicht das Beilegewort (Adjectiv) sein soll. „Ich bin auch ein Gelehrter. Als solcher habe ich das Recht und die Pflicht, über Staatsordnungen in sofern sie das unsichtbare Reich der Wahrheit und der Wissenschaften betreffen, öffentlich zu urtheilen, und mit meinen Gründen und Vorstellungen mich an den einzigen befugten Richterstuhl in diesem Gedankenreiche, an die große *Allgemeinde*, zu wenden." C.

Publicum (namlich Collegium), in der Sprache der Hochschulen, eine *öffentliche Vorlesung*, wofür B. die *Freivorlesung* gebildet hat; weil sie unentgeltlich gegeben wird. (Campe 1813, 506 f.)

Offenbar unter dem Einfluss des Französischen mit seinen Ausdrücken ‚public, publique', ‚publication', ‚publier' und ‚publicité' hatte sich bis zum Ende des 18. Jahrhunderts das Wortfeld um ‚Publicum' erweitert. Campes Verdeutschungen, die oftmals auch eine Erklärung der Sache geben, zeigen, dass mit den Wörtern der gesamte Bereich des Öffentlichen bezeichnet wird. Das deutsche Wort „Öffentlichkeit" taucht explizit hier schon als Entsprechung von „Publicität" auf.[16] Bei dem Stichwort „Publicandum und Publication" ist bemerkenswert, dass

„Öffentlichkeit als Synonym für „Publizität"

---

[16] Campes Annahme, er habe die Verdeutschung „Öffentlichkeit" für „Publicität" als erster vorgeschlagen, trifft nicht zu. Vgl. dazu unten, 44.

die alte Bedeutung von „publicus" als ‚staatlich' offensichtlich noch mitschwingt. Das gleiche lässt sich bei Campes Verdeutschungen ‚Kenner des Staatsrechts' für „Publicist" und ‚staatsrechtlich' für „publicistisch" feststellen.

Auch Lucian Hölscher (1978, 434) weist für die Bildung eines deutschen Begriffs von „Publicum" ausdrücklich auf das französische Vorbild hin:

Begriffsbildung von „Publikum"

Begriffsgeschichtlich knüpfte die neue Bedeutung [von Publikum; J.Sch.] an das französische ‚le public' an, das sich schon über ein halbes Jahrhundert früher zum sozialen Schichtenbegriff gewandelt hatte: in Frankreich hatte sich bis ins 16. Jahrhundert neben der neufranzösischen Form ‚le public' die mittelfranzösische ‚le publique' in der Bedeutung von ‚les gens' gehalten. Wie im Deutschen ‚gemeiner Nutz' so bezeichnete das französische ‚le bien public' neben ‚la chose publique' das Gemeinwesen. Daneben wurde auch ‚le public' im Sinne des ‚öffentlichen Wohls' und des ‚Staats', also synonym mit ‚le bien public' gebraucht. Außerdem nahm das Wort jedoch schon in der ersten Hälfte des 17. Jahrhunderts die speziellere Bedeutung des ‚Theaterpublikums' an. *Et la voix du public n'est pas toujours leur voix* hieß es von den Göttern im ‚Horace' von CORNEILLE, der im 5. Akt des Stückes auch heftige Kritik am *peuple stupide* übte. ‚Le public' war im Sinne von ‚Theaterpublikum' neben ‚peuple' gebräuchlich. Man ordnete die Begriffe jedoch noch nicht eindeutig sozialen Schichten zu, obwohl sich das wohlhabende Bürgertum schon gleichzeitig vom Volk in Geschmack und Sitten stark abzugrenzen begann. Genauer beschrieb der Ausdruck ‚la cour et la ville' das neue Publikum: eine literarische Elite, die unter der geistigen Führung von Molière, Racine, La Fontaine und Boileau in den ersten Regierungsjahren Ludwigs XIV. den französischen Hof beherrschte; ihr hing im Parterre des Theaters ein gesittetes Publikum an, das das lärmende Volk im Lauf des 17. Jahrhunderts in den Olymp, den obersten Rang, verdrängt hatte und mit der höfischen Elite zu einer großstädtischen Gesellschaft verschmolz, die gegen Ende des Jahrhunderts in literarisch-publizistischen Zusammenhängen schlechthin ‚le public' genannt wurde.

Die ältere, noch bei Campe belegte politische Bedeutung von „Publikum" als die große Gruppe von Befehlsempfängern staatlicher Anordnungen wurde im Laufe des 18. Jahrhunderts zunehmend überdeckt und schließlich gar abgelöst von der literarischen Bedeutung, in der „Publikum" die ständeübergreifende Leserschaft von Zeitungen, Zeitschriften und Büchern meinte. Zur Präzisierung dieser Bedeutung wurden Ausdrücke wie „Lesepublicum", „Leserkreis", „Lesewelt" oder einfach auch nur „Welt" geschaffen (vgl. Hölscher 1978, 437). Mit ihnen ließ sich das Selbstverständnis dieses vorwiegend bürgerlichen Publikums besser umschreiben.

„Publikum" als literarischer Begriff

Eine Aufwertung erfuhr das literarische Publikum von Seiten der Schriftsteller dadurch, dass ihm das abschließende Urteil über den Wert der literarischen Produktion zugesprochen wurde. So schrieb z.B. Friedrich Just Riedel in einer Schrift *Über das Publicum* aus dem Jahre 1768:

> Unter dem Publicum (wenn sein Urteil völlig allgemeine Regeln festsetzen soll) verstehe ich alle geschmackvollen Leute von Anbeginn der Welt, oder der Schriftsteller an bis auf diese letzte betrübte Zeit und alle Zeiten, die noch folgen werden. Was diese einstimmig, oder wenigstens, wenn vielleicht einige noch von Parteilichkeit verführt worden, durch die Mehrheit der Stimmen für schön erklären, das ist schön. (Riedel 1768, 60; vgl. Hölscher 1978, 435)

Eine solche Einheitlichkeit der Leserwelt aber war schon damals eine bloß idealistische Fiktion, so dass Riedel (1768, 215) in der gleichen Schrift feststellen musste: „Wir haben also nicht ein Publicum, sondern (darf ich so reden?) so viele Publica, als es Urteile mehrerer Areopagiten gibt, die einander widersprechen."[17]

Das Publikum wurde im 18. Jahrhundert zu einem fiktiven Partner gemacht, den man, wie Hölscher (1978, 435) kommentiert, „in Büchern und Zeitschriften zum Kunden und Freund erklärt, als Zeuge im Streit der Meinungen angerufen und vor allem als Richter anerkannt hatte, der über alle Streitfälle das letztgültige Urteil zu fällen allein in der Lage sei". Entscheidend ist, dass der Begriff des Publikums bis in die 80er Jahre des 18. Jahrhunderts geprägt war von der Beschäftigung mit Literatur, so dass man für diese Zeit von einem „rezeptiven Lesepublikum" sprechen kann. Politische Themen wurden zunächst noch ausgeklammert oder nur in der verschleierten Form literarischer Utopien behandelt.

Erst in den 80er Jahren und verstärkt seit der Französischen Revolution wird offen gefordert, dass dieses Publikum auch für die Beurteilung politischer Themen zuständig sein sollte. So schreibt der Leipziger Jurist Christian Daniel Erhard in einem bemerkenswerten Aufsatz *Über das Recht, die Gesetze in öffentlichen Schriften zu beurteilen* aus dem Jahre 1792: „Übrigens gibt es ja keine Angelegenheit, bei der dem Publikum so gewiß eine Stimme gebührte, und bei welcher sie so sehr zu hören wäre, als gerade die Gesetzgebung" (Erhard 1792, 7 f.; vgl. Hölscher 1978, 437). Aus dieser Forderung entwickelte sich die

Der Begriff „Publikum" war bis zum Ende des 18. Jahrhunderts überwiegend auf den literarischen Bereich bezogen

Nach der Französischen Revolution wird die Beurteilung politischer Themen durch das Publikum gefordert

---

[17] Der „Areopag" war der höchste Gerichtshof im antiken Athen.

Institution der „öffentlichen Meinung". Sie kam verstärkt allerdings erst im 19. Jahrhundert, während der sogenannten Befreiungskriege, zum Tragen, um bald, in der Restaurationszeit, wieder zu verschwinden bzw. unterdrückt zu werden.

Je mehr das Publikum sich als eine soziale Instanz verstand, umso mehr forderte es die uneingeschränkte Zugänglichkeit zu Literatur und Bildung. Dies war letztlich die Forderung nach Publizität, oder, wie es bald heißen sollte, nach „Öffentlichkeit".

1.4 Öffentlichkeit und öffentliche Meinung

Erstbeleg des Wortes ‚Öffentlichkeit'

Der, soweit bekannt, früheste Beleg des Wortes „Öffentlichkeit" findet sich im Jahre 1765, in Joseph von Sonnenfels' Schrift *Grundsätze der Polizey, Handlung und Finanzwissenschaft.* Als „Öffentlichkeit" bezeichnet von Sonnenfels darin einen Zustand, der, wenn es keine Zensur gäbe, zur „Verbreitung irriger, ärgerlicher und gefährlicher Meinungen" führen müsste: die Zensur „erstreckt sich daher nicht nur auf Bücher, sondern

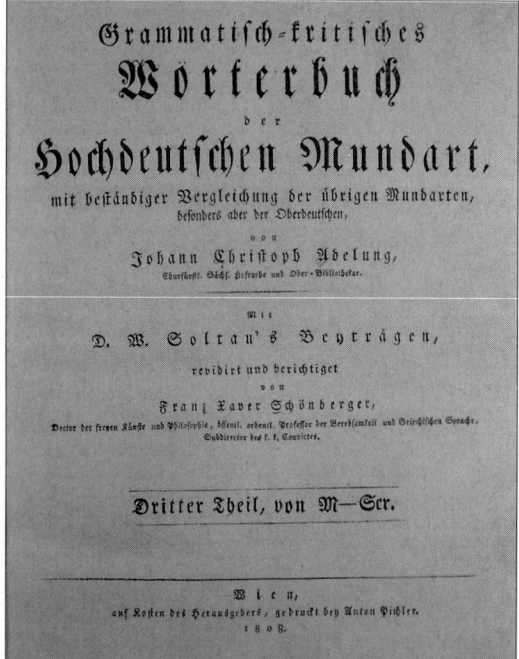

Abb. 3: Adelungs *Grammatisch-kritisches Wörterbuch*, erschienen 1783-1801, Titelblatt.

auch auf Schauspiele, Lehrsätze, Zeitungen, alle öffentlichen an das Volk gerichteten Reden, Bilder und Kupferstiche, und was sonst immer eine Art von Oeffentlichkeit, wenn man so sagen darf, an sich hat" (Sonnenfels 1765, Bd. 1, 82; vgl. Hölscher 1978, 446). Das Wort blieb zunächst jedoch ungebräuchlich. Zwar ist es in Adelungs *Grammatisch-kritischem Wörterbuch der Hochdeutschen Mundart* aufgenommen, doch ist die Bedeutungsangabe, wie der nachfolgende Text zeigt, recht unbestimmt:

Öffentlich, -er, -ste, adj. et adv. 1) Was vor allen Leuten, vor jedermann ist und geschiehet; im Gegensatze des *geheim* oder *verborgen*. Sich nicht öffentlich sehen lassen. Eine öffentliche Buße. Öffentliche Sünden, öffentliche Schande. Öffentlich beschimpft werden. Öffentlich speisen. Ein öffentliches Ärgerniß. Sich öffentlich hören lassen. Man spriche öffentlich davon. Der öffentliche Gottesdienst, wo jedem der Zutritt verstattet, jeder durch das Geläut der Glocken dazu eingeladen, und jede gottesdienstliche Handlung vor jedermann verrichtet wird; im Gegensatz des Privat-Gottesdienstes und Hausgottesdienstes. Öffentlich (vor den Leuten) spielten sie die Rolle der Gleichgültigkeit sehr glücklich. 2) Zu jedermanns Gebrauche bestimmt. Ein öffentlicher Ort. Auf öffentlichen Gassen. Auf öffentlichem Markte. Öffentliche Gebäude. Ein öffentliches Wirtshaus. 3) In engerm Verstande, eine große bürgerliche Gesellschaft betreffend. Ein öffentliches Amt. Öffentliche Verbrechen, welche wider das Band des Landesherrn und der Unterthanen begangen werden.
Anm. Im Oberdeutschen *offentlich*. Es ist aus offen und lich zusammen gesetzt, und lautet daher im Kero, Isidor, und selbst noch bey den Schwäbischen Dichtern, *offanliih, offenlih*. Das t ist das t euphonicum, welches dem n in mehrern Wörtern nachschleicht, S. N und T. Im Oberdeutschen wurde es ehedem auch sehr häufig für *offenbar* gebraucht, so wie Ottfried für öffentlich nur *offen*, offen, hat.
Die Öffentlichkeit, plur. inus. Die Eigenschaft einer Sache, da sie öffentlich ist, oder geschiehet, in allen Bedeutungen dieses Wortes. (Adelung 1793-1801, Bd. 3, 586)

Wie ungebräuchlich das Wort zu der Zeit war, wie sehr es offensichtlich aber auch ‚in der Luft gelegen' haben muss, belegt der Umstand, dass Joachim Heinrich Campe noch 1794 glaubt, „Öffentlichkeit" als Übersetzung für „Publizität" geprägt zu haben (vgl. Campe 1794, 269). Diese Auffassung wiederholt er 1801 in seinem *Verdeutschungswörterbuch* und trägt sie sogar noch in die zweite Auflage von 1813 mit.[18] In seinem *Wörterbuch der deutschen Sprache* allerdings gibt Campe wohl eine neugefasste Darstellung:

Öffentlich, -er, -ste, adj. u. adv. 1) Was offen, d.h. vor jedermanns Augen ist oder geschiehet, wohin jedermann Zutritt hat; in Gegensatz des *geheim, verborgen*. Auf öffentlichem Markte, auf öffentlicher Straße. Ein öffentlicher Ort, wo jedermann frei hingehen und verweilen darf. Ein öffentlicher Garten, ein öffentliches Haus, der, das für jedermann offen ist, wo jedermann für Geld allerlei Erfrischungen erhält. In engerer Bedeutung versteht man

[18] Vgl. die oben 39 und 40 abgedruckten Artikel „Publicität" aus Campes Verdeutschungswörterbüchern.

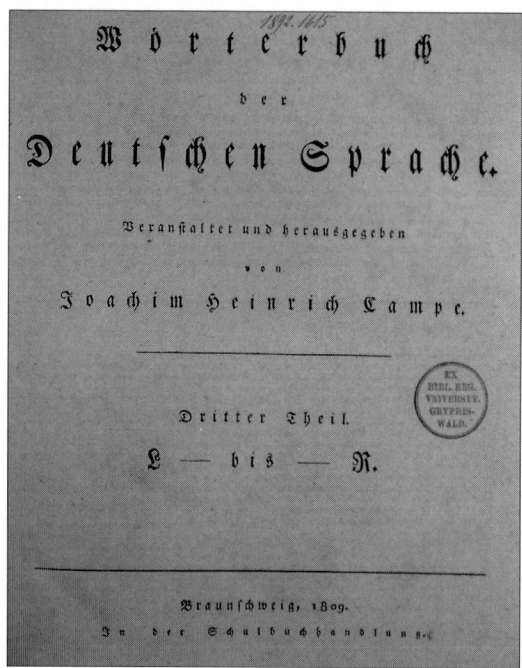

unter einem öffentlichen Hause, ein Hurenhaus, und unter öffentlichen Huren, Huren in einem solchen Hause oder auch und noch mehr Straßenhuren. S. *Öffentlichkeit.* Sich nicht öffentlich sehen lassen, überhaupt nicht ausgehen, oder doch nicht an öffentliche Örter. Etwas öffentlich für Geld sehen lassen, an öffentlichen Orten. Öffentlich bekannt machen, an öffentlichen Orten, oder so daß es jedermann erfährt. Sich öffentlich hören lassen. Öffentlich auftreten, an einem öffentlichen Orte, wie auch, vor einer Versammlung. Man spricht öffentlich davon. Der öffentliche Gottesdienst, zu welchem jeder Zutritt hat, zum Unterschiede vom häuslichen oder Hausgottesdienste. Öffentlich vertragen sie sich, vor den Leuten. 2) Eine größere, besonders bürgerliche Gesellschaft betreffend. Ein öffentliches Amt, ein Amt in der bürgerlichen Gesellschaft, und für diese Gesellschaft, welches sie oder ihre Vertreter vorgeben, z.B. Vorsteher der Gemeine, Richter, Prediger etc. Öffentliche Häuser oder Gebäude, welche der Gesellschaft, Gemeine gehören, z.B. Kirchen, Rathhäuser etc. Die öffentliche Ordnung stören, die Ordnung in der bürgerlichen Gesellschaft. Öffentliche Verbrechen, welche gegen die bürgerliche Gesellschaft, wider die Gesetze begangen werden. Zuweilen auch in Gegensatz von geheimen Gesellschaften, wo dann öffentliche oder äußere Lehren nur solche sind, welche geheime Gesellschaften den Uneingeweihten bekannt werden lassen, in Gegensatz der geheimen oder innern. Das t in diesem Worte ist des Wohlklanges wegen eingeschoben, da es eigentlich *offenlich* heißen müßte, und ehemals auch hieß.

Da sprach offenliche der theure Spielemann: d. Nibelungen L.V. 6701.

Die Öffentlichkeit, o. Mz. der Zustand da etwas öffentlich ist oder geschiehet, wie auch die Eigenschaft einer Sache, da sie öffentlich ist, oder da sie überall bekannt geworden ist. Die Öffentlichkeit dieser Handlung ist nur anstößig. „Die Öffentlichkeit nicht scheuen" (die Publicität). C. „Ist es nicht Grausamkeit eines Dichters, welcher ihr (der Schauspielerinn) eine Öffentlichkeit aufdringt, deren sich eine Öffentliche schämt." J.P. Richter. In dieser Stelle scheint unter der Öffentlichen eine weibliche liederliche

Person, die öffentlich bekannt ist, die sich öffentlich, d.h. jedermann Preis giebt, verstanden werden zu müssen. (Campe 1807-1811, Bd. 3, 550)

Zu diesem Zeitpunkt, um 1800, dürfte „Öffentlichkeit" noch kein Begriff im Sinne der Begriffsgeschichte gewesen sein. Ein wichtiges Indiz dafür ist – auch wenn Adelung und Campe Gegenteiliges in ihren Artikeln anführen – der Gebrauch des Wortes im Plural.

„Öffentlichkeit" ist um 1800 noch kein Begriff im Verständnis der Begriffsgeschichte

Goethe beispielsweise schreibt noch: „Ich ging darauf aus, ein römisches Jahr zu schreiben, den Verlauf geistlicher und weltlicher Öffentlichkeiten" (zit. nach Hölscher 1978, 446). Und bei Carl Gustav Jochmann – immerhin sind wir mit ihm bereits im Jahr 1828 – findet sich der Satz:

> Die erste und wichtigste von allen Oeffentlichkeiten, und die jeder andern zum Grunde liegt, ist eine verständliche Sprache; und wie jede andre Oeffentlichkeit nicht nur indem sie das Gute bekannt macht, sondern auch, und noch mehr, indem sie das Böse aufdeckt, ihre Wohlthätigkeit bewährt, so ist eine Sprache um so höher zu schätzen, je unverhüllter sie auch die hinfällige Lüge in ihrer ganzen Blöße darstellt, wie die nackte Wahrheit in ihrer ganzen Kraft. (Jochmann 1828, 120 f.)

Während bei Goethe in dem Wort „Öffentlichkeiten" die Bedeutung eines festlichen Aktes mitschwingt, scheint Jochmann, jedenfalls an der zitierten Stelle, gewissermaßen ein ‚System' verschiedener Öffentlichkeiten anzunehmen, die für ihn sämtlich positiv besetzt sind, zusammengenommen aber nicht unbedingt *die* Öffentlichkeit ergeben müssen. Aus der Tatsache, dass das Wort „Öffentlichkeit" hier noch nicht als Kollektivsingular benutzt wird, lässt sich schließen, dass ein präzise gefasster Begriff auch noch nicht vorliegen kann.

Dennoch wurde in den drei Jahrzehnten nach 1800 der Begriff „Öffentlichkeit" in der deutschen Sprache gebildet. Dazu seien Ausschnitte aus einem weiteren Dokument angeführt. Es handelt sich um die 1832 erschienenen, von Johann Georg Mussmann verfassten Artikel *öffentliche Meinung* und *Öffentlichkeit* in der *Allgemeinen Encyklopädie der Wissenschaften und Künste* von Ersch und Gruber:

Begriffsbildung von „Öffentlichkeit" zu Beginn des 19. Jahrhunderts

> **ÖFFENTLICHE MEINUNG.** Dasjenige Gebilde des menschlichen Geistes, welche man die öffentliche Meinung nennt, gehört unstreitig zu jenen wundersamen Gestalten des heutigen Volksbewußtseins, auf welche man erst seit Kurzem aufmerksam zu werden, und was ihr Wesen und ihre Bedeutung sei, erst mehr zu ahnen, als klar zu begreifen angefangen hat; obgleich sie

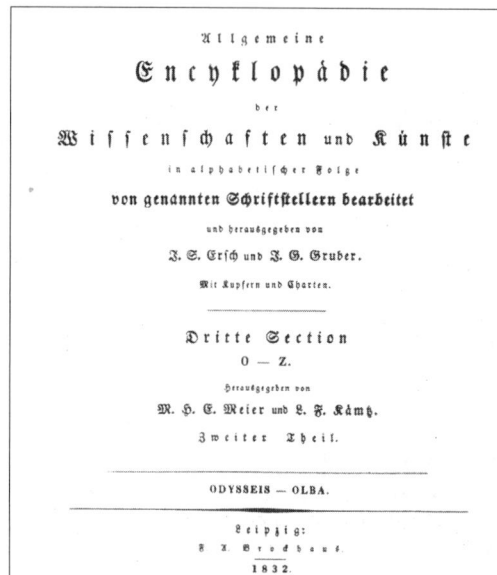

Abb. 5: Ersch und Grubers *Allgemeine Encyklopädie*, erschienen seit 1818, Titelblatt.

doch, wie leicht zu beweisen ist, keineswegs nur Erzeugnisse unserer Zeit sind, sondern vielleicht selbst über alle Geschichte hinausgehen. Daß man aber erst jetzt über das, was eigentlich eine öffentliche Meinung sei, zum Bewußtsein zu kommen anfängt, macht im Allgemeinen die verschiedenen, nicht selten gerade entgegengesetzten Ansichten und Urtheile über sie erklärlich. Denn während die einen, in dunkler Ahnung ihrer wahren Wesenheit, sie schon als die „Königin der Welt" begrüßen und sich ehrerbietigst vor ihr verbeugen; halten andere, noch ganz außerhalb, oder auch vielleicht zu sehr innerhalb ihrer Wesenheit stehend, sie nur für ein Traumgebilde, für eine selbsterschaffenes Gespenst; und noch andere wol gar für ein vielköpfiges Ungeheuer, deren Köpfe bis auf den letzten mit Feuer und Schwert zu entwurzeln seien, weil dann erst Ruhe im Lande und Bestand der Dinge zu erwarten sei. [...] Im Allgemeinen kann, wie selbst das wesentliche Beiwort ö f f e n t - l i c h schon anzeigt, die Ö f f e n t l i c h k e i t selbst (s. d. Art.) als G r u n d , ja, um es bildlich noch deutlicher auszusprechen, recht eigentlich als M u t t e r dessen angesehen werden, was man unter öffentlicher Meinung zu verstehen hat. Jene ist daher eine nothwendige Voraussetzung oder Foderung dieser. Zugleich aber scheint aus dem Angedeuteten selbst schon zu folgen, daß die öffentliche Meinung nicht den g a n z e n Begriff der Öffentlichkeit selbst umfassen könne, sondern um ihren Theil daran näher zu bezeichnen, nur e i n Erzeugniß, aber vielleicht auch das geistigste, zarteste und flüchtigste derselben seyn dürfte; indem sie nämlich für nichts anderes zu halten seyn möchte, als für die in der Öffentlichkeit, worin der subjektive Geist unmittelbarer oder vermittelter Weise sein vollständiges Dasein auslegt, sich selbst erfassende und begreifende Vernunft eines allgemeinen Volks- und Statswesens, also für den, ü b e r s i c h s e l b s t i n s e i n e m ö f f e n t l i c h e n D a s e i n u n d H a n d e l n z u m B e w u ß t s e i n k o m m e n d e n a l l g e m e i n e n V o l k s g e i s t . Daß hierauf schon das alte und wohl bekannte Sprichwort „vox populi vox Dei" hindeute, ist kaum zu bezweifeln. [...] Der Völker- und Statengeschichte zufolge sind die Anfänge der öffentlichen Meinung in jedem Statswesen zu finden, seine Form sei, welche sie wolle. Denn wie aus einfachem Keime bricht sie schon da hervor, wo ein, zwei oder mehre Glieder desselben ihre Gefühle, Vorstellungen und Ansichten über irgend einen Gegenstand ihres Gemeinwesens gegen einander aussprechen, überhaupt also da, wo eine allgemeine Mittheilung statt findet, und ein allgemeines Urtheil über eine Sache oder Begebenheit sich zu bilden anfängt. In diesem Zustande aber ist die Meinung des Volkes erst eine a l l g e m e i n e, noch keine ö f f e n t l i c h e; denn hiezu ist erfoderlich, daß sie nicht mehr nur g e h e i m e Meinung seyn und bleiben, oder nur im Geheimen gleichsam fortschleichen und von Mund zu Munde sich fortpflanzen, sondern auch in Mitte des Gemeinwesens selbst, vor Oberen und Niederen, sei es durchs lebendige Wort, oder durch die Schrift und Handlung, frei und laut äußern dürfe. Daß dieses also wol nur da wird geschehen können, wo das Gemeinwesen selbst entweder ein rein demokratisches, oder ein durch dieses vermitteltes monarchisches Statswesen selbst ist, leuchtet aus dem Bisherigen, und noch mehr aus der Geschichte selbst ein. [...]

Aus dem Bisherigen wird sich nun aber auch ersehen lassen, wie erst die neueste Zeit das Räthsel einer vernunftmäßigen Vermittelung nicht blos des Volks und Fürsten, oder des demokratischen und monarchischen Princips, sondern auch der öffentlichen Meinung, durch eine recht- und gesetzmäßige Stellung und Bestimmung derselben zu lösen gewußt hat. Auf diese Weise ist das öffentliche Volksbewußtsein, einerseits der zügellosen Willkür seiner selbstsüchtigen Parteihäupter und der Täuschung sophistischer Wahrheitskrämer entrissen, auf der andern Seite durch seine vernunftgemäße Beschränkung gerade unter diejenigen Bedingungen gestellt, unter denen es allein möglich ist, durch zweckmäßige Mittel auf dasselbe zu wirken und es zu der Stufe der Bildung und Stimmfähigkeit zu erheben, wo von ihm, wie von einem a l l g e m e i n e n oder öffentlichen G e w i s s e n zu reden, die Zeit nicht gar sehr fern seyn möchte. Die öffentliche Meinung auf dieser Höhe kann daher, auch ohne große Übertreibung, als ein Spiegel betrachtet werden, in welchem Fürst und Volk, Regirung und Regirte sich in ihrer ganzen Eigenthümlichkeit, nach ihren guten, wie auch nach ihren häßlichen Zügen selbst sehen und kennen lernen können. Wenn wir nicht ganz irren, so ist dieses öffentliche Gewissen dasjenige Bild, was jenen unsterblichen Trauerspieldichtern Griechenlands in ihrer heiligen Begeisterung für Religion und Vaterland schon traumähnlich vorschwebte, als sie den seiner selbst sich stets bewußten, weissagenden C h o r o s zum unparteiischen Zeugen und Richter auf die Bühne brachten.

ÖFFENTLICHKEIT. Es gibt wesentliche Bestimmungen und Beschaffenheiten des geistigen Lebens, deren Menschen und Völker sich nie, oder erst spät und auf außerordentlichem Wege bewußt werden; weil sie entweder in jenen natürlicher Weise so ganz leben und sich bewegen, daß ein Mangel daran und ein Bedürfniß darnach für sie nicht eigentlich statt finden kann; oder weil sie vielleicht auch noch gar nicht, oder viel zu wenig darin leben, oder eine gewisse Bestimmung des Lebens erst in sehr geringem Grade an sich gesetzt haben und an sich zu setzen veranlaßt werden. In beiden Fällen fehlt daher in der Regel das allgemeine Bewußtsein von dem, was man besitzt und auch nicht besitzt. Nur außerordentliche Umstände, Zeiten einseitiger Lebensentwickelungen, großer Verirrungen des menschlichen Willens und Verstandes, auffallender Misbräuche irdischer Gewalt, kurz Zeiten, wo das schöne Ebenmaß aller natürlichen Kräfte und Treibe der Menschen und Völker gestört ist, erzeugen erst das Bewußtsein von dem, was man ist und nicht ist, oder was man besitzt und verloren hat. Von keiner Bestimmung des Lebens der Menschheit möchte sich wol, sobald man sich von der Geschichte der Völker und Staten leiten lässt, das Gesagte bestimmter und überzeugender nachweisen lassen, als gerade von der, welche hier mit Wenigem zur Sprache gebracht werden soll, – von der Ö f f e n t l i c h - k e i t (Publicität).

Was nun zunächst den Begriff derselben betrifft, so weiß man, daß Öffentlichkeit der H e i m l i c h k e i t entgegensetzt ist, und nur in Beziehung auf diese verstanden wird. Drückt nun die letztere eine Lebensthätigkeit oder überhaupt die Bestimmung einer Sache aus, welche nicht für das Allgemeine, nicht für ein ganzes gesellschaftliches Gemeinwesen, sondern unmittelbar oder zunächst wenigstens nur für das Einzelne oder für Wenige wirklich ist: so wird erstere das Entgegengesetzte von diesem, die schon genannte Bestimmung für das Allgemeine seyn, oder sich auf das beziehen, was für das Volk und für die Menschheit im Großen bestimmt ist. In diesem allgemeinen Sinne kommt Öffentlichkeit ganz überein mit einem früher üblichen, aus der römischen Sprache hergeleiteten Ausdrucke, nämlich dem der P u b l i c i t ä t. Daß der Mensch nun aber, als ein vernünftiges, welt- und statsbürgerliches Wesen, auch wirklich von Natur bestimmt sei, ebenso sehr ein allgemeines und öffentliches, d.h. ein volksthümliches, wie ein besonderes und heimliches oder häusliches Leben zu führen, bedarf hier wol weiter keines Beweises.

Lassen wir uns nun aber noch etwas tiefer in das W e s e n dieser Öffentlichkeit ein, so dürfte sich dasselbe uns bald in seiner ganzen Wichtigkeit und Bedeutsamkeit darstellen. Wird nämlich zugegeben, daß die Öffentlichkeit in Wahrheit eine wesentliche Bestimmtheit (Kategorie) der menschlichen und somit auch jedes Volkes Natur ausmache, so ist die wesentliche Bestimmtheit zugleich auch eine r e c h t l i c h e, und demnach eine n o t h w e n d i - g e Erscheinung des innerhalb einer gewissen Schranke sich frei bewegenden menschlichen Geistes. Was aber als R e c h t in der menschlichen Natur aufgezeigt werden kann, läßt sich auf der andern Seite auch sogleich wieder als P f l i c h t fassen, das Recht zu verwirklichen oder verwirklichen zu lassen, und somit können wir in doppelter Hinsicht sagen, der Mensch sei ein ö f f e n t l i - c h e s Wesen, d.h. berechtigt und verpflichtet, für das Allgemeine und in einem Gemeinwesen sich gesetzmäßig oder vernünftig zu bethätigen in Worten und Werken. Nicht minder aber fodert das-jenige, was Recht und Pflicht ist, auch die F r e i h e i t, es auch in Ausführung bringen zu dürfen, ohne welche die Öffentlichkeit selbst nur ein subjektiver Schein, nur in der Vorstellung, nicht auch in der Wirklichkeit des Allgemeinlebens vorhanden wäre. Öffentlichkeit und Freiheit des Menschen und der Völker setzen sich deshalb stets einander voraus, lassen sich gar nicht trennen, oder wenn es doch geschieht, so ist der Verlust der einen zu-gleich auch der der andern, so lebt oder stirbt diese mit jener und so auch umgekehrt. [...] Erinnern wir uns nun nochmals daran, daß die Öffentlichkeit ih-ren nothwendigen Gegensatz an der Heimlichkeit hat, daß beide wesentliche Richtungen des lebendigen Geistes sind, die letztere sich nämlich auf seine einzelne oder individuelle, die erstere da-gegen auf seine allgemeine und generelle Selbstheit bezieht: so dürfte man, wohl verstanden, in ihnen sogleich auch noch zwei andere, im Volksleben nothwendige Erscheinungen wieder erken-nen, nämlich diejenigen, welche man mit dem m o n a r c h i -s c h e n und d e m o k r a t i s c h e n P r i n c i p e zu benennen ge-wohnt ist. [...] (Mussmann 1832, 52, 53, 54, 55)

Wir können nun das zitierte Material – Adelung, Campe und Mussmann – auswerten. Bewusst wurde bei Adelung und Cam-pe zu den jeweiligen Hauptstichworten, die zu besprechen wa-ren, auch das gesamte Wortfeld mit wiedergegeben. So sind ne-ben „Publikum" und „Publizität" auch die dazugehörigen Ableitungen, neben „Öffentlichkeit" aus Adelungs und Campes Wörterbüchern auch das Stichwort „öffentlich" sowie aus Muss-mann auch Teile des Artikels „öffentliche Meinung" abgedruckt. Auf diese Weise lässt sich das um 1800 herrschende Bedeu-tungsspektrum der betreffenden Wörter recht gut ausmachen.

Zunächst zur Bildung des Wortes „Öffentlichkeit". Es scheint auf zwei Wegen zustande gekommen zu sein. Bei Adelung liegt eindeutig eine bloße Substantivierung des Adjektivs „öffentlich" vor: ein Gegenstand, der „öffentlich ist" oder eine Tätigkeit, die „öffentlich geschieht", besitzen die Eigenschaft der Öffentlich-keit. Daraus ergibt sich, dass „Öffentlichkeit" noch keine eigene Qualität bezeichnet, keinen Zustand oder Raum, der für sich existiert und als solcher mit einem Namen belegt wird. „Öffent-lichkeit" ist bei Adelung nicht eine eigenständige Sache oder ein eigenständiger Sachverhalt, sondern eine Kategorie, die anderen Sachen oder Sachverhalten zukommen kann oder ihnen fehlt.

Auch bei Campe steht für „Öffentlichkeit" an erster Stelle die Substantivierung des Adjektivs „öffentlich". Mit seinem Selbstzitat „Die Öffentlichkeit nicht scheuen" aber bringt er noch eine zweite, von ihm selbst genannte Komponente mit ins Spiel: die

Wortbildung von „Öffentlichkeit"

Während „Öffentlichkeit" bei Adelung eine Kategorie ist, verwendet Campe das Wort zunächst als Übersetzung von „Publizität", wobei es dann auch bereits einen eigenständigen Sachverhalt bezeichnet

Übersetzung von „Publizität" in „Öffentlichkeit". Zunächst einmal aber ist schon für sein Zitat festzuhalten, dass darin „Öffentlichkeit" nicht mehr eine bloß akzidentielle, also den Sachen und Sachverhalten mehr oder weniger zufällig beigelegte Eigenschaft ist. Vielmehr bezeichnet das Wort hier schon deutlich etwas Eigenständiges, nämlich einen für sich existierenden Zustand, in den man sich oder etwas anderes begeben kann. Wer also die Öffentlichkeit nicht scheut, der hat keine Bedenken, sich oder etwas von sich allen zu zeigen. Diese Bedeutung von „Öffentlichkeit" ist heute noch gebräuchlich, z.B. in der alten Verhaltensregel, man solle „in der Öffentlichkeit" nicht rauchen, oder wenn wir sagen, jemand habe „in aller Öffentlichkeit" – nämlich so, dass alle es sehen konnten – sein Kind angeschrieen.[19]

Campes Verweis in dem Artikel „Öffentlichkeit" auf das Wort „Publizität", von dem man eine genauere Bedeutungserläuterung erwarten könnte, aber bringt keine Klarheit. Eben dort führt er nur 'seine' Übersetzung „Öffentlichkeit" an. Es mag sein, dass das *Verdeutschungswörterbuch* nicht unbedingt Bedeutungsangaben aufführen muss, aber die Tatsache, dass Campe weder „Öffentlichkeit" noch „Publizität" semantisch erfasst, könnte auch die damalige Unsicherheit im Verständnis und Bedeutungsumriss des Wortes zu erkennen geben. Andererseits aber ist es auch möglich, dass „Publizität" völlig geläufig war und eine Erklärung sich erübrigte.

Auf jeden Fall lässt sich feststellen, dass das Wort „Publizität" in der zweiten Hälfte des 18. Jahrhunderts im deutschen Sprachraum als Entlehnung des französischen „publicité" recht gebräuchlich war. So zeigt Hölscher (1978, 446 f.), wie in der philosophischen, aber auch schon der politischen Diskussion der 80er und 90er Jahre des 18. Jahrhunderts das Wort mit der Bedeutung ‚Denk-, Rede-, Schreib- und Pressefreiheit' benutzt wurde. Kant und Fichte gar forderten für alle Verhandlungen und Handlungen der Staatsgewalt „Publizität", womit soviel wie die Überprüfbarkeit dieser Handlungen durch das Volk gemeint war.

Nimmt man diesen zweiten Strang, den von „Publizität", zu dem Bedeutungsumriss von „Öffentlichkeit" hinzu, dann ergibt sich über die Bedeutung ‚für alle sichtbar' oder ‚vor allen' hi-

---

[19] Nebenbei sei bemerkt, dass die Zuschreibung von „Öffentlichkeit" in diesem Sinne zumeist eine negativ bestimmte Handlung bedeutet. „Die Öffentlichkeit" missbilligt zumeist, während „privat", wenn andere nicht zusehen können, alles oder jedenfalls vieles erlaubt zu sein scheint.

naus noch das Moment, etwas auch vor allen tun zu dürfen. „Öffentlichkeit" würde damit ganz wesentlich die Freiheit meinen, etwas allen zugänglich zu machen, zugleich aber auch das Recht, jenes, was alle betrifft, zu erfahren. So weit aber sind Adelung und auch Campe in ihrer Erfassung von „Öffentlichkeit" noch nicht gegangen.

Die deutliche Politisierung des gesamten Wortfeldes „Öffentlichkeit" und „Publizität" geschah in Deutschland recht bald nach Ausbruch der Französischen Revolution. Ganz wesentlich trug dazu der Ausdruck „öffentliche Meinung" bei.

Zur Politisierung des Wortfeldes „Öffentlichkeit" und „Publizität"

„Öffentliche Meinung" ist eine Lehnübersetzung des französischen „opinion publique". Dieser Ausdruck machte in Deutschland nach 1789 deshalb eine so steile Karriere, weil man in der Kraft der öffentlichen Meinung den wesentlichen Auslöser für die revolutionären Ereignisse in Frankreich sah. Je weiter aber diese Ereignisse fortschritten und je mehr sich in der politischen Wirklichkeit zeigte, dass die „öffentliche Meinung" als die Meinung der Mehrheit eines Volkes nicht immer auch die beste Meinung sein muss, desto mehr wurde über die eigentliche Bestimmung des Ausdrucks nachgedacht, desto kritischer wurde er aufgefasst.

Die Diskussion um das, was unter „öffentlicher Meinung" zu verstehen sei, soll an dieser Stelle noch nicht aufgerollt werden (vgl. dazu unten, 260 ff.). Eingegangen aber sei aus begriffsgeschichtlicher Sicht auf den Artikel von Johann Georg Mussmann.

Zum Verständnis insbesondere des Artikels „öffentliche Meinung" muss seine Entstehungszeit bedacht werden. 1832 war ein Jahr im Zeitalter der Restauration, der strengen Handhabung der Karlsbader Beschlüsse von 1819 mit Zensur und Überwachung der Universitäten. Es war zugleich ein Jahr in der Zeit der Romantik, der – wie Carl Gustav Jochmann kritisiert hat – Auswanderung des Geistes in das Reich der Phantasie – utopisch, rückwärtsgewandt zumeist, aber auch mehr oder weniger versteckt politisch oppositionell. Der Vormärz kündigte sich bereits an. Die enttäuschte Hoffnung von 1813 auf einen Nationalstaat mit verfassungsmäßig garantierten Rechten, dieser liberale Gedanke, lebte zum Teil unterhalb des politisch Sichtbaren weiter als der Gedanke vom „Volksgeist", der unverkennbaren Eigenheit einer Gruppe von Menschen in Sprache und Kultur. Mit diesem Gedanken vom Volksgeist – der zu jener Zeit teilweise progressiv, freiheitlich-liberal, teilweise aber auch bereits nationalistisch, chauvinistisch gedacht wurde – konnte die Forderung nach einem Nationalstaat begründet und unterschwellig aufrechterhalten werden.

Zur Entstehungszeit des Artikels „öffentliche Meinung" von Mussmann

Wenn Mussmann (1832, 52) nun in seinem Artikel die öffentliche Meinung als den „über sich selbst in seinem öffentlichen Dasein und Handeln zum Bewußtsein kommenden allgemeinen Volksgeist" definiert, dann bewegt er sich geistesgeschichtlich genau in dieser von Johann Gottfried Herder begründeten Tradition und knüpft philosophisch an Georg Wilhelm Friedrich Hegel an. Die öffentliche Meinung ist für ihn nicht eine Summe von Einzelmeinungen, die insgesamt eine Mehrheit bilden. Indem er auf eine derartige Bestimmung verzichtet, umgeht er das in der Geschichte immer wieder sich stellende Problem, dass eine Mehrheit nicht unbedingt auch für das Gute, Richtige und Wahre stehen muss. Seine auf dem „Volksgeist" basierende Argumentation jedoch schafft die Möglichkeit, das Gute, Richtige und Wahre ganz ohne eine inhaltliche Bestimmung zu setzen: der Volksgeist nämlich verkörpert diese Eigenschaft per se. Für sich genommen aber wäre der Volksgeist etwas Dunkles, Unbewusstes und, sobald er sich äußert, auch nur etwas Subjektives. Deshalb fordert Mussmann, mit der Philosophie Hegels im Hintergrund, eine Objektivierung des Volksgeistes, d.h. seine Konfrontation mit sich selbst, also die erkennende Selbstreflexion. Zugleich mit dieser ‚Aufhebung' des Volksgeistes geht der Übergang von einer bloßen Meinung zur Gewissheit einher. Damit wäre diese ‚Meinung' für Mussmann als das „allgemeine Gewissen" eines Volkes bestimmt.

Unterscheidung zwischen der „allgemeinen Meinung" und der „öffentlichen Meinung"

Mussmanns wichtige Unterscheidung zwischen der „allgemeinen" und der „öffentlichen Meinung" dürfte auf den politischen Erfahrungen der Restaurationszeit beruhen. Nach den sogenannten ‚Befreiungskriegen', die in einer seltenen Eintracht von Staat und Bevölkerung geführt wurden, setzte das Volk seine Hoffnungen auf die Errichtung eines Verfassungsstaates, auf eine neue, freiheitliche Ordnung in Deutschland und ganz Europa. Stattdessen aber wurde auf dem Wiener Kongress die alte Ordnung restauriert, ja, kurze Zeit später unterdrückten die Karlsbader Beschlüsse gar alle freien Meinungsäußerungen durch ein neues Zensur- und Universitätsgesetz. Die Stimmung der damaligen Zeit beschreibt Gerd Eilers (1860, 118 f.) eindrucksvoll in seinen Erinnerungen:

> Fast alle Staatsmänner und Offiziere höherer wissenschaftlicher und politischer Bildung, mit denen ich in Frankfurt, später in Bremen und in der Rheinprovinz verkehrte, erblickten die nächsten Ursachen der stets zunehmenden Unzufriedenheit des Volks mit den Regierungen darin, daß man die Jugend erst für die Befreiung Deutschlands und seiner Fürsten aus schmachvoller Knechtschaft begeistert und ins Feld geführt, dann aber, nachdem das

Werk in nie gesehener Einigkeit einer allgemeinen patriotischen Erhebung mit Strömen unschuldigen Bluts vollbracht worden und das ganze deutsche Volk mit geheiligtem Rechte eine neue einheitliche Einrichtung der staatsbürgerlichen Lebensverhältnisse erwarten durfte, der Wiener Fürstencongreß nur zu deutlich die Tendenz verrieth, jene dynastischen und hierarchischen Zustände zurückzuführen, die ein halbes Jahrhundert hindurch vor den Freiheitskriegen von der großen Mehrheit des deutschen Volks verabscheut und verhöhnt worden waren. [...] Die mit mir gleichaltrigen Zeitgenossen werden sich noch erinnern, daß schon damals durch Deutschland die Wehklage erscholl: 'die Nation ist betrogen!'

Eine solche Meinung, die offenbar von der Mehrheit des Volkes vertreten wurde und somit – im Sinne Mussmanns – die „allgemeine Meinung" war, konnte in den 20er Jahren des 19. Jahrhunderts nicht zur „öffentlichen Meinung" werden, weil sie nicht frei geäußert werden, nicht zirkulieren durfte. Sie blieb mehr oder weniger „im Geheimen", jedenfalls wurde sie nicht „in der Mitte des Gemeinwesens selbst, vor Oberen und Niederen, sei es durch lebendige Worte oder durch die Schrift und Handlung, frei und laut" geäußert (Mussmann 1832, 53). An dieser Stelle gewinnt auch der Hinweis Mussmanns auf die Verbreitung der öffentlichen Meinung durch die Schrift – er nennt die Presse das „hauptsächliche Organ der öffentlichen Meinung" (Mussmann 1832, 54) – an Bedeutung. So schnell und breit die öffentliche Meinung sich in dem Medium ‚Schrift' bilden und durch dieses Medium zirkulieren kann, ebenso schnell und effektiv kann die Verbreitung dieses Mediums eingeschränkt werden. „Gesetzmäßige Freiheit der Presse" ist daher in diesem gerade begonnenen Zeitalter der Schriftlichkeit die unabdingbare Voraussetzung dafür, dass der „Volksgeist" als öffentliche Meinung zu sich selbst kommen und in der Folge auch zur wirkenden politischen Kraft werden kann.

1.5 „Öffentlichkeit" im 19. und 20. Jahrhundert

Die Zeit zwischen 1815 und 1880 bezeichnet Peter Uwe Hohendahl ([Hrsg.] 2000, 38) in dem von ihm herausgegebenen Werk *Öffentlichkeit – Geschichte eines kritischen Begriffs*[20] als

---

[20] Dieses Werk enthält eine umfangreiche, thematisch und chronologisch gegliederte Bibliographie (Hohendahl [Hrsg.] 2000, 124-179) zur

Der vermutlich
erste Eintrag von
„Öffentlichkeit" in
einem Lexikon
die „klassische Öffentlichkeit im Liberalismus". Diese klassische, liberale Form der Begriffsbildung von „Öffentlichkeit" lässt sich bereits in dem entsprechenden Artikel im Brockhaus aus dem Jahre 1819 (Bg. 1819), der vermutlich ersten Erwähnung des Begriffs in einem Lexikon, erkennen:

> Oeffentlichkeit. Die Oeffentlichkeit ist eine der ersten Bedingungen einer wohleingerichteten Staatsgesellschaft. Das was alle Actionärs der Gesellschaft betrifft, müssen alle Actionärs auch wissen, insofern die Kenntniß desselben ihres Amtes ist. Aber eben die wichtigsten Angelegenheiten sind ihres Amtes, nämlich die, welche den Geldhaushalt der Gesellschaft betreffen. Jeder will gern wissen, wo das Geld bleibt, so er in Staatssteuern gibt, und wie es verwendet wird. Was die diplomatischen Geheimnisse der Minister betrift, die mögen sie immer für sich behalten, damit sie durch deren Bekanntmachung nicht in unangenehme Spannungen mit befreundeten Mächten kommen. Gewöhnlich werden diese den Deputirten des Volks erst dann vorgelegt, wenn die Verhandlungen geendet sind; und eine besondere Commission untersucht die darauf Bezug habenden Papiere, ohne sie indeß durch den Druck bekannt zu machen. – Die Oeffentlichkeit betrift daher nur die Angelegenheiten der Gesellschaft, nie aber die Angelegenheiten von Privatpersonen, die Fälle ausgenommen, wo diese die Gesellschaft interessiren, oder wo Privatpersonen bei ihren Streitigkeiten sich auf das Urtheil der Gesellschaft oder das der öffentlichen Meinung beziehen. (S. die Art. Preßfreiheit und Staatsverfassung). Seit der Erfindung der Druckerey der Zeitungen und der Posten, hat die Oeffentlichkeit einen ganz andern Charakter angenommen als sie in den Staaten der Alten hatte, und indem die öffentliche Meinung gebildeter und unterrichteter geworden, ist sie zugleich besser geworden; überall strebt sie jetzt als eine Macht in gesetzlicher Weise in den Staatshaushalt einzugehen, und sie sucht ihre Organe in der Volksvertretung und in der Preßfreiheit. Sie wird sich nicht eher in ihrem Streben beruhigen, bis sie sie gefunden, da sie so stark geworden, daß sie wohl geneigt seyn dürfte, sich ihre Rechte zu nehmen, wenn man geneigt seyn sollte, sie ihr zu versagen.
> Bg.

Was hier noch als ein Prozess dargestellt wird, das Streben der öffentlichen Meinung in die Verfassung hinein, ihre Etablierung als ein verfassungsmäßiges Element, wird nur kurze Zeit später als ein Faktum aufgefasst. So heißt es in dem Artikel „Öffentlichkeit" von Carl Theodor Welcker (1841, 268 f.), erschienen in der ersten Auflage des *Staats-Lexikons* aus dem Jahre 1841:

Geschichte des Begriffs „Öffentlichkeit", auf die – ebenso wie auf das Werk selbst – an dieser Stelle nachdrücklich hingewiesen sei.

> Die Freiheit der öffentlichen Meinung aber besteht eben in jener
> vollkommenen Oeffentlichkeit und in jener Freiheit aller Organe
> der Mittheilung, sich auszusprechen und so auf die verfassungs-
> mäßige Bestimmung der gemeinschaftlichen Angelegenheiten ein-
> zuwirken. [...] Die Oeffentlichkeit ist [...] nicht etwa eine Nebensa-
> che für Freiheit und Gerechtigkeit, sondern sie ist, nur von
> besonderer Seite aufgefaßt, die Sache selbst.

Die hier zum Ausdruck kommende verfassungsrechtliche Bestimmung des Begriffs enthält jedoch eine – wie Hölscher
(1978, 455) schreibt – „ambivalente Bedeutung inner- und außerhalb der Verfassung". Dies wird aus einer Passage der
Schrift *Vierzig Bücher vom Staate* von Karl Salomo Zachariä
(1839, 208) deutlich, der die Meinung des Volkes in eine mehr-
heitliche und eine öffentliche Meinung differenziert und in Beziehung zum Handeln der politischen Repräsentanten des Staates setzt:

Unterscheidung zwischen „öffentlicher Meinung" und „Meinung der Mehrheit"

> Damit nun das Volk gleichwohl nicht bloß herrsche, sondern
> auch durch seine Vertreter und Beamte regiere, muß die Reprä-
> sentativverfassung zugleich die Herrschaft der öffentlichen Mei-
> nung sein. [In der Anmerkung dazu heißt es weiter:] Man ver-
> wechsle nicht die öffentliche Meinung mit der Meinung der
> Mehrheit. Die erstere ist die präsumtive, (oder mutmaßliche), die
> letztere ist die wirkliche Meinung der Mehrheit. Die Meinung der
> Mehrheit läßt sich nur durch das Zählen der Stimmen ausmitteln,
> auf die öffentliche Meinung schließt man aus den Meinungen, die
> von einzelnen geäußert werden. Die Meinung der Mehrheit hat
> (voraussetzungsweise) eine entscheidende, die öffentliche Mei-
> nung nur eine beratende Stimme.

Hieran wird deutlich, welche politischen Formen das liberale
Denken anstrebte: Nicht nur eine verfassungsmäßige Ordnung
mit von der Mehrheit gewählten Repräsentanten, sondern auch
eine Macht, ja eine Herrschaft der öffentlichen Meinung, die eine Kontrollfunktion gegenüber dem politischen Handeln der
Repräsentanten ausübt. Eine wichtige Voraussetzung dafür bildet wiederum die Pressefreiheit als Teil der Öffentlichkeit,
durch die das Volk in die Lage versetzt wird, „die Meinungen
seiner Abgeordneten vor den Richterstuhl der öffentlichen Meinung zu ziehen" (Zachariä 1820, 350, vgl. Hölscher 1978, 455).

Im Laufe des 19. Jahrhunderts wird der liberale, positiv besetzte Begriff „Öffentlichkeit" zunehmend kritischer gewertet.
Gottfried Wilhelm Hegel hatte in seinen *Grundlinien der Philosophie des Rechts* (1821) einen konservativen, am Ideal des absolutistischen Staates als der Verkörperung der „höchsten konkreten Allgemeinheit" (Hegel 1970, 474) ausgerichteten Begriff

Gottfried Wilhelm Hegel und Karl Marx

von Öffentlichkeit und öffentlicher Meinung entwickelt (vgl. Hölscher 1978, 459-461). Karl Marx bestimmte in seiner Auseinandersetzung mit Hegel und seiner Kritik der bürgerlichen Gesellschaft den Begriff von Öffentlichkeit zwar nicht neu, jedoch war ihm „Öffentlichkeit" kein gesellschaftliches Ideal mehr, sondern ein Ort der kommunistischen Agitation. Hölscher (1978, 461) resümiert wie folgt:

> Öffentlichkeit wurde [...] nicht als freies Medium herrschaftsfreier und allseitiger Kommunikation begriffen, sondern als ein jeweils durch die Bedürfnisse der bestehenden Gesellschaftsordnung strukturierter Raum, in den die Propaganda mit dem Ziel, sie umzustürzen, eingriff. ,Die Kommunisten verschmähen es', heißt es am Ende des *Kommunistischen Manifests*, ,ihre Ansichten und Absichten zu verheimlichen. Sie erklären es offen, daß ihre Zwecke nur erreicht werden können durch den gewaltsamen Umsturz aller bisherigen Gesellschaftsordnung.' Hierin drückt sich jedoch nur ein streng instrumentelles Verhältnis zur Öffentlichkeit aus [...].[21]

Je mehr die sozialistische Arbeiterbewegung sich in Deutschland ausbreitete und zugleich verfolgt wurde, desto stärker wurden die Begriffe ,Öffentlichkeit' und ,öffentliche Meinung' negativ belegt. Öffentlichkeit erschien den Marxisten als Territorium der Bourgeoisie und die öffentliche Meinung als von deren Kapitalinteressen gesteuert.

Bedeutungswandel von Öffentlichkeit am Ende des 19. Jahrhunderts

Am Ende des 19. Jahrhunderts ist ein zunehmender „Zerfall der klassischen Öffentlichkeit" (Hohendahl [Hrsg.] 2000, 75) und damit einhergehend ein begrifflicher Wandel festzustellen. War „Öffentlichkeit" bis dahin ein Kommunikationsraum, in dem sich – jedenfalls nach klassischer liberaler Auffassung – eine „öffentliche Meinung" als gesellschaftliche Kontrollinstanz zur staatlichen Macht ausbilden konnte, tritt neben diese abstrakte Bedeutung nun auch eine deutlich sozial geprägte hinzu (vgl. Hölscher 1978, 464), die schließlich die Überhand gewinnt. „Öffentlichkeit" wird zunehmend mit „Bevölkerung" identifiziert, die nun nicht mehr das Subjekt und der Produzent der öffentlichen Meinung ist, sondern zunehmend zu ihrem Objekt wird. Wesentlichen Anteil an diesem Bedeutungswandel hatte die Entstehung der Massenpresse. Die Presse ist nun nicht mehr der Ort, durch den Öffentlichkeit sich konstituiert und an dem eine öffentliche Meinung sich bildet. Sie wird zunehmend zu einer Institution, die der Öffentlichkeit gegenüber steht und auf sie einzuwirken

Der Einfluss der Massenpresse

---

[21] Das eingeschobene Zitat aus dem *Kommunistischen Manifest* findet sich in Marx/Engels (1952), 54.

sucht. Bereits Fürst Bismarck hatte „die öffentliche Meinung als bildungs- und lenkungsbedürftiges Instrument in der Hand des Politikers" (Hölscher 1978, 465) betrachtet, das über die Presse zu steuern und zu manipulieren sei. 1862 erklärte er, „die öffentliche Meinung sei nicht aus der Presse zu entnehmen, die Presse könne helfen, die öffentliche Meinung zu machen, aber sie sei nicht die öffentliche Meinung" (Kohl 1903, 23).

Eben dieser manipulative Charakter der Presse war Gegenstand der vehementen Kritik von Karl Kraus. Hatte um 1820 Carl Gustav Jochmann Öffentlichkeit und eine freie Presse noch als Beförderer und Garant der Freiheit gefordert, erachtete Karl Kraus um 1890 beide als korrumpiert. Was in der Öffentlichkeit, im freien Wechsel der Meinungen also, nach Ansicht Jochmanns sich hätte bilden sollen, die öffentliche Meinung als Ausdruck eines Mehrheitswillens, wurde nun – so Karl Kraus – beherrscht von einer Journalisten-Oligarchie. Für ihn war folglich alles, was mit einer von der Presse erzeugten Öffentlichkeit zu tun hatte, Ausdruck von Verfall und Lüge. So schreibt Walter Benjamin (1980, 335) in seinem Essay *Karl Kraus*:

> Der Name ‚öffentliche Meinung' schon ist ihm ein Greuel, Meinungen sind Privatsache. Die Öffentlichkeit hat ein Interesse an Urteilen. Sie ist richtende oder überhaupt keine. Aber das ist ja gerade der Sinn der öffentlichen Meinung, die die Presse herstellt, die Öffentlichkeit unfähig zum Richten zu machen, die Haltung des Unverantwortlichen, Uninformierten ihr zu suggerieren."

Karl Kraus

Das Bedeutungsmoment der Beeinflussbarkeit, ja der Manipulation, ist dem Begriff „Öffentlichkeit" bis heute eigen. Im Zeitalter nicht nur der Massenpresse, sondern auch der elektronischen Massenmedien, zumal in privatrechtlicher Verfügung, tritt dieses Moment verstärkt in den Vordergrund: Öffentlichkeit ist eine Größe, auf die von außen eingewirkt werden kann. Sie ist einerseits das Objekt der Medien, andererseits aber auch das Objekt von „Öffentlichkeitsarbeit", durch die sich Institutionen wie Parteien und Unternehmen in ein bestimmtes Licht setzen wollen. Zugleich aber bleibt Öffentlichkeit, eben als eine gesellschaftliche Größe, auch etwas Eigenständiges, das – wie in der Aufklärung – zumindest prinzipiell kritisch zu urteilen vermag.

„Öffentlichkeit" als Gegenstand der Manipulation

1.6 Zusammenfassung

Halten wir kurz die wichtigsten Stationen des begrifflichen Wandels von „Öffentlichkeit" zusammenfassend fest.

Schon im Mittelalter und noch bis in das 17. Jahrhundert hinein bezeichnete das Wort „offenlich" (später „öffentlich") eine Sache, die klar und deutlich zu sehen ist und die vor jedermann geschieht. Die Gegensätze zu „öffentlich" wurden in dieser Zeit mit „geheim", „heimlich" oder „verborgen" ausgedrückt. Daneben existierte, aus der Sprache des römischen Rechts stammend, der Ausdruck „publicus". Er bezeichnete die Rechte und Pflichten eines Herrschers, besagte also soviel wie ‚staatlich'. Den Gegensatz zu „publicus" bildete „geheim".

Mit der Rezeption des römischen Rechts in Deutschland kommt es im Laufe des 17. Jahrhunderts zunehmend zu einer Identifizierung von „öffentlich" und „publicus" im Sinne von ‚staatlich'. Begriffe wie „öffentliche Person", „öffentliches Amt", „öffentliche Gewalt" zeigen diesen Bedeutungswandel an.

Im 18. Jahrhundert, mit dem sich ausbreitenden Pressewesen, wurde der Begriff „Publikum" geschaffen, zunächst in der Bedeutung von ‚Empfänger staatlicher Verordnungen'. Voraussetzung für diese Bildung waren die lateinischen Ausdrücke „publicum, publica". Der intensivierte literarische Verkehr und die in dieser Zeit beginnende Aufklärung schließlich schufen die Bedeutung um: offenbar beeinflusst von der französischen Bedeutung des Wortes, bezeichnete „Publikum" nun zunehmend all jene, die sich durch die neuen Geselligkeitsformen ‚aufklären' ließen. Kunst und Literatur, so die Auffassung, erzieht das Publikum zu gebildeten und urteilsfähigen Menschen. Von „Publikum" ist es nur noch ein Schritt zu der Bildung „Publizität". Die Erziehung des Publikums ist nämlich nur dann möglich, wenn die Inhalte dieser Erziehung, also Kunst und Literatur, allen zugänglich sind. „Publizität" meint seit Mitte des 18. Jahrhunderts den gesellschaftlichen Rahmen, in dem die Rezeption von Kunst und Literatur durch das Publikum erfolgt. Die Forschung hat im Nachhinein diesen gesellschaftlichen Rahmen als „literarische Öffentlichkeit" (vgl. Habermas 1990, 88 f., 119 ff.) bezeichnet.

Bevor „Öffentlichkeit" als Übertragung von „Publizität", wiederum unter dem Einfluss entsprechender französischer Bildungen und Wortbedeutungen, sich durchsetzen konnte, war in Folge der Französischen Revolution der Ausdruck „öffentliche Meinung" nach Deutschland gelangt. Den vehementen Diskussionen um diesen Ausdruck ist eines gemeinsam: mit „öffentlicher Meinung" wurde im weitesten Sinne eine Art Gegengewicht zur staatlichen Herrschaft bezeichnet. Die zunehmende Politisierung der Gesellschaft, also des Publikums, führte dann auch zu einer Politisierung des Ausdrucks „Öffentlichkeit" und damit zu der eigentlichen Begriffsbildung.

Um 1800 meinte „Öffentlichkeit" zumeist noch die bloße Übersetzung von „Publizität". Auch die Tatsache, dass „Öffentlichkeit" im Plural gebräuchlich war, legt nahe, dass mit dem Wort lediglich eine Eigenschaft von Sachen oder Sachverhalten bezeichnet wurde. Zum Begriff wurde „Öffentlichkeit" dadurch, dass das Wort die zusätzliche Bedeutung von ‚Raum, in dem sich die öffentliche Meinung bildet und mit dem Anspruch eines Gegengewichtes zur staatlichen Herrschaft auftritt', erhielt. Dies geschah im Zuge des Liberalismus nach 1815.

Im Laufe des 19. Jahrhunderts erfuhr der Begriff durch die marxistische Theorie und die Arbeiterbewegung eine Kritik. Als Ausdruck bürgerlichen Bewusstseins war er – wie auch der Begriff ‚öffentliche Meinung' – nun negativ konnotiert, ohne dass jedoch ein eigener, kommunistischer Gegenbegriff etabliert wurde.

Bereits im Zeitalter der Massenpresse um 1900, verstärkt dann im durch elektronische Massenmedien bestimmten 20. Jahrhundert, erhält Öffentlichkeit das Bedeutungselement „Beeinflussbarkeit" und wird zu einem Objekt, auf das Institutionen zumeist über die Medien einzuwirken suchen. So lässt sich mit Hölscher (1978, 465) abschließend konstatieren: „Die Verbindung von manipulativer Beeinflussung und kritischer Teilhabe der Öffentlichkeit wurde zum signifikanten Merkmal demokratischer Regierungssysteme."

2. Öffentlichkeit und Sprache

2.1 Normierte Einheitssprache

Öffentlichkeit hat – ganz allgemein gesagt – zunächst damit zu tun, dass Menschen sich begegnen und sich austauschen oder verständigen über Gegenstände und Sachverhalte, die für sie in irgendeiner Weise von Interesse sind. Dieser Austausch oder diese Verständigung geschieht in der Regel mittels jenes Zeichensystems, das wir in Form unserer Sprache zur Verfügung haben.

Gewöhnlich benutzen wir unsere, die deutsche Sprache ganz selbstverständlich und denken kaum daran, dass Sprachen grundsätzlich auch eine Barriere sein können. Dieser Umstand wird uns meist erst bewusst, wenn wir in ein Land reisen, dessen Sprache wir nicht sprechen und wo ‚Weltsprachen‘ wie Englisch oder Französisch, die wir vielleicht beherrschen, nicht oder nur von wenigen verstanden werden. Bewusst kann uns dieser Umstand aber auch werden, wenn wir mit Reden oder Texten konfrontiert werden, für deren Verständnis es offensichtlich einer besonderen Ausbildung bedarf. Schließlich werden wir auf diesen Umstand gelegentlich auch aufmerksam, wenn z.B. ein Norddeutscher in einem bayerischen Dorf eine Unterhaltung über Alltägliches führen möchte und dabei auf unbekannte Wörter und Redewendungen stößt.

Von jener Situation in anderen Ländern abgesehen, haben wir uns alles in allem aber daran gewöhnt, dass es *eine* deutsche Sprache gibt, mit der wir uns überall dort, wo ‚deutsch‘ gesprochen wird, auch verständigen können. Gewiss kommen wir mit ‚fremden‘ Dialekten gelegentlich in Berührung, eine ernste Gefahr für das Verstehen und Verstanden-werden sind sie eigentlich aber nicht – jedenfalls nicht mehr. Und die sogenannten Fachsprachen? Sie dringen zunehmend in den Alltag ein, werden von Zeitung, Zeitschrift, Rundfunk, Fernsehen und Internet immer häufiger in einer Mischung aus Selbstverständlichkeit und behutsamer Erklärung in unsere Sprache und unser Sprechen ‚hineinvermittelt‘, so dass auch sie – so empfinden wir es jedenfalls in der Regel – nur in Ausnahmefällen ernsthafte Verständigungsprobleme aufwerfen.

Wir begegnen dieser einen Sprache, der Standardsprache, überall dort, wo wir es – vorläufig gesagt – mit ‚Öffentlichkeit‘

Sprachen dienen der Verständigung, können aber auch eine Barriere sein

Rolle der Standardsprache

zu tun haben: in Zeitungen, Zeitschriften und Büchern, im Rundfunk, im Fernsehen, im Internet (natürlich nur auf den deutschsprachigen Seiten), in den Reden der Politiker. Auf jeden Fall begegnen wir dieser normierten Standardsprache heute immer dann, wenn möglichst viele Menschen angesprochen werden sollen und nicht nach Bildung oder sozialer und regionaler Herkunft unterschieden wird. Selbst manche Wissenschaftler können, wollen sie eine breite Wirkung erzielen, gelegentlich auf ihre Fachsprache verzichten und ihre Forschungsergebnisse in einer der ‚allgemeinverständlichen Norm' angepassten Sprech- und Schreibweise verkünden.

Öffentlichkeit hat also zunächst, wenn auch nicht ausschließlich, zur Voraussetzung, dass jene, die aus irgendeinem Grunde eine Mitteilung machen, und jene, die diese Mitteilung verstehen sollen oder wollen, die gleiche Sprache sprechen. Dieses Kapitel handelt von der Geschichte der deutschen Sprache und fragt insbesondere danach, ob diese Voraussetzung zu allen Zeiten erfüllt war.

2.2 Die Darstellung der Sprachgeschichten

Beschränkung der Sprachgeschichten auf die Beschreibung der Schriftsprache

Bei dem Versuch, sich anhand von Sprachgeschichten darüber zu orientieren, wie es um die Verständigungsmöglichkeiten der Menschen im deutschen Sprachgebiet zu verschiedenen Zeiten bestellt war, stößt man auf eine grundsätzliche Schwierigkeit. Die Sprachgeschichten beschreiben ganz überwiegend die Schriftsprache, mehr noch, sie beschränken sich meist auf die sogenannte ‚schöne Literatur', um den Gang der deutschen Sprache nachzuzeichnen. Texte der Alltagskommunikation oder der Wissenschaften zum Beispiel werden dagegen kaum beachtet. Ein solches Vorgehen ist ungefähr mit dem Unternehmen vergleichbar, die Wirklichkeit unserer heutigen Sprache anhand der Romane eines Günter Grass oder eines Siegfried Lenz erfassen zu wollen.

Sprache in ihrer Gesamtheit aber ist mehr und auch anderes als ‚nur' die Sprache der Literatur. Vor allem dann, wenn wir nach „Öffentlichkeit" fragen, dürfen wir in erster Linie nicht die künstlich (und künstlerisch) gestaltete Sprache betrachten, obwohl diese selbst natürlich ein Teil der Öffentlichkeit sein kann und auch ist, so dass sie auf einer anderen Ebene unseres Themas in den Blick gerät. Zunächst müssen wir jenen großen Teil der Sprache in den Blick nehmen, der im Alltag der Menschen ‚lebt' bzw. gelebt hat. Und dies ist natürlich die mündliche Sprache, das Sprechen.

Hier stellt sich allerdings sofort ein vermutlich kaum lösbares methodisches Problem: Gesprochene Sprache ist erst seit wenigen Jahrzehnten dauerhaft dokumentiert und damit wissenschaftlich beschreib- und auswertbar. Sobald wir unser Jahrhundert verlassen und in die etwas fernere Geschichte blicken, begegnet uns Sprache nur noch in Form von Schrift. Alle Versuche, von dieser Schriftsprache her darauf zu schließen, wie in früheren Zeiten tatsächlich gesprochen wurde, sind weitgehend spekulativ, methodisch sehr fragwürdig und können, selbst wenn sie teilweise zu Ergebnissen führen, uns nur Andeutungen jener einstigen *Sprechwirklichkeiten* liefern.[1] Im Grunde also wissen wir kaum etwas über die Gestalt der Alltagssprache vergangener Jahrhunderte.

Letztlich müssen wir, wenn wir in Hinblick auf Öffentlichkeit nach den sprachlichen Verhältnissen und Voraussetzungen fragen, weitgehend darauf verzichten zu erfahren, wie früher im Einzelnen gesprochen wurde. Es muss uns genügen zu wissen, welche sprachlichen Differenzierungen es gegeben hat und wie sich diese Differenzierungen in dem zu betrachtenden Zeitraum verändert haben. Greifen wir, zum Einstieg, ein paar Sätze aus einer lange Zeit maßgeblichen Sprachgeschichte heraus:

> Das Neuhochdeutsche hat sich vom 16. bis zum 19. Jh. nicht nur zu einer geregelten und vereinheitlichten Schriftsprache entwickelt; es hat im Laufe dieser Zeit zugleich auch den Gipfel des Weges zur Hochsprache (im Sinne von ‚gehobener' Sprache) erreicht. Das war die Leistung der Dichter, Dichtungstheoretiker und sonstigen belletristischen Schriftsteller. (Polenz 1978, 117)

Zwei wesentliche Vorgaben der Sprachgeschichtsschreibung sind aus diesem Zitat herauslesbar. Die erste hatten wir schon genannt und kritisiert: Überwiegend orientieren sich die Sprach-

Problematik der Beschreibung der Alltagssprache

Kennzeichen der Sprachgeschichtsschreibung

---

[1] Derartige Versuche sind im Bereich der Linguistik gemacht worden. So wurden z.B. die Dramen des ‚Sturm und Drang' als ein Abbild der gegen Ende des 18. Jahrhunderts gesprochenen Alltagssprache interpretiert. In einem Projekt „Wissen und Gesellschaft im 19. Jahrhundert" wurde u.a. versucht, in geschriebenen Texten „Spuren gesprochener Sprache" zu finden, um sich auf diese Weise der Realität des Sprechens in dieser Zeit anzunähern. Vgl. zu letzterem Grosse 1986; allgemein auch Weithase 1961.

geschichten an der Literatursprache der jeweiligen Zeit – eine Vorgabe, die für unsere Frage nach dem Zusammenhang von Öffentlichkeit und Sprache nur partiell gültig sein kann. Die zweite Vorgabe besteht in der Zielgerichtetheit, unter der die Sprachentwicklung betrachtet wird. Dreh- und Angelpunkt einer Beschreibung der Geschichte des Deutschen war in den letzten fünf Jahrzehnten nämlich die Herausbildung einer nach schriftsprachlichen Standards normierten Einheitssprache. Auf diesen Zustand, den man für die Zeit um 1800 als gegeben annehmen kann, zielt die Beschreibung jeglicher sprachlicher Veränderung, so dass sehr oft nur das in den Blick gerät, was der Erreichung dieses Zustandes förderlich war.

Eine andere Sprachgeschichte drückt diese Zielgerichtetheit so aus:

> Die neu(hoch)deutsche Periode ist vor allem dadurch gekennzeichnet, daß im Jahrhunderte während Wettstreit verschiedener Formen eine allgemein gültige Einheitssprache entsteht, die sich über die Volkssprache, die Mundarten und Berufssprachen wie über die sich entfaltenden Umgangssprachen erhebt. Die landschaftlichen Schreibidiome spielen eine immer geringere Rolle und leben bald nur noch als gesprochene landschaftliche Sprachen, die selten – in der Form der Mundartdichtung – zum geschriebenen Wort werden. (Moser 139 f.)

Vorrang der Schriftsprache also, insbesondere der Dichtung, Überwindung des in verschiedene Varietäten[2] ,zersplitterten' Deutschen sowie Entstehung einer normierten schriftlichen, später auch mündlichen Einheitssprache – das also wären die hervorstechenden Kennzeichen der Sprachgeschichtsschreibung für das Deutsche zwischen 1500 und 1800.

Eine solche Kennzeichnung legt, schon vor jeder genaueren Betrachtung der sprachlichen Verhältnisse, den Schluss nahe, dass eine allgemeine überregionale und die gesellschaftlichen Schichten übergreifende Verständigung zwischen den Menschen vor Schaffung dieser Einheitssprache gar nicht möglich gewesen sein konnte. So ungefähr ist es den Sprachgeschichten auch immer wieder zu entnehmen. Noch Anfang unseres Jahrhunderts findet man derartige Urteile: „Ich wenigstens habe weder den Badener noch den Bayern noch den Oberhessen in ihren Mundarten irgendwie verstehen können. Und andern

---

[2] Der Ausdruck ,Varietäten' meint hier ganz allgemein die Differenzierung einer Sprache nach regionalen, sozialen, funktionalen oder auch individuellen Gesichtspunkten: Dialekte, Berufs-, Fach- und Wissenschaftssprachen wären also Varietäten einer ,Gesamtsprache'.

wird es ähnlicher gehen. Der Niederdeutsche kann sich mit dem Schwaben oder Bayern unmöglich verständigen" (Hirt 1919, 212). Damit scheint – aus sprachlicher Sicht – die Entstehung und Ausbildung von Öffentlichkeit an die Existenz dieser einheitlichen Sprache, die zu Anfang auch H o c h s p r a c h e, später dann S t a n d a r d s p r a c h e genannt wurde,[3] gebunden zu sein.

> Die Existenz einer Einheitssprache scheint Voraussetzung für die Ausbildung von Öffentlichkeit zu sein

In der Tat fällt in Deutschland die Durchsetzung der überregionalen Einheitssprache, der Standardsprache, zeitlich mit der Herausbildung von Öffentlichkeit im modernen Sinne zusammen. Es wird aber zu fragen sein, ob es in erster Linie die Aufhebung der regionalsprachlichen ‚Zersplitterung' Deutschlands war, die diese Form von Öffentlichkeit befördert hat. Doch blicken wir zunächst einmal auf das Verhältnis der Dialekte untereinander und auf ihre ‚kommunikative' Reichweite vor der Schaffung jener Einheitssprache.

Das Deutsche wird gewöhnlich in drei große Perioden eingeteilt. Die Datierungen dieser Perioden (vgl. Roelcke 1995) schwanken von Sprachgeschichte zu Sprachgeschichte, doch gibt es gute Gründe dafür, die folgende – gewiss recht grobe – Einteilung vorzunehmen:

> Perioden der deutschen Sprachgeschichte

- Althochdeutsch (etwa 750-1170)
- Mittelhochdeutsch (etwa 1170-1500)
- Neuhochdeutsch (seit etwa 1500).[4]

Derartigen Einteilungen haftet allerdings stets etwas Willkürliches an. Auch sind zwischen den einzelnen Perioden keine strikten Zäsuren anzunehmen, sondern immer nur fließende Übergänge.

Unser Blick muss sich hauptsächlich auf die neuhochdeutsche Periode richten. Hugo Moser (1969, 140-142) lässt sie in seiner Sprachgeschichte um 1500 beginnen, weil um diese Zeit die ersten Bestrebungen zur Schaffung einer deutschen Einheitssprache festzustellen sind:

> Erste Versuche zur Schaffung einer deutschen Einheitssprache um 1500

> Die Erfordernisse des Verkehrs hatten [...] schon seit dem 13. und 14. Jahrhundert im niederdeutschen wie im hochdeutschen Bereich zur Bildung überlandschaftlicher Verkehrssprachen geführt: der mittelniederländischen und der mittelniederdeutschen, der

---

[3] Der Terminus ‚Standardsprache' soll die Assoziationen einer Sprache der höheren, d.h. ‚vornehmeren' Gesellschaftsschichten, und die einer ‚besseren', ‚höher bewerteten' Sprache, die sich bei dem Terminus ‚Hochsprache' einstellen können, vermeiden.

[4] Vgl. z.B. Moser 1969, 101, der allerdings andere Bezeichnungen für diese Perioden wählt.

ostmitteldeutschen und der oberdeutschen. Zwischen ihnen bestand ein gewisser Austausch; so gibt es in oberdeutschen Bibelübersetzungen schon vor Luther ostmitteldeutsche Wörter und beeinflußte das Oberdeutsche das Mitteldeutsche. Das Bedürfnis nach einer Einheitssprache erwuchs aus den Erfordernissen des Kanzlei- und Geschäftsverkehrs wie aus der Wirkung, die von dem stets gegenwärtigen lateinischen Vorbild ausging.

Durch das Aufkommen des Buchdrucks wurde der Wunsch nach sprachlicher Vereinheitlichung zunächst nicht wesentlich verstärkt. Die Druckereien waren anfänglich noch nicht auf weiträumigen Massenabsatz eingestellt. Noch mehr als die Kanzleisprachen waren auch die Druckersprachen zunächst verschieden nach der Verkehrssprache der Landschaften und nach der persönlichen Sprache der Drucker. Wohl bemühte man sich, die landschaftlichen Eigentümlichkeiten zu vermeiden, doch bestehen noch im 16. Jahrhundert im hochdeutschen Bereich verschiedene Druckersprachen nebeneinander [...]. Erst im Laufe des 16. Jahrhunderts beginnt der Buchdruck, je mehr sich die örtlichen Unterschiede abschleifen, desto stärker zur Einheit des Deutschen beizutragen [...]. War um 1500 Augsburg die führende Druckerstadt, so traten seit der Reformation im Süden Tübingen, namentlich aber in Ostmitteldeutschland Wittenberg mit ihm in Wettbewerb. Die Bibelausgaben Wittenbergs förderten die einheitssprachlichen Tendenzen; seit 1560 übernahmen die Frankfurter Prachtbibeln diese Rolle.

Aber der Wunsch nach einer Einheitssprache wurzelte noch in einem anderen Bereich. Im Spätmittelalter war ein ausgeprägtes deutsches Nationalgefühl entstanden, das an die Stelle der hochmittelalterlichen Imperiumsidee getreten war und bei den humanistischen Gelehrten die Stufe ausgeprägter Bewußtheit erreicht hatte. Mit dem nationalen Stolz vertrug sich bei den Humanisten durchaus die fremde Sprache, das Latein; was aus ihm dann erwuchs, war zunächst das Streben nach Reinheit, noch nicht so sehr nach Einheit der deutschen Sprache. Diese, von Luther als Mittel der Glaubensverkündigung erstrebt, versuchte zuerst das Barockzeitalter aus nationalen Gründen bewußt zu verwirklichen. Von nun an geht vom Nationalgefühl ein überaus starker Antrieb zur Schaffung der sprachlichen Einheit aus. Die fortschreitende Entwicklung zur Kulturnation, die Wirtschaftsbedürfnisse und schließlich die staatliche Einigung des größeren Teils der Deutschen führten zu einer Einheitssprache. Das Beispiel Frankreichs wirkt dabei wie schon im Hochmittelalter anfeuernd; dort hatte sich ja, anders als in Deutschland, die höfische Kunstsprache unter dem Einfluß des politischen Mittelpunkts zur Schriftsprache der Kanzlei und der Verwaltung entwickelt; die Verordnung Franz I. über die einheitliche Rechts- und Verwaltungssprache von 1539 war ein Ausdruck dafür. In Deutschland vollzog sich der Kampf um die sprachliche Einigung zunächst durchaus mit dem Seitenblick auf Frankreich.

So mußte also die Einheitssprache kommen.

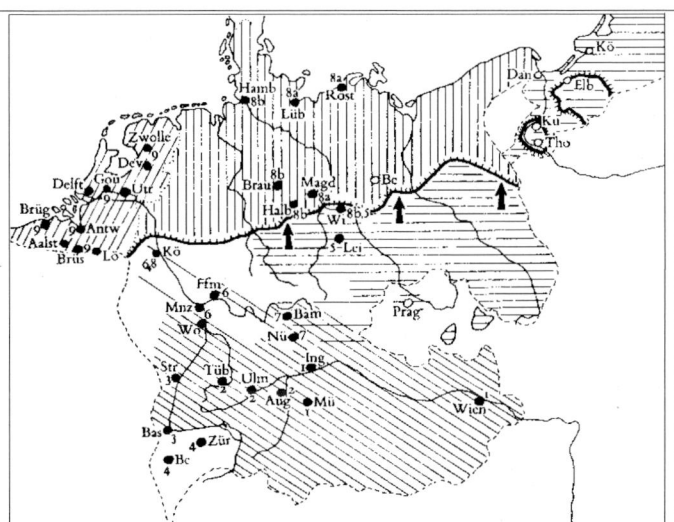

Karte 5. Deutsche Schreibsprachen, Druckersprachen und Druckerstädte um 1500. Hochdeutsche Druckorte nach V. Moser, niederdeutsche nach W. Niekerken, niederländische nach W. Krogmann. Ostpreußen ist nicht berücksichtigt. (Nach H. Moser, Sprachgeschichte der älteren Zeit, in „Deutsche Philologie im Aufriß", Bd. I, ²1957, Karte 27) 🔲 Mittelniederländisch 🔲 Mittelniederdeutsch 🔲 Ostmitteldeutsch 🔲 Gemeines Deutsch ⌇⌇ungefähre hochdeutsch/niederdeutsche Sprachgrenze ● Druckerstädte ↑ Vordringen des Hochdeutschen Druckersprachen: 1 bairisch-österreichisch 2 schwäbisch 3 oberrheinisch 4 innerschweizerisch 5 ostmitteldeutsch 6 westmitteldeutsch 7 oberdeutsch/ ostmitteldeutsch 8a niederdeutsch bis 1500 8b niederdeutsch von 1500 bis 1525 9 niederländisch

Abb. 6: Deutsche Schreibsprachen um 1500 (nach Moser 1969, Anhang, Karte 5).

Bevor wir die von Moser benannten Faktoren, die zu dem Versuch einer willentlichen Schaffung der Einheitssprache führten, erläutern, sollten wir uns die sprachliche Situation um 1500 anhand zweier Abbildungen vergegenwärtigen. Abbildung 6 zeigt eine Karte des deutschen Sprachgebietes mit der regionalen Gliederung der damaligen Schreibsprachen. Abbildung 7 zeigt die verschiedenen Schreib- und Sprechweisen in Form einer pyramidalen Schichtung.

Uns muss es in Hinblick auf Öffentlichkeit nicht um eine genaue, linguistisch fundierte Kenntnis der sprachlichen Differenzierung gehen. Es genügt, die beiden Abbildungen dahingehend zu lesen und zu interpretieren, dass um 1500 zahlreiche

Sprachliche
Situation um 1500

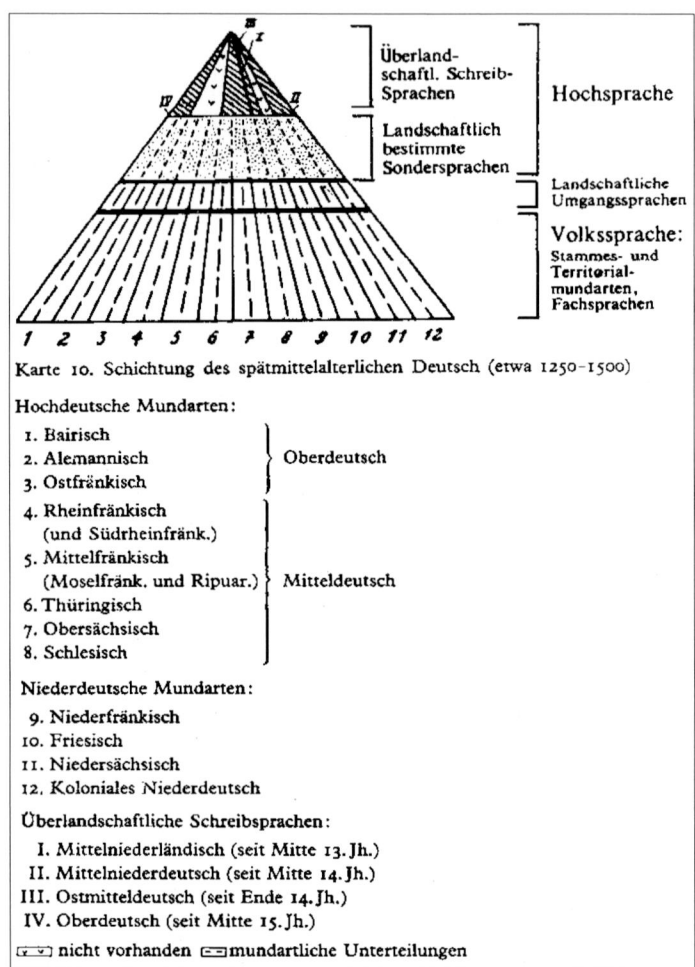

Karte 10. Schichtung des spätmittelalterlichen Deutsch (etwa 1250-1500)

Hochdeutsche Mundarten:

1. Bairisch
2. Alemannisch   } Oberdeutsch
3. Ostfränkisch

4. Rheinfränkisch
   (und Südrheinfränk.)
5. Mittelfränkisch
   (Moselfränk. und Ripuar.) } Mitteldeutsch
6. Thüringisch
7. Obersächsisch
8. Schlesisch

Niederdeutsche Mundarten:

9. Niederfränkisch
10. Friesisch
11. Niedersächsisch
12. Koloniales Niederdeutsch

Überlandschaftliche Schreibsprachen:

I. Mittelniederländisch (seit Mitte 13. Jh.)
II. Mittelniederdeutsch (seit Mitte 14. Jh.)
III. Ostmitteldeutsch (seit Ende 14. Jh.)
IV. Oberdeutsch (seit Mitte 15. Jh.)

☞☜ nicht vorhanden ⊂⊃mundartliche Unterteilungen

Abb. 7: Schichtung des spätmittelalterlichen Deutsch (nach Moser 1969, Anhang, Karte 10).

Dialekte (Mundarten) existieren, die man nach lautlichen Gesichtspunkten in die zwei großen Gruppen „Hochdeutsch" und „Niederdeutsch" zusammenfasst.[5] Daneben gibt es, wiederum

---

[5] Die 12 in Abb. 7 aufgelisteten Mundarten stellen nur einen bestimmten ,Typus' von Mundart dar. Die dialektale Gliederung war in Wirklichkeitnoch viel differenzierter, denn jeder Dialekt hatte noch seine wiederum regional begrenzten unterschiedlichen Ausprägungen. – „Hochdeutsch"

nur oder jedenfalls überwiegend als mündliche Sprachen, eine
Reihe von landschaftlichen Umgangssprachen und landschaftlich bestimmten Sondersprachen, womit zum einen die (regional verschiedene) Sprache der Verwaltung und zum anderen
die Fachsprachen der Handwerker oder auch der religiösen
Verrichtungen gemeint sind. Darüber ‚erheben' sich vier überlandschaftliche „Schreibsprachen", deren regionale Verteilung
aus Abb. 7 ersichtlich ist. Sie basieren auf einem Dialekt oder
einer Gruppe von Dialekten, sind aber keine „Schriftsprachen"
im heutigen Sinne, weil sie noch stark von der mundartlichen
Sprechweise des jeweiligen Schreibers geprägt sind.

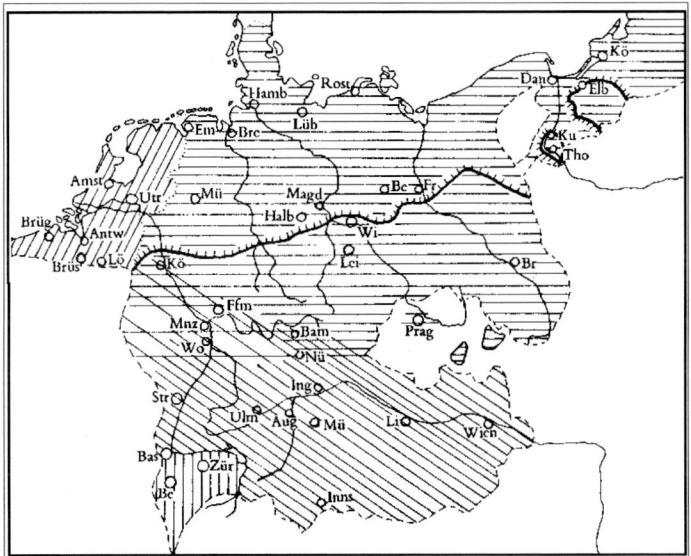

Karte 6. Schriftsprachen Deutschlands und der Niederlande im 2. Viertel
des 17. Jahrhunderts
▦ Ostmitteldeutsche Schriftsprache ▨ Oberdeutsche Schriftsprache
▥ Schweizerdeutsche Schriftsprache ▧ Niederländische Schriftsprache
〰 ungefähre hochdeutsch/niederdeutsche Sprachgrenze

Abb. 8: Schriftsprachen Deutschlands und der Niederlande, 2. Viertel 17.
Jahrhundert (nach Moser 1969, Anhang, Karte 6).

meint hier nicht eine Kennzeichnung nach sozialen Gesichtspunkten,
sondern, in der Unterscheidung zu „Niederdeutsch", eine Kennzeichnung nach regionalen Gesichtspunkten.

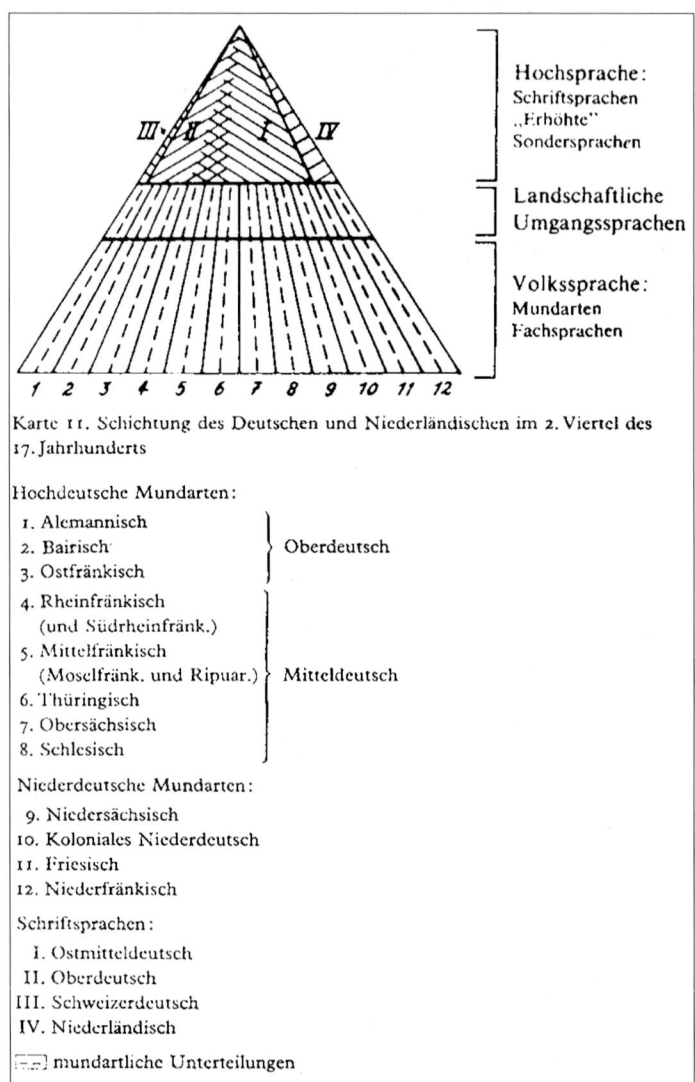

Karte 11. Schichtung des Deutschen und Niederländischen im 2. Viertel des 17. Jahrhunderts

Hochdeutsche Mundarten:

1. Alemannisch
2. Bairisch   } Oberdeutsch
3. Ostfränkisch

4. Rheinfränkisch
   (und Südrheinfränk.)
5. Mittelfränkisch
   (Moselfränk. und Ripuar.) } Mitteldeutsch
6. Thüringisch
7. Obersächsisch
8. Schlesisch

Niederdeutsche Mundarten:

9. Niedersächsisch
10. Koloniales Niederdeutsch
11. Friesisch
12. Niederfränkisch

Schriftsprachen:

I. Ostmitteldeutsch
II. Oberdeutsch
III. Schweizerdeutsch
IV. Niederländisch

⌐ ¬
⌊_ _⌋ mundartliche Unterteilungen

Abb. 9: Schichtung des Deutschen und Niederländischen, 2. Viertel 17. Jahrhundert (nach Moser 1969, Anhang, Karte 11).

Sprachliche Situation um 1650

Blicken wir nun anhand der Abbildungen 8 und 9 in gleicher Weise auf die sprachliche Situation knapp 150 Jahre später.

Die niederländische Schriftsprache hat ihr Gebiet behauptet und wird es, aus politischen Gründen, auch weiterhin behaupten. Im Grunde können wir sie für unser Thema außer Acht lassen, da die Niederlande sprachlich und politisch einen eigenen Weg gehen. Die mittelniederdeutsche Schriftsprache aber ist verschwunden. Sie war vorwiegend die Geschäftssprache der Hanse und verlor, mit deren Niedergang zu Beginn des 17. Jahrhunderts, an Bedeutung. Ihr Gebiet wurde zu diesem Zeitpunkt von einer Schriftsprache ostmitteldeutschen Gepräges eingenommen, die sich im Laufe des 16. Jahrhunderts, bedingt nicht zuletzt auch durch die Ausbreitung der Reformation, immer mehr nach Norden verschoben hat. Der katholische Süden aber behält seine oberdeutsche Schreibsprache bei. Sie steht vom 16. bis zur ersten Hälfte des 18. Jahrhunderts in erklärter Konkurrenz zur ostmitteldeutschen Schriftsprache. Daneben bildet sich, ebenfalls aus konfessionellen Gründen, aus der innerschweizerischen Druckersprache eine schweizerdeutsche Schriftsprache heraus, die im 18. Jahrhundert auch in Konkurrenz zum Ostmitteldeutschen tritt.

Auf der Ebene der gesprochenen Sprache hat sich im Verlaufe der betrachteten knapp 150 Jahre differenzierend und vereinheitlichend nichts getan. Auch landschaftliche Umgangssprachen existieren noch immer; die vormals landschaftlich bestimmten Sondersprachen aber sind in die jeweiligen Schriftsprachen eingegangen bzw. wurden von ihnen die jeweilige schriftsprachliche Form übernommen. Auf der Ebene der Schriftsprache selbst zeichnet sich schon eine deutlich erkennbare Tendenz zur Einheit ab.

Gegen Ende des 18. Jahrhunderts ist dann die (schrift)sprachliche Einigung erreicht. Es gibt (im deutschen Sprachraum) nur noch eine Schriftsprache. Sie trägt wesentlich die Züge der vormals ostmitteldeutschen Schriftsprache und wird nun, mit einem gewissen Recht, als „Hochdeutsch" gehandelt.

Moser (1969, 149) kommentiert den „Wettbewerb der schriftsprachlichen Formen" so:

> Erst am Ende des 18. Jahrhunderts ist eine einheitliche deutsche Schriftsprache geschaffen

> Damit war eine 250jährige Auseinandersetzung beendet, deren Ausgang zeitweilig ungewiß sein konnte. Bis ins 18. Jahrhundert hinein gab es eine mitteldeutsche (evangelische) und eine oberdeutsche (katholische), bis zum ausgehenden 17. auch eine schweizerische (reformierte) Form der Schriftsprache, die der Notar Sebastian Helber in Freiburg im Breisgau 1593 die Mitter Teütsche, die Donawische und die Höchst Reinische nannte. Alle diese Sprachformen werden im 16. Jahrhundert von Grammatikern verfochten: die Luthersche von Fab[ian] Frangk und Joh[annes] Clajus, die oberdeutschen von Val[entin] Ickelsamer und Hier[onymus] Wolf, die schweizerische von Joh[annes] Kolroß und

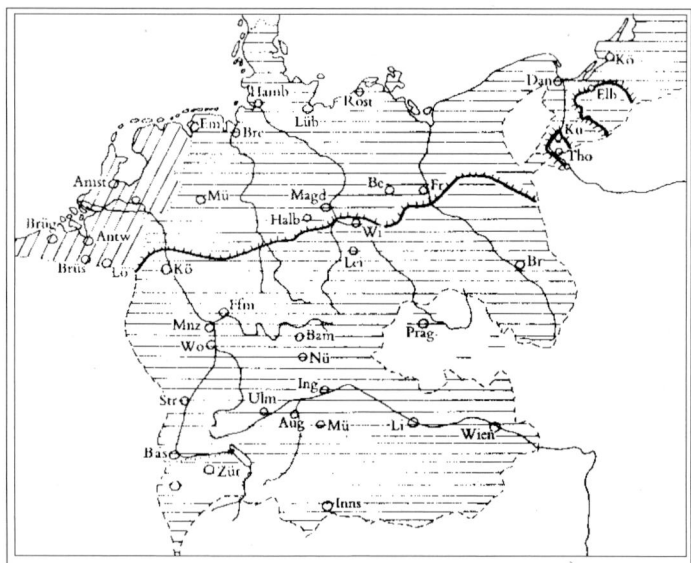

Karte 7. Deutsche und niederländische Schriftsprache seit dem letzten Viertel
des 18. Jahrhunderts
▦ Deutsche Schriftsprache ostmitteldeutschen Gepräges ▨ Niederländische Schriftsprache ⏝⏝⏝ ungefähre hochdeutsch/niederdeutsche Sprachgrenze

Abb. 10: Deutsche und niederländische Schriftsprache, letztes Viertel 18.
Jahrhundert (nach Moser 1969, Anhang, Karte 7).

Konr[ad] Gesner. Sie standen miteinander im Wettbewerb um die
allgemeine Geltung, sie beeinflußten sich aber auch gegenseitig.

Die vorstehenden Abbildungen 10 und 11 verdeutlichen noch
einmal diese Einigung auf schriftsprachlicher Ebene. Die gesprochene Sprache bleibt weiterhin gegliedert in die verschiedenen Dialekte, die bis heute noch, mehr oder weniger ausge-
prägt, ihre Stellung im Alltagsleben behauptet haben.

Damit war, am Ende des 18. Jahrhunderts also, die sprachliche Einigung Deutschlands abgeschlossen. So jedenfalls sehen
es die Sprachgeschichten. Es bleibt festzuhalten, dass mit dieser Beschreibung nur die schriftsprachliche Norm erfasst ist,
keineswegs aber eine Norm der alltäglichen Gebrauchssprache.
Eine solche Normierung wurde erst am Ende des 19. Jahrhunderts verstärkt unter dem Leitgedanken „Rede, wie du schreibst"
angestrebt, aber auch nur bedingt durchgesetzt.

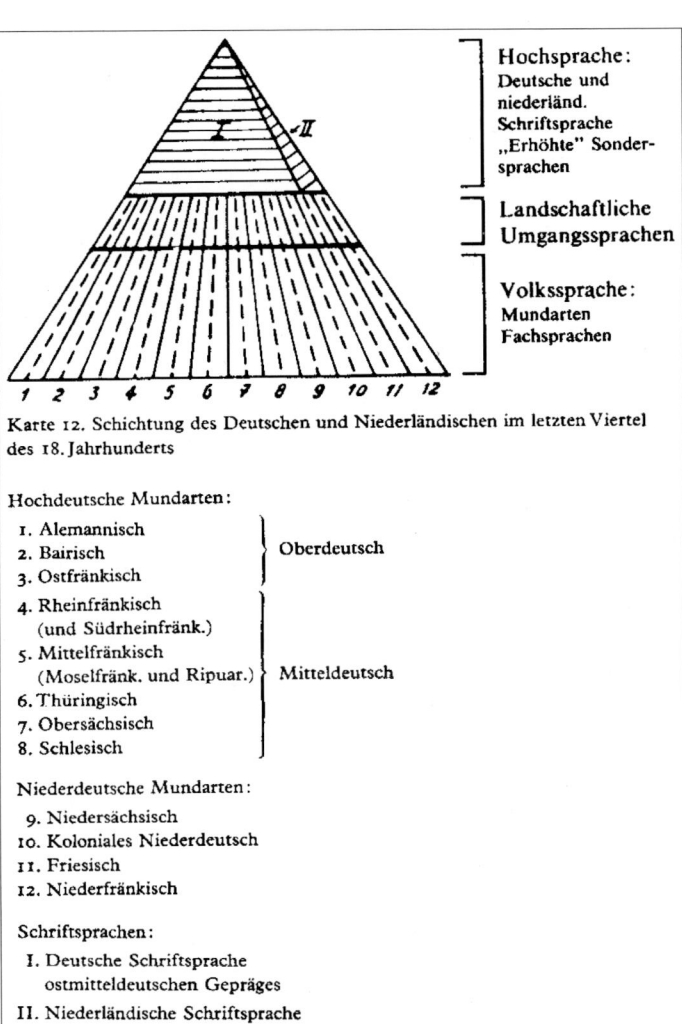

Karte 12. Schichtung des Deutschen und Niederländischen im letzten Viertel des 18. Jahrhunderts

Hochdeutsche Mundarten:

1. Alemannisch
2. Bairisch } Oberdeutsch
3. Ostfränkisch

4. Rheinfränkisch
   (und Südrheinfränk.)
5. Mittelfränkisch
   (Moselfränk. und Ripuar.) } Mitteldeutsch
6. Thüringisch
7. Obersächsisch
8. Schlesisch

Niederdeutsche Mundarten:

9. Niedersächsisch
10. Koloniales Niederdeutsch
11. Friesisch
12. Niederfränkisch

Schriftsprachen:

I. Deutsche Schriftsprache
   ostmitteldeutschen Gepräges
II. Niederländische Schriftsprache

⊏⊐ nur teilweise belegt ⊏≣⊐ mundartliche Unterteilung

Abb. 11: Schichtung des Deutschen und Niederländischen, letztes Viertel 18. Jahrhundert (nach Moser 1969, Anhang, Karte 12).

2.3 Wege zur Einheitssprache

Nach diesen drei synchronen Schnitten durch die deutsche Sprachgeschichte (um 1500, im zweiten Viertel des 17. und am Ende des 18. Jahrhunderts), die rein äußerlich die jeweilige

Weiterführende
Fragen

sprachliche Situation und die Tendenz zur Vereinheitlichung der Schriftsprachen zeigen sollten, müssen nun zwei grundlegende Fragen gestellt werden:

1. Welche Faktoren, Motive und Bestrebungen haben die Entstehung der Einheitssprache befördert? Moser hat in der zitierten Passage seiner Sprachgeschichte schon einige Motive genannt. Sie sollen nun erläutert und ergänzt werden.
2. Welche Auswirkungen hatten diese Veränderungen innerhalb der deutschen Sprache in Hinblick auf die Gestalt von Öffentlichkeit?[6]

Faktoren und
Motive für die
Schaffung einer
Einheitssprache

Moser nannte für den Wunsch nach Schaffung einer Einheitssprache vor allem zwei Gründe: die Erfordernisse des Kanzlei- und Geschäftsverkehrs sowie das Aufkommen eines deutschen Nationalgefühls. Beide Gründe deuten darauf hin, dass die Sprachgeschichte in enger Verbindung mit der Real-, Wirtschafts- sowie Geistesgeschichte gesehen werden muss.

Wirtschaftlicher
Aufschwung im
16. Jahrhundert

Deutschland erfuhr zu Beginn des 16. Jahrhunderts einen spürbaren wirtschaftlichen Aufschwung. Einen bedeutenden Anteil daran hatte das Hüttenwesen, von dessen Reichtum auch Fürsten und mächtige Handelshäuser wie die Fugger, Welser und Tucher profitierten.

> Neben der wirtschaftlichen Entwicklung erlebte auch der Warenaustausch einen bedeutenden Aufschwung und führte zu Ansätzen einer gewissen Wirtschaftseinheit in Deutschland. Die Erzeugnisse der Produktion wurden innerhalb Deutschlands ausgetauscht, aber auch exportiert. Wichtige Handelsstraßen verbanden Nord und Süd, Ost und West miteinander. Das sächsisch-thüringische Gebiet bildete einen Knotenpunkt im Handelsverkehr. Nord-Süd-Routen und Ost-West-Wege führten über Leipzig. Durch diese Mittlerstellung im Warenverkehr, durch blühenden Bergbau, Tuch- und Leinenindustrie sowie durch Waidanbau und Glasmacherei entwickelten sich in diesem Gebiet günstige Bedingungen für die Herausbildung eines wirtschaftlichen Zentrums. Die ökonomischen Veränderungen wurden durch die geographischen Entdeckungen (Amerika 1492, Seeweg nach Indien 1498) gefördert. (Schmidt [Hrsg.] 1984, 100)

Es dürfte unmittelbar einleuchten, dass die Ablösung der kleinen, überschaubaren Wirtschaftsräume, wie sie im Mittelalter

---

[6] Eine Antwort auf diese Frage ist in den älteren Sprachgeschichten kaum oder nur andeutungsweise zu finden, denn eine kommunikationsgeschichtlich orientierte historische Betrachtung der Sprache hat erst vor kurzem Eingang in die Linguistik gefunden. Vgl. dazu jedoch die sozio-pragmatisch ausgerichtete Sprachgeschichte Polenz 1994-²2000.

bestanden hatten, durch größere Wirtschafts- und Handelsver-
bindungen auch zu einer Ausweitung der Kommunikationsräume führen musste.[7] Neben diesen eher materiellen Gründen,
die eine Vereinheitlichung des Deutschen nahe legten, gab es
zu jener Zeit auch eine geistige Bewegung, die den Wert der
‚Volkssprache‘, nun gegenüber dem Latein als ‚Gelehrtensprache‘, hervorhob. Mit der Wiederentdeckung des antiken Denkens durch die Humanisten wuchs, zumindest bei einem Teil
von ihnen, der Wunsch, auch die deutsche Vorzeit und die
deutsche Sprache besser kennen und gebrauchen zu lernen.
Hinzu trat ein Motiv, das uns im Laufe der Öffentlichkeitsgeschichte noch des Öfteren begegnen wird. Mit Hilfe des Deutschen waren mehr Menschen zu erreichen als durch das Lateinische. Gerade jene Schreiber (Wissenschaftler, Schriftsteller),
die – in unserem modernen Sinne – ‚öffentlichkeitswirksam‘ ihre Schriften verbreitet sehen wollten, gingen schon damals zum
Deutschen über. Entweder übersetzten sie ihre eigenen lateinischen Schriften ins Deutsche oder sie schrieben sofort deutsch.
So bemerkt Ulrich von Hutten (zit. nach Schmidt [Hrsg.] 1984,
103) im Jahre 1521:

> Latein ich vor geschriben hab,
> das war eim yeden nit bekandt.
> yetzt schrey ich an das vatterlandt
> Teütsch nation in ihrer sprach,
> zu bringen dißen dingen rach.

Auch Martin Luther schrieb, eben aus diesem Grunde, seine
Reformationsschriften deutsch. Während die Humanisten zur
Vereinheitlichung des Deutschen allerdings nur verhältnismäßig
wenig beitrugen, war Luthers Bedeutung in dieser Hinsicht
recht groß:

> Der Name Luthers ist mit der Herausbildung der dt. nationalen Li-
> teratursprache eng verbunden. In der Forschung wird seine Stel-
> lung recht verschieden beurteilt. Seine Leistung für die dt. Sprach-

Die Ausweitung des Geschäftsverkehrs hatte einer Ausweitung der Kommunikationsräume zur Folge

Motive der Zugänglichkeit und Verständlichkeit

Wert der Volkssprache

Rolle Luthers für die Entstehung der deutschen Einheitssprache

---

7 Bereits Lenin (1961, Bd. 20, 398 f.) hat diese Verbindung von Sprache
   und Wirtschaft auf den Punkt gebracht: „Die Sprache ist das wichtigste
   Mittel des Verkehrs der Menschen untereinander; die Einheit der
   Sprache und ihre ungehinderte Entwicklung bilden eine der wichtigsten
   Voraussetzungen für einen wirklich freien und umfassenden, dem modernen Kapitalismus entsprechenden Handel, für eine freie und umfassende Gruppierung der Bevölkerung nach jeder der einzelnen Klassen,
   schließlich eine Voraussetzung für die enge Verbindung des Marktes
   mit jedem, auch dem kleinsten Unternehmer, mit jedem Verkäufer und
   Käufer.“

entwicklung ist häufig von konfessionsgebundener Voreingenommenheit bewertet und seine Rolle als Einzelpersönlichkeit im Sinne einer 'Elitentheorie' für die historische Entwicklung oft überschätzt worden. [...] Die fortschreitende Forschung hat diese Urteile korrigiert. Eine Einzelpersönlichkeit kann nicht eine für die gesamte Nation gültige Gemeinsprache schaffen. Sprache ist ein soziales Gebilde, an dessen Ausformung die gesamte Sprachgemeinschaft beteiligt ist. Des weiteren hat die zielstrebige Erforschung des omd. [ostmitteldeutschen; J.Sch.] Sprachgebietes vor allem durch die Dialektgeographie [...] deutlich gemacht, daß Luther nicht am Anfang, sondern mitten in einer jahrhundertealten Sprachentwicklung steht. [...] Das unterstreicht Luther selbst: ‚Ich habe keine gewisse, sonderliche, eigene Sprache im Deutschen, sondern brauche der gemeinen deutschen Sprache, daß mich beide, Ober- und Niederländer, verstehen mögen.' (Schmidt 1984 [Hrsg.], 104 f.)[8]

Wenngleich man, wie dieses Zitat und ebenfalls neuere Forschungsergebnisse besagen, die Rolle Luthers für die Entstehung der deutschen Einheitssprache nicht überbewerten sollte, wirkten seine Schriften doch nachhaltig auch auf den Gang der deutschen Sprache. Sein Bestreben, die Gedanken der Reformation allen Menschen zugänglich zu machen, der Wunsch nach Wirkung also, erforderte eine Sprache, die auch von allen (oder jedenfalls von vielen) verstanden werden konnte. Damit wäre nicht nur ein wichtiges Motiv für die Vereinheitlichung der Sprache genannt, sondern auch schon ein Bezug zwischen Sprache und Öffentlichkeit hergestellt.

Die Sprache Luthers wirkte zumindest auf den protestantischen Norden Deutschlands vereinheitlichend. Man kann davon ausgehen, dass, wie er selbst ja auch gemeint hat, seine Schriften von denen, die lesen konnten, auch verstanden wurden. Auch einem Sprechen nach der Schrift konnten die Dialektsprecher vermutlich folgen. Allerdings ist kaum anzunehmen, dass sich das eigene Sprechen der Menschen selbst in Richtung auf eine Vereinheitlichung bewegte. Hier muss man weiterhin, zum Teil ja bis in unsere Tage, mit einer dialektalen Differenzierung rechnen.

Sprachentrennung während des Dreißigjährigen Kriegs Dieser reformatorische Vereinheitlichungsschub wurde im 17. Jahrhundert vor allem durch den Dreißigjährigen Krieg teilweise wieder rückgängig gemacht. Fremde Truppen im Lande, ein wirtschaftliches Chaos, Konfessionsstreitigkeiten, der erneu-

---

[8] Das Zitat Luthers stammt aus den *Tischreden*. ‚Oberländisch' und ‚Niederländisch' sind hier gleichbedeutend mit ‚hochdeutsch' und ‚niederdeutsch'.

te Niedergang der langsam sich entwickelnden Schriftkultur –
all das wirkte sich dahingehend aus, dass Deutschland sich
auch sprachlich erneut zersplitterte.

Am Ende dieses Jahrhunderts stellt der Philosoph Gottfried
Wilhelm Leibniz in seiner erstmals 1846 veröffentlichten Schrift
*Ermahnung an die Deutschen, ihren Verstand und ihre Spra-
che besser zu üben, samt beigefügtem Vorschlag einer deutschgesinnten Gesellschaft* dem Deutschen die folgende Diagnose:

> Ich muß bekennen, es sei leider dahin gekommen, daß man viel-
> leicht, solange Deutschland steht, nie darin undeutscher und un-
> gereimter geredet hat. Ich rufe zu Zeugen an, was uns die halb-
> jährlichen Messen hervorbringen; darin ist oft alles auf eine so
> erbärmliche Weise durcheinandergeworfen, daß manche sogar
> nicht einmal zu erwägen scheinen, was sie schreiben. Ja, es
> scheint, manche dieser Leute haben ihr Deutsch vergessen und
> Französisch nicht gelernt. Wollte Gott, es wäre jedesmal unter
> zehn solcher fliegenden Papiere eines, so ein Fremder ohne La-
> chen, ein Patriot ohne Zorn lesen könne! Ich kenne vornehme
> Franzosen, denen ihre Geschäfte und Reisen Gelegenheit und
> Lust gemacht, unsere Sprache zu verstehen, und denen ich nach-
> sagen kann, daß sie weder aus Bewegung noch aus Ekel, son-
> dern aus bloßer Verwunderung über unser ungereimtes Wesen
> mit verächtlichen Worten hervorgebrochen; um soviel mehr, da
> sie auf mein Anzeigen gesehen, daß es uns an guten Meistern
> nicht mangle, deren herrlicher Schriften sich keine Nation zu
> schämen hätte. Daraus haben sie denn unverhohlen gegen mich
> geschlossen, sie sähen wohl, daß es mit Deutschland auf die Nei-
> ge komme und Einigkeit, Tapferkeit und Verstand miteinander
> sich verlieren, dahingegen bei ihnen überall die helle Sonne auf-
> gehe. Wie mir dabei zumute gewesen, mag ich nicht wohl sagen
> und lass' ich einen jeden bei sich selbst prüfen, ob er deutsches
> Blut in seinen Adern habe, wenn er dieses ohne Empfindung hö-
> ren oder lesen kann. Ich will Staats- und Kriegssachen, wie ob-
> gedacht, an die Seite setzen; denn ich glaube, Gott werde einen
> Weg zu unsrer Wohlfahrt finden und dieses Reich, so der Chri-
> stenheit Hauptfeste ist, gnädiglich erhalten; so wird auch das
> höchste Oberhaupt samt den andern Potentaten und Ständen Mit-
> tel wissen, wodurch die deutsche Tugend wieder zu vorigem
> Glanz kommen möge. Was aber den Verstand betrifft und die
> Sprache, welche gleichsam als ein heller Spiegel des Verstandes zu
> achten, so glaube ich, diesfalls habe ein jeder Macht, seine Gedan-
> ken vorzutragen; ja es ist schwer: zugleich sein Vaterland lieben,
> dieses Unheil sehen und nicht beklagen. (Leibniz 1983, 66 f.)

Gottfried Wilhelm
Leibniz über die
Sprache seiner Zeit

Leibniz reagiert hier kritisch auf den Zustand der deutschen
Sprache um 1700. Schon vor ihm, Mitte des 17. Jahrhunderts,
hatten die Sprachgesellschaften des Barock, insbesondere die
„Fruchtbringende Gesellschaft", versucht, für eine „Reinerhal-

Spracharbeit der
barocken Sprach-
gesellschaften

tung der deutschen Sprache" und eine „Wiederherstellung der deutschen Tugenden" zu sorgen (vgl. Schultz 1888). Sie richteten ihr Augenmerk aber vor allem auf die sogenannte ‚Schöne Literatur‘, was Leibniz als für nicht ausreichend betrachtete. Deshalb schlug er weitergehende Therapien vor, die das Deutsche in den Rang einer differenzierten Verkehrssprache erheben sollten.

Anlass für diese sprachkritischen und sprachpflegerischen Bemühungen war die sogenannte ‚deutsch-französische Sprachmengerei‘, also ein Übermaß französischer Wörter und Wendungen im Sprachgebrauch der Deutschen. Dieses Problem wird sich noch allen Sprachkritikern des 18. und 19. Jahrhunderts stellen.

Exkurs zur französischen Sprachgeschichte

Ein kurzer Exkurs zur französischen Sprachgeschichte soll erläutern, welche Bedeutung Frankreich für die sprachlichen Bemühungen in Deutschland hatte:

Frankreich war, für Leibniz und seine Nachfolger, zugleich Kontrast- und Vorbild für die deutschen Verhältnisse. Dieser – auf den ersten Blick als Widerspruch erscheinende – Umstand muss erklärt werden: Um 1700 besaß Frankreich die bestausgebildete Literatursprache Europas. Entscheidend für diesen Umstand war die Tatsache, dass Frankreich eine bis ins hohe Mittelalter zurückreichende Geschichte eines zentralistischen Nationalstaates aufweisen konnte. Paris war zudem nicht nur das politische, sondern auch das sprachliche Zentrum – die Sprache des Königs, „la langue du roi", war die Norm, an der sich all jene orientieren mussten, die am Hof ernst genommen werden wollten.

Die Sprache des Königs war im Frankreich des 17. Jahrhunderts die Norm für den guten Sprachgebrauch

Ein erster Impuls zur Hebung des Niveaus der französischen Umgangssprache ging Mitte des 16. Jahrhunderts aus von einer Gruppe junger Dichter, die sich zur sogenannten ‚Pléiade' zusammenschlossen mit dem Ziel, in sprachlicher und dichterischer Hinsicht mit dem antiken Ideal zu wetteifern. Das Bewusstsein sprachbildnerischer Anstrengungen war damit geschaffen. Hinzu kam ein soziologisches Moment, eine Umschichtung in der Hierarchie der Kulturträger. Mit der Festigung der absoluten Monarchie gewann die französische Aristokratie auf Kosten der Gelehrten an Ansehen. Ihr Bildungsideal fasste sie in der Vorstellung vom „honnête homme" zusammen, ein Ideal des allseits gebildeten Menschen. Dieses Ideal schlug sich selbstverständlich auch sprachlich nieder. Die Konversationssprache der Oberschicht wurde zur Norm erhoben und somit maßgebend für den guten Sprachgebrauch, dem sich, wie ge-

Der „honnête homme" als neues Bildungsideal

sagt, jeder, der nicht Gefahr laufen wollte, an den Rand dieser gesellschaftlich führenden Gruppe gedrängt zu werden, anzupassen hatte.

Diese in erster Linie praktischen Bemühungen um die französische Sprache wurden ab 1635 unterstützt durch die von Richelieu gegründete ‚Académie française'. Sie hatte, vor allem durch ihre Wörterbucharbeit, die Aufgabe, den theoretischen Rahmen für die Normierung der französischen Sprache zu liefern.

Während in Frankreich also schon im 17. Jahrhundert wenigstens in der höfischen Oberschicht eine normierte, allseits ausgebildete Sprache existierte, war in Deutschland die Situation zu dieser Zeit eine völlig andere:

Zunächst gab es die Sprachentrennung zwischen Gelehrten und Laien. Latein war die Sprache der Wissenschaft, die Sprache der Philosophie. Das änderte sich erst langsam in der zweiten Hälfte des 18. Jahrhunderts. Latein als Wissenschaftssprache garantierte zwar den ungehinderten internationalen Austausch über nationalsprachliche Grenzen hinweg, schloss aber gleichzeitig das Volk, die Laien, vom Zugang zur wissenschaftlichen Erkenntnis aus. Hinzu kam die schon angesprochene Sprachenmischung. Der französische Einfluss machte sich in allen Bereichen der Kultur bemerkbar. Ursache hierfür war die nationale Unsicherheit Deutschlands, das Gefühl der Unterlegenheit gegenüber der Kulturnation Frankreich. Die französische Sprache und Kultur besaßen einen dementsprechend hohen Prestigewert. Das Fehlen einer nationalen Identität in Deutschland allerdings lässt sich realpolitisch begründen. Das Land war in viele Kleinstaaten zersplittert (ein Problem, das sich bis weit ins 19. Jahrhundert hinein bemerkbar machte), es war religiös gespalten, durch den Dreißigjährigen Krieg verwüstet, es besaß keine Hauptstadt, keine zentrale politische Gewalt und schließlich keine Akademie, die sich – mit einer gewissen Autorität – um sprachliche Angelegenheiten hätte kümmern können.

Diese Situation nimmt Leibniz zum Anlass seiner *Ermahnung an die Deutschen*. Lang und breit legt er soziale, geistige und auch politische Missstände dar, findet aber fast beschwörende Worte dafür, dass ihnen noch abzuhelfen sei. Was er an dieser Stelle anführt, um eine Verbesserung einzuleiten, wurde später ein maßgebender philosophischer Anstoß für die deutsche Aufklärung: Es liege, sagt Leibniz, in der Macht des Volkes, die beschriebenen, mangelhaften Zustände zu ändern; das Volk kann zur „Glückseligkeit" gelangen, wenn es nur den Wil-

Die sprachliche Situation in Deutschland im 17. Jahrhundert

Latein als Wissenschaftssprache hatte den Vorteil, eine internationale Verständigung zu ermöglichen – dem lateinunkundigen Volk aber war der Zugang zur Wissenschaft verwehrt

Abb. 12: GOTTFRIED WILHELM LEIBNIZ (1646-1716), Philosoph und Mathematiker, Universalgelehrter.
Leibniz begründete – neben Isaac Newton – die Differentialrechnung und erfand eine Rechenmaschine. Auf dem Gebiet der Philosophie trat er mit seiner Monadenlehre und einer mit David Hume konkurrierenden Erkenntnislehre *(Nouveaux Essais sur l'Entendement Humain,* entstanden 1701-1704, veröffentlicht 1765) hervor. Er verfolgte die Idee einer Universalsprache, beschäftigte sich jedoch zugleich auch programmatisch mit den Möglichkeiten der Verbesserung der deutschen Sprache. Leibniz gilt als Vorläufer der Aufklärung. Insbesondere seine beiden deutschsprachig verfassten Aufsätze *Ermahnung an die Deutschen* und *Unvorgreifliche Gedanken* (Leibniz 1983) können als Beginn der aufklärerischen Sprachkritik in Deutschland gelesen werden.

len dazu hat. Der Wille als nationale Triebfeder aber wird gefördert, wenn schon ein gewisses Einheitsgefühl vorhanden ist, und dieses kann am besten über eine gemeinsame Sprache erreicht werden. Den Zirkel, in dem sich nationale Glückseligkeit, der nationale Wille hierzu als Voraussetzung und das Einheitsgefühl als Bedingungen gegenseitig determinieren, versucht Leibniz durch Erziehung zu durchbrechen. Nach dem Grundsatz „Erziehung überwindet alles" (Leibniz 1983, 73) will er wohlüberlegte Vorschläge zur Verbesserung der deutschen Sprache erarbeiten.

Die Zielgruppe seines Anliegens – und dies ist soziologisch sehr wichtig – sind die ‚Hof- und Weltleute', all diejenigen, wie er sorgfältig definiert, die über das Essen und Trinken hinaus noch weitergehende Interessen haben (vgl. Leibniz 1983, 31 f.). Als Ideal steht ihm der französische ‚honnête homme' vor Augen. Entscheidend hierbei ist ebenfalls die Umorientierung im Bereich der Kultur: Leibniz schreibt nicht mehr in erster Linie den Gelehrten und Dichtern die Kraft und Fähigkeit zur Erneuerung zu, sondern einer Schicht, die sich im Laufe der nächsten einhundert Jahre langsam zu dem entwickeln wird, was dann „Bürgertum" heißt.

Der ‚honnête homme' ist gekennzeichnet durch, wie Leibniz meint, „gute Gedanken" (Leibniz 1983, 59), und diese sind am besten aus guten Büchern zu gewinnen. Folgerichtig wendet sich Leibniz zunächst der deutschen Buchkultur zu. Und mit dieser steht es äußerst schlecht. Leibniz diagnostiziert: selbst die ‚deutsch' geschriebenen Bücher sind eine Mischung aus

Französisch, Latein und Deutsch, in ihnen lassen sich keine klaren Gedankengänge verfolgen, aus ihnen spricht kein ‚Geist'. Alles dies sind nach Leibniz Folgen einer bestehenden Sprachentrennung zwischen Gelehrten und Laien, die es zu aufzuheben gilt. Die Argumentation ist in aufklärerischer Hinsicht – und auch für den Öffentlichkeits-Gedanken – bezeichnend: Diejenigen Gelehrten, die die Wissenschaft vorantreiben wollen, sollten notwendigerweise auch daran interessiert sein, ihre Erkenntnisse unter das Volk zu bringen, wozu sie sich allerdings der deutschen Sprache bedienen müssten. Die anderen aber, die gar keine ‚richtigen' Gelehrten sind, verschleiern ihre Unfähigkeit allzu oft mit großen fremden Wörtern. Die Verschleierung, den „homerischen Nebel" (Leibniz 1983, 62), in den sich diese vermeintlichen Gelehrten einhüllen, gilt es aufzudecken. Die roße Gefahr, die durch die Verwendung einer fremden Sprache anstelle der eigenen entsteht und die Leibniz in diesem Zusammenhang eindringlich beschreibt, ist eine Abhängigkeit in allen Bereichen der Kultur und des Denkens. Denn da Sprache und Denken für ihn, wie für alle Sprachkritiker, untrennbar miteinander verbunden sind, werden mit der fremden Sprache auch fremde Denkgewohnheiten übernommen.[9]

> Leibniz' Forderung: Aufhebung der Sprachentrennung zwischen Gelehrten und Laien

> Nach Leibniz werden mit der Übernahme einer fremden Sprache auch fremde Denkgewohnheiten übernommen

Also gilt es, so Leibniz, sich der Muttersprache zu bedienen. Die Versuche der barocken Sprachgesellschaften jedoch, durch die Schaffung einer deutschsprachigen Poesie, einer nationalen Literatursprache, auf die Kultur der Muttersprache einzuwirken, sie zu fördern und auszubilden, erachtet Leibniz als unzureichend. Poesie ist zu ‚leichtgewichtig', zu vergänglich, als dass sie sprachbildend wirken könnte. Hierfür eignen sich nur Schriften, die einen „Kern" in sich haben, die auch dauerhaft auf das Denken eines Volkes einwirken können (Leibniz 1983, 64). Leibniz spricht von der wissenschaftlichen Prosa. Diese Position markiert eine Wende im sprachkritischen, sprachpflegerischen Denken, eine Wende, die allerdings erst für das 18. und 19. Jahrhundert praktische Auswirkungen zeitigte.

> Forderung einer deutschsprachigen wissenschaftlichen Prosa

Um all die Probleme, vor denen die deutsche Sprache nach Ansicht Leibniz' um 1700 steht, zu lösen, schlägt er am Ende seiner *Ermahnung an die Deutschen* die Gründung einer „Deutschgesinnten Gesellschaft" vor, deren wichtige Aufgabe

> Vorschlag zur Gründung einer „Deutschgesinnten Gesellschaft" – deren Aufgabe: Aufstellung eines Kanons vorbildlicher Prosaschriften

---

[9] Leibniz kann hier, in seinem Programm zur Verbesserung der deutschen Sprache, durchaus als ein Vorläufer der Theorie von der sprachlichen Relativität gelten. Vgl. Werlen 2002, 100-105.

es sein sollte, „Kernschriften in deutscher Sprache" (Leibniz 1983, 77), also einen Kanon vorbildlicher Prosa zusammenzustellen, an dem sich dann all diejenigen, denen an Sprache gelegen ist, orientieren sollten – und das wären nach Leibniz die „Hof- und Weltleute, auch das Frauenzimmer selbst, und was nur sinnreich und wissensbegierig ist" (Leibniz 1983, 78).

Zugang zu wissenschaftlichen Erkenntnissen als gesellschaftspolitisches Ziel

Somit wird deutlich, dass Leibniz von einem nationalpädagogischen Interesse geleitet ist. Er will in erster Linie nicht die einzelnen Wissenschaften vorantreiben, sondern die wissenschaftlichen Erkenntnisse einem größeren Publikum zugänglich machen. Seine Absicht ist eine gesellschaftspolitische, eine, die auf Öffentlichkeit zielt.

Zusammengang zwischen Sprache und Öffentlichkeit

Die Sprache ist also schon von Leibniz um 1700 als ein wesentliches Mittel zur Beförderung von Öffentlichkeit erkannt worden. Nach ihm, im 18. Jahrhundert, kamen viele, die sich wie er um die Schaffung einer einheitlichen deutschen Hochsprache bemühten.[10] Insgesamt lässt sich sagen, dass das 18. Jahrhundert ein Jahrhundert der Reform der deutschen Sprache war. Einen wesentlichen Anteil an dieser Reformierung hatte die Sprachkritik, zu der auch die beiden Aufsätze von Leibniz zu rechnen sind.[11]

Joachim Heinrich Campes Sprachpurismus um 1800

Machen wir, nach diesem synchronen Schnitt um 1700, einen Sprung zum Ende des 18. Jahrhunderts und betrachten noch einmal die sprachliche Situation des Deutschen, so wie sie sich einem damals prominenten Sprachkritiker dargestellt hat.

Kurz nach Ausbruch der Französischen Revolution hat sich der aufklärerische Pädagoge Joachim Heinrich Campe (1746-1818) dem Thema ‚Sprachreinigung' zugewandt. In zahlreichen Schriften versuchte er – manchmal mit übertriebenem Eifer – das Deutsche von französischen (in der Sprache des Umgangs) sowie lateinischen und griechischen (in der Gelehrtensprache) Fremdwörtern zu ‚reinigen'. Die Vehemenz, mit der er dieses Unternehmen betrieb, und die zahlreichen Mitstreiter, die er hatte, zeigen an, dass das Problem der Sprachentrennung auch am Ende des 18. Jahrhunderts noch in gleicher Weise existierte wie zu Zeiten von Leibniz.

---

[10] Blackall 1966 liefert hierzu einen materialreichen Überblick aus dem Blickwinkel der Entstehung einer deutschen Literatursprache, Gessinger 1980 dagegen betrachtet diesen Zeitraum eher aus sozialgeschichtlicher Sicht. Beide Arbeiten ergänzen sich sehr gut.

[11] Vgl. Schiewe 1998, 66-149, sowie die demnächst im Druck erscheinende Dissertation Leweling 2002.

Abb. 13: JOACHIM HEINRICH CAMPE (1746-1818), Theologe, Pädagoge, Reise- und Jugendbuchschriftsteller, Buchhändler, Sprachforscher.
Campe studierte Theologie, wandte sich nach dem Studium aber der Pädagogik (Anhänger des Philanthropismus) zu und machte sich als Kinder- und Jugendbuchautor *(Robinson der Jüngere)* einen Namen. Seine Eindrücke von der Französischen Revolution, die er zusammen mit Wilhelm von Humboldt in Paris begeistert miterlebte, publizierte er in den viel beachteten *Briefen aus Paris.* Nach 1789 beschäftigte er sich nahezu ausschließlich mit Fragen der Sprachreinigung.

Die Bewertung der sprachreinigenden Unternehmung Campes ist allerdings umstritten. In der Forschung wurde lange Zeit fast einhellig die Meinung vertreten, Campes Purismus[12] sei Ausdruck einer politischen Wende, einer Wende vom Anhänger der Französischen Revolution, vom Jakobiner gar, zum Verfechter rein nationaler, deutscher Interessen. Der schon an die Franzosen verloren geglaubte Sohn, so wurde vermutet, habe tätige Reue gezeigt und sei, indem er sich um die Reinheit der Muttersprache kümmerte, in den Schoß des Vaterlandes zurückgekehrt. Campes Purismus kann allerdings auch in einer anderen Weise interpretiert werden, so dass sich kein Widerspruch zwischen seinem Eintreten für die Ideale der Französischen Revolution und für die deutsche Muttersprache ergibt. Sprachpurismus, so lässt sich zeigen, war für ihn, gemünzt auf die deutschen Verhältnisse, die Voraussetzung für Gesellschaftsveränderung, war die Fortsetzung der Politik mit anderen Mitteln. Und diese Absicht hat wiederum mit Öffentlichkeit zu tun.[13]

Greifen wir, zur Erläuterung dieser Interpretation, auf Campe selbst zurück. In Abschnitt II seiner Preisschrift *Ueber die Reinigung und Bereicherung der Deutschen Sprache,* der die Überschrift „Ist vollkommene Sprachreinigkeit nothwendig?" (Campe 1794, XXIII-LIII) trägt, nennt er vier Gesichtspunkte, die, „in Bezug auf das redende Volk", für eine „reine" Sprache sprechen:

---

[12] Unter ‚Purismus' versteht man Bestrebungen, eine Sprache frei von fremden Einflüssen zu halten.
[13] Vgl. zu Campes Purismus vor allem die neueren Arbeiten Kirkness 1998, Orgeldinger 1999, Schiewe 1988, 1989b, 1998.

1. eine solche Sprache passt am besten zu den Fertigkeiten der Sprachwerkzeuge;
2. sie entspricht dem Charakter des sie sprechenden Volkes;
3. sie ist das beste Mittel oder Werkzeug zur geistigen, sittlichen und bürgerlichen Ausbildung;
4. sie garantiert Gemeinverständlichkeit.

Die Punkte 3 und 4 enthalten Campes Verknüpfung von Sprache und Öffentlichkeit. Als Beispiel eines Volkes, dessen ‚geistige, sittliche und bürgerliche Ausbildung' sich auf einem Höhepunkt befand, nennt er – im Unterschied zu Deutschland – die alten Griechen:

> Eine, auf bürgerliche Freiheit gegründete Verfassung, die Oeffentlichkeit der Gerichts- und Staatsverhandlungen, und der Antheil, den jeder, auch der geringste Staatsbürger, daran nehmen durfte und nahm, auf der einen Seite, und der Mangel von diesem allen auf der andern, machen diesen Unterschied zwar freilich schon sehr begreiflich: allein der Umstand, daß die Griechen eine, zwar nicht von aller ursprünglichen Vermischung reine, aber doch gleichförmige, mit sich selbst übereinstimmende, und ganz nach ihrer eigenen Aehnlichkeit gebildete Sprache besaßen; der, daß sie nicht, wie wir bisher, eine ausländische Kunstsprache hatten, welche der Verbreitung der daran gehefteten Kenntnisse in die ungelehrten Volksklassen unüberwindliche Hindernisse in den Weg legt, und endlich der, daß ihre drei Hauptmundarten, die Jonische, Dorische und Attische, alle miteinander ausgebildete Schriftsprachen und für a l l e Griechen, wie nunmehr unser Hochdeutsches für alle, doch leider! nur für alle g e b i l d e t e Deutsche, verständliche Sprachen waren, – dieser dreifache Umstand, sage ich, verdient hier ohne allen Zweifel gar sehr mit in Betrachtung zu kommen. Aus ihm nämlich, und nur aus ihm, begreifen wir, wie das, was die besten Griechischen Köpfe dachten, redeten oder schrieben, sich durch die Gemeinverständlichkeit ihrer Sprache in alle Stände, in die ganze Volksmasse ergießen konnte; dahingegen bei uns alle, oder doch die meisten Erzeugnisse der gelehrten und gebildeten Deutschen Köpfe in den engen Kreis derer, die eine gelehrte, wenigstens halbgelehrte Erziehung genossen, wie eingebannt und eingekerkert bleiben müssen. (Campe 1794, XXXI f.)

Sprache und ihre gemeinverständliche Ausbildung einerseits und bürgerliche Freiheit, Öffentlichkeit in einem politischen Sinne andererseits, so meint Campe, bedingen sich gegenseitig. Sie sind die zwei Seiten einer Münze. Fehlende Gemeinverständlichkeit, wie sie die deutsche Sprache des 18. und beginnenden 19. Jahrhunderts kennzeichnet, schafft dagegen eine Sprachentrennung, die den Großteil des Volkes von Bildung ausschließt und ihn hindert, sprechend und denkend am gesellschaftlichen Leben teilzunehmen.

Gemeinverständlichkeit einer Sprache kommt nach Campe dadurch zustande, dass alle Wörter, vor allem aber jene, denen keine sinnlich wahrnehmbare Realität zugrunde liegt, aus dem Erbwortschatz dieser Sprache gebildet sind. Dazu ein Beispiel: Das Wort ‚Monarchie‘, aus dem Griechischen stammend, ist für den nicht humanistisch gebildeten Sprecher der damaligen Zeit ein zunächst unverständliches Fremdwort. Seine Bedeutung muss erklärt und gelernt worden sein, damit es verstanden und gebraucht werden kann. Campe übersetzt ‚Monarchie’ mit *Alleinherrschaft*. Dieses aus dem Erbwortschatz gebildete Wort dagegen ist für jeden Sprecher unmittelbar verständlich, denn aus den – bekannten – Bedeutungen der Wörter ‚allein’ und ‚Herrschaft’ kann auf die Gesamtbedeutung von ‚Alleinherrschaft‘, nämlich *dass einer alleine herrscht*, auch ohne Erklärung oder Kenntnis des Sachverhalts geschlossen werden.

Campe wollte, indem er gerade Wörter aus dem politisch-revolutionären Wortschatz verdeutschte, die Ideen der Revolution auch den unteren, ungebildeten Volksschichten zugänglich machen und damit einen Beitrag zur Gesellschaftsveränderung leisten. Die Überwindung also von gedanklich nicht nachvollziehbarer Autorität und politisch nicht kontrollierbarem Absolutismus ist der Grundgedanke, der hinter seinem Sprachreinigungskonzept steht. Campe scheint damals erkannt zu haben, dass sich politische Herrschaftsverhältnisse sehr gut mit Hilfe einer Sprachentrennung aufrechterhalten lassen: ein sozial als höherrangig ausgegebener sprachlicher ‚Code‘, der nur bestimmten Schichten zugänglich ist, erweist sich immer dann als Herrschaftsinstrument ebendieser Schichten, wenn er mit dem politischen Anspruch des ‚Besser-Bescheid-Wissens’ gekoppelt ist. Wenn Herrschaftsausübung sich durch Sprache verhüllt, dann haben die Beherrschten keine Möglichkeit zur Kontrolle dieser Herrschaft. Die Voraussetzung zu einer solchen Kontrolle ist erst dann gegeben, wenn Herrscher und Beherrschte die gleiche Sprache sprechen.

Campes Forderung nach Gemeinverständlichkeit ist somit politisch zu verstehen. Sie hat ihren historischen Ort an der Schwelle, die den alten Ständestaat von dem modernen Verfassungsstaat, an dem jeder sprechend teilnehmen kann, trennt. Gemeinverständlichkeit nämlich, so wusste schon Campe, schafft Öffentlichkeit; Öffentlichkeit aber schafft eine öffentliche Meinung, die als politische Kraft auch wahrgenommen werden muss.

Ueber

die Sprache.

Rede, daß ich dich sehe!

Heidelberg,
bei C. F. Winter.
1828.

Abb. 14: Titelblatt der Schrift *Ueber die Sprache* (1828) von CARL GUSTAV JOCHMANN (1789-1830), Jurist, Publizist, Privatgelehrter. – Der aus dem Baltikum stammende Jochmann, von dem kein sicheres Portrait überliefert ist, hat Zeit seines Lebens nur anonym publiziert. Bereits im Alter von 30 Jahren verließ er seine baltische Heimat und ließ sich in Karlsruhe und Baden-Baden als Schriftsteller nieder. Er schrieb Werke über Kirchengeschichte und Kirchenverfassung, über Sprache und über Homöopathie. Daneben glänzte er als Stilist, als Meister der kleinen Formen Glosse und Essay. Walter Benjamin positionierte den eigenwilligen Denker zwischen der Aufklärung und dem jungen Marx. Eine umfassende Würdigung seines geistesgeschichtlich bedeutsamen Gesamtwerks steht noch aus.

Ganz ähnlich dachte auch der Sprachkritiker Carl Gustav Jochmann (1789-1830) noch im Jahre 1828. Er meinte:

> Die erste und wichtigste von allen Oeffentlichkeiten und die jeder andern zum Grunde liegt, ist eine verständliche Sprache; und wie jede andre Oeffentlichkeit nicht nur indem sie das Gute bekannt macht, sondern auch, und noch mehr, indem sie das Böse aufdeckt, ihre Wohlthätigkeit bewährt, so ist eine Sprache um so höher zu schätzen, je unverhüllter sie auch die hinfällige Lüge in ihrer ganzen Blöße darstellt, wie die nackte Wahrheit in ihrer ganzen Kraft. (Jochmann 1828, 120 f.)

Jochmann war wohl überhaupt der erste Kritiker, der die tiefe politische Funktion einer Sprache klar erkannt hat. Seine Schrift *Ueber die Sprache* von 1828 ist ein einziges Plädoyer für eine Änderung der gesellschaftlichen Formen hin zu mehr Öffentlichkeit: nur in einer Sphäre der Öffentlichkeit nämlich könne eine allseits ausgebildete Sprache entstehen. Dem restaurativen Deutschland seiner Zeit aber stellt er folgende düstere Diagnose:

> Das öffentliche Leben der Deutschen geht in Schreibstuben und auf Paradeplätzen vor; und pflegt man anderswo Aushängeschilder für ziemlich gute Anzeigen der in einer Gegend einheimischen Verunstaltungen einer Sprache anzusehen, so mögen wir, und vorzugsweise unsre halb- und ganz-amtlichen und halb- und ganz-undeutschen Regierungs- und Wochenblätter dahinrechnen, und aus ihnen lernen, wie der armen Sprache auf den Marterbänken unsrer Kanzeleien, den Arbeitstischen regierender Geschäftsleute, alle Gliedmaßen verstümmelt oder aus ihren Fugen gereckt werden, um sie bald in dictatorischer Kürze aufstampfen und bald in unterthäniger Breite hinkriechen zu lassen, während Sinn und

Klang in beiden Fällen zu Grunde gehn. (Jochmann 1828, 224)
Außer dem engen Kreise des häuslichen Bedürfnisses, und etwa
noch der Kanzel mit ihrem Wechselfieber einer hitzigen Polemik
oder frostiger Sittenrednerei, war in Deutschland für die Sprache
nirgends ein Raum vorhanden, in dem sie gehört werden konnte,
nirgends einer, in dem sie durch lebendigen Gedankenaustausch
sich hätte bilden können. Die Wohlthaten einer edleren Anwendung ihres Reichthumes in dem freieren öffentlichen, oder höheren gesellschaftlichen Leben eines zahlreichen Mittelstandes erfuhr sie nie. Eine Gesellschaft im besseren Sinne des Wortes, eine
Gesellschaft, wie sie an Höfen so wenig als in Dorfschenken zu
Hause ist, besitzen wir nur kaum in einigen schwächlichen Versuchen. (Jochmann 1828, 225)
Unter dem Wechsel auch der wortreichsten Befehlshaberei und
einer noch so redseligen Folgsamkeit, unter Verordnungen und
Berichten, dem Commandorufe und seinem Widerhalle gedeiht
keine Sprache. Wo alle Verwaltung Regierung, und nichts als Regierung ist, bildet sich zwischen Herren und Knechten eine Kluft,
über die das lebendige Wort bald nicht mehr hinüberreicht. Es
wird geschrieben, gedruckt, lithographirt, aber nicht gesprochen,
'nicht räsonirt'. Krieg und Frieden, Rath und That sind nur noch
Kanzeleigeschäfte. Die Gesetzgebung wird zu einer Zeitschrift,
und der Gesetzgeber zu ihrem bloßen Herausgeber. Das ganze
öffentliche Leben ist endlich ein einziges großes Buch, und ein
Buch, in dem die wenigsten die es angeht, lesen dürfen und zu
lesen verstehn. (Jochmann 1828, 197)

Jochmann, so könnten wir kurz zusammenfassen, hebt bei seiner Bewertung der Sprache vor allem auf den politischen Bereich ab. Er beklagt die Undurchsichtigkeit und Unverständlich-
keit des Deutschen gerade dort, wo es darauf ankäme, die
Wahrheit um der Freiheit willen sagen zu können. Als Grund
nennt er vor allem, dass die deutsche Sprache fast nur geschrieben, kaum aber gesprochen werde. Das Fehlen der politischen Rede, also das Fehlen einer politischen Öffentlichkeit,
lässt seiner Meinung nach Rückschlüsse zu auf die politische
Freiheit einer Gesellschaft, und es verweist indirekt zugleich
auf den eigentlichen Ort, an dem die Leistungsfähigkeit einer
Sprache zu beurteilen ist, nämlich in ihrem alltäglichen Gebrauch, im öffentlichen Gespräch und Umgang.

> Jochmann erkennt sehr früh die politische Bedeutung der Sprache: Die unzureichend ausgebildete politische Sprache im Deutschland der Restaurationszeit sieht er als eine Folge fehlender politischer Öffentlichkeit an

Mit einer solchen Wertung steht Jochmann quer zu unserer
heutigen Sprachgeschichtsschreibung. Er nämlich misst das
Deutsche nicht an der bestehenden, damals mit Goethe und
Schiller zweifellos auf ihrem Höhepunkt sich befindenden Literatursprache, sondern an der öffentlich-politischen Kommunikation, vor allem an deren nicht bestehenden oder nicht ge-
nutzten Möglichkeiten. Öffentlichkeit ist ihm ein Ideal, das er

immer wieder zur wertenden Charakterisierung der konkreten politischen und gesellschaftlichen Verhältnisse heranzieht, es ist ihm letztlich auch der Schlüssel zur Ausbildung einer Sprache, die allen Bevölkerungsschichten Aufklärung und damit Freiheit bringen könnte.[14] Jochmann schrieb 1828 für ein liberales, demokratisches Deutschland, in dem die sich frei bildende öffentliche Meinung der Garant von Freiheit und Gleichberechtigung sein sollte. „Herren und Knechte", so meinte er in einer zentralen Passage seiner Schrift *Ueber die Sprache*, „sind selten gute Sprecher" (Jochmann 1828, 221). Damit verankert er die Basis seiner Sprachkritik im Politischen, in den bestehenden Herrschaftsstrukturen und gewinnt die Perspektive einer kritischen Sprachgeschichtsschreibung, die, wie gesagt, bis heute für das Deutsche noch nicht angewandt und ausgeführt worden ist.

> Carl Gustav Jochmann: „Herren und Knechte sind selten gute Sprecher."

Sprache also gerät bei Jochmann für den Bereich ‚Öffentlichkeit' noch in anderer Weise als bei Leibniz oder Campe in den Blick. Sie ist nun nicht mehr einseitig die Bedingung für die Entstehung und Form von Öffentlichkeit, vielmehr ist umgekehrt die Existenz einer gesellschaftlich verankerten Öffentlichkeit – wohlgemerkt in einem politischen, nicht in einem literarischen Sinne – die Bedingung für die Ausbildung der Sprache. Der Begründungszusammenhang zwischen Sprache und Öffentlichkeit hat sich damit im Laufe des 18. Jahrhunderts umgekehrt. Die Herausbildung einer Öffentlichkeit bleibt auch am Anfang des 19. Jahrhunderts also noch Aufgabe. Durch eine bloße Veränderung der Sprache aber konnte diese Aufgabe nicht mehr gelöst werden.

> Sprache allein kann keine Öffentlichkeit schaffen; Öffentlichkeit ist vielmehr die Voraussetzung für die Ausbildung der Sprache

2.4 Ausblick auf neuere Forschungen zur Sprachgeschichte

> Neuere Ergebnisse der Sprachgeschichtsforschung

Blicken wir nun noch auf neuere Ergebnisse der Sprachgeschichtsforschung, damit am Ende nicht der Eindruck entsteht, die Vereinheitlichung der Schriftsprache sei ein völlig zielgerichteter Prozess gewesen, in dem es nur darum ging, die (mündlichen) Dialekte als „Störenfriede" zurückzudrängen, um dann die Hochsprache sich entfalten zu lassen.

---

[14] Diesen Gedanken erläutert Jochmann ausführlich in seinem anonym erschienenen, mehrfach gedruckten Aufsatz *Ueber die Oeffentlichkeit*. Vgl. Jochmann 1830, 1990.

Dieser Auffassung, die vorrangig von den Sprachgeschichten vertreten wurde, ist Ulrich Knoop (1988) in seinem Aufsatz *Zur Begrifflichkeit der Sprachgeschichtsschreibung: Der 'Dialekt' als Sprache des 'gemeinen mannes' und die Kodifikation der Sprache im 18. Jahrhundert* entgegengetreten. Ein Blick auf Knoops Arbeit mag einige in diesem Kapitel bislang nicht bedachte Aspekte wenigstens andeuten.

Knoop kritisiert zunächst die Zielgerichtetheit der Sprachgeschichtsschreibung. Methodisch, so meint er, sei es sehr fragwürdig, bei der Betrachtung und Erforschung der sprachlichen Verhältnisse in Deutschland während des 18. Jahrhunderts im Rückschlussverfahren die Zeit vor der endgültigen Normierung des Deutschen mit wertenden Bestimmungen wie „Zersplitterung" und „Partikularismus" zu belegen und sie somit als „unvollkommen" zu kennzeichnen. Eben weil auf die tatsächlichen sprachlichen Verhältnisse im mündlichen Bereich wegen der fehlenden Quellen nur indirekt geschlossen werden kann, muss eine Beurteilung gerade des Stellenwertes der Dialekte für sich, aber auch für die Herausbildung der normierten Einheits(schrift)sprache, sehr vorsichtig vorgenommen werden. Knoop untersucht die Äußerungen von Zeitgenossen zu den verschiedenen Dialekten und stellt fest, dass auch damals eine Zersplitterung wahrgenommen wurde – allerdings eher nüchtern und nicht negativ wertend:

Kritik an der Zielgerichtetheit der Sprachgeschichtsschreibung

> Die Ursache für eine solche Toleranz dürfte in einer anders gegründeten Haltung zur Sprache liegen: die Versuche, zur Spracheinheit zu kommen, sind immer noch überlagert von dem mythologischen Wissen um die gottgewollte Auflösung der einen in viele Sprachen. (Knoop 1988, 339)

Noch erstaunlicher als diese tolerante Haltung gegenüber dem Vorhandensein der Dialekte, so meint Knoop, aber sei der Umstand, dass die meisten Zeitgenossen in den Dialekten kein Hindernis für die Verständigung untereinander und auch kein Hemmnis für die Herausbildung des Hochdeutschen gesehen haben. Damit wäre – von diesen zeitgenössischen Aussagen, die ja die Realität des Sprechens reflektieren, her gesehen – eine neue Einschätzung des sprachgeschichtlichen Ablaufs im 18. Jahrhundert gegeben. Knoop kommentiert die Diskrepanz zwischen den zeitgenössischen Einschätzungen und der späteren sprachgeschichtlichen Rekonstruktion so:

> Gemeinhin nimmt man an, daß nur eine Sprache, die so wie die derzeitige Hochsprache geregelt ist, nämlich aufgrund einer kodifizierten Norm, auch die Garantie einer Verständlichkeit böte.

Dem liegt die Fehleinschätzung zugrunde, daß allein die äußere Form einer Sprache ihre Verständlichkeit ausmache – diese Überlegung leitete u.a. die längst verebbte Diskussion um die sog. Sprachbarrieren. Das kann aber deshalb nicht zutreffend sei, weil nicht nur sprachsystematisch und stilistisch einwandfrei geschriebene Texte, wie z.B. Einsteins Relativitätstheorie, Heisenbergs Abhandlungen oder auch Freuds psychologische Texte nicht leicht verständlich sind, sondern auch Personen durchaus gleicher Sprach- und Schreibweise mitteilen, sie verstünden einander nicht, Akademiker z.B., die über Sprachbarrieren diskutieren, oder Ehepaare nach längerer Ehezeit. Das Verstehen und die Verständlichkeit haben demnach offensichtlich noch eine existentielle Seite, die nicht allein vom Äußeren der Sprache her konstituiert werden kann, die vielmehr anders erreicht werden muß. Gleichwohl wird dies in der Sprachwissenschaft kaum bedacht, wobei die Anfänge für diese Nichtbeachtung schon recht früh festzustellen sind [...]. (Knoop 1988, 324 f.)

Die Anfänge dieser Auffassung, Verständlichkeit sei nur dann zu erreichen, wenn eine ordnende Norm alle formalen Unterschiede im Sprechen und Schreiben beseitigt hat, finden sich allerdings schon im 18. Jahrhundert selbst. Knoop nennt einen rhetorischen und einen sprachsoziologischen Aspekt, mit denen eine Begründung für diese Auffassung gegeben werden können:

Die sprachbetrachtenden Schriften des 18. Jahrhunderts sind mehr oder minder deutlich immer noch an der seit der Antike gültigen Art der Sprachauffassung ausgerichtet, und deshalb müssen ihre Aussagen zumindest auch aus dieser Perspektive geprüft und interpretiert werden. Im Kategoriensystem der Rhetorik ist ‚der' Dialekt nur deshalb die ‚unvollkommene' Sprache, weil er nicht so ist wie die Hochsprache. Es wird gar nicht geprüft, ob er eine Grammatik hat, also eine Regelhaftigkeit, weil er nicht die einzig gültige Grammatik haben kann.

Ähnlich wie die Vorstellungen von Babel als der Ursache der Sprachenvielfalt überlagern solche Traditionsstränge die zeitgenössischen Darstellungen.

Genauso steht es mit den sprachsoziologischen Aussagen zum Dialekt, die zunächst mit den rhetorischen verbunden waren. Die Dialekte wurden vor allem dadurch gekennzeichnet, daß sie die Sprechweise des Bauernstandes seien. Hierbei kam es nicht so sehr darauf an, die wirkliche Sprechweise der Bauern im einzelnen festzustellen, es galt vielmehr der Umkehrschluß: die Bauern sind der unterste Stand, also ist ihre Sprechweise, die Dialekt genannt wird, auch unwürdig. Sozialneid und Pauschalisierung haben bei dieser Kennzeichnung sicherlich eine große Rolle gespielt, denn es ist weniger denn je richtig, daß ‚die' Dialektsprecher vor 1750 alle einer landwirtschaftlichen Beschäftigung nachgegangen sein sollen. ‚Bauer' steht hier für die ‚unteren' Stände, zu denen bis in die Frühe Neuzeit auch die nichtpatrizischen Bürger gehörten. Erst als diese sich mit Beginn der Aufklärung emanzipieren, wird die sprachsoziologische Kennzeichnung des Dialekts zu einer wirkungsmächtigen Kategorie in den Absetz- und Fundierungsbemühungen des Bürgertums.[15]

Mit dem Hinweis auf diese Aspekte hat Ulrich Knoop für die Beschreibung und Interpretation der Schaffung einer Einheitssprache einen neuen Horizont eröffnet, den er in seinem Aufsatz folgendermaßen andeutet:

> Der Prozeß der Zurückdrängung dieser Sprachverhältnisse [der dialektalen Diversität; J.Sch.], oder umgekehrt gesehen: der Prozeß der Herausbildung einer objektivierten Sprache, die nicht mehr der subjektiven Anpassung oder Veränderung unterworfen werden kann, ist das wohl aufregendste Ereignis in der Entwicklung unserer deutschen Sprache. Die Fülle des Schrifttums zeigt dies. Das Interesse wird aber sicherlich noch gesteigert werden können, wenn es gelingt, diesen Prozeß im Anschluß und in Ergänzung der gesamten neueren Geschichts- und Sozialgeschichtsschreibung zu erläutern. Dann erscheint nämlich die Kodifikation der Sprache als ein wichtiger Teil der im 18. Jahrhundert eingeleiteten Veränderungen nahezu aller gesellschaftlicher Bereiche, die ihrerseits einer anders geordneten Gemeinsprache bedürfen.
> Mit der Kodifikation der Sprachnormen wird die objektivierte Authentizität des schriftlichen Textes möglich, die für die Begründung der neuen Formen von Wissenschaft, Philosophie, Literatur, Rechtsprechung und Verwaltung von elementarer Bedeutung ist. Die Schaffung der einheitlichen deutschen Standardsprache muß vor dem Hintergrund dieser neuen Darstellungsbedürfnisse gesehen und nicht als Folge schulmeisterlichen Ordnungsdenkens verstanden werden. (Knoop 1988, 348 f.)

Knoop also legt nicht mehr, wie die Sprachgeschichten, für die Begründung der Herausbildung einer Einheitssprache im 18. Jahrhundert den Schwerpunkt auf den Faktor ‚Verständlichkeit'. Ihm geht es vielmehr darum, Sprache als ein Phänomen zu begreifen und interpretierend nachzuzeichnen, das in vielfältige Beziehungen eingebettet ist und das deshalb auch nur unter Beachtung dieser Beziehungen erfasst werden kann. Gerade mit seinen zuletzt zitierten Forderungen macht er klar, dass die Linguistik sich nicht auf den bloß formalen Bereich der Sprache beschränken darf, weil sie sonst in der Erklärung ihres Wandels zu kurz greifen würde. Vielmehr ist es nötig, besonders die geschichtlichen und sozialgeschichtlichen Ereignisse

> Die Sprachgeschichte darf die Sprache nicht nur unter formalen Aspekten betrachten. Sie muss auch die außersprachlichen Faktoren berücksichtigen, die Sprachwandel ausgelöst haben

---

[15] Knoop 1988, 343 f. Zur sozialen Schichtung vgl. auch Wehler 1987, 124-217.

und Wandlungen zu beachten, die quasi als Motor sprachlicher Veränderungen wirken können.

Bezogen auf die Frage nach dem Verhältnis von Öffentlichkeit und Herausbildung einer Einheitssprache im Deutschland des 18. Jahrhunderts ergibt sich so – ganz umrisshaft gezeichnet – folgendes Bild:

Die um 1750 herum mit großem Einsatz erfolgte Bestrebung, zu einer Einheitssprache zu gelangen, ist in erster Linie nicht darauf zurückzuführen, dass die Menschen der damaligen Zeit sich nicht (mehr) untereinander verstehen konnten. Die zunehmende Geringschätzung der Dialekte beruht vielmehr einerseits auf dem Versuch einer gesellschaftlichen Schicht, über die Herausbildung einer eigenen Sprachform, eben der hochdeutschen Einheitssprache, sich gegen die ‚unteren' Schichten abzusetzen und andererseits in dem Mittel einer einheitlichen Schriftsprache ein Medium zu schaffen, das zur Erlangung einer Gruppenidentität geeignet war. Die Rede ist selbstverständlich vom Bürgertum, jener Schicht, die sich im 18. Jahrhundert konstituiert und nach gesellschaftlicher Anerkennung strebt.

Das Bürgertum war im 18. Jahrhundert bestrebt, mittels einer Einheitssprache Öffentlichkeit zu schaffen

Mit dem Bereich der Öffentlichkeit steht diese Bestrebung insofern in einer direkten Verbindung, als das Bürgertum versuchte, gerade mit jener Einheitssprache eine Öffentlichkeit, d.h. hier eine allgemeine Zugänglichkeit, sowohl der behandelten Themen als auch der eigenen angestrebten gesellschaftlichen Funktion zu erlangen. Anders ausgedrückt: ohne eine Einheitssprache konnten die Inhalte, über die die bürgerliche Schicht sich identifizierte, nicht allgemein, also öffentlich gemacht werden, andererseits wäre ohne Einheitssprache kein Mittel vorhanden gewesen, mit dem das Bürgertum seine Identität hätte herstellen und behaupten können. Die Einheitssprache diente somit gewiss auch Zwecken der Verständigung, war darüber hinaus aber auch ein Vehikel des Bürgertums, seinen Anspruch auf Geltung innerhalb der Gesellschaft deutlich zu machen.

2.5 Sprachliche Differenzierungen im 19. und 20. Jahrhundert

Das 18. Jahrhundert hatte eine Einheitssprache hervorgebracht, die aufgrund ihrer Normierung und Ausbildung eine ausgeweitete Kommunikation grundsätzlich möglich machte: sowohl in räumlicher als auch in sozialer Hinsicht sprachen mehr Sprecherinnen und Sprecher als jemals zuvor die gleiche Sprache, und auch die Themen, über die sie sich verständigen konnten und wollten, hatten sich vermehrt. Gleichwohl waren, wie Carl Gustav Jochmann konstatierte, auf dem Gebiet der öffentlichen politischen Sprache zu Beginn des 19. Jahrhunderts noch erhebliche Defizite vorhanden. Genau dies stellt auch Peter von Polenz (1994, 412) am Ende seiner Darstellung der Sprachgeschichte des 17. und 18. Jahrhunderts resümierend fest:

> Um 1800 waren zwar ein glänzender Höhepunkt und gute Voraussetzungen erreicht für eine weltweit anerkannte hochliterarische, wissenschaftliche und bildungsbürgerlich-repräsentative deutsche Sprachkultur. Aber zu einer politischen und geselligen Sprachkultur auf dem Wege zur Demokratie im Rahmen der (west)europäischen Modernisierung war [...] in Deutschland der Weg noch sehr weit.

Den Weg zu einer politischen Sprachkultur verbauten zunächst die politischen Ereignisse und Verhältnisse, insbesondere die nach den Karlsbader Beschlüssen einsetzende Restauration mit ihren Kommunikationsbeschränkungen bezüglich politischer Themen. Hinzu kam, dass im Zuge der Nationalisierung des politischen Diskurses nach dem Wiener Kongress 1814/19 auch in der Sprachdiskussion nun nicht mehr aufklärerische, auf Gemeinverständlichkeit gerade auch der politischen Sprache zielende Argumente eine Rolle spielten. In der sich kurz nach 1800 etablierenden und das 19. Jahrhundert dominierenden historische Sprachwissenschaft herrschte ein nationaler, nach der Reichsgründung von 1870/71 gar teilweise nationalistischer Grundton vor, der auch in außerakademischen Kreisen Nachhall fand. Die Erforschung der eigenen Sprache, ihrer Geschichte zumal, diente nicht zuletzt der Kompensation eines Mangels: des Mangels an fehlender nationaler Identität auf politischem und gesellschaftlichen Gebiet. Die Berufung auf eine gemeinsame, einheitliche, auch auf eine ‚reine‘, ‚unvermischte‘ deutsche Sprache (vgl. Schiewe 1991, Gardt 1999, 301-319) war unterlegt von der Vorstellung, eine Sprache sei ein lebendiger ‚Organismus‘, der den Geist eines Volkes spiegele. Zugleich unterliege die Sprache, wie jeder Organismus, aber den Gesetzen des Werdens und Vergehens, einem Aufstieg, einer Blüte und einem Verfall. Gegen den Verfall, der der deutschen Sprache drohe, müsse man mit den Mitteln einer Sprachpflege angehen, die den nun mit nationalen Motiven geprägten Kampf gegen Fremdwörter ebenso zum Inhalt haben konnte wie den Versuch, das Deutsche auf den verschiedenen Gebieten seiner

Marginalien:

Fehlen einer öffentlichen, politischen Sprache um 1800

Nationalisierung der Sprachdiskussion und der Sprache

Sprache als Organismus

Sprachverfall und Sprachpflege

Anwendung zu erhalten und nach Möglichkeit auszubilden. In diesem Sinne charakterisiert auch Peter von Polenz (1999, 4) einen wesentlichen Grundzug der Sprachgeschichte des 19. Jahrhunderts: „Gerade die ‚bürgerliche Sprache' des 19. Jh. ist in soziopragmatischer Sprachgeschichte weniger als eine bestimmte Varietät, als ein bestimmtes Inventar oder System von Sprachmitteln beschreibbar, vielmehr als ein spezifisch (bildungs)bürgerliches sprachreflexives Verhalten [...]“. Dieses sprachreflexive Verhalten schlug sich praktisch nieder in zahlreichen Sprachveränderungen und Entwicklungstendenzen der Gesamtsprache wie einzelner Varietäten, von denen hier – in Hinblick auf Öffentlichkeit – nur zwei herausgehoben und knapp angedeutet werden sollen: die politische und die wissenschaftliche Sprache.[16]

Sprachreflexives Verhalten des Bürgertums im 19. Jahrhundert

Öffentliche politische Sprache

Erst in der Zeit des Vormärz und der Revolution von 1848/49 lassen sich in Deutschland Ansätze zu einer politisch wirksamen Sprache finden. Entscheidend dafür waren die politischen Veränderungen, die zu einer politischen Öffentlichkeit führten, in der bereits zu Ende des 18. Jahrhunderts existierende Kommunikationsmöglichkeiten wiederbelebt und neue erschlossen wurden. Sprachgeschichtlich gesehen sind vor allem zwei Veränderungen bedeutsam: Zum einen die mit dem Beginn des Parlamentarismus in Deutschland erneut – aber auch auf neue Weise – öffentlich geübte politische Rede, zweitens die Schaffung einer politischen Lexik, mit der sich der Streit um politische Positionen angemessen und sicher führen ließ. Diese Praxis der Ausübung und Anpassung politischer Kommunikation und politischer Sprache an die jeweiligen Gegebenheiten und Standpunkte setzt sich – mit Ausnahme der diktatorischen Phasen in der deutschen Geschichte – bis in die Gegenwart fort. Sie ist ein wichtiger Baustein im System der politischen Öffentlichkeit.

Popularisierung der Wissenschaften

Das 18. Jahrhundert hatte eine deutsche Wissenschaftssprache geschaffen und damit prinzipiell auch die Möglichkeit, Wissenschaft ohne Überwindung einer Sprachbarriere, wie sie das Lateinische zuvor gebildet hatte, zu rezipieren. Gleichwohl war zu der Zeit nur ein kleiner, der gebildete Teil der Bevölkerung, prinzipiell in der Lage, deutschsprachige wissenschaftliche Texte zu verstehen – zu groß war deren Abstand zur All-

---

[16] Einen groben, stichwortartigen Überblick über die Entwicklung der deutschen Sprache im 19. und 20. Jahrhundert gibt von Polenz 1999, 5-9.

tagssprache. Mitte des 19. Jahrhunderts nun setzt ein bewusster Popularisierungsschub der Wissenschaften ein – ein Vorgang, den Andreas W. Daum in seiner Dissertation *Wissenschaftspopularisierung im 19. Jahrhundert* direkt in Verbindung mit der sich um diese Zeit konstituierenden Form von politischer Öffentlichkeit und mit der zum Durchbruch kommenden Kommunikationsgesellschaft in Verbindung bringt:

> Aus der Gleichzeitigkeit von bürgerlichem Verlangen nach Öffentlichkeit, politischem Emanzipationswillen, liberalen Bildungszielen und dem Aufschwung der empirischen Naturwissenschaften erwuchs seit 1848 in der bürgerlichen Gesellschaft das Bestreben, die Naturwissenschaften zur ‚Volkswissenschaft' und zum idealen ‚Volksbildungsmittel' zu erheben. Die Naturkunde wurde zum ‚Gemeingut des Volkes' erklärt und die ‚volksthümliche Verallgemeinerung der Naturwissenschaft' von manchen zu einer Aufgabe höchster Priorität erhoben.

Wissenschaft und Öffentlichkeit

> Die Idee der Popularisierung war aber nicht ausschließlich auf den emanzipatorischen Impuls, der sich in der Revolution von 1848 verdichtete, und auf dessen liberale Anwendung zurückzuführen. Das Prinzip der Öffentlichkeit entwickelte vielmehr auf verschiedenen gesellschaftlichen Ebenen eine Eigendynamik, die zunehmend von divergierenden weltanschaulichen Positionen aus genutzt wurde und mit gegensätzlichen sozialen Interessen aufgeladen werden konnte. Wissenschaftspopularisierung war ebenso ein Ferment wie eine Folge des Durchbruchs zur Kommunikationsgesellschaft in Deutschland. Die Ausdifferenzierung der Populärwissenschaft lag in der Logik des Fundamentalprozesses der Ausweitung der öffentlichen Sphäre in der bürgerlichen Gesellschaft, und sie trug zur kommunikativen Mobilisierung und medialen Infrastruktur dieser Gesellschaft in der zweiten Hälfte des 19. Jahrhunderts erheblich bei. (Daum 1998, 4 f.)

Wissenschaftspopularisierung und die Kommunikationsgesellschaft

In sprachlicher Hinsicht zeitigte die Popularisierung Folgen auch für das Textsortengefüge des Deutschen und für die Gestalt der Alltagssprache:

> Bildungs- und Unterhaltungszeitschriften sowie die Tagespresse führten naturwissenschaftliche Rubriken ein. Parallel dazu etablierten sich eine populärwissenschaftliche Literatur und eine entsprechende Publizistik als neue Textgattungen. Naturwissenschaftliche Begriffe gingen in die Alltagssprache ein, und es wurde immer wieder versucht, naturwissenschaftliche Texte zu literarisieren. (Daum 1998, 5)

Der große innersprachliche Entlehnungsschub aus den Wissenschaftssprachen in die Alltagssprache hinein muss aus sprachlicher wie aus sozialer Sicht kritisch betrachtet und gewertet werden. Auf der Seite des Gewinns, der Vorteile, sind sicher-

Vor- und Nachteile der Popularisierung von Wissenschaft

lich die Verbreitung und Vertiefung von Bildung, vielleicht aber auch nur von Halbbildung, sowie die Möglichkeit der öffentlichen Kritik wissenschaftlicher Forschungen und Positionen zu verbuchen. Auf der Seite der Verluste, der Nachteile, aber muss, jedenfalls langfristig, auch gesehen werden, dass der Wissenschaftler, indem er ein größeres als nur das Fachpublikum erreicht, die Rolle des Weltinterpreten annimmt und zur Verdrängung von Alltagswissen beiträgt. Es kommt zu einer Vermischung zweier Sphären, zweier Formen der Bewältigung und Ansicht von Welt und Lebens: der alltäglichen und der wissenschaftlichen. Die Sprache hat an diesem Vorgang einen wesentlichen Anteil. Wissenschaftliche Begriffe gehen in die Alltagssprache ein und werden dort – zumeist als positiv besetzte Autoritäten – selbstverständlich benutzt. Uwe Pörksen spricht von einer „Verwissenschaftlichung der Alltagssprache". Ihr ist er in mehreren Aufsätzen (vgl. Pörksen 1986a; 1994) konkret nachgegangen und hat sie als Folge jener Popularisierung von Wissenschaft an verschiedenen Beispielen (u.a. der Sprache Charles Darwins und Sigmund Freuds) beschrieben.

„Plastikwörter"
und „Visiotype"   Die Fortsetzung dieser Verwissenschaftlichung bilden nach Pörksen seit den 80er Jahren des 20. Jahrhunderts die „Plastikwörter" (Pörksen 1988) und seit den 90er Jahren die „Visiotype" (Pörksen 1994). Gemeint ist damit zum einen die heutzutage vermehrt festzustellende Tendenz, sehr abstrakte Begriffe mit wissenschaftlichem Nimbus (z.B. Entwicklung, Struktur, System, Kommunikation, Beziehung, Problem, Lösung usw.) wie selbstverständlich in der öffentlichen Gebrauchsprache und auch in der Alltagssprache zu gebrauchen. Pörksen erkennt hierin eine „Sprache der Diktatur" und damit eine politisch zu interpretierende Kehrseite der Wissenschaftspopularisierung. Macht und Herrschaft bedienen sich heutzutage, in einem Zeitalter ungehemmter Öffentlichkeit, nicht mehr wie früher des Mittels der Sprachentrennung, des Ausschlusses bestimmter Bevölkerungsschichten aus bestimmten Wissens- und Kommunikationsbereichen. Sie vereinigen sich vielmehr mit den Beherrschten in einer gemeinsamen Sprache, in demokratisch scheinenden, aber diktatorisch wirkenden Wörtern und Begriffen. Eine ganz ähnliche, aber noch nachhaltigere Funktion schreibt er auch den immer mehr die Sprache und verbale Argumentation ersetzenden Visualisierungen zu, die verstärkt vor allem die Printmedien durchdrungen haben.

Beständigkeit des
Sprachsystems   Im Laufe des 19. und 20. Jahrhunderts verändert sich die deutsche Sprache kaum in ihrer Systematik, in ihren strukturellen Eigenschaften und Möglichkeiten. Die im 18. Jahrhundert normierte Einheitssprache hat weiterhin Bestand und wird durch die Normierung der Rechtschreibung auf der 2. Orthographischen Konferenz von 1901 nur noch gefestigt.[17] Die Zeit des Nationalsozialismus mit ihrem rassistischen und menschenverachtenden Vokabular hat auf den Bestand des Sprachsystems dauerhaft ebenso wenig eingewirkt wie die vierzig Jahre während Existenz zweier deutscher Staaten.

Was sich – stets als Spiegel gesellschaftlicher Entwicklungen, zum Teil diese jedoch auch erst hervorbringend – aber verändert und ausdifferenziert hat, ist der Sprachgebrauch, also die jeweils konkrete Auswahl aus den systematischen Möglichkeiten der Sprache in bestimmten Kommunikationssituationen und Textsorten. Peter von Polenz hat in seiner Sprachgeschichte diesem Thema ausführliche Aufmerksamkeit gewidmet. Er unterscheidet und beschreibt: „Regionale und soziale Varietäten", „Literarische Sprache", „Sprache in Institutionen und von Experten", „Sprache in Massenmedien", „Politische Sprache" (von Polenz 1999, 454-575). All diese Varietäten sind heutzutage – nicht zuletzt durch ihre massenmediale Vermittlung – öffentlich präsent und können öffentlich auch reflektiert werden. Ihre Funktion aber ist es – bezogen auf Öffentlichkeit – nicht mehr wie noch die der Einheitssprache des 18. Jahrhunderts, Öffentlichkeit überhaupt möglich zu machen. Sie sind vielmehr Elemente einer Öffentlichkeit, die sich, wie der Sprachgebrauch auch, zunehmend differenziert hat.

Veränderungen und Ausdifferenzierung im Sprachgebrauch

2.6 Zusammenfassung und Ausblick

Öffentlichkeit, das sollte deutlich geworden sein, hat auch mit Sprache zu tun. Öffentlichkeit in dem Sinne, dass möglichst viele Menschen sich untereinander über ‚öffentlich relevante Themen' verständigen können, ist nur dann zu erreichen, wenn diese Menschen auch die gleiche Sprache sprechen. In Deutschland hat es eine solche „Einheitssprache" lange Zeit nicht gegeben. Verschiedene, regional begrenzte Schriftspra-

---

[17] Vgl. Scheuringer 1996. Diese Feststellung gilt für jene erste Normierung der Orthographie des Deutschen, auch wenn die heutige, vehement geführte öffentliche Diskussion um die Neuregelung von 1998 gerade auch die Einheitlichkeit der Sprache in Frage stellt.

chen konkurrierten miteinander, zahlreiche Dialekte existierten nebeneinander. Überregional verständlich waren demnach wohl nur die Fachsprachen. Erst am Ende des 18. Jahrhunderts, so jedenfalls die Sprachgeschichten, war die Einheitssprache nach einem mehr als dreihundert Jahre währenden Prozess geschaffen.

Vier Stationen dieses Prozesses haben wir etwas näher betrachtet. Luther verfasst um die Mitte des 16. Jahrhunderts seine Schriften in einer Art Ausgleichssprache, die zwischen den Dialekten, besonders zwischen dem Nieder- und dem Hochdeutschen, vermitteln kann. Er muss sich bewusst um eine solche Sprache bemühen, weil er möglichst viele Menschen mit seinen reformatorischen Gedanken bekannt machen will. Mit Luther ist die deutsche Einheitssprache sozusagen auf den Weg gebracht. Gegenreformation und Dreißigjähriger Krieg aber verursachen wieder Rückschritte.

Am Ende des 17. Jahrhunderts stellt Leibniz bei den Deutschen einen Mangel an nationalem Selbstbewusstsein fest, der sich auch in einer ablehnenden Haltung gegenüber der deutschen Muttersprache äußert. Er beklagt vor allem zweierlei: Das Vorherrschen des Französischen in der Sprache des Umgangs und die lateinische Gelehrtensprache. Beide ‚Fremdsprachen‘ blühen sozusagen auf Kosten des Deutschen. Leibniz aber will schon „aufklären", was hier soviel heißt wie „die Bildung demokratisieren". Dafür aber muss wiederum das Wissen, das es zu vermitteln oder sich anzueignen gilt, in einer allen zugänglichen Sprache dargelegt sein.

Einhundert Jahre später, um 1800, stellt sich bei Joachim Heinrich Campe die Situation noch ganz ähnlich dar. Zwar ist die Einheitssprache schon weitgehend vorhanden, doch ist sie nur bestimmten Gesellschaftsschichten zugänglich, eben jenen, die die Möglichkeit zu einer umfassenden Schulbildung haben. Nur diese Schichten sind auch in der Lage, die zahlreichen französischen und lateinischen Fremdwörter, hauptsächlich im politischen Bereich, zu verstehen und zu benutzen. Campes Verdeutschungen zielen darauf, Öffentlichkeit gerade auch in diesem Bereich der Politik herzustellen. Er verfolgt damit die Absicht, die Ausübung von Herrschaft für alle durchsichtig und kontrollierbar zu machen, ja, er strebt die ‚Politisierung‘ der unteren Volksschichten auch an, um eventuell eine Gesellschaftsveränderung im Sinne der Französischen Revolution in Deutschland zu erreichen. Einen dauerhaften Erfolg erzielt er jedoch nicht.

Martin Luther

Gottfried Wilhelm Leibniz

Joachim Heinrich Campe

Knapp vierzig Jahre später dann fordert Carl Gustav Jochmann explizit eine politische Öffentlichkeit für Deutschland.
Das Symptom für das Fehlen einer solchen Öffentlichkeit ist
seiner Meinung nach eine deutsche Sprache, die weit hinter ihren Ausdrucksmöglichkeiten zurückgeblieben ist. Doch eine
Sprache kann, so Jochmann, keine Öffentlichkeit der gesellschaftlich relevanten Themen schaffen. Öffentlichkeit ist vielmehr die Voraussetzung dafür, dass sich eine Sprache ausbilden kann.

Wie Recht Jochmann mit dieser Feststellung hatte, zeigt sich
im Verlauf der Sprachgeschichte des 19. und 20. Jahrhunderts.
Erst die liberalen politischen Verhältnisse nach 1848 mit mehr
Freiheiten, gerade auch mit kommunikativen Freiheiten, brachten eine Form von Öffentlichkeit hervor, in der Sprache kursieren, sich ausbilden und ausbreiten konnte. Heute differenziert
sich die Gesamtsprache vor allem in soziale und funktionale
Varietäten, die neue kommunikative Möglichkeiten erschließen
und damit Öffentlichkeit befördern, aber auch manipulieren
können.

Carl Gustav
Jochmann

Varietäten-
spezifische
Differenzierung
der Gesamtsprache

3. Öffentlichkeit und Medien

In dem vorangegangenen Kapitel wurde das Verfahren gewählt, den Gang der deutschen Sprache anhand von Sprachgeschichten zu beschreiben. Die Sprachgeschichten sind anschließend ergänzt worden durch Texte einiger Sprachkritiker, die den Zustand des Deutschen zu ihrer Zeit kritisch bewertet hatten. In diesem Kapitel wird der zuletzt genannte Blickwinkel an den Anfang gestellt. Es werden zunächst zwei Sprachkritiker, die um 1800 gewirkt haben, danach befragt, worin sie die Charakteristik der jeweiligen Medien, in denen sich Sprache manifestieren kann, erkennen.

3.1 Herder und Jochmann über Schrift und Buchdruck

Abb. 15: JOHANN GOTTFRIED HERDER (1744-1803), Philosoph, Theologe, Dichter. Nach dem Studium der Philosophie in Königsberg war Herder als Lehrer und Prediger in Riga tätig. Seine Reise durch Europa 1769/70 führte in Straßburg zur Bekanntschaft mit Goethe, der ihn 1776 nach Weimar holte und ihm verschiedene geistliche Ämter vermittelte. Neben zahlreichen philosophischen Werken (u.a. *Auch eine Philosophie der Geschichte zur Bildung der Menschheit*, 1784-91) schrieb Herder die Preisschrift *Über den Ursprung der Sprache* (1772), die noch heute als ein Standardwerk der Sprachphilosophie gilt.

In Johann Gottfried Herders (1744-1803) umfangreichem Werk findet sich ein kleiner nachgelassener, leider aber nicht ausgeführter Entwurf mit dem Titel *Vom Einfluß der Schreibekunst ins Reich der menschlichen Gedanken*, entstanden um 1800:

> Vom Einfluß der Schreibekunst ins Reich der menschlichen Gedanken
> I. Ehe an Schreibkunst gedacht ward, waren schon menschliche, und zwar die edelsten Gedanken.
>   a) die vortreflichsten G e d i c h t e. Poesie war nicht Schrift, sondern Gesang, Tanz, Deklamation, Vorstellung: 1. der E b r ä e r; 2. der G r i e c h e n; 3. aller ungebildeten Völker; z.E. Ossian.

b) die besten R e d e n u n d T h a t e n der Menschen;

c) die g r ö ß e s t e n Erfindungen zum Nutzen der Menschen;

d) das G e d ä c h t n i ß der Menschen war vor dieser Erfindung stärker. (Plato.)

II. Die E r f i n d u n g d e r S c h r i f t machte eine große Veränderung im Reich der menschlichen Gedanken;

    a) sie b e s t i m m t e und f e ß e l t e das Wort; dadurch empfing die Sprache, der Dialekt, der Ausdruck, der Gedanke Festigkeit und Ordnung;

    b) sie t h e i l t e es, auch ohne lebendige Gegenwart, mit. – Große Einwirkung der Schreibekunst auf ganze Völker und Länder; z.B. Homer, Pindar, Horaz etc.

    c) sie e r h i e l t es auch für die Zukunft.

    Blick auf das, was erhalten und verloren gegangen ist.

Ohne Schreibkunst ist keine G e s c h i c h t e, sondern Mährchen und Sage, keine C h r o n o l o g i e;

keine A s t r o n o m i e, und die Mathematik in den meisten Theilen;

keine k ü n s t l i c h e P h i l o s o p h i e, Naturgeschichte u.s.f.

III. Die E r f i n d u n g d e r B u c h d r u c k e r k u n s t machte eine tausendfache Schrift.

    a) Z u s t a n d d e r S c h r i f t e n v o r h e r, wenig, mühsam, kostbar, verstümmelt; fehlerhaft; bis zur allgemeinen Vergesslichkeit vergänglich.

    b) G r o ß e V e r ä n d e r u n g m i t d e r E r f i n d u n g: Alle Alten lebten auf; sie wurden allenthalben gelesen; auch neue Schriften verbreiteten sich aufs schnellste; also allgemeiner Wettkampf; Reformation.

    c) Allgemeine Vervollkommnung der Wißenschaften, weil a l l e G e i s t e r in allen Ländern gemeinschaftlich arbeiten. Galiläi, Baco, Cartes, Leibniz, Newton, Herschel.

    d) Verewigung der menschlichen Gedanken, dass keine allgemeine Barbarei so leicht mehr möglich ist.

    e) Leider aber auch, Schwächung der menschlichen Kräfte, Verderb der Zeit, Nachahmungssucht, Empfindelei aus Büchern, Schreibsucht ohne Gedanken, fast allgemeine Verachtung der Literatur. (Herder SW, Bd. 32, 517 f.)

Sprachperioden nach Herder

Herder betrachtet in diesen knappen Sätzen drei Perioden der Sprache und bezieht sie auf das Medium, in dem sie gefasst und weitergegeben werden können:

- die **vorschriftliche Zeit**,
- die **Zeit der Schrift** und
- die Zeit der Möglichkeit, die Schrift durch den **Buchdruck** unendlich zu vervielfältigen.

Schrift und Buchdruckerkunst, so stellt er fest, haben auf die Ausbildung und auch auf den Inhalt menschlicher Gedanken keinen grundlegend verändernden Einfluss, wohl aber auf deren Verbreitung. Eine mündliche Kultur ist angewiesen auf das jeweils zu einem bestimmten Zeitpunkt gesprochene Wort, auf die Präsenz aller, die dieses Wort vernehmen sollen. Durch die Schrift wird diese Präsenz nicht mehr nötig: über weite Entfernungen hinweg kann das Wort aufgenommen, lange Zeiträume können mit der Schrift überbrückt werden. Eine neue Stufe ist dann mit dem Druck erreicht: das Wort wird vervielfältigt und kann nun viele Menschen gleichzeitig oder auch zu verschiedenen Zeiten an verschiedenen Orten erreichen.

Verbreitung der Gedanken durch Schrift und Druck

Bevor wir diesen Gedanken in Hinblick auf Öffentlichkeit weiterverfolgen, halten wir kurz inne bei Herders Aussage, dass erst mit der Schrift einer Kultur das Bewusstsein von Geschichte – also die Vorstellung von Vergangenheit, Gegenwart und Zukunft – erwächst. Diese Aussage wird durch neuere Forschungen bestätigt. Jack Goody und Ian Watt haben in ihrem Aufsatz *Konsequenzen der Literalität* gezeigt, dass in nicht-literalen Gesellschaften die Genealogien und Mythen, die in gewisser Weise die Funktion von ‚Geschichte‘ erfüllen, im Laufe der Zeit jeweils den bestehenden sozialen Gegebenheiten angepasst werden:

Entstehung des Bewusstseins von Geschichte durch die Schrift

> In jeder Generation wird das individuelle Gedächtnis das kulturelle Erbe daher so vermitteln, daß seine neuen Elemente sich in dem Interpretationsprozeß [...] an die alten angleichen; und alle Elemente, die ihre aktuelle Bedeutung verloren haben, werden in der Regel durch den Prozeß des Vergessens ausgeschieden. [...] Was von sozialer Bedeutung bleibt, wird im Gedächtnis gespeichert, während das übrige in der Regel vergessen wird [...]. (Goody/Watt 1981, 50)

Zu diesem Vorgang „sozialer Verdauung und Ausscheidung", in Analogie zur Organisation des menschlichen Körpers „Homöostase" genannt, führen Goody und Watt (1981, 54 f.) weiter aus:

> Eine der bedeutsamsten Folgen dieser Tendenz zur Homöostase zeigt sich darin, daß das Individuum in einer nicht-literalen Gesellschaft die Vergangenheit fast ausschließlich unter dem Gesichtspunkt der Gegenwart sieht, wohingegen die historischen Berichte einer literalen Gesellschaft ihrer Natur nach eine objektivere Erkenntnis des Unterschieds zwischen dem, was war, und dem, was ist, erzwingen.

Die jeweils subjektive, aber auf soziale Relevanz hin angelegte Aufbereitung von Überlieferungen in nicht-literalen Gesell-

Wirkungen
der Schrift

schaften kann und muss also gesellschaftlich wirken. Sobald sich jedoch ein Gedanke in der Schrift verfestigt hat und dann in gedruckten Lettern ‚vertausendfacht' wird, erhält er den Charakter eines Gegenstandes, dessen objektiver Wert für eine Rezeption erst bestimmt werden muss. Während sich in nicht-literalen Gesellschaften dieser Vorgang der ‚Bewertung' sozusagen automatisch und mehr oder weniger unbewusst abspielt, indem in der Rede das Traditionelle nur unter dem Gesichtspunkt der sozialen Relevanz und in der Form der Angepasstheit an das jeweils Neue weitergegeben wird, muss in der Schrift-, mehr noch in der Buchkultur, erst eine Instanz gefunden werden, die bewusst den ‚Ausscheidungsprozess' steuert. Diese Rolle haben seit Beginn des 19. Jahrhunderts die Rezensenten inne, eine Gruppe von Experten oder vermeintlichen Experten, die stellvertretend liest und Begutachtungen und Empfehlungen über Lesenswertes und Lesensunwertes ausspricht – auch dies ist natürlich eine Form von Öffentlichkeit! Ihre Urteile erscheinen jedoch wiederum in schriftlicher Form, so dass man zuerst sie lesen muss, bevor man weiß, was man lesen soll und was man nicht zu lesen braucht. Hieran wird deutlich, dass die Schrift immer mehr Schrift nach sich zieht – theoretisch ließe sich ein infiniter Progress vorstellen, in dessen Verlauf die Originalwerke schließlich ganz vergessen werden.

Diesen Gedanken vertieft Herder in einem weiteren Aufsatz zu diesem Thema mit dem Titel *Schrift und Buchdruckerei* (vgl. Herder SW, Bd. 32, 89 f.). Danach fesselt die Schrift den Gedanken, vergegenständlicht ihn in einer Weise, die ihn unfrei macht. Durch ihre Abtrennung vom Körper des Sprechenden erhält die Schrift zwar einen eigenen Körper, doch bleibt dieser ohne Geist, da ihm die lebendige Kraft der Bewegung und Veränderung fehlt. Was sich in der Wirklichkeit als Prozess abspielt, wird in der Schrift statisch. Umgekehrt hat sich der Geist des Schreibenden in der Schrift materialisiert, so dass auch er diese Kraft verliert und nur noch als Hülle – ‚ohne lebendiges Wort' – existiert.

Schrift verändert
die Kommunikati-
onssituation

Ein wesentliches Moment einer solchen ‚Entgeistigung' sowohl des Menschen als auch der Schrift besteht in dem Wechsel der Kommunikationssituation. In der Rede bleibt der oppositionelle Teil im jeweiligen Gegenüber mit in die Kommunikation eingeschlossen; sie besitzt wesentlich auch einen Handlungscharakter und ist selbst in ihren schärfsten Gegensätzen immer synthetisch ausgerichtet. Sprechen und Hören, Produzieren und Rezipieren sind hierbei eine Einheit, in der Konsensfähigkeit zumindest vorausgesetzt wird. In der Schrift dagegen werden Produktion und Rezeption auseinanderdividiert, zerlegt in zwei Kommunikationssituationen, in denen das Gegenüber aus Papier besteht. Sprechen und Hören werden zu einem vereinzelten und vereinzelnden Schreiben und Lesen. In das Zentrum dieser Kommunikation tritt die Schrift als ‚Code'. Während Redesituationen immer einmalig und nie zu wiederholen sind, weil der sich ständig verändernde Mensch in ihrem Mittelpunkt steht, ist das Lesen (und bedingt auch das Schreiben) immer auf die Decodierung (bzw. Codierung) gerichtet, wobei das Individuum, das diese Arbeit ausführt, weitgehend auswechselbar ist.

Was für Herder mit der Erfindung der Schrift seinen Anfang nahm, die Verselbständigung der Sprache, endet nun fast schon in einer Selbstverständigung der Schrift. Auf der Strecke bleibt, jedenfalls nach Ansicht Herders, hierbei die Humanität. In den *Ideen zur Philosophie der Geschichte der Menschheit* heißt es:

> Wenn Sprache das Mittel der menschlichen Bildung unsres Geschlechts ist, so ist Schrift das Mittel der gelehrten Bildung. [...] Unter Gelehrsamkeit und Büchern wäre längst erlegen die menschliche Seele, wenn nicht durch mancherlei zerstörende Revolutionen die Vorsehung unserm Geist wiederum Luft schaffte. (Herder SW, Bd. 32, 366)

Menschlichkeit und Gelehrsamkeit stehen sich hier also gegenüber, denn „in Buchstaben gefesselt schleicht der Verstand [...] mühsam einher; unsre besten Gedanken verstummen in todten schriftlichen Zügen" (Herder SW, Bd. 32, 366).

Wir können für die formalen Gesichtspunkte des Verhältnisses der sprachlichen Medien zur Öffentlichkeit zusammenfassen: Eine **rein mündliche Kultur** erfordert, um so etwas wie Öffentlichkeit herzustellen, zu einem bestimmten Zeitpunkt und an einem bestimmten Ort die physische Präsenz all derjenigen Menschen, die an dieser Öffentlichkeit teilhaben sollen. Nur wenn diese Bedingungen erfüllt sind, können die Mitteilungen, die im Medium der flüchtigen mündlichen Sprache transportiert werden, prinzipiell auch alle Adressaten erreichen.

Mit der **Schrift** wird diese Kommunikationssituation schon verändert. Eine bestimmte Mitteilung kann fixiert und konserviert werden, um dann, entweder sukzessive oder in Form von Abschriften, verschiedene Adressaten an verschiedenen Orten und zu verschiedenen Zeitpunkten zu erreichen.

Zusammenfassung:
- Mündlichkeit
- Schriftlichkeit
- Buchdruck

Der Buchdruck
ermöglicht einer
größeren Menge
von Menschen
den Zugang zu
Schriften

Öffentlichkeit im
heutigen Sinne ist
nach Jochmann
an das schriftliche
Zeitalter gebun-
den

Erst der **Druck** aber ermöglicht es, die fixierte und konser-
vierte Mitteilung einer größeren Menge von Menschen völlig
unabhängig von einer räumlichen und zeitlichen Einheit zugänglich zu machen. Damit wäre die wesentliche Bedingung
der modernen Form von Öffentlichkeit gegeben.

Nehmen wir nun als zweiten Sprachkritiker Carl Gustav
Jochmann hinzu: Öffentlichkeit – jedenfalls das, was wir heute
darunter verstehen – ist eine Erfindung des schriftlichen Zeitalters und somit kaum älter als zweihundert Jahre. Das jedenfalls
behauptet Carl Gustav Jochmann in seinem 1830 erstmals gedruckten Essay *Ueber die Oeffentlichkeit*:

> Ist ein *öffentliches Leben* das unvermeidliche Ergebnis einer *öf-*
> *fentlichen Meinung*, so ist es klar, daß ein Versuch, die Wohltaten
> oder Gefahren dieser letztern darzustellen, soll er vollständig und
> es redlich mit ihm gemeint sein, notwendig das Wesen der Öf-
> fentlichkeit überhaupt umfassen muß; und nur in so fern und so
> lange die *Presse* das einzige allgemeine Werkzeug der von jeder
> andern Öffentlichkeit unzertrennlichen öffentlichen Meinung ab-
> gibt, sind Preßfreiheit und Öffentlichkeit in ihrem Wirken und
> Wesen für uns einander gleich.
> Den bloßen Begriff der letztern verdanken wir den Erfindern der
> Presse. Das Altertum besaß oder entbehrte sie, ohne sich ihrer
> bewußt zu sein, ohne sie in dem einen Falle zu würdigen, oder
> in dem andern zu vermissen. Sie brauchte weder erlaubt noch
> verboten zu werden. Sie verstand sich entweder von selbst, wenn
> alle Teilnehmer der Gesellschaft auch unmittelbar an den Ver-
> handlungen derselben teilnahmen, oder sie war unter jeder an-
> dern Voraussetzung unmöglich. Erst ein Zeitalter, dem umgekehrt
> in seinen größeren Völkervereinen die Möglichkeit einer unmit-
> telbaren Teilnahme jedes Einzelnen an den Verhandlungen der
> ganzen Gesellschaft genommen, und hingegen die einer entfern-
> teren Teilnahme an denselben durch ein umfassenderes Mittel
> des Gedankenaustausches gegeben war, konnte sich unserer
> selbstständigern Öffentlichkeit und in ihr eines öffentlichen Le-
> bens, das nicht länger auch das jedes Einzelnen zu sein brauchte,
> bewußt werden.
> Der Grundsatz der Öffentlichkeit vertritt in unsern Tagen die
> Stelle jenes ältern der Gemeinschaftlichkeit. (Jochmann 1990,
> 195)

Das ungehinderte
Kursieren des
gedruckten Wortes
ist ein Grundsatz
von Öffentlichkeit

Nach Jochmanns Meinung wurde der ältere Grundsatz der „Gemeinschaftlichkeit", also die mündliche Verhandlung gesellschaftlicher Themen in einem Zeitalter der Mündlichkeit, mit
der Erweiterung der Kommunikationsräume, die in einem Zeitalter der Schriftlichkeit nur durch die Presse zu überbrücken
waren, von dem Grundsatz der Öffentlichkeit abgelöst. So wie
seinerzeit das mündliche Wort frei gesprochen werden konnte,

muss nun auch das gedruckte Wort – soll der Austausch der Mitteilungen nicht einseitig oder völlig abgeschnitten sein – ungehindert kursieren können.[1]

Damit hätten wir einige formale Bestimmungen des noch sehr allgemein betrachteten Verhältnisses zwischen Öffentlichkeit und Medium gewonnen. Wir werden uns im Folgenden auf die Schrift-, hauptsächlich aber auf die Druckkultur konzentrieren.

3.2 Allgemeines zum Buchdruck

Vor Erfindung der beweglichen Lettern 1453 durch Johannes Gutenberg in Mainz gab es zwar auch schon die Möglichkeit, identische Textabdrucke mit Hilfe von Holztafeln („Blockbücher") herzustellen, vorherrschend jedoch war die Handschrift. Sollte ein solcher, stets einmaliger Text vervielfältigt werden, um ihn mehreren Menschen zugleich zugänglich zu machen, dann war dies nur durch Abschriften zu bewerkstelligen. Es dürfte unmittelbar einleuchten, dass in einer Zeit, in der ohnehin nur wenige Menschen lesen und schreiben konnten und in der das Papier noch recht kostbar war, das Abschreiben von Texten auf wenige Gattungen und auf einige bestimmte gesellschaftliche Gruppen beschränkt blieb.

Die Situation vor der Erfindung des Buchdrucks 1453

Abb. 16: JOHANNES GUTENBERG (um 1400-1468), Drucker und Erfinder des Buchdrucks mit beweglichen Lettern. Sein berühmtestes Druckwerk ist die 42zeilige *Gutenbergbibel* (1456). Von den etwa 180 gedruckten Exemplaren sind nur noch 48 erhalten.

Insbesondere an den Höfen und in den Klöstern gab es Schreiber und Schreibstuben. In den Kanzleien der Höfe wurden die obrigkeitlichen Anordnungen geschrieben, vervielfältigt und durch Boten in alle Teile des Landes gebracht, um auf den Märkten vorgelesen zu werden (vgl. Illich 1984, 53-64; Illich 1991). Es wurden

---

[1] Jochmann argumentiert hier im Zusammenhang mit Öffentlichkeit für die Notwendigkeit von Pressefreiheit. Vgl. dazu Kap. 5.

Urkunden ausgestellt, beglaubigt und unterzeichnet, so dass Rechtsverhältnisse nun schriftlich für die Nachwelt fixiert waren. Die Schreiber in den Klöstern hatten eine andere Hauptbeschäftigung. Sie kopierten den Kanon jener Werke, auf die sich das Wissen und der Glaube stützten. Gelehrte Mönche fertigten außerdem Kommentare zu diesen Werken an, damit deren rechte Auslegung gesichert blieb. Zwar lag die Welt „jetzt beschrieben und willkürlich zugänglich vor den Augen des Lesers" (Illich 1984, 64), aber alles in allem war dieses Schreiben und Abschreiben, die schriftliche Fixierung von Texten, noch nicht darauf angelegt, einem größeren Kreis von Lesern die Kenntnis dieser Welt auch tatsächlich zu ermöglichen.

Wirkungen der neuen Technik in der Frühzeit der Entwicklung

Die Erfindung des Drucks mit beweglichen Lettern schuf die Möglichkeit, aus einer Vorlage viele Exemplare eines Textes herzustellen. In der Frühzeit des Druckes, der sogenannten Inkunabelzeit, aber sind noch kaum Veränderungen gegenüber dem vorher üblichen Kopierverfahren festzustellen: Buchmaler verzierten weiterhin auch die gedruckten Bücher. Der Druck blieb beschränkt auf die kanonischen Texte, so dass man für die Bücher des 15. und beginnenden 16. Jahrhunderts durchaus sagen kann, es würde sich weitgehend um ‚Handschriftenimitationen' handeln. Zudem waren gedruckte Bücher „so teuer, dass sich noch bis weit ins 16. Jahrhundert hinein das Abschreiben von Büchern lohnte" (Polenz ²2000, 127; vgl. Stöber 2000, 24-28). Erst gegen Ende des 15. Jahrhunderts begann, ausgelöst durch eine Umstellung auf „gesteigerten und überregionalen Absatz", der Buchdruck „einflussreich zu werden für die weiträumige Vereinheitlichung der deutschen Sprache und für die politisch-publizistische Vorbereitung von Reformation und Volksaufständen" (Polenz ²2000, 219). Peter von Polenz (²2000, 128) beschreibt in seiner *Deutschen Sprachgeschichte* diesen Vorgang folgendermaßen:

> Die eher handwerklich-künstlerische Frühphase des Buchdrucks, mit risikoloser Produktion beliebter traditioneller Titel für vermögende Auftraggeber, mit geringen Auflagen (100 bis 200 Exemplare), endete um 1480 mit einer Krise und einer Umorientierung: Die Drucker mußten sich als *Verleger* auf niedrigere Preise, überregionalen Absatz und breitere Leserschichten (Kaufleute, Handwerker, Beamte, Lehrer, Studenten) umstellen, auf deren geringere Vermögenslage und pragmatische Bedürfnisse, auch auf Kleindrucke (Einblattdrucke oder Flugschriften aus wenigen Blättern), auf höhere Auflagen (Anfang des 16. Js. um 1000), auf kleinere, handlichere Formate, einfachere Typographie für Selten- und Langsamleser, auf billigere, stereotype Illustrationen. Die The-

men und Textsorten wurden volkstümlicher (Bibeln, Beicht-, Ster-
be- und Trostbücher) und weltlicher (Formelbücher, Titelbücher,
Fachprosa, Volksbücher, Schwänke, Streitschriften, Beschwerde-
schriften, Prophezeiungen, Kalender usw.).

In dieser Frühphase des Buchdrucks darf der Einfluss des
Drucks von *Büchern* auf die Popularisierung des Lesens und
des Wissens sicherlich nicht überschätzt werden. Allerdings ist
seine Wirkung als Technik, eben die Möglichkeit der raschen
und auflagenstarken Herstellung von Schriften mittels bewegli-
cher Lettern, auf publizistischem Gebiet bereits um 1500 be-
trächtlich.

3.3 Flugblatt und Flugschrift

Schon vor der Reformation entstand, als Folge der Erfindung
des Buchdrucks, neben dem traditionellen Buch eine neue
Gattung von Druckerzeugnissen: das **Flugblatt** und die **Flugschrift** (vgl. Schwitalla 1983, 1999). Arnold E. Berger ([Hrsg.]
1964, 9) beschreibt ihre Erscheinungsweise und ihren Inhalt so:

Das illustrierte Flugblatt wurde, der steigenden Nachfrage [im
letzten Viertel des 15. Jahrhunderts; J.Sch.] gehorchend, immer
mehr zu einem lehrreichen Spiegel der Zeitgeschichte und neben
dem von Staatsmännern, Handelsherren und Gelehrten gepfleg-
ten brieflichen Nachrichtenverkehr der wichtigste Vorläufer
der gedruckten ‚Neuen Zeitungen‘, die sich aus Einzelberichten
nach und nach zu regelmäßig wiederkehrenden Sammelberichten
entwickelten, um schließlich in Wochenblatt und Tageszeitung
die höchsten Stufen ihrer Ausgestaltung zu erreichen. Inzwischen
aber hatte längst neben dem gedruckten Flugblatt die Flugschrift sich ihren Platz erobert, jenem wesensverwandt in der
Einstellung auf raschen, billigen Absatz, Erregung der Neugier,
Aufspürung merkwürdiger Ereignisse, Erörterung von Tagesfragen
oder auf kurze, gemeinverständliche Belehrung über hundert
Nützlichkeiten des Lebens, etwa die Kunst des Briefschreibens,
des Umgangs mit hochgestellten Persönlichkeiten, des guten Be-
nehmens bei Tisch, des Tanzens, Turnierspiels, Vogelfangs, Ja-
gens, Kochens, Backens, Brauens, des Weinbaues, der Pferde-
zucht, oder die Kenntnis der Krankheiten und ihrer Heilmittel,
des Farbenreibens, Kartenspiels, der Wappen- und Münzkunde,
der Feuerwerkerei usw. Oft sind die Grenzen zwischen Flugblatt
und Flugschrift fließend, so daß diese sich einfach als ein erwei-
tertes Flugblatt darstellt, wie sie auch gern durch bildliche Beigaben um die Gunst der Käufer wirbt. Aber selbst da, wo sie dem
zum ruhigeren Genießen einladenden Buch sich nähert, über-
schreitet sie doch den Umfang von höchstens drei bis vier Druck-

Erscheinungsweise
und Inhalt von
Flugblatt und Flug-
schrift

bogen in der Regel nicht, macht auch gar nicht den Anspruch, in Bücherschränken ein ehrenvoll gehütetes Alter zu erreichen, sondern wünscht sich gar nichts besseres, als von Hand zu Hand zu gehen, rasch gelesen und lebhaft besprochen zu werden, um schließlich mit dem Tage, dem sie dienen will, wieder zu verschwinden. Zweifellos sind auch viele Tausende von ihnen sehr bald wieder untergegangen, und wenn die uns erhalten gebliebenen immer noch nach Tausenden zählen, so ist das wohl nur der Tatsache zu danken, daß es schon im 16. Jahrhundert nicht an Liebhabern gefehlt hat, die sie planmäßig sammelten und zum guten Teil vor dem drohenden Untergang retteten.

Die Reformation beschleunigte die Entwicklung des Buchdrucks, umgekehrt nützte der Buchdruck auch maßgeblich der Ausbreitung der Reformation

Zu einem Massenkommunikationsmittel allerdings sind Flugblatt und Flugschrift vor 1520 noch nicht geworden. Offensichtlich bedurfte es erst eines gravierenden Ereignisses wie der Reformation, um die neuen Möglichkeiten des Drucks voll zur Geltung kommen zu lassen. In der Literatur wird immer wieder betont, dass die rasche Verbreitung der Reformation nicht ohne den Buchdruck zu denken sei. So richtig diese Feststellung gewiss ist, umgekehrt lässt sich allerdings auch die These wagen, dass ohne die Reformation der Buchdruck sich wohl nicht in dem Maße entfaltet hätte, wie es dann innerhalb kürzester Zeit nach 1517 im Zuge der Reformation geschah (vgl. Abb. 17).

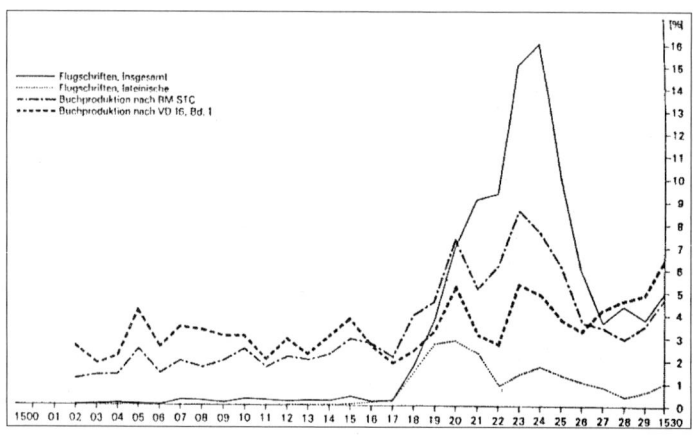

Abb. 17: Flugschriften und Buchproduktion 1501-1530 (nach Köhler 1986, 267)

Flugblatt wie Flugschrift weisen während der Reformationszeit einige Merkmale auf, die sie als eine neue Gattung innerhalb der Geschichte von Schriftlichkeit erscheinen lassen. Diese neue Gattung erfüllte eine gesellschaftliche Funktion, die ganz unmittelbar mit unserem Thema ‚Öffentlichkeit' zu tun hat. Zunächst die Merkmale:

1. Flugblätter und Flugschriften wurden zunehmend in deutscher Sprache abgefasst. Während für Bücher sich das Verhältnis von lateinischer und deutscher Produktion im Zeitraum zwischen 1517 und 1527 nur unwesentlich zugunsten deutschsprachiger Titel verschob, klafft bei den Flugschriften die Schere weit auseinander.

2. Flugblätter und Flugschriften waren, verglichen mit Büchern, verhältnismäßig billig (vgl. Stöber 2000, 50). Die Einblattdrucke oder nicht gebundenen ‚Broschüren' konnten in großer Auflage schnell und ohne zusätzlichen handwerklichen Aufwand (Coloration, Bindung, Buchdeckel) hergestellt werden. Das drückte die Kosten erheblich und machte diese Schriften auch Schichten zugänglich, die sich Bücher nicht leisten konnten.

3. Flugblätter und Flugschriften behandelten aktuelle Themen (vgl. Stöber 2000, 40-43). Während Bücher, wie schon erwähnt, zuvor weitgehend einen klassischen Kanon von Literatur reproduzierten, konnten die neuen Schriften, eben weil sie schnell und günstig herzustellen waren, die Themen der Zeit aufgreifen. Wenn man genau ist, muss man das Begründungsverhältnis allerdings wohl umkehren: eben weil ein Bedürfnis an der Verbreitung des aktuellen Themas ‚Reformation' bestand, breitete sich die Produktion von Flugblättern und Flugschriften rapide aus.

4. Flugblätter und Flugschriften transportierten nicht mehr – wie Bücher – Wissen, sondern verbreiteten Meinungen und Überzeugungen. Sie waren deshalb geeignet, unmittelbar Einfluss zu nehmen auf Stimmungen in größeren Gruppen von Menschen. Diesem Zweck dienten auch die Bilder, zumeist Holzschnitte, die den Texten beigegeben wurden. Sie ‚untermalen' den Text und stützten so sein Verständnis, indem sie die Richtung oder die Aussage der Agitation zusätzlich vor Augen fuhrten.

5. Die bisher genannten Punkte zusammengenommen ergeben ein weiteres Merkmal: Mit den Flugblättern und Flugschriften entstand eine Art Massenmedium, das Schriftliches durch seinen aktuellen, volkstümlichen Inhalt und seine leicht ‚konsumierbare' Form auch über jene Kreise hinaus bekannt machte, die bislang einzig mit Schrift zu tun hatten. Der so-

---

Kennzeichen von Flugblatt und Flugschrift

- Abfassung in deutscher Sprache

- Kostengünstige Produktion

- Aktuelle Themen

- Verbreitung von Meinungen und Überzeugungen

- Entwicklung zum Massenmedium – Adressat: der ‚gemeine Mann'

genannte ‚gemeine Mann' als Adressat dieser Literatur erhält damit innerhalb der Gesellschaft eine völlig neue Rolle: er nimmt aktiv teil an Auseinandersetzungen, die zuvor kleineren, in irgendeiner Weise legitimierten Gruppen (Stand, Beruf) vorbehalten waren. Ein Thema, eben die Reformation, wird nicht einfach nur verkündet, sondern mit Hilfe von Flugblättern und Flugschriften zunächst verbreitet, dann diskutiert, befürwortet oder abgelehnt – auf jeden Fall erhält das Thema sein Gewicht gerade dadurch, dass sich der gemeine Mann mit ihm beschäftigt.

Gesellschaftliche Funktion der Flugblätter: Schaffung einer öffentlichen Meinung

Die ganze Literatur dieses Zeitalters, schreibt Berger ([Hrsg.] 1964, 33), „ist bewußt volkstümlich, weil sie sich an alle, auch die ungelehrten, unliterarischen Schichten wendet, aber sie stammt dennoch aus gebildeten, im schriftstellerischen Handwerk erfahrenen Kreisen von gelehrter Bildung, ist also für das Volk bestimmt, ohne [...] vom Volke selbst hervorgebracht zu sein, obwohl sie sich vielfach absichtlich diesen Anschein gibt". Diese auch in der neueren Forschung immer wieder betonte Feststellung deutet auf eine wichtige gesellschaftliche Funktion der Flugblätter und Flugschriften hin: Mit dieser neuen Gattung wurde eine öffentliche Meinung hergestellt und beeinflusst. Nehmen wir, um diesen Satz mit Anschauung zu füllen, ein Zitat, das sich mit Martin Luther, seinen Flugschriften und deren Wirkung beschäftigt. Es stammt aus Karl Schottenlohers materialreichem Buch *Flugblatt und Zeitung* aus dem Jahre 1922:

Martin Luther und die Wirkung seiner Flugschriften

Hätte Luther lateinisch geschrieben, er hätte kaum Erasmus von Rotterdam an Wirkung erreicht; hätte er holprig, schwer verständlich in breiten Auseinandersetzungen gewettert, er wäre nur in kleinen Kreisen gehört und verstanden worden. Hätte es keinen Buchdruck gegeben, die Worte Luthers wären in den Hörsälen und Kirchen Wittenbergs verhallt. Erst die leidenschaftliche durchglühte, in volkstümliche, bilderreiche, anschauliche Rede gekleidete, in die kurze, packende, fortreißende Flugschrift geformte Sprachgewalt hat Luther zum willig gehörten, brausend bejubelten Sprecher eines ganzen Volkes erhoben. Kein Zweifel: Luther auf seiner Höhe [...] ist der größte, der erfolgreichste deutsche Publizist zu nennen. In seinen prophetischen wie in seinen sprachbildenden Kräften lag das ganze Geheimnis einer beispiellosen Gewalt über die Herzen.
Der Wirkung der leichtbeschwingten Flugschrift war sich Luther wohl bewußt. Sie war für seine leidenschaftliche, vorwärts drängende, bestürmende, das Volk ergreifende Sprache das entsprechendste, das wirksamste Kleid. Ein überragender Teil seines vervielfältigten Wortes ist Tagesschrifttum, Flugschrift an Flugschrift

gereiht. Die Predigt, der Sendbrief, das Trostwort, die Ermahnung, die Strafrede, der schmähende Ausfall, alles ist ihm zur Flugschrift geworden. Man nahm ihm die Blätter unter der Feder weg, man riß sich in den Druckereien um die fertigen Bogen: es ist schon ganz das bis dahin unbekannte Bild unseres heutigen hastigen Tagesschrifttums. Gerade in dieser Tag für Tag fortgesetzten, kaum einmal unterbrochenen, von den Druckereien ganz Deutschlands unterstützten Bearbeitung der öffentlichen Meinung lag die unwiderstehliche Stoßkraft der Kampfesweise Luthers, der gegenüber Papst und Kaiser ohnmächtig waren. (Schottenloher, Bd. 1, 1985, 60 f.)

Der Erfolg des reformatorischen Gedankens Luthers, der sich auch gegen bestehende institutionelle und herrschaftliche Formen richtete, ist zu einem wesentlichen Teil damit zu begründen, dass er und seine Anhänger es verstanden haben, einen großen Teil des Volkes mit ihrer Sache vertraut zu machen und für ihre Sache einzunehmen. Sie schufen so eine öffentliche Meinung.

Durch Flugblätter und Flugschriften wurde nicht nur die Meinung des ‚gemeinen Mannes‘ beeinflusst. Die kollektive Rezeption dieser Schriften vermochte es auch, den ‚gemeinen Mann‘ in einer Meinung zu einer Masse zusammenzuschließen. Diese Masse konnte dann ein nicht mehr zu übersehendes Gegengewicht gegen die Herrschenden bilden. Die öffentliche, durch agitatorischen Einsatz der Schrift hervorgebrachte Meinung als die im Volk herrschende Meinung wurde zu einer eigenständigen politischen Kraft, die dem Gedanken der Reformation seine Wirkung sicherte.

Ausgehend von einer Definition der Flugschrift, die Hans-Joachim Köhler in seinem Aufsatz *Die Erforschung der Flugschriften des frühen 16. Jahrhunderts als Beitrag zur Presse- und Kommunikationsgeschichte* vorgenommen hat, lässt sich die Erzeugung von öffentlicher Meinung und ihres Einflusses auf die Politik genauer bestimmen. Köhler (1987, 26) definiert Flugschriften

als ein (durch formale Kriterien von anderen unterschiedenes) Kommunikationsmedium, durch das eine bestimmte Art von Massenkommunikation konstituiert wird, also eine Form der Kommunikation, bei der die einzelnen Rezipienten für den Urheber der jeweiligen Mitteilung und in der Regel auch für einander anonym sind, und bei der eine soziale Interaktion zwischen Kommunikator und Rezipienten (zumindest über dieses Medium) nicht vermittelt wird. Die durch Flugschriften konstituierte Massenkommunikation ist von anderen Massenkommunikationsformen durch ihre Zielsetzung unterschieden: die Einflußnahme auf Einstellungen, Meinungen, Handlungsdispositionen und ggf. Aktionen tendenziell der gesamten Bevölkerung.

Die Entstehung einer öffentlichen Meinung ist an Schriftlichkeit gebunden

Das heraus stechende Kennzeichen der Flugschriften ist es demnach, dass durch sie die Meinung Einzelner massenhaft verbreitet werden kann und eine Wirkung auf die Meinung anderer auch ohne direkten Kontakt mit diesen anderen erzielt wird. So wird eine bestimmte Meinung in einer Zielgruppe erzeugt, die, wenn sie sich selbst wiederum artikuliert, zur öffentlichen Meinung werden kann. Mit Wilke (2000, 39) kann zusammenfassend gesagt werden:

> Die gedruckten Medien schon des 16. Jahrhunderts waren vor allem imstande, Öffentlichkeit herzustellen, die man sich damals als eine in verschiedenen Graden gestufte vorzustellen hat. Sie machten Ereignisse und Themen beträchtlichen Teilen der Bevölkerung zugänglich. Eine Entgrenzung der noch regionalen und lokalen Öffentlichkeiten des Mittelalters fand statt. Wenn nicht schon von bürgerlicher Öffentlichkeit (wie später erst) gesprochen werden kann, so doch von einer Vorform, die Rainer Wohlfeil ‚reformatorisch‘ genannt hat und die eine ‚Sozialgruppen und Standesdenken überwindende Kommunikationssituation‘ darstellte. In dieser Öffentlichkeit wurde auch eine öffentliche Meinung zu einer Wirkkraft, der ein Mann wie Luther einen Großteil seines Erfolges verdankte.[2]

Mit Blick vom Medium her muss festgehalten werden, dass die Entstehung einer öffentlichen Meinung an ein Massenkommunikationsmittel wie die Flugschrift, somit an Schrift, gebunden ist. Die neuere Forschung betont allerdings zu Recht, dass die Wirksamkeit der Flugschriften während der Reformationszeit im Zusammenhang gesehen werden muss mit dem Medium ‚Bild‘ (vgl. Stöber 2000, 36-39) und mit der Tatsache, dass die Schrift in vielen Kommunikationssituationen ‚vermündlicht‘ wurde.

Visualisierung und öffentliche Rede

Das Medium ‚Bild‘ unterstützte zunächst die Textaussage und machte es auch dem illiteraten ‚gemeinen Mann‘ möglich, das Druckerzeugnis zumindest teilweise zu rezipieren. Noch wichtiger als diese Beigaben zum Textverständnis aber war der Umstand, dass die Flugschriften oft kollektiv zur Kenntnis genommen wurden. Sei es das Vorlesen auf dem Marktplatz mit gleichzeitiger Diskussion des Inhalts oder die Predigt in der Kirche – diese mündlichen Kommunikationssituationen trugen ganz erheblich zur Wahrnehmung und zur Wirkung der Flug-

---

[2] Wilke zitiert in diesem Abschnitt Wohlfeil 1984, 48, und verweist auf Körber 1998 sowie die Magisterarbeit von Totzauer 1993.

schriftenliteratur bei. Zum Entstehen einer öffentlichen Meinung scheint es nämlich nicht auszureichen, dass ein Text individuell rezipiert und dessen Meinung angenommen wird. Es ist offensichtlich auch nötig, dass ein Austausch über diese Meinung stattfindet, dass also durch eine Kollektivrezeption die Gemeinsamkeiten einer Gruppe von Menschen sich diesen Menschen selbst bewusst gemacht und damit verstärkt werden.

Noch ein letzter Aspekt sei erwähnt. Für die Reformationszeit und für die Wirkung der Flugschriftenliteratur muss – wie für jeden Versuch, die Entstehung einer öffentlichen Meinung nachzuzeichnen – gefragt werden, ob die mit diesem Medium verbreiteten Gedanken und Meinungen auch tatsächlich übereinstimmten mit den Gedanken und Meinungen der Rezipienten. Es ist dies letztlich die für einen Historiker immer zu stellende Frage nach dem Verhältnis zwischen veröffentlichter und öffentlicher Meinung. Bezüglich dieser Frage hat Bernd Möller in einem Aufsatz *Stadt und Buch* überzeugend argumentiert, dass die enorme Nachfrage nach Flugschriften den Schluss auf eine weitgehende Übereinstimmung zwischen in Flugschriften propagierter und von den Rezipienten vertretener Meinung zulassen würde (vgl. Möller 1979, v.a. 32). Falls diese Annahme zutrifft, dann wäre die Reformationszeit das wohl früheste Beispiel dafür, dass durch ein Massenmedium eine schichtenübergreifende und regional nicht mehr kleinräumig begrenzte öffentliche Meinung erzeugt, bestärkt und als gesellschaftliche Kraft wirkungsvoll eingesetzt werden kann.

Verhältnis zwischen öffentlicher und veröffentlichter Meinung

Die Kommunikationsformen im 16. Jahrhundert, besonders in der Zeit um 1520, lassen sich, wie bereits angedeutet, mit einem Begriff von Rainer Wohlfeil (1982, 123; 1984) als eine „reformatorische Öffentlichkeit" bezeichnen. Diese Form von Öffentlichkeit ist in ihrem Entstehen wesentlich von Schrift und Buchdruck abhängig, denn Flugblätter und Flugschriften waren die entscheidende Bedingung für eine rasche, weder geographisch noch durch soziale Unterschiede eingeschränkte Verbreitung des reformatorischen Gedankenguts. Eben die Tatsache, dass es im Grunde keine durch äußere Faktoren wie z.B. Sprache, Stand oder Wohnort bedingte Einschränkung der Wahrnehmung oder Kenntnisnahme dieses Gedankenguts gab, hat diese Öffentlichkeit geschaffen und macht deren eigentlichen Charakter aus.

Reformatorische Öffentlichkeit

Die Entstehung und Durchsetzung des Buchdrucks und der Übergang zur Volkssprache sind die grundsätzlichen Voraussetzungen für die Entstehung von Öffentlichkeit. Was sich im Laufe

Buchdruck und Benutzung der Volkssprache sind die wesentlichen Voraussetzungen für die Entstehung von Öffentlichkeit

Antichrist.

Annchuftus.
Der Keyser Constantinus hat vns die keyserlich krone/getzirde
allen andern gschmuck in massen wie yhn d keyser tregt / pur-
per cleyt alle andere cleyder vn scepter zutragen vn zubrauchen
geben c.Constantinus.crvi.dif. Solche lügen haben sie yre tyrannei zu erhalten erticht wyder alle historien vn kunstschafft/
dan es ist nie brauchlich gewesen den Romischen Keysern ein
solche krone zutragen.   A iij

Abb. 18: Aus der Bilderflugschrift *Passional Christi und Antichristi* (1521) (nach Schottenloher 1985, Bd. 1, 77).

der Jahrhunderte allerdings wandelt, sind neben den sozialen Gegebenheiten vor allem die Formen, in denen kommuniziert, also Öffentlichkeit hergestellt wird.

Die sozialen Bedingungen der Reformationszeit, vor allem die Illiteralität des weitaus größten Teils der Bevölkerung und die Ungeübtheit im Umgang mit gedruckten Schriften, machten es nötig, dass das Massenkommunikationsmittel ‚Flugschrift' in mündlichen Kommunikationssituationen in Rede überführt wurde, damit eine Kollektivrezeption entstehen konnte, die wesentlich die Bildung einer öffentlichen Meinung unterstützt hat. Wenn man somit von Öffentlichkeit während der Reformationszeit spricht, dann muss man das gesamte Kommunikationssystem der Zeit beachten: Schrift als Voraussetzung für die Verbreitung von Meinungen, Bild als Unterstützung des Textverständnisses und Rede als meinungsbildender Raum. Auf jeden Fall aber ist ohne das Medium ‚Schrift' in Form einer durch den Druck herstellbaren Massenware der Erfolg der Reformation kaum denkbar. Dieser Erfolg war also abhängig von der Herstellung einer Öffentlichkeit.

Schrift, Bild und öffentliche Rede waren wesentliche Bedingungen für eine Kollektivrezeption der Reformation

3.4 Die Neue Zeitung

Verlassen wir nun die Flugschriften, deren Bedeutung nach 1525 deutlich nachließ und wenden wir uns in der Geschichte der Medien dem nächsten Zeitraum und dem nächsten Baustein im System der Gattungen zu, die mit Öffentlichkeit zu tun haben. Wir können als erstes wieder auf die ausgezeichnete Darstellung in Karl Schottenlohers Schrift *Flugblatt und Zeitung* zurückgreifen:

Brief als Vorläufer der Neuen Zeitung

Der Brief, das uralte Verständigungsmittel im gesellschaftlichen, kaufmännischen und staatlichen Verkehr, hat, wie jedes Erzeugnis des menschlichen Geistes, seine lange Geschichte. Das Wichtigste davon für unsere Betrachtung ist die allmähliche Entwicklung von der Gebundenheit an enge Kreise zu fortwährender Erweiterung

Abb. 19: Verkäufer von Neuen Zeitungen im 16. Jahrhundert. Jost Ammann zugeschriebener Kupferstich. Der Druck am Hut bringt die Nachricht von der Ermordung des Herzogs von Guise (1563) (nach Schwitalla 1999, 32).

des Mitteilungsrahmens: ist es früh nur eine kleine Gesellschaftsschicht, die sich des Briefes zur Mitteilung von wenigen Dingen bedient, so dehnt sich allmählich der Kreis der Teilnahme immer mehr aus, mit der Menge der Briefschreiber nimmt die Fülle des Mitteilungsstoffes zu. Für den vorliegenden Gegenstand ist vor allem die wachsende Teilnahme der Menschen für die Ereignisse und Zustände ihrer Zeit von Bedeutung, weil sie berufen war, den Briefinhalt der Aufmerksamkeit weiterer Kreise zu erschließen. Am frühesten haben die Briefe der Staatskunst und des Handels diesen Weg eingeschlagen: Die Staatsmänner und die Kaufleute durften an den Ereignissen der Welt nicht teilnahmslos vorübergehen, wenn sie sich vor Überraschungen sichern wollten. Die Neuigkeiten (Nova) nahmen allmählich einen eigenen Abschnitt ein, meist folgten sie am Schluß des Briefes, vielfach wurden für sie eigene Zettel (Cedulae) beigelegt. Solche Beilagen enthielten keine persönlichen und geschäftlichen Mitteilungen, sie konnten ohne Gefahr an Freunde und Bekannte weitergegeben, abgeschrieben und vervielfältigt werden. Sie sind die Vorläufer der gedruckten ‚Neuen Zeitungen' und gingen noch lange neben diesen her. Früh trat die Bezeichnung ‚Neue Zeitung' dafür auf. Um die Wende zum 16. Jahrhundert durfte die ‚Neue Zeitung' als feste Einrichtung des Briefverkehrs gelten, die vor allem an den Höfen und den Mittelpunkten des Handels eifrig gepflegt wurde. (Schottenloher 1985, Bd. 1, 152 f.)

Die, wie Schottenloher hier anschaulich beschreibt, aus dem Brief hervorgegangene **Neue Zeitung** ist schon um 1480 im deutschsprachigen Raum entstanden und existierte bis zum Ende des 17. Jahrhunderts.[3] Ihre wichtigsten Kennzeichen sind:

- Sie erscheinen nicht periodisch,
- sind ereignisabhängig,
- volkssprachig,
- und häufig illustriert, und sie
- verwenden Prosa, Lied oder Spruch zur Wiedergabe einer oder mehrerer Nachrichten.

Entstehung der Neuen Zeitung Ende des 15. Jahrhunderts

Kennzeichen der Neuen Zeitung

---

[3] Der folgende Überblick über die Gattung „Neue Zeitung" beruht auf dem konzentrierten Aufsatz Lang 1987.

Der Name dieser Gattung stammt von den Zeitungen selbst. Die schätzungsweise acht- bis zehntausend Titel, die in Deutschland erschienen sind, nennen sich oft „Neue Zeitung", „Erschreckliche Zeitung", „Erbärmliche Zeitung", „Glückliche Zeitung", aber auch „Neues Lied", „Geschicht", „Relation", „Extract" usw. Der Ausdruck „Zeitung" bedeutet dabei nichts anderes als ‚Nachricht'. Lang (1987, 57) beschreibt Herstellung und Vertrieb der „Neuen Zeitungen":

Herstellung
und Vertrieb der
Neuen Zeitung

Die Nachrichteninhalte gelangten über Postrouten an den Postmeister, der sie vervielfältigte und gegen Entgelt dem Verleger oder hauptberuflichen Zeitungsschreibern überließ. In Wirtsstuben saßen die ‚Redakteure' beisammen und tauschten Sensationsmeldungen aus. Innerhalb weniger Stunden ging das Manuskript in Satz, wurde eine Illustration in Holz geschnitten, und schon am nächsten Tag konnten einige hundert Exemplare einer Neuen Zeitung auf dem Marktplatz, vor der Kirche, im Laden oder durch Wanderhändler zum Verkauf angeboten werden. Da die Vertriebsform des Abonnements erst mit der periodischen Zeitung aufkam, mußte jede Neue Zeitung durch Aufmachung und lautstarke Anpreisung einen Käufer finden. Liedzeitungen wurden von Jungen an die Zuhörenden verkauft. Die Preise entsprachen einer Kaufkraft von etwa drei bis zehn heutigen Deutschen Mark.

Wer las nun diese Neuen Zeitungen und welche gesellschaftliche Funktion erfüllten sie? Lang (1987, 58) verweist darauf, dass Aussagen über Käufer- und Leserkreis wohl Spekulationen bleiben müssen, betont aber, dass „die Lesefähigkeit bei weitem größer [war; J.Sch.], als heute vielfach angenommen wird. Es gibt Hinweise, daß innerhalb einer Familie samt Dienerschaft Lesestoffe dieser Art in hierarchischer Reihenfolge vom Hausherrn bis zum Stallknecht rezipiert wurden". Schottenloher (1985, Bd. 1, 157) nennt als Gründe für die weite Verbreitung der Neuen Zeitungen die Geschäftstüchtigkeit der Drucker und die zunehmende Neugier der Menschen:

Gründe für die
Verbreitung der
Neuen Zeitungen

1. Geschäfts-
tüchtigkeit der
Buchdrucker

Für die frühere Entwicklungsreihe [der Neuen Zeitungen; J.Sch.] ist wohl vor allem die Unternehmungslust der Buchdrucker, Formschneider, Briefmaler, Buchführer verantwortlich zu machen. Dieses bunte Völklein sah in dieser neuen Mitteilungsgruppe eine viel versprechende, unbegrenzte Absatzquelle für die Vervielfältigungskünste, hinter der die große Masse des ganzen Volkes, vor allem aber das neugierige, mehr und mehr des Lesens kundige Geschlecht der Städter, stand. In der möglichst wirksamen Ausnutzung der Nachricht als Handelsware lag also die stärkste bewegende Kraft zur weiteren Entwicklung. Nicht als ob es an der Teilnahme der Zeitgenossen für diese Nachrichtenblätter gefehlt hätte. Aber diese Teilnahme war mehr eine untätige, schweigen-

2. Neugierde
und Lesefähigkeit
der Rezipienten

de und mußte erst geweckt, gereizt, geübt werden, bis sie zu tätiger Wirksamkeit, zu lebhafter Nachfrage und Forderung wurde. Als dritte Ursache für die zunehmende Verbreitung der Nachricht hat die gesteigerte Redseligkeit, die zunehmende Überwindung der Scheu vor Öffentlichkeit zu gelten: es mehren sich die Federn, die sich berufen fühlen, über selbsterlebte oder ihnen erzählte Ereignisse zu berichten, bis diese Nachrichtenvermittlung zu einem festen Erwerbe, zur berufsmäßigen Tagesschriftstellerei wird. Alle diese drei Bewegungskräfte ergänzen und verstärken sich gegenseitig [...].

3. Gesteigerte Redseligkeit

Sehen wir uns einige Titel der Neuen Zeitungen[4] an:

Abb. 20: *Warhafftige Newe Zeitung des Kayserlichen Sigs / zu Galetta vnd Thunis geschehen*, Titelblatt (1535) (nach Schottenloher 1985, Bd. 1, 163).

Neuzeitung von dem sieghaften Einzug von Kaiserlicher Majestät Kriegsvolk in Italien (1527).

Neue Zeitung von den Wiedertäufern und ihrer Sect, neulich erwachsen im Stift zu Salzburg und an andern Enden mehr. Mit 13 unchristlichen Artikeln, die da zu Augsburg unter ihnen für unchristlich verworfen sind, davor sich jeder fromme Christ wohl hüten mag, damit er Gefährlichkeit des Leibes und der Seele entfliehen möge (1528).

Wahrhaftige Neue Zeitung von 1536, wie alle Kriegshandlung zwischen Römischer Kaiserlicher Majestät und dem König von Frankreich sich zugetragen.

Erschreckliche Neue Zeitung von einem grausamen Ungewitter, so sich auf S. Marcustag zu Heidelberg in diesem 37. Jahr erhoben hat (1537).

Wahrhaftige und erschreckliche Neue Zeitung, in Schlesien geschehen in diesem 42. Jahr am Tags der Himmelfahrt Mariä von unerhörten Heuschrecken, wie viel der gewesen und was sie Schaden getan haben (1542).

Erweiterte Unholden-Zeitung. Kurze Erzählung, wie viel der Unholden hin und wider, sonderlich in dem obern Deutschland gefänglich eingezogen, was für großen Schaden sie den Menschen vermög ihrer Urgicht zugefüget und wieviel ungefährlich deren in

---

[4] Die Titel sind Schottenloher 1985, Bd. 1, 162 ff., entnommen. Als Bibliographie ist immer noch maßgebend Weller 1872; Nachträge dazu in: Germania. Jg. 26, 1881, 106 ff.

Warhafftige Contra=
factur vnd beschreibung/des wunder seltza=
men vnbekandten Vogels/ deren etliche in Meyssen vn Dü=
ringen/ dises VII. L. L.j. Jars/ gesehen vnd geschossen
worden seind : Sampt dem Berg vnd andern schre=
cklichen Wunderzaichen/die sich in disem Jar zus
getragen/ vnnd des Teütschen Landts
Büßprediger sein wöllen.

Abb. 21: *Warhafftige Contrafactur vnd beschreibung / des wunder seltzamen vnbekandten Vogels / deren etliche in Meyssen vnd Düringen / dises M.D.LXi Jars / gesehen vnnd geschossen worden seind*, Titelblatt (1561) (nach Schottenloher 1985, Bd. 1, 183).

diesem 1590. Jahr bis auf den 21. Juli von dem Leben zum Tod hingerichtet und verbrannt worden sind.

Wahre und eigentliche Contrafactur des neugebauten Malefiz-Hauses zu Bamberg, welches zur Abstrafung und Bekehrung der boßhaften Menschen der verdammten Zauberei und Übeltaten ausgebauet worden (1627).

Abriß und Beschreibung des Seehunds, so in der Elbe nahe bei Dresden den 13. Martii Anno 1634 sich hat sehen lassen.

Diese bunte Mischung aus Berichten über Kriege und Naturereignisse, über politisches, religiöses oder gesellschaftliches Geschehen, verdeutlicht den aktuellen und zugleich schon sensationslüsternen Charakter der Neuen Zeitungen. Verglichen mit den Flugblättern und Flugschriften der Reformation, die thematisch an die religiösen Auseinandersetzungen der Zeit gebunden waren und vor allem ‚meinungsbildend' wirkten, haben wir es hier mit verschiedenen Nachrichten zu tun, die allesamt einen ausdrücklichen Anspruch auf Wahrheit erheben.

Eine kleine Elite von Zeitungsschreibern verdichtet das, was ihnen als Ereignis mehr oder weniger zufällig zu Ohren oder vor Augen kommt, zu einer Nachricht und verbreitet diese in den gedruckten Blättern als eine Ware. Die Zeitungen werden gerade deshalb nach und nach zu einem begehrten Kaufobjekt, weil sie wahr sind oder zumindest vorgeben, es zu sein. Sie suggerieren nämlich den Menschen die Existenz einer ‚wirklichen' Welt, an der man durch Lesen partizipieren kann. Diese Welt wird, zunächst noch in einzelnen Begebenheiten, dann mehr und mehr als chronischer Situationsbericht, in Schrift gefasst und durch sie vermittelt. Nun kann die Welt, auch ohne dass man selbst dabei war, vorgestellt und ‚eingebildet' werden.

Eine solche schriftlich gefasste, gedruckte, von fern liegenden Orten und Ereignissen handelnde Nachricht musste auf die Menschen, die bislang ausschließlich ihre selbst erlebte Welt und anderes nur aus mündlichen Erzählungen kannten, ernüchternd und faszinierend zugleich wirken. Einerseits erkannte man sich selbst als einen nur kleinen Teil in der großen

Die Neuen Zeitungen enthalten Nachrichten unterschiedlicher Art, die alle einen Anspruch auf Wahrheit erheben – dies macht sie zu einem begehrten Kaufobjekt

Die Neuen Zeitungen stellen eine neue Form von Öffentlichkeit dar, denn es werden keine bloßen Meinungen, sondern Ereigniswissen vermittelt

Welt, die außerhalb des eigenen Erlebnisbereichs sozusagen ‚objektiv' existiert, andererseits aber boten gerade die Neuen Zeitungen die Möglichkeit, von dieser großen Welt zu wissen. Eben dieses Wissen macht im Ansatz eine neue Form von Öffentlichkeit aus. Nicht Meinungen werden hier verbreitet und diskutiert, sondern ein Ereigniswissen, dessen Besitz die Menschen verbindet. Öffentlichkeit entwickelt sich auf diese Weise langsam zu dem, was sie heute zum Teil auch immer noch ist: ein durch Medien geschaffener gesellschaftlicher Rahmen, in dem Wirklichkeit produziert wird.

3.5 Die Meßrelationen

Der Übergang von den nicht periodisch erscheinenden, einzelne Ereignisse mitteilenden „Neuen Zeitungen" zu den periodischen Wochen- und später Tageszeitungen erfolgte nicht abrupt. Seit den 80er Jahren des 16. Jahrhunderts wurden sogenannte **Meßrelationen** in Deutschland üblich.[5] Es handelt sich dabei um in der Regel ca. 100 Seiten starke Druckschriften, die zu den Frühjahrs- und Herbstmessen, zum Teil auch zwischen diesen Terminen, vorwiegend in Frankfurt am Main und Leipzig, Köln, Halle und Magdeburg erschienen (vgl. Stöber 2000, 50-55). Insgesamt sind ca. 500 Ausgaben nachgewiesen. Der Inhalt der „Meßrelationen" bestand, wie schon bei den „Neuen Zeitungen", aus Berichten über bestimmte, für wichtig erachtete Ereignisse. Neu an ihnen aber war, dass sie regelmäßig erschienen und die Ereignisse aus dem Zeitraum der seit der letzten Messe vergangenen sechs oder auch nur drei Monate in Berichten bündelten.

Die Meßrelationen trugen meist lateinische Titel: *Relatio historica, Epitomen, Annalis historia, Calendarium historicum* oder *Breviarium*, die auf Deutsch fortgesetzt wurden. In deutschen Titeln stößt man auf Kennzeichnungen wie „Beschreibung", „Begriff", „Chronik", Geschicht Schrifften", „Bericht" oder „Verzeichnuß". Bender (1987, 63) fasst zusammen:

Merkmale der Meßrelationen

> Der Inhalt der Meßrelationen bietet in chronologischer Folge Berichte und Dokumente über die Zeitereignisse, wobei das politische und militärische Geschehen im Vordergrund steht. Alle Nachrichten werden kommentarlos wiedergegeben. Wertung und Urteil waren Sache des Lesers. Vielen Meßrelationen sind Vorreden, manchen eine Widmung vorangestellt, hin und wieder findet sich ein Schlußwort an den Leser.

Inhalte und Funktionen

---

[5] Vgl. dazu und zum folgenden die Übersicht von Bender 1987.

NOVA
NOVEM MENSIVM HISTO-
RICA RELATIO.
Das ist/

Ein Newe Histori=
sche Beschreybung der Gedenckwür=
digen Händel vnnd Geschichten / so sich vom
Eingang dieses Jahrs in Franckreich/ Engellandt/ auch
Nider vnnd Hochteutschlandt/

Dergleichen

In Hungern/ Behemb/ Polln/ Turckey/ vnd an andern orten
Europæ/ die negsten IX. monat zugetragen vnnd verlauf-
fen/ biß auff den 21. tag dieses ablauffenden monats
Septembris. 1591.

Gedruckt zu Cöllen/ auff der Burgmäuren/ Bey
Godtfridt von Kempen.
1 5 9 I.

Abb. 22: *NOVA NOVEM MENSIVM HISORICA RELATIO. Das ist Ein Ne-*
we Historische Beschreybung der Gedenkwürdigen Händel vnnd
Geschichten…, Titelblatt (1591).

Als Beispiel dafür, wie die Autoren selbst die Funktion ihres
‚Nachrichtenorgans' sahen, mag eine Passage aus dem Vorwort
einer Frankfurter Meßrelation des Verlegers Paul Brachfeld vom
Frühjahr 1591 mit dem Titel *HISTORICAE RELATIONIS COM-*

PLEMENTVM dienen. Dort wird die schon für die „Neuen Zeitungen“ hervorgehobene Funktion der Vermittlung von Welt durch Schrift ganz explizit genannt:

> Versehe mich [...] / es werde diß Lesen nicht ohne Frucht abgehen: Weil man dardruch in guter stiller gelegenheit / ohne gefahr / ohne müdes reisen vnd beschwerligkeit / viel vnruige sachen [...] kan erlernen: mancherley anschlege vornemer vnd erfarner Kriegsöbersten verstehen [...] / Neben andern geschichten / dardurch der Menschen wissenschaft gemehret / vnd der verstant kan geübet werden [...]. (Zit. nach Bender 1987, 64)

Rezipienten

Gelegentlich finden sich in den Meßrelationen Wörterverzeichnisse, die dem ‚gemeinen Mann‘ die Übersetzung von Fremdwörtern ermöglichten

Es bleibt die Frage, welche Leserschicht die „Meßrelationen“ angesprochen haben. Ihre lateinischen Titel und die nicht wenigen eingestreuten lateinischen Wendungen in den sonst durchweg volkssprachigen Schriften, ihr nicht unbeträchtlicher Umfang und die Erscheinungsweise zu Messen könnten darauf hindeuten, dass sich die „Meßrelationen“ eher an eine gebildete Leserschicht wie den Adel und das traditionelle Stadtbürgertum gewandt haben müssten. Dieser Annahme widerspricht allerdings ein Wörterverzeichnis, das einer Messrelation von 1603 (vgl. Abb. 23) mit den kommentierenden Worten beigeben ist:

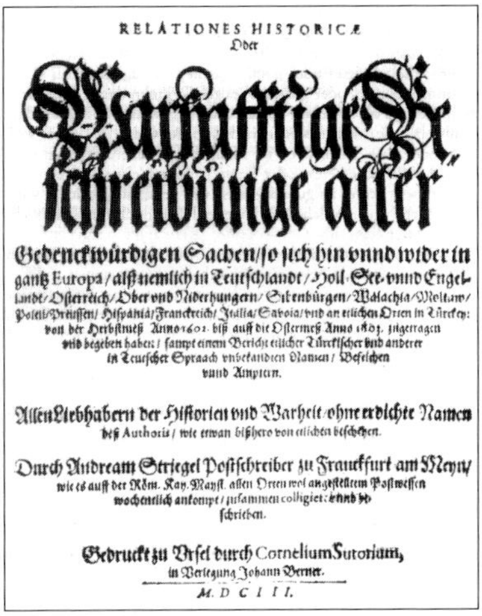
RELATIONES HISTORICÆ
Oder
Warhafftige Beschreibunge aller
Gedenckwürdigen Sachen/so sich hin vnnd wider in gantz Europa/alß nemlich in Teutschlandt/Holl-See- vnnd Engellandt/Osterreich/Ober vnd Niderhungern/Sibenbürgen/Walachia/Moltaw/Polen/Preussen/Hispania/Franckreich/Italia/Savoia/vnd an etlichen Orten in Türckey: von der Herbstmeß Anno 1602. biß auff die Ostermeß Anno 1603. zugetragen vnd begeben haben/ sampt einem Bericht etlicher Türckischer vnd anderer in Teutscher Spraach vnbekandten Namen/ Befelchen vnnd Ampten.
Allen Liebhabern der Historien vnd Warheit/ohne erdichte Namen deß Authoris/ wie etwan bißhero von etlichen beschehen.
Durch Andream Striegel Postschreiber zu Franckfurt am Meyn/ wie es auff der Röm. Kay. Mayst. allen Orten wol angestelltem Postwesen wochentlich ankompt/zusammen colligiert: vnnd beschrieben.
Gedruckt zu Vrsel durch Cornelium Sutorium, in Verlegung Johann Berner.
M. D C I I I.

Abb. 23: *Relationes Historicae Oder Warhafftige Beschreibunge aller Gedenckwürdigen Sachen…*, Titelblatt (1603).

> Bericht vber etliche in dieser Relatione Historica, vermelte Türckische / Hungerische / Niederländische / Französische / Spannische / vnd andere Wörter / so dem gemeinen Mann vnbekandt sein mögen / zur nachrichtung ins Teutsch gesetzt.[6]

Der Hinweis auf den „gemeinen Mann“, der ja auch den Gegensatz zu den Gelehrten und Gebildeten darstellt, legt nahe, dass die Meßrelationen, ähnlich wie die „Neuen Zeitungen“, eine breitere Leserschicht ansprachen. Verwunderlich wäre dies nicht, denn warum sollten Neugier und Sensationslust, die im 16. Jahrhundert den Absatz der „Neuen Zeitungen“ garantierten, im 17. Jahrhundert verschwunden gewesen sein?

6 Das Wörterverzeichnis ist faksimiliert in Bender 1987, 67 f.

3.6 Die periodisch erscheinenden Zeitungen

Entstehung der
periodischen
Zeitungen im
17. Jahrhundert

Von den Flugblättern und Flugschriften, den Neuen Zeitungen und Meßrelationen, die schon im 15. Jahrhundert aufkommen und sich im 16. Jahrhundert ausbreiten, ist es, vom Medium her betrachtet, nur noch ein kleiner Schritt zur regelmäßig erscheinenden **Tages- und Wochenzeitung**. Für diese Form der Nachrichtenvermittlung steht zunächst das 17. Jahrhundert. Die ersten beiden nachweisbaren Wochenblätter stammen aus dem Jahr 1609. Es handelt sich um die *Avisa Relation oder Zeitung* aus Wolfenbüttel und um die *Relation Aller Fürnemmen vnd gedenckwürdigen Historien* aus Straßburg.[7]

Abb. 24: *Avisa Relation oder Zeitung*, Titelblatt (Wolfenbüttel 1609).

Um einen Eindruck davon zu erhalten, in welchem Umfang Zeitungen im 17. Jahrhundert präsent waren, sei Paul Ries (1987, 113) zitiert, der sich mit Problemen einer Inhaltsanalyse von Zeitungen auseinandersetzt:

Viele Zeitungen des 17. Jahrhunderts sind verlorengegangen, wie viele, wissen wir nicht. So ist es unmöglich, die Gesamtzahl der Meldungen festzustellen. Die trotz der Verluste immer noch immense Menge der vorhandenen Meldungen mit all ihrer Nachrichtenfülle und -vielfalt ist ein Hauptproblem der Analyse. Nehmen wir als Beispiel das Jahr 1669, einen Zeitpunkt, in dem die Zeitungsindustrie ihre Etablierungsschwierigkeiten bereits überwunden hatte. In diesem Jahr gab es in Europa wenigstens 31 Städte, in denen Zeitungsunternehmen nachgewiesen sind. In den meisten dieser Städte existierte nur eine Zeitung, in 12 Städten kamen schon zwei, in Hamburg und Ko-

Verbreitung

---

7 Stieler 1969, 25, erläutert in seiner Schrift *Zeitungs Lust und Nutz* aus dem Jahre 1695 die Begriffe folgendermaßen: „Das Wort: Zeitungen: kommet von der Zeit / darinnen man lebet / her / und kan beschrieben werden / daß sie Benachrichtigungen seyn / von den Händeln / welche zu unserer gegenwärtigen Zeit in der Welt vorgehen / dahero sie auch Avisen / als gleichsam Anweisungen genennet werden: Denn das Wort Avisen bedeutet anweisen / anzeigen / oder berichten / was bey uns oder anderswo sich begibt."

penhagen bereits drei und in Amsterdam sogar fünf Zeitungen heraus. Das heißt mit anderen Worten, daß es im Jahr 1669 mindestens 50 verschiedene Zeitungen gab, die in deutscher, holländischer, dänischer, schwedischer, italienischer, lateinischer, französischer, spanischer und englischer Sprache erschienen. Die meisten kamen einmal, ungefähr ein Dutzend von ihnen zweimal und wenigsten drei dreimal wöchentlich heraus. Die europäische Zeitungsindustrie produzierte zu diesem Zeitpunkt nicht weniger als 3.500 Zeitungen von jeweils zwei bis zwölf Seiten. Dank der Effektivität des Postwesens und des Engagements der Zeitungsherausgeber standen 1669, so dürften wir annehmen, den europäischen Zeitungslesern rund 35000 Meldungen zur Verfügung.

Gemessen an dem, was uns heute täglich als Meldung in Presse, Rundfunk und Fernsehen ins Haus geliefert wird, sind die 35000 Nachrichten, über ein Jahr und über ganz Europa verteilt, ein verschwindend kleiner Teil.[8] Macht man sich aber klar, dass die Menschen im Europa des 17. Jahrhunderts bis zum Aufkommen der Zeitungen nur sporadisch von einzelnen

Rom	Venedig	Antwerpen	Köln	Wien	Prag
1. Rom (39)	1. Konstantinopel (17)	1. Antwerpen (39)	1. Jülich (42)	1. Wien (85)	1. Prag (261)
2. Florenz (8)	2. Venedig (12)	2. Brüssel (16)	2. s'-Gravenhage (12)	2. Horn (14)	2. Wien (10)
3. Neapel (8)	3. Florenz (10)	3. Jülich (11)	3. Düsseldorf (10)	3. Krems (6)	3. Jülich (9)
4. Malta (4)	4. Mailand (5)	4. s'-Gravenhage (4)	4. Amsterdam (8)	4. Linz (4)	4. Breslau (6)
5. Aragon (3)	5. Genua (3)	5. Friesland (2)	5. Antwerpen (7)	5. Brünn (3)	5. München (2)
6. Genua (3)	6. Malta (3)	6. Lillo (2)	6. Köln (4)	6. Graz (3)	6. Olmütz (2)
7. Mailand (3)	7. Savoyen (3)	7. Lingen (2)	7. London (4)	7. Ofen (3)	7. Schlesien (2)
8. Paris (3)	8. Damaskus (2)	8. Amsterdam (1)	8. Brüssel (3)	8. Klosterneuburg (2)	8. Dresden (1)
9. Livorno (2)	9. Fès (2)	9. Bergen-op-Zoom (1)	9. Friesland (3)	9. Olmütz (2)	9. Filleck (1)
10. Modena (2)	10. Gibraltar (2)	10. Guinea (1)	10. Riga (3)	10. Raab (2)	10. Graz (1)
11. Parma (2)	11. Goro (2)	11. Moskau (1)	11. Bergen-op-Zoom (2)	11. Nagykanizsa (1)	11. Kallo (1)
12. Kalabrien (1)	12. Parma (2)	12. Ostindien (1)	12. Fès (2)	12. Kaschau (1)	12. Krems (1)
13. Korsika (1)	13. Alicante (1)	13. Riga (1)	13. Guinea (2)	13. Eisenstadt (1)	13. Livland (1)
14. Fès (1)	14. Erzurum (1)	14. Roermond (1)	14. Ostindien (2)	14. Filleck (1)	14. Linz (1)
15. Gibraltar (1)	15. Babylon (1)	15. Virginia (1)	15. Dinslaken (1)	15. Hof (1)	15. Lothringen (1)
16. Lyon (1)	16. Bagdad (1)	16. Vlissingen (1)	16. Dortmund (1)	16. Hollabrunn (1)	16. Pest (1)
17. Madrid (1)	17. Bologna (1)	17. Ypern (1)	17. Danzig (1)	17. Malta (1)	17. Rokycany (1)
18. Mittelmeer (1)	18. Chios (1)	18. Seeland (1)	18. Lillo (1)	18. Moskau (1)	18. Sachsen (1)
19. Mexico (1)	19. Chur (1)		19. Lingen (1)	19. Troppau (1)	19. Siebenbürgen
20. Palermo (1)	20. Jülich (1)		20. Malmedy (1)	20. Warschau (1)	(1)
21. Piemont (1)	21. Karaman (1)		21. Marseille (1)		20. Tessin (1)
22. Savoyen (1)	22. Madrid (1)		22. Nimwegen (1)		21. Donauwörth
23. Sevilla (1)	23. Mantua (1)		23. Paris (1)		(1)
24. Valencia (1)	24. Marseille (1)		24. Ruhrort (1)		
25. Venedig (1)	25. Mittelmeer (1)		25. s'Hertogenbosch (1)		
	26. Anatolien (1)		26. Venlo (1)		
	27. Neapel (1)		27. Seeland (1)		
	28. Nevers (1)				
	29. Paris (1)				
	30. Ragusa (1)				
	31. Sizilien (1)				
	32. Tunis (1)				

Abb. 25: Orte, aus denen und über die im Aviso von 1609 berichtet wurde (nach Ries 1987, 115).

---

8 Zum Zeitungsaufkommen im 17. Jahrhundert vgl. auch Bogel/Blühm 1971/1985 sowie Schröder 1995.

Geschehnissen erfahren hatten und dass sie ansonsten noch in weitgehend geschlossenen, wenn auch durch die vorherigen Medien punktuell ausweitbaren Kommunikationsräumen lebten, dann wird der enorme Sprung, der mit einer solchen Anzahl von Meldungen in den Wochenzeitungen gemacht wurde, schon deutlicher. Für den damaligen Menschen jedenfalls musste die Fülle der in den Zeitungen verbreiteten Nachrichten etwas völlig Neues gewesen sein.

Um die schon zu Beginn des Zeitungswesens bestehende ungeheure Vielfalt der Meldungen zu illustrieren, sei noch einmal auf den schon genannten Aufsatz von Paul Ries zurückgegriffen. Ries hat den gesamten Jahrgang 1609 des Wolfenbütteler *Aviso* einer computergestützten statistischen Inhaltsanalyse unterzogen. Über zwei Ergebnisse berichtet er ausführlicher.

Inhaltsanalyse des Wolfenbütteler Aviso

Ein Ortsverzeichnis zeigt, dass 93% der Meldungen im *Aviso* von 1609 aus sechs Korrespondenzorten kommen: Rom, Venedig, Antwerpen, Köln, Wien und Prag (vgl. Abb. 25).

Offenbar gab es in diesen Städten Zeitungsschreiber, die ihre Meldungen direkt an die Zeitungen weitergaben – nichts anderes also als die heutigen Auslandskorrespondenten. Betrachtet man nun noch die Orte und Gebiete, die in den jeweiligen Meldungen erwähnt werden, dann scheint sich in den Zeitungen ein enges Netz über Europa und sogar darüber hinaus zu spannen, in dem die Nachrichten eingefangen werden. Die Aussage über die „Neuen Zeitungen" lässt sich an dieser Stelle wiederholen: Die Welt wird berichtbar. Genau dasselbe wird bestätigt, wenn wir uns die Themen ansehen, über die berichtet wird. Ries hat eine – aus Abb. 26 ersichtliche – Systematik entwickelt und die Meldungen und Nachrichten[9] thematisch den jeweiligen Korrespondenzorten zugeordnet.

Themen

Der *Aviso* hat seinen Lesern ein genaues und detailliertes Bild der Zeit vorgestellt (vgl. Ries 1987, 120). Da gab es zum Beispiel eine Jülicher Krise, über die vorrangig aus Antwerpen und Köln berichtet wurde, der Prager Korrespondent beschäftigt sich selbstverständlich mit Kaiser Rudolph und seinen Problemen, während in Wien die innenpolitischen Konflikte des König Matthias auf der Tagesordnung standen. Man sieht, in den Zeitungen wird Geschichte schon sehr zeitnah verkauft.

Gesellschaftliche Funktion

Wir müssen nun nach der Form von Öffentlichkeit fragen, die sich aus der Verbreitung von Zeitungen – jetzt im Sinne

---

[9] Der Unterschied zwischen einer Meldung und einer Nachricht besteht darin, dass eine Meldung aus mehreren Nachrichten bestehen kann.

		Rom		Venedig		Antwerpen		Köln		Wien		Prag		Aviso	
		196	%	222	%	235	%	265	%	323	%	610	%	1851	%
a	Heerwesen	10	5,1	12	5,4	33	14,0	19	7,1	35	10,8	35	5,7	144	7,8
b	Schlacht	1	0,5	2	0,9			6	2,3	9	2,8	2	0,3	20	1,1
c	Übersee	4	2,0	3	1,3	4	1,7	12	4,5					23	1,2
d	Diplomatie	15	7,6	18	8,1	40	17,0	35	13,2	21	6,5	28	4,6	157	8,5
e	Ökonomie	39	19,9	49	22,0	48	20,4	35	13,2	35	10,8	26	4,3	232	12,5
f	Hof	12	6,1	9	4,0	4	1,7	7	2,6	6	1,9	14	2,3	52	2,8
h	Alltag	2	1,0	2	0,9	1	0,4	4	1,5			2	0,3	11	0,6
i	Aufruhr	3	1,5	17	7,7			1	0,4	6	1,9	43	7,0	70	3,8
j	Kriminalität			25	11,3	13	5,5	9	3,4	7	2,1	30	4,9	84	4,5
l	Literatur	4	2,0			3	1,2	6	2,3	3	0,9	4	0,7	20	1,1
n	Flotte	9	4,6	14	6,3			1	0,4	1	0,3			25	1,3
p	Innenpolitik	34	17,3	28	12,6	30	12,7	63	23,8	122	37,8	250	40,9	527	28,4
r	Religion	29	14,8	13	5,9	9	3,6	7	2,6	42	13,0	116	19,2	216	11,7
s	Naturwissenschaft	10	5,1	4	1,8	4	1,7	5	1,9	1	0,3	4	0,7	28	1,5
t	Handel	16	8,1	23	10,4	20	8,5	22	8,3	4	1,2			85	4,6
v	Reisen					1	0,4	1	0,4					2	0,1
w	Wetter	1	0,5			1	0,4	1	0,4					3	0,2
y	Zeitungsindustrie	4	2,0	3	1,3	11	4,7	23	8,7	22	6,9	37	6,0	100	5,4
z	Post	3	1,5			13	5,5	8	3,0	9	2,8	19	3,1	52	2,9

Abb. 26: Themen, über die von den verschiedenen Korrespondenten des Aviso aus dem Jahr 1609 berichtet wurde (nach Ries 1987, 118).

von periodisch erscheinenden Nachrichtenblättern – im 17. Jahrhundert ergeben hat. Wiederum ist dies die Frage nach der gesellschaftlichen Funktion dieser Medien. Mit Elger Blühm, einem der kundigsten Zeitungshistoriker, können wir dieses Thema in drei Teile gliedern:

1. Wie und in welchem Umfang spiegeln die Zeitungen des 17. Jahrhunderts die gesellschaftlichen Verhältnisse wider?
2. Welche gesellschaftlichen Kräfte haben Entstehen und Verbreitung der periodischen Nachrichtenpresse in Deutschland getragen und gefördert?
3. Kann man von einem Einfluss der frühen Presse auf die gesellschaftliche Entwicklung sprechen?[10]

Die erste Frage ist bereits teilweise schon mit den Ergebnissen aus der Untersuchung von Paul Ries beantwortet worden. Auch Blühm (1977, 57) gibt einen Überblick. Er wählt den Jahrgang 1668 des Hamburger *Nordischen Mercurius* und teilt die 1360 Meldungen der 104 Nummern statistisch in die folgenden Sparten ein: „Politik 773 Meldungen (57%), Gesellschaftliches Leben 153 (11,2%), Natur 175 (12,5%), Wirtschaft, Verkehr 118 (8,5%), Kirche 88 (6,5%), Justiz 42 (3%), Kultur 5 (0,35%), Sonstiges, ‚Curiosa' 6 (0,4%)." Blühm (1977, 57 f.), der diese Zahlen als recht typisch für das Hamburger Blatt ansieht, interpretiert das Ergebnis so:

Spiegelung der gesellschaftlichen Verhältnisse im 17. Jahrhundert

---

[10] Im Folgenden referiere ich die Antworten auf diese drei Fragen aus Blühm 1977.

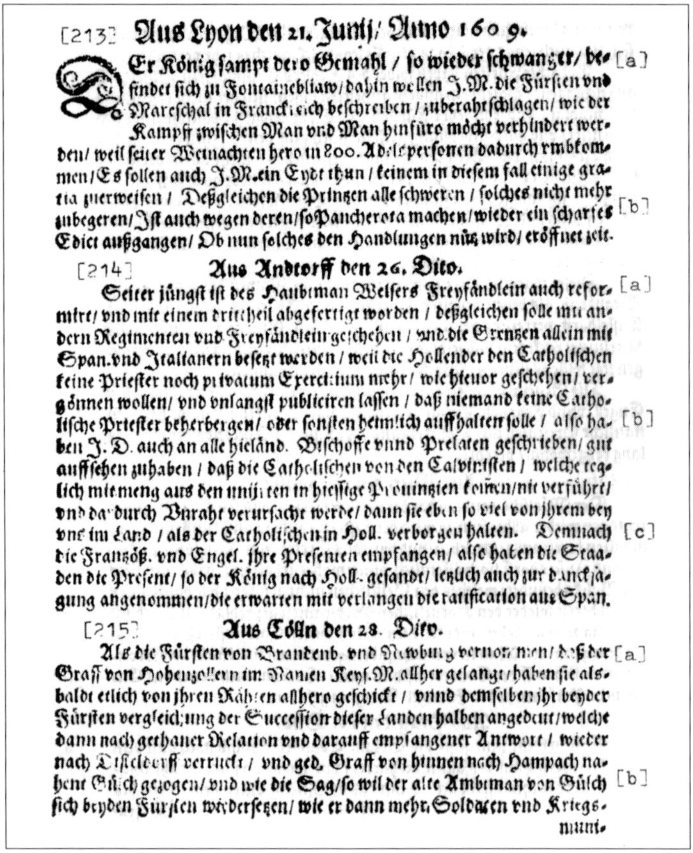

[213] Aus Lyon den 21. Junij/ Anno 1609.

DEr König sampt dero Gemahl / so wieder schwanger/ be- [a]
findet sich zu Fontainebliaw/ dahin wellen J.M. die Fürsten vnd
Mareschal in Franckreich beschreiben / zuberahtschlagen/ wie der
Kampff zwischen Man vnd Man hinfüro möcht verhindert wer-
den/ weil seiter Weinachten hero in 800. Adelspersonen dadurch vmbkom-
men/ Es sollen auch J.M. ein Eydt thun / keinem in diesem fall einige gra-
tia zuerweisen / Deßgleichen die Printzen alle schweren / solches nicht mehr [b]
zubegeren/ Ist auch wegen deren/ so Pancherota machen/ wieder ein scharfes
Edict außgangen/ Ob nun solches den Handlungen nütz wird/ eröffnet zeit.

[214] Aus Andtorff den 26. Dito.

Seiter jüngst ist des Haubtman Welsers Freyfändlein auch refor- [a]
mirt/ vnd mit einem drittheil abgefertigt worden / deßgleichen solle mit andern Regimenten vnd Freyfändlein geschehen / vnd die Grentzen allein mit
Span. vnd Italianern besetzt werden / weil die Hollender den Catholischen
keine Priester noch privatum Exercitium mehr/ wie hievor geschehen/ ver-
gönnen wollen/ vnd vnlangst publiciren lassen / daß niemand keine Catho-
lische Priester beherbergen/ oder sonsten heimlich auffhalten solle / also ha- [b]
ben J. D. auch an alle hieländ. Bischoffe vnnd Prelaten geschrieben/ gut
auffsehen zuhaben / daß die Catholischen von den Calvinisten / welche teg-
lich mit menig aus den vnijrten in hiessige Provintzien kommen/ nit verführt/
vnd dardurch Vnraht verursacht werde/ dann sie eben so viel von jhrem bey
vns im Land / als der Catholischen in Holl. verborgen halten. Demnach [c]
die Frantzöß. vnd Engel. jhre Presenten empfangen/ also haben die Staa-
den die Present/ so der König nach Holl. gesandt/ letzlich auch zur danckja-
gung angenommen/ die erwarten mit verlangen die ratification aus Span.

[215] Aus Cölln den 28. Dito.

Als die Fürsten von Brandenb. vnd Newburg vernommen/ daß der [a]
Graff von Hohenzollern im Namen Keys. M. allher gelangt/ haben sie als-
baldt etlich von jhren Rähten allhero geschickt / vnnd demselben jhr beyder
Fürsten vergleichung der Succession dieser Landen halben angedeut/ welche
dann nach gethaner Relation vnd darauff empfangener Antwort / wieder
nach Düsseldorff verruckt / vnd ged. Graff von hinnen nach Hampach na-
hent Gülch gezogen/ vnd wie die Sag/ so wil der alte Ambtman von Gülch [b]
sich beyden Fürsten widersetzen/ wie er dann mehr Soldaten vnd Kriegs-
nunni-

Abb. 27: Die Seite 2 des *Aviso* 1609 (nach Ries 1987, 123).

Die periodisch erscheinenden Zeitungen beschäftigen sich mit gesellschaftlichen Ereignissen, weniger bilden sie die gesellschaftlichen Verhältnisse im 17. Jahrhundert ab

Die Nachrichten aus dem im engeren Sinne sozialen Sektor nehmen einen breiten Raum ein, der noch umfangreicher wird, wenn man ihm Meldungen aus anderen Sparten zuordnet, die direkt oder indirekt ebenfalls den historischen Zustand der Gesellschaft berühren und beleuchten. Es verwundert nicht, daß die Hofnachrichten quantitativ eine besondere Rolle spielen: Feste und Feiern, Geburtstage, Hochzeiten, Taufen, Krankheiten, Begräbnisse, Einzüge und Empfänge, Jagden, Komödien, Ballette, Ordensverleihungen usw. Darüber wird im 'Nordischen Mercurius' von 1668 rund fünfzigmal berichtet. Daneben ist aber auch von anderen Dingen die Rede, etwa von Lehrjungentumulten in London, Übergriffen abgedankter französischer Soldaten, Gift- und Liebestrankmischern in Paris, von beschränkter Aufenthaltserlaubnis für Juden in Venedig, der Verhöhnung eines hohen Beamten durch römische Handwerker, der ge-

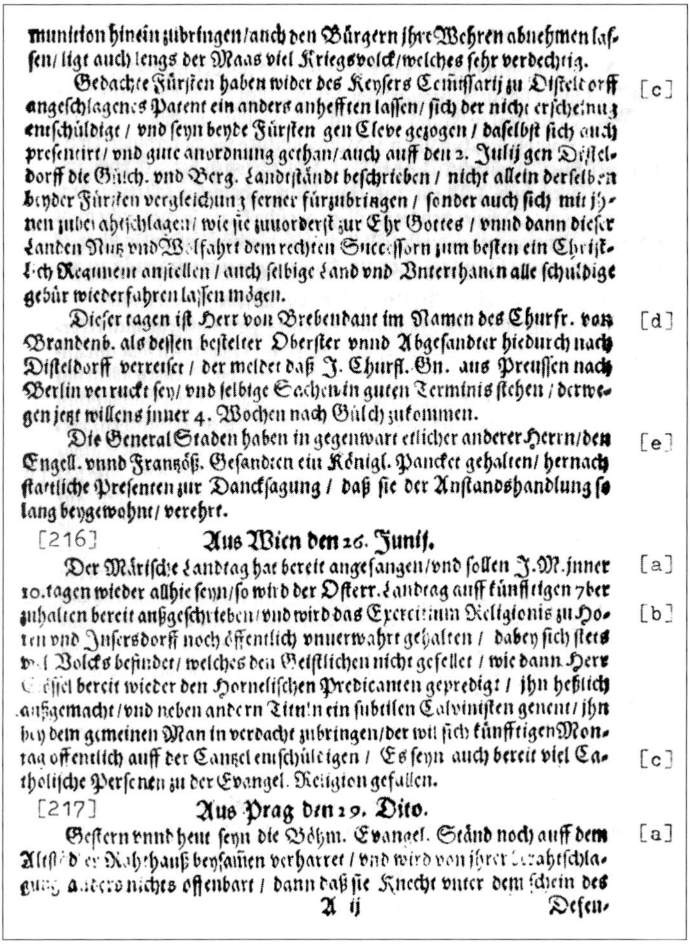

munition hinein zubringen / auch den Bürgern jhre Wehren abnehmen laffen / ligt auch lengs der Maas viel Kriegsvolck / welches fehr verdechtig.

Gedachte Fürften haben wider des Keyfers Cemifarij zu Diftel orff [c]
angefchlagenes Patent ein anders anhefften laffen / fich der nicht erfcheinung
entfchüldige / vnd feyn beyde Fürften gen Cleve gezogen / dafelbft fich auch
prefentirt / vnd gute anordnung gethan / auch auff den 2. Julij gen Difteldorff die Gülch. vnd Berg. Landtftändt befchrieben / nicht allein derfelben
beyder Fürften vergleichung ferner fürzubringen / fonder auch fich mit ji-
nen juber abfchlagen / wie fie juuorderft zur Ehr Gottes / vnnd dann diefer
Landen Nutz vnd Wolfahrt dem rechten Succeffor jum beften ein Chrift-
lich Regiment anftellen / auch felbige Land vnd Vnterthanen alle fchuldige
gebür wiederfahren laffen mögen.

Diefer tagen ift Herr von Brebendaut im Namen des Churfr. von [d]
Brandenb. als deffen beftelter Oberfter vnnd Abgefandter hiedurch nach
Difteldorff verreifer / der meldet daß J. Churfl. Gn. aus Preuffen nach
Berlin verruckt fey / vnd felbige Sachen in guten Terminis ftehen / derwe-
gen jetzt willens jnner 4. Wochen nach Gülch zukommen.

Die General Staden haben in gegenwart etlicher anderer Herrn / den [e]
Engell. vnnd Frantzöff. Gefandten ein Königl. Panckct gehalten / hernach
ftattliche Prefenten zur Danckfagung / daß fie der Anftandshandlung fo
lang beygewohnt / verehrt.

[216]   **Aus Wien den 16. Junij.**

Der Märifche Landtag hat bereit angefangen / vnd follen J.M. jnner [a]
10. tagen wieder allhie feyn / fo wird der Ofterr. Landtag auff künfftigen 7ber
juhalten bereit außgefchrieben / vnd wird das Exercitium Religionis zu Ho- [b]
ren vnd Jnfersdorff noch öffentlich vnuerwahrt gehalten / dabey fich ftets
v l Volcks befinder / welches den Geiftlichen nicht gefellet / wie dann Herr
C effel bereit wieder den Hornelifchen Predicanten geprediget / jhn heftiglich
außgemacht / vnd neben andern Titul in ein fubtilen Calviniften genent / jhn
bey dem gemeinen Man in verdacht zubringen / der wil fich künfftigen Mon-
tag öffentlich auff der Cantzel entfchültigen / Es feyn auch bereit viel Ca- [c]
tholifche Perfonen zu der Evangel. Religion gefallen.

[217]   **Aus Prag den 29. Dito.**

Geftern vnnd heut feyn die Böhm. Evangel. Ständ noch auff dem [a]
Altftd der Rahthauß beyfamen verharret / vnd wird von jhrer Drahtfchla-
gung anders nichts offenbart / dann daß fie Knechte vnter dem fchein des
              A ij   Defen-

Abb. 28: Die Seite 3 des *Aviso* Jahr 1609 (nach Ries 1987, 124).

waltsamen Aufhebung adliger Zusammenkünfte in der französischen Provinz. In Erfurt wird eine Ritterakademie gegründet; in Aachen verüben Dienstmägde Brandstiftungen; der Papst erteilt Aristo-
kraten die Erlaubnis, mit Wolle und Seide zu handeln; in Wien wird
ein Buch verbrannt, das einige hohe Herren verunglimpft.

An beiden Untersuchungen lässt sich ablesen, dass die Zeitungen offensichtlich weniger ein umfassendes Bild der gesellschaftlichen Verhältnisse als der gesellschaftlichen Ereignisse
wiedergeben.

Im Zusammenhang mit seiner Antwort auf die zweite Frage listet Blühm (1977, 59) die Bedingungen auf, unter denen „eine regelmäßige, in kurzen Abständen erfolgende Ausgabe gedruckter Zeitungen" möglich werden konnte:

Bedingungen für die Entstehung und Verbreitung der periodischen Nachrichtenpresse

- „Informationsquellen und Informationslieferanten" mussten „zur Verfügung stehen",
- „die Verkehrsverhältnisse mußten einen raschen und kontinuierlichen Bezug der Informationen erlauben",
- „es mußten die technischen Mittel für eine schnelle und effektive Produktion vorhanden sein", schließlich
- musste die Ware ‚Zeitung' „einen Wert darstellen, der einen gewinnbringenden Absatz versprach", also: „es mußte ein Publikum vorhanden sein, das zu einem ständigen Konsum des Dauerprodukts Zeitung bereit und fähig war".

Rezeption

Gerade eine Erklärung für die wichtige vierte Bedingung ist nach dem gegenwärtigen Stand der Forschung offenbar kaum zu geben. Blühm verweist auf Quellenbefunde, die belegen, dass schon im 17. Jahrhundert neben hochgestellten Vertretern der Obrigkeit sicherlich auch eine Mittelschicht gebildeter Bürger als Leser der Zeitungen in Frage kam. Während Blühm sich mit weitergehenden Schlüssen auf die Existenz und das Aussehen einer Öffentlichkeit in dieser Zeit sehr zurückhält, nimmt Peter Ukena (1977, 45) in seinem Aufsatz *Tagesschrifttum und Öffentlichkeit im 16. und 17. Jahrhundert in Deutschland* eindeutig Stellung: „Man hat [...] davon auszugehen, daß seit Anfang des 17. Jahrhunderts eine ‚breite Öffentlichkeit' regelmäßig über aktuelles Geschehen informiert worden ist." Ukena betont nachdrücklich den neutralen, nicht wertenden Charakter der Zeitungsmeldungen im Unterschied zu den Flugblättern und Flugschriften der Reformationszeit. Daraus schließt er auf die Funktion der Zeitungen: Sie sollten den Menschen eine Art Orientierungswissen liefern, das ihnen Denkanstöße gab und zur Bildung einer öffentlichen Meinung beitragen konnte.

Zeitungen vermitteln den Lesern Orientierungswissen, das zur Bildung einer öffentlichen Meinung beitragen konnte

Ukena stützt sich hierbei auch auf zeitgenössische Aussagen, so z.B. auf Daniel Hartnack, der 1688 die Funktion von Zeitungen charakterisiert, indem er sie als die „Eröffnung des Buchs der gantzen Welt" (zit. nach Ukena 1977, 48) bezeichnet. Auch Kaspar Stieler ist für diese Auffassung ein Zeuge. In seiner heute als wichtige Quelle zu lesenden Schrift *Zeitungs Lust und Nutz* von 1695 schreibt er:

> Ob auch schon eben so wol in der Historie / als denen Zeitungen getadelt wird / ein Urteil über die vorgehende Sache zu fällen; So

ist doch solches mehr in diesen als jener verwerflich. Denn man lieset die Zeitungen darüm nicht / daß man daraus gelehrt und in beurtheilung der Sachen geschickt werden / sondern daß man allein wissen wolle / was sich hier und dar begiebet. [...]
Der Zweck der Zeitungen ist die Ersättigung der Lesenden Neugirigkeit und Benachrichtigung der Welt-Händel / welches die Historie zwar auf ihre weise auch tuht: Sie breitet sich aber nicht aus auf die ganze Welt / sondern bleibet in ihrem Bezirk / und schreitet nicht leichtlich aus demselbigen / wie es die Zeitung tuht / welche aller Königreiche und Länder Zustand berichtet / und sich bey keinem weiter aufhält / als so viel sie selbsten weyß / und / wovon sie Nachricht erlanget hat. (Stieler 1969, 27 f.)

Zeitungen also schaffen ein ganz neues Verhältnis der Menschen zur Welt: Die gesamte Welt wird in käufliche Nachrichten verwandelt. Für den mittelalterlichen Menschen war die Welt noch dasjenige, was mit eigenen Augen gesehen, was – im Wortsinne – ‚erfahren' oder durch einen verlässlichen Erzähler ‚bekundet' wurde. Mit den Zeitungen wird die Welt zu dem, wovon und worüber es Nachrichten gibt. Schrift, das gedruckte Wort, bürgt für Geschehen, bürgt für Wirklichkeit. Wenn sich für die Menschen des 17. Jahrhunderts die Welt nach und nach durch Zeitungen erschließt, dann müssen wir in dieser Zeit schon mit einem recht modernen Begriff von Öffentlichkeit rechnen: Öffentlichkeit ist danach zum einen die Möglichkeit, Kenntnis von Ereignissen zu erhalten, Öffentlichkeit ist zum anderen aber auch die durch das Medium ‚Zeitung' gelenkte Auswahl an Ereignissen und ihre Stilisierung zur einzigen Wirklichkeit in einem öffentlichen Bewusstsein.

Schrift bürgt für Wirklichkeit

Bleibt noch die dritte Frage Blühms nach dem Einfluss der Presse auf die gesellschaftliche Entwicklung. Blühm verweist darauf, dass über diese Frage schon von den Zeitgenossen im 17. Jahrhundert selbst nachgedacht wurde. Die Tatsache, dass ungefähr siebzig Jahre nach dem Erscheinen der ersten Zeitungen eine Debatte über deren „Nutzen" einsetzt, wertet er als „ein Anzeichen dafür, daß die Nachrichtenpresse zu einer öffentlichen Angelegenheit von spürbarer Bedeutung für Staat und Gesellschaft geworden war" (Blühm 1977, 61). Diese Bedeutung lag allerdings weniger darin, dass die Zeitungen ein Meinungsforum darstellten und, wie die Flugblätter und Flugschriften, Einfluss nehmen wollten auf die Streitigkeiten der Zeit. Die Zeitungen des 17. Jahrhunderts waren, wie die Herausgeber es selbst auch sahen, in erster Linie Chroniken, eine Art Geschichtsbücher, in denen die Ereignisse aufbewahrt wurden, so dass aus ihnen Erfahrungen gezogen werden konnten.

Einfluss der frühen Presse auf die gesellschaftliche Entwicklung

Zeitungen als Geschichtsbücher

Vor allem aber machten sie den Wandel der Zeiten und die Veränderbarkeit des Seienden bewusst. So schreibt 1624 der Herausgeber der Straßburger *Relation*:

> Es ist günstiger Leser vns Menschen von Natur angebohren, daß wir gern Historien vnd frembte Geschichten lesen vnd anhören, auch willig vnd vnverdrossen seind zu vernehmen waß nicht allein vor vielen Jahren sich begeben vnd zugetragen, sondern noch viel begieriger zuerfahren, was sich bey jetzigen Vnsern zeitten täglich Newes zuträgt, vnd zwar so seint auch die Geschicht vnd Händel, so täglich für Lauffen einem verständigen Menschen zu wissen nicht allein nötig, sondern auch im Menschlichen Leben sehr rathsam vnd nutzlich zubetrachten, dann da sihet man, die wunderbahre Regierung Gottes in allen dingen: Wie sich die Zeitten so seltzam veränderen, vnd daß vornehmen der Menschen vnd alle Weltliche Händell, sich verwandtlen, ja nichts beständiges in disem Irdischen Wesen, darauff einer sicher bawen könte. (Zit. nach Blühm 1977, 62)

Derartige Passagen aus zeitgenössischen Stellungnahmen wertet Blühm (1977, 63) dahingehend, dass die Zeitungen des 17. Jahrhunderts vorrangig einen Bildungszweck erfüllten:

Zeitungen als Wissensstoff

> Es ist keine Frage, daß die frühen Zeitungen den geistigen Horizont ihres Publikums erweiterten und natürlich insonderheit derjenigen, denen sonst keine oder nur wenige Informationsquellen zur Verfügung standen. Zeitungsstoff war Wissensstoff, ein gewaltiges Materialangebot an Fakten aus allen Gebieten des Wissens und allen Teilen der bekannten Welt.

Diese Form der Bildung, die, wie bereits betont, eine Art allgemeines Orientierungswissen vermittelte, war allerdings noch nicht zielgerichtet. Die Fakten, die als Nachrichten verkauft wurden, sollten und konnten es dem Leser zwar ermöglichen, über seinen persönlichen Erfahrungshorizont hinauszusehen und ,die Welt' kennen zu lernen, die Leistung aber, das gewonnene Wissen für sein eigenes Leben zu werten, musste er selbst und für sich erbringen.

Die durch Zeitungen hergestellte Form von Öffentlichkeit förderte keine Kritikfähigkeit, sondern informierte lediglich über bestimmte Themen und Ereignisse

Mit der verhältnismäßig raschen und ständig zunehmenden Verbreitung von Zeitungen entstand im 17. Jahrhundert ein Kommunikationsraum, den man bedingt bereits als eine Form von Öffentlichkeit bezeichnen kann. Dies ist eine Öffentlichkeit bestimmter Themen, von Ereignissen, die zuvor im Bereich des Nicht-Gewussten lagen, gleichwohl aber Aufmerksamkeit erzielten. Diese Themen betrafen allerdings kaum Bereiche, aus denen ein bewusstes Gestalten der eigenen Wirklichkeit hätte erwachsen können. Mit anderen Worten: Gegenstand dieser Öffentlichkeit waren keine politischen und literarischen

Themen, die auf eine kritische Bildung der Leser, auf Kritikfähigkeit zielten. Diese Funktion wurde von den Druckerzeugnissen erst im Laufe des 18. Jahrhunderts übernommen.

3.7 Die Moralischen Wochenschriften

Von heute aus betrachtet, verlief die Entwicklung des Pressewesens zwangsläufig und zielgerichtet. Nach den themengebundenen Flugblättern und Flugschriften, nach einzelnen Zeitungen und ihrer Weiterführung als periodische Nachrichtenblätter – wobei zu beachten ist, dass diese Formen wenigstens im 17. Jahrhundert nebeneinander bestanden – sind zwei weitere Wege vorgezeichnet: die Entstehung einer meinungsorientierten Presse mit klar definierten Bildungszielen und die Einführung von Tageszeitungen. Bleiben wir zunächst bei der meinungsorientierten Presse, den **Moralischen Wochenschriften**.

Das 17. Jahrhundert, so das Ergebnis des vorangegangenen Abschnitts, hatte mit den Zeitungen einen Raum des allgemeinen Wissens von Ereignissen geöffnet. Dieses Wissen war prinzipiell allen zugänglich, weil es in deutscher Sprache und in leicht konsumierbaren Formen verbreitet wurde, blieb vermutlich aber hauptsächlich auf bürgerliche und adlige Gruppen beschränkt. Auf jeden Fall kann man annehmen, dass diese Gruppen durch die Zeitungen ans Lesen gewöhnt wurden und ein potentielles Publikum auch für andere periodische Gattungen bildeten.

Zwei maßgebliche Gründe für die enorme Ausweitung des Zeitschriftenwesens im 18. Jahrhundert müssen genannt werden: Erstens die im 16. und 17. Jahrhundert erheblich fortgeschrittenen Wissenschaften und zweitens die langsam beginnende Aufklärung auch in Deutschland.

Die neuen Erkenntnisse in den Wissenschaften, in Astronomie und Physik[11] oder auch den Staatswissenschaften, führten zur Entstehung von Zeitschriften, die den Gelehrten, mehr und mehr aber auch einem interessierten Kreis von Laien, das neue Wissen nahe bringen sollten. Das französische *Journal des Sça vans*, gegründet 1665 und ab 1667 in lateinischer Übersetzung als *Ephemerides Eruditorum* auch in Deutschland erscheinend, ist ein erstes Beispiel dieser neuen Gelehrtenzeitschriften. Nach diesem Vorbild gründete 1682 Otto Mencke in Leipzig die

Gründe für die Expansion des Zeitschriftenwesens im 18. Jahrhundert

Fortschreiten der Wissenschaften

---

[11] Vgl. dazu die vorzügliche Einführung Heidelberger/Thiessen 1981.

ebenfalls noch lateinischen *Acta Eruditorum*, eine Art Rezensionsorgan für alle Wissenschaften (vgl. Hensing 1973).

Die Verwendung des Lateinischen, das zum einen auf das gelehrte Publikum hinwies und zum anderen auch den Absatz der Zeitschrift über die Grenzen Deutschlands hinaus sichern sollte, wurde bald nach Erscheinen dieser Zeitschrift als Sprache der Wissenschaften grundsätzlich in Frage gestellt. Es war Christian Thomasius, der zum Wintersemester 1687/88 am Schwarzen Brett der Universität Leipzig eine deutschsprachige

Ablehnung des Lateinischen als Wissenschaftssprache

Abb. 29: CHRISTIAN THOMASIUS (1655-1728), Jurist und Philosoph. Der Aufklärer Thomasius lehrte zunächst in Leipzig, wo er 1687 als erster eine Vorlesung in deutscher Sprache ankündigte und hielt. 1690 wechselte er an die Ritterakademie nach Halle. Dort wurde er nach Gründung der Universität 1710 Ordinarius. Bleibende Verdienste erwarb sich Thomasius durch seinen juristischen Kampf gegen die Hexenprozesse und sein aktives Eintreten für eine deutsche Wissenschaftssprache.

Vorlesung ankündigte und damit auch ein Signal für das Deutsche als Wissenschaftssprache setzte.[12] Thomasius verfolgte mit dieser Aktion, die zunächst einen Skandal hervorrief, auch eine Öffnung der Universität und der Wissenschaften, vor allem der Morallehre innerhalb der Philosophie, gegenüber einem nicht gelehrten, Latein unkundigen Publikum.

Die Monatsgespräche des Christian Thomasius

Thomasius war es dann auch, der 1688 mit einer neuen Zeitschriftengattung hervortrat: den in der Forschung zumeist abgekürzt bezeichneten *Monatsgesprächen* (vgl. Thomasius 1970). Sie sind gewissermaßen ein Bindeglied zwischen den Gelehrten Zeitschriften und den späteren Moralischen Wochenschriften, indem sie einerseits die Besprechung von Büchern zum Gegenstand haben, andererseits dieses Thema einkleiden in ein fiktives Geschehen und ein fiktives Gespräch, aus dem der Leser eine Botschaft ableiten kann.

Inhalt und Form der Monatsgespräche

Eine Zusammenfassung von Inhalt und Form dieser *Monatsgespräche* gibt Wolfgang Martens (1968, 78):

> Im ersten, im Januar-Gespräch von 1688, das 115 Seiten umfaßt, werden vier Personen vorgestellt, die in einer Landkutsche auf dem Weg zur Leipziger Messe sind, – Herr Augustin, ein gereister

---

[12] Vgl. Hodermann o.J [1891], 11-22; Schiewe 1996, 2-4; Schiewe 1998, 80-86.

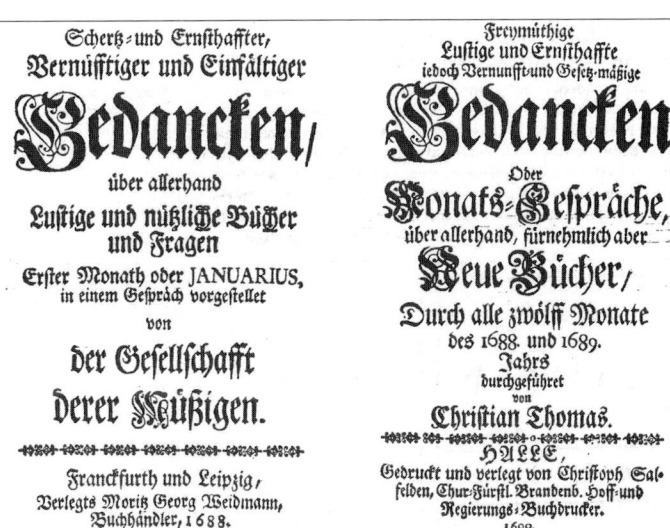

Abb. 30: *Monatsgespräche* von 1688 und 1690, Titelblätter.

Cavalier, Herr Benedict, ein Gelehrter, Herr Christoph, ein Handelsherr, und Herr David, ein Schulmann. Diese vier Personen kommen ins Gespräch. Sie reden über Abraham a Santa Clara, den ‚Mercure Galant‘, Nutzen und Gefahr der Romanlektüre, ‚politische‘ Schriften, Genealogie, Atheismus und Syncretismus, bis das Gespräch durch Umwerfen der Kutsche abrupt unterbrochen wird. – Im zweiten (Februar-) Gespräch unterhalten sich drei der vier Reisenden weiter in einem Leipziger Wirtshaus. Im dritten Gespräch (März 1688) erscheinen neue Figuren: Polydor, ein Staatsminister, führt mit Clarindo und Nicanor, seinen Clienten, Konversation über alle möglichen Erscheinungen auf dem Büchermarkt; im vierten treten Cyllenio, Cardenio und Pamphilio auf, im sechsten Dorilas und Flavio, – und so hat fast jedes Gespräch in der Folge neue Unterredner, die den Stoff, vorwiegend Gelehrt-Literarisches, im Dialog vor dem Leser ausbreiten.

Man sieht: wenngleich in den *Monatsgesprächen* noch über Gegenstände der Gelehrsamkeit gehandelt wurde, war die Darbietung schon auf ein größeres Publikum gemünzt, denn das leichte, in einen Handlungszusammenhang eingebundene Gespräch konnte bereits einen gewissen unterhaltenden Wert beanspruchen.

Die *Monatsgespräche* des Thomasius fanden Nachahmer, so zum Beispiel Wilhelm Ernestus Tentzels *Monatliche Unterredungen Einiger guten Freunde von Büchern und anderen annehmlichen Geschichten*. Eine deutsche Leserschaft um 1700 war also mit periodischen Schriften, die bilden und unterhalten wollten, vertraut, als 1709 Richard Steele in England den *Tatler* herausbrachte, eine Zeitschrift, die später unter Steele und Joseph Addison im *Spectator* und *Guardian* eine Fortsetzung fand.

Abb. 31: *The Guardian,* Titelblatt der englischen Zeitschrift von 1714.

Diese englischen Zeitschriften wurden zum genauen Vorbild für die Gattung der „Moralischen Wochenschriften", die in Deutschland ganz wesentlich die Lektüre während des zweiten Drittels des 18. Jahrhunderts ausgemacht haben. Die Moralischen Wochenschriften, deren erste der von Johann Matheson in Hamburg herausgegebene *Vernüfftler* (1713-1714) war, bestanden zu einem großen Teil aus wortgetreuen Übersetzung, kopierten somit die englischen Vorbilder bis ins Detail.[13]

Wolfgang Martens hat in seiner Habilitationsschrift *Die Botschaft der Tugend. Die Aufklärung im Spiegel der deutschen Moralischen Wochenschriften* für den Zeitraum zwischen 1713 und 1786 insgesamt 103 Titel von Zeitschriften ausgemacht, die eindeutig dieser Gattung zuzuordnen sind. Hier eine Auswahl:

- *Die Discourse der Mahlern.* Zürich 1721-1723.
- *Der rechtschaffene Rahtgeber.* Hamburg 1724.
- *Die Vernünftigen Tadlerinnen.* Halle, Leipzig 1725/1726.
- *Der Biedermann.* Leipzig 1728-1729.
- *Der Zerstreuer.* Göttingen 1736.
- *Der Freydenker.* Danzig 1741-1743.
- *Der Zeitvertreiber.* Leipzig 1745.
- *Der Müßige.* Lübeck 1748.
- *Der Gesellige.* Halle 1748-1750.
- *Der Redliche.* Nürnberg 1751.
- *Die Frau, eine sittliche Wochenschrift.* Leipzig 1756-1757.
- *Der Mann, eine wöchentliche Sittenschrift.* Leipzig 1756-1758.
- *Der Mann ohne Vorurtheil.* Wien 1765-1767.
- *Der Gesellschafter.* Hamburg 1775.

---

[13] Diese Übersetzungen, die dem Englischen bis in die Syntax hinein folgten, brachten einen leichtflüssigen Duktus ins Deutsche, der wesentlich dazu beitrug, den barocken, noch ganz am Lateinischen gebildeten Kanzleistil zu überwinden. Insofern können die „Moralischen Wochenschriften" als ein wichtiger Baustein in der Entwicklung des Deutschen zur Literatursprache gesehen werden. Vgl. dazu Blackall 1966, 36-76, bes. 44 ff.

Die Moralischen Wochenschriften hatten es sich zur Aufgabe gemacht, vor allem in bürgerlichen Kreisen eine erbauliche Aufklärung zu betreiben. Ihre Botschaft bestand in dem Gedanken eines tugendhaften Lebens, dessen sich das Bürgertum befleißigen sollte, um auf diese Weise eine eigene Identität gegenüber den anderen – sowohl höheren als auch niederen – gesellschaftlichen Gruppen aufzubauen. Daneben wirkten die Moralischen Wochenschriften hauptsächlich auf die bürgerlichen Geselligkeitsformen des 18. Jahrhunderts ein. Helmuth Kiesel und Paul Münch (1977, 164 f.) schreiben dazu:

> Gerade im Bürgertum entwickelte sich die gemeinsame Lektüre in dieser Zeit zu einer Form bzw. Komponente der Geselligkeit, und es ist insbesondere den Moralischen Wochenschriften zu verdanken, daß die Lektüre auf diese Weise ins soziale Leben integriert und zur Selbstverständlichkeit wurde. In den Wochenschriften wurden Anleitungen zur gemeinsamen Lektüre gegeben und wurde vorgeführt, wie Literatur zum Gesprächsthema werden konnte; weiterhin wurden darin geeignete Lesestoffe, Beurteilungskriterien und Diskussionsanregungen geboten. Vor allem wurde auch der Wert der Lektüre für das Individuum und die Gesellschaft ausführlich diskutiert. So betrieben die Moralischen Wochenschriften [...] eine ‚populäre' Literaturkritik und eine äußerst wirkungsvolle ‚Lesepädagogik'. Zumal während ihrer Blütezeit im zweiten Drittel des 18. Jahrhunderts übten sie einen weit größeren Einfluß auf das Publikum aus als die um die Mitte des Jahrhunderts aufkommenden Theater- und Literaturzeitschriften, die sich dem Publikum als ‚Wegweiser' durch die Vielfalt der literarischen Produktion empfahlen.

Mit den Moralischen Wochenschriften – und durch sie hervorgebracht – entstand im 18. Jahrhundert nach und nach jenes Publikum, von dem zu Beginn dieses Buches, in Kapitel 1, bereits ausführlich die Rede war. Es war das Publikum, das vor allem die Moralischen Wochenschriften dazu nutzte, sich über seine eigene Stellung innerhalb des gesellschaftlichen Gefüges klar zu werden. Der von ihm gepflegte Austausch mittels eines schon sehr differenzierten Mediengefüges stellte eine Vorstufe zu dem dar, was sich um 1800 als eine Öffentlichkeit in politischer Gestalt zu bilden versuchte. In diesem Austausch entstand eine, wie es die Forschung bezeichnet, literarische Öffentlichkeit – die notwendige Bedingung für die Herausbildung des Bürgertums und für die Entstehung jener späteren Öffentlichkeit, die sich ausdrücklich als eine gesellschaftliche Macht gegenüber der staatlichen Herrschaft verstand.

Marginalien:

Die Moralischen Wochenschriften wollten aufklären und dem Bürgertum ein tugendhaftes Leben vermitteln

Moralische Wochenschriften als Unterhaltungsmedium

Höhepunkt der Moralischen Wochenschriften im zweiten Drittel des 18. Jahrhunderts

Die Moralischen Wochenschriften bewirkten die Entstehung einer literarischen Öffentlichkeit und waren damit auch die Basis für die Herausbildung des Bürgertums

3.8 Zeitungen und Zeitschriften im 18. Jahrhundert

Die bisherige Darstellung der Medien hat sich auf die herausragenden Typen für den Zeitraum vom 16. bis zum 18. Jahrhundert beschränkt. Diese Darstellung vermittelt noch kein angemessenes Bild der beachtlichen Vielfalt von Zeitungen und Zeitschriften, die im 18. Jahrhundert entstehen und wieder vergehen, kein Bild von der Öffentlichkeit und ihren Themen, die durch eine beinahe explosionsartige Ausweitung des Publikationswesens zustande kommt. Die im Folgenden zitierte Übersicht, die einer Schrift von Wilfried Barner, Gunter Grimm, Helmuth Kiesel und Martin Kramer über Lessing entnommen ist, soll diese Lücke – jedenfalls zum Teil – ausfüllen. Sie dient zugleich als eine Zusammenfassung der Funktion und Bedeutung der Moralischen Wochenschriften:

Zusammen-
fassende
Darstellung zur
periodisch
erscheinenden
Presse im
18. Jahrhundert

Das moderne Zeitungswesen entwickelte sich aus dem privaten Nachrichtenverkehr der Kaufleute und des gelehrten Standes und den öffentlichen Verlautbarungen des Staates. Die Typen der traditionellen Zeitungen und Zeitschriften lassen diese Entstehung erkennen; die neu hinzukommenden sind signifikant für den Verlauf der Aufklärung und die Veränderungen des literarischen Lebens. In der folgenden Aufstellung werden die wichtigsten Typen genannt, ohne daß damit die Mannigfaltigkeit der erschienenen Blätter erfaßt oder nach definitiven Kriterien geordnet wäre.

Über Autoren, Auflagen, Leserschaft, Preise etc. können nur sehr vage Aussagen gemacht werden, da notwendige Untersuchungen bislang fehlen. Besonders niedrig waren die Preise nicht, und sie waren Handwerkern und Bauern beispielsweise kaum zuzumuten. Zu den Abonnenten gehörten hauptsächlich die Angehörigen des gehobenen Bürgertums. Die Auflagen erreichten infolgedessen nur in den seltensten Fällen eine Stückzahl von etwa 5000 und hielten sich normalerweise weit darunter. Trotzdem dürfte die Zahl der Leser ein Vielfaches der Auflagenhöhe erreicht haben, zumal Zeitschriften auch ein wichtiger Bestandteil gemeinsamer Lektüre und Diskussion in den Lesegesellschaften waren. Die meisten Zeitungsunternehmungen wurden nach relativ kurzer Zeit wieder eingestellt. Autoren waren vor allem Geistliche, Lehrer, Professoren, oft aber auch sehr junge Leute, die als Studenten, Predigtamtskandidaten, Hofmeister u.ä. noch ohne festen Beruf waren und aus bescheidenen bürgerlichen Verhältnissen stammten. Die Herausgabe oder Mitarbeit an einer Zeitschrift, die keine langjährige Verpflichtung bedeutete und keine großen Voraussetzungen verlangte, brachte als Neben- oder Übergangsbeschäftigung immerhin den Lebensunterhalt ein. Lessing, der selbst Mitarbeiter an mehreren Zeitungen war, sah als Folge dieser ‚Brotarbeit' eine Verschlechterung der ‚wöchentlichen Sittenschriften'; er kritisierte, daß die Autoren größtenteils ‚junge Witzlinge' waren, ‚die ungefähr der deutschen Sprache gewachsen sind', und er beklagte, daß sie ‚ihre Blätter zu einer Art von Renten machen müssen'.

Die Versuche der Autoren, eine klare und elegante Prosa zu schreiben, förderten die Entwicklung des Deutschen zur Literatursprache. Die Autoren wollten das gelehrte Wissen popularisieren und mußten dazu auch wissenschaftliche Themen in leicht eingänglicher Weise behandeln; Rücksichtnahme auf den nicht gelehrten Leser zwang dazu, den verschachtelten Gelehrtenstil des 17. Jahrhunderts aufzugeben.

Dem 17. Jahrhundert entstammten die *historisch-politischen Zeitschriften*, die dem Interesse der Leserschaft an Hof- und Staatsangelegenheiten entgegenkamen, über Feldzüge, Verträge, Feste etc. berichteten. Staatlich-privilegiert, galten sie als offiziöse Nachrichtenorgane; durch die Aufnahme eines ‚Gelehrten Artikels' wurden sie allmählich zu den ‚Staats- und Intelligenzblättern' umgebildet, die mehrmals wöchentlich erschienen und am ehesten mit den modernen Tageszeitungen zu vergleichen sind. Lessing redigierte von 1751 bis 1755 die *Gelehrte(n) Sachen der Vossischen Zeitung* in Berlin, verfaßte für die *Berlinische privilegierte Zeitung* 1751 als Beilage *Das Neueste aus dem Reiche des Witzes*, 1767 und 1768 lieferte er ähnliche Beiträge für zwei Hamburger Zeitungen.

Die *Gelehrten Zeitschriften* waren dem Gelehrtenstand zugedacht und berichteten über neue wissenschaftliche Erkenntnisse, referierten und kritisierten neue Publikationen, enthielten gelehrten Disput und für die Gelehrten interessante Personalia. Die in Deutschland frühesten Exemplare dieses Typs, Otto Menckes *Acta Eruditorum* (Leipzig 1682 ff.), wandten sich noch in lateinischer Sprache ausschließlich an Gelehrte. Doch schon Thomasius' *Monatsgespräche* (Leipzig 1688-90) waren in deutscher Sprache an alle ‚Gebildeten' gerichtet und stellten den ersten Versuch eines gehobenen Journalismus in deutscher Sprache dar. Gottscheds *Beiträge zur Kritischen Historie der deutschen Sprache, Poesie und Beredsamkeit* (Leipzig 1732 ff.) gehören als erste deutsche philologisch-kritische Zeitschrift zu den Gelehrten Zeitschriften, die sich immer mehr nach den verschiedenen Disziplinen differenzierten. Die von Lessing und Mylius 1750 herausgegebenen *Beiträge zur Historie und Aufnahme des Theaters* sind eine Zeitschrift dieses Typs; sie sind zugleich die erste Theaterzeitschrift in Deutschland. Bis in die fünfziger Jahre des 18. Jahrhunderts bildeten die *Moralischen Wochenschriften* die Zeitschriftengattung, in der die aufklärerische Programmatik popularisiert und in weiten Bevölkerungskreisen verbreitet wurde. In Thematik, Titel, Aufmachung, Darbietungsform etc. waren sie von den klassischen englischen Vorbildern *Tatler* (1709-11), *Spectator* (1711-12) und *Guardian* (1713) abhängig, die in Deutschland durch Übersetzungen weit verbreitet wurden und eine große Anzahl von Nachahmern fanden. Zu den allgemeinen Merkmalen von Zeitschriften: periodische Erscheinungsweise bei ideell unbegrenzter Dauer, allgemei-

Anpassung des Schreibstils an den nicht gelehrten Leser

Merkmale der Zeitschriften

ne Zugänglichkeit (Publizität), Kontinuität der äußeren Form und des Programms, Mannigfaltigkeit des Inhalts kamen bei den Moralischen Wochenschriften als besondere Merkmale hinzu: origineller und programmatischer Titel (*Der Einsiedler, Der Weltbürger, Die mühsame Bemerkerinn derer menschlichen Handlungen*), zumeist wöchentliche Erscheinungsweise, besonders enges Verhältnis zum Leser, der durch Anredeform, Bericht des Verfassers über sich selbst und die Intimität des Mitgeteilten zum Vertrauten gemacht wird. Mangel an spezieller Aktualität, vorwiegend sittlichlehrhafter Inhalt, aus didaktischen Gründen Neigung zu Wiederholungen, bestimmte Vortragsformen wie moralische Abhandlung, Satire, Traum, Fabel, Allegorie, Brief, Gespräch einer erdichteten Gesellschaft. Fiktive Verfasserschaft war das Grundprinzip der Darbietungsweise der Moralischen Wochenschriften.

Leserschaft

Das Publikum der Moralischen Wochenschriften war wiederum das gehobene Bürgertum, hauptsächlich Beamte, weniger Kaufleute, sowie der niedere, zumeist ländliche Adel. ‚Volkstümlich' können die Moralischen Wochenschriften nicht genannt werden; den unteren Schichten öffneten sie sich erst in der Zeit ihrer Umwandlung zum Unterhaltungsblatt.

[...] Lessing verneinte ‚den gesellschaftlichen Wert' der Moralischen Wochenschriften und kritisierte 1759 in den *Literaturbriefen* (49.-51. und 104.) den gleichzeitig erscheinenden *Nordischen Aufsehers*

Gesellschaftliche Funktion

als Beispiel einer Zeitschriftengattung, die sich mit dem Ende der fünfziger Jahre überlebt hatte. In der Zeit davor aber waren die Moralischen Wochenschriften das Selbstverständigungsorgan des neuen Publikums, das sich mündig zu fühlen begann. Indem es sich selbst und seine Moral zum Gegenstand der Literatur machte und literarische Kritik daran übte, beschritt es den Weg der Selbstaufklärung. Moralische Erbauung und ästhetische Bildung wurden als Hand in Hand gehend betrachtet; die Autoren identifizierten das ‚Sittliche' mit dem ‚Vernünftigen' und ‚Schönen'.

Seit den vierziger Jahren fanden die *literarischen Organe* Verbreitung, deren Inhalt sich auf Dichtung in allen Gattungen und auf literaturkritische Beiträge beschränkte. Die verschiedenen *Literaturbriefe* gehören hierher, ebenso die vielen Theaterzeitschriften, für die Lessings *Hamburgische Dramaturgie* ein Beispiel ist.

Durch die weitere Spezifizierung wurden für viele Gebiete Fachzeitschriften geschaffen: theologische, juristische, historische, pädagogische, physikalische, ökonomische etc. Andrerseits versuchten Autoren von *allgemein belehrenden und unterhaltenden Magazinen*, das Wissen der Einzeldisziplinen zu vereinen und überschaubar zu halten. Ihre Intention war es, in den unteren Ständen aufklärerisch zu wirken; ihre Magazine traten in den siebziger Jahren an die Stelle der Moralischen Wochenschriften.

Einem steigenden politischen Interesse entsprachen die *staatsbürgerlichen Journale*, die im letzten Drittel des 18. Jahrhunderts Verbreitung fanden. Sie befaßten sich mit politischen und sozialen Problemen, wobei die Frage nach einer möglichst guten Staatsform und den sozialen Privilegien des Adels als virulente Themen der Zeit im Vordergrund standen. Doch verließ die Argumentation weitgehend den Bereich konkreter gesellschaftlicher Praxis und bewegte sich auf hoher theoretischer und philosophischer Ebene. Direkte Kritik an Fürsten oder an politischen Mißständen wurde durch die Zensur unterbunden. (Barner/Grimm/Kiesel/Kramer [Hrsgg.] 1987, 65-68)

Der bislang vorgelegte Befund, das Zeitschriftenwesen sei im 18. Jahrhundert erheblich expandiert und habe wesentlich zur Verbreitung aufklärerischen Gedankenguts beigetragen, lässt sich noch ein wenig präzisieren: Auch der periodischen Tagespresse, den Zeitungen, kommt eine wichtige Funktion zu. Während die Zeitschriften nur die relativ kleine Zahl der gebildeten Leser erreichten (die Forschung geht von ungefähr 300000 Personen aus), wurden die Zeitungen auch von Angehörigen der unteren Mittel- und der Unterschicht gelesen (vgl. Welke 1977, 75). Hierbei muss man, vor allem in Anbetracht der damaligen Lesefähigkeit, immer mit Formen der Kollektivrezeption, die das Vorlesen einschließt, rechnen:

Zugang zu den Zeitungen über Kollektivrezeption

> Vor allem unter Berücksichtigung der in den Mittel- und Unterschichten praktizierten Rezeptionsformen dürfte es kaum verfehlt sein, davon auszugehen, daß die Nummer einer Zeitung im Durchschnitt mehr als zehn Konsumenten erreichte. Setzen wir diesen Wert in Beziehung zur Gesamtauflage der deutschen Zeitungen, die wir – bewußt vorsichtig kalkulierend – [...] mit gut 300000 Exemplaren veranschlagt haben, so ergibt sich, daß das zeitungslesende Publikum in Deutschland in der zweiten Hälfte des 18. Jahrhunderts in Millionen gezählt werden muß. Von den sechs bis sieben Millionen erwachsener männlicher Deutscher – Frauen kamen als Leser politischer Stoffe zu dieser Zeit im allgemeinen noch nicht in Frage –, die das rezeptionsfähige Publikum ausmachten, ist jedenfalls ein erheblicher Teil, allem Anschein nach gar die Mehrheit, von der Zeitung erreicht worden. (Welke 1977, 81 f.)

Welke (1977, 83) kommt nach diesen Berechnungen zu dem Schluss, dass die Zeitung „als bevorzugter und oft alleiniger Lesestoff des ,ungebildeten' Lesers unstreitig zu seiner geistigen Horizonterweiterung beigetragen und sich somit [...] als eines der wichtigsten Wirkungsmittel der Aufklärung erwiesen" hat.

Die Zeitung stellt eines der wichtigsten Mittel der Aufklärung dar

Nimmt man diese Einzelergebnisse zusammen, dann ergibt sich ein Bild von einer Gesellschaft, die von oben bis nach unten durchzogen war von periodisch erscheinenden Presseerzeugnissen. Seien es nun Berichte über das tagespolitische und gesellschaftliche Geschehen für die Unter- und Mittelschichten oder die erbaulichen, belehrenden, ein Selbstgefühl vermittelnden Wochenschriften für das gehobene Bürgertum – es ist die

Das Zeitalter der Schriftlichkeit

durch den Druck vertausendfachte Schrift, die nun nachhaltig in das Leben der Menschen eingreift und es zunehmend bestimmt. Durch Schrift werden Menschen zusammengeschlossen, tauschen sie sich über ihre Erfahrungen aus, erhalten sie Nachricht über die Ereignisse in der Welt. Wir können für das 18. Jahrhundert bereits von einer modernen Form von Öffentlichkeit sprechen, allerdings einer, die etwas Wichtiges noch ausschließt: den Bereich des Politischen.

3.9 Der Buchmarkt im 18. Jahrhundert

Das 18. Jahrhundert kann man als das Jahrhundert der dauerhaften Etablierung periodischer Schriften bezeichnen. Man kann es aber auch als das Jahrhundert der Durchsetzung und Expandierung einer deutschsprachigen Literatur sehen, wobei unter Literatur nicht nur die Belletristik, sondern in entscheidendem Maße auch die wissenschaftlichen Schriften zu verstehen sind. Sehen wir uns zunächst die Entwicklung des Buchmarktes hinsichtlich der Verteilung deutscher und lateinischer Schriften an.

Entwicklung des Buchmarkts bezüglich deutscher und lateinischer Schriften

Kiesel und Münch geben in dem umfangreichen statistischen Anhang zu ihrem Buch *Gesellschaft und Literatur im 18. Jahrhundert* folgende Tabelle (Abb. 32), die auf einer Auswertung der jeweiligen Meßkataloge[14] beruht, also den Verzeichnissen der auf den Buchmessen angebotenen neuen Büchern folgt:

Jahres-zahl	Gesamt-summe der Druckwerke	Fünfjähriger Durchschnitt	Summe der Bücher		
			in lateinischer Sprache	in deutscher Sprache	in fremden Sprachen
1565	550	403	378	171	1
1600	1059	803,8	700	292	67
1618	1757	1604,8	1118	550	89
1634	787	731	477	281	29
1648	961	1014,8	588	348	25
1681	809	812,6	373	401	35
1692	844	909	397	415	32
1714	1153	1094,6	333	777	43
1735	1105	1138	259	823	23

Abb. 32: Verteilung von deutscher und lateinischer Sprache in den Druckschriften zwischen 1565 und 1735 (nach Kiesel/Münch 1977, 198).

[14] Kiesel/Münch 1977, 198, haben hier Zahlen zugrunde gelegt, die sich in Kapp 1886, 791 f., finden.

Johann Goldfriedrich (1908, 80 f.) kommentiert diese Entwicklung in seiner *Geschichte des Deutschen Buchhandels* folgendermaßen:

> Verhielt sich – indem wir die Gesamtziffern aller in den Meßkatalogen verzeichneten Artikel zu Grunde legen – die deutsche zur lateinischen Produktion 1564-1599 wie 1:2,18 und noch in den Jahren 1600-1619 wie 1:1,93, so verhielt sie sich, nachdem im Dreißigjährigen Kriege (1620-1648) das Verhältnis 1:1,76 gewesen war, in den Jahren 1649-1680 nur noch wie 1:1,55; und im Jahre 1681 wurde zum ersten male die lateinische (373) von der deutschen (401) übertroffen. Bis zum Jahre 1680 hat die lateinische Produktion ausnahmslos das Übergewicht gehabt. In den Jahren 1681-1691 kämpfen deutsche und lateinische Litteratur um die Herrschaft: in den fünf Jahren, 1681, 1683, 1684, 1688 und 1690 überwiegt die deutsche, in den sechs übrigen Jahren die lateinische. Vom Jahre 1692 an überwiegt die deutsche Sprache dauernd. Im Jahre 1714 beträgt zum ersten male die Zahl der deutschen Artikel das Doppelte der lateinischen; im Jahre 1735 verhielt sich die Zahl der lateinischen zu derjenigen der deutschen zum ersten male wie 1:3.

Da diese Zahlen über die Buchproduktion aus früheren Jahrhunderten gewiss nur Annäherungswerte geben, muss man Methoden entwickeln, um sie durch weitere Untersuchungen zu stützen. Uwe Pörksen (1986b), der aus sprachwissenschaftlicher Sicht den Übergang vom Lateinischen zum Deutschen hauptsächlich in den Naturwissenschaften erforscht hat, liefert eine stichprobenartige Überprüfung und Auswertung der entsprechenden Bestände der Herzog August Bibliothek in Wolfenbüttel. Er kommt zu folgendem Ergebnis:

Es sei betont, dass sich die nachfolgende Grafik (Abb. 33) nur auf naturwissenschaftliche und medizinische Drucke bezieht. Nehmen wir noch eine Tabelle (Abb. 34) hinzu (vgl. Pörksen 1986b, 50). Sie folgt einer Untersuchung der Meßkataloge von Rudolf Jentzsch aus dem Jahre 1912:

Alle drei Tabellen haben die gleiche Tendenz, woraus eine gewisse Zuverlässigkeit der Aussage ableitbar ist. Um 1700 beginnt die deutsche Sprache die lateinische zu überwiegen. Das lässt sich – nach Abb. 32, die durch Abb. 34, linke Spalte, fortgesetzt werden kann – für die Gesamtzahl der Bücher uneingeschränkt feststellen. Innerhalb der Wissenschaften dagegen muss offensichtlich stärker differenziert werden.[15] Erst 1780 be-

> Um 1700 beginnt die deutsche Sprache den Buchmarkt zu dominieren

---

[15] Vgl. zur genaueren Interpretation Pörksen 1986b, 49-56.

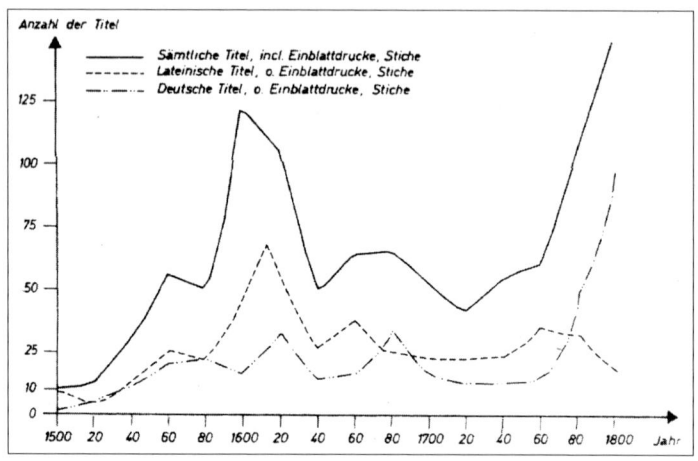

Abb. 33: Lateinische und deutsche Titel zwischen 1500 und 1800 im Verzeichnis medizinischer und naturwissenschaftlicher Drucke 1472-1831 der Herzog August Bibliothek Wolfenbüttel (nach Pörksen 1986b, 55).

	Gesamtzahl deutsch/lateinisch		Naturwissenschaften deutsch/lateinisch		Mathematik deutsch/lateinisch	
1740	755		12		13	
	545	209	4	8	10	3
1770	1144		45		26	
	981	163	31	14	23	3
1800	2569		129		54	
	2442	102	108	21	53	1

Abb. 34: Der deutsch-lateinische Büchermarkt nach den Leipziger Ostermeßkatalogen 1740, 1770 und 1800 (nach Pörksen 1986b, 50).

ginnt (wie aus Abb. 33 ersichtlich) die Schere zwischen Deutsch und Latein auseinander zu klaffen – dann aber sofort extrem mit einem erheblichen Übergewicht deutschsprachiger Schriften. In der zweiten Hälfte des 18. Jahrhunderts, so lässt sich verallgemeinernd sagen, öffnen sich auch die Wissenschaften einem größeren Publikum, indem sie ebenfalls von der lateinischen Gelehrtensprache zur deutschen Volkssprache übergehen (vgl. Schiewe 1998, 68-95).

Wir können als erstes Ergebnis festhalten: Im Laufe des 18. Jahrhunderts wird das Lateinische zunehmend verdrängt. Die Buchproduktion wendet sich nicht mehr in erster Linie an ein lateinkundiges gelehrtes Publikum, sondern an gebildete, interessierte Laien, denen nun auch Wissenschaftsbereiche zugänglich werden, die zuvor dem kleinen Kreis von Gelehrten vorbehalten waren.

Ergebnisse

1. Verdrängung der lateinischen Gelehrtensprache im 18. Jahrhundert

Aus den vorstehenden Tabellen – insbesondere der Abb. 34, linke Spalte – lässt sich eine deutliche Zunahme der Buchproduktion im 18. Jahrhundert ersehen. Die Zahlen wachsen dort von 755 im Jahre 1740 bis zu 2569 im Jahre 1800, insgesamt also mehr als eine Verdreifachung der Produktion. Absolut gesehen dürften diese Zahlen eher zu niedrig gegriffen sein,[16] in ihrer tendenziellen Aussage aber stimmen sie mit anderen Erhebungen überein.

Das zweite Ergebnis: Die Buchproduktion steigt im Laufe des 18. Jahrhunderts enorm an. Das bedeutet, dass breitere Bevölkerungsschichten als Leser gewonnen wurden, es also eine soziale Ausweitung des Publikums gegeben hat.

2. Eine gesteigerte Buchproduktion zeigt die Ausweitung des Publikums an

Werfen wir nun noch einen Blick auf die Inhalte der Buchproduktion, also auf die Sachgebiete und ihre Veränderung im Laufe des 18. Jahrhunderts. Die folgende Übersicht ist wiederum Kiesel/Münch entnommen, zitiert aber die Ergebnisse und Interpretation der schon genannten Studie von Rudolf Jentzsch.

Inhalte der Buchproduktion

Jentzsch hat die Zahlen bereits ausgiebig interpretiert, so dass wir gleich als drittes Ergebnis festhalten können: Im 18. Jahrhundert nimmt der Anteil der traditionellen Disziplinen Theologie, Jurisprudenz und anderer gelehrter Bereiche kontinuierlich, und zwar in erheblichem Maße, ab. Der deutlichste Anstieg dagegen ist zu beobachten hauptsächlich in den sogenannten Schönen Künsten, also der Belletristik, sowie in praktischen Gebieten wie Erziehung und Unterricht, Landwirtschaft und Gewerbe, aber auch in den Naturwissenschaften und der Mathematik. Der Wandel in der Buchproduktion ist somit ein Wandel weg von der Gelehrsamkeit und hin zu belehrender Unterhaltung sowie praktischem Wissen, also zur Bildung.

3. Abnahme der traditionellen Disziplinen und Aufstieg der Schönen Künste

---

[16] Vgl. dazu die Angabe in Kiesel/Münch 1977, S. 181 f., sowie deren allgemeine Feststellungen: „1. Die Gesamtproduktion an deutschsprachigen Schriften zwischen 1700 und 1800 kann auf ungefähr 175000 Titel geschätzt werden. 2. Etwa zwei Drittel der Gesamtproduktion dürften nach 1760 entstanden sein, da in den sechziger Jahren ein unvergleichlicher Aufschwung des Verlagswesens einsetzte und zudem die Produktion kleinerer Werke überhand nahm."

1. Theologie . . . . . . 38,54 %	10. Klassische Philologie . . 2,45 %
2. Jurisprudenz . . . . . 12,85 %	11. Staatswissenschaft . . . 1,34 %
3. Geschichte – Geographie 11,38 %	12. Landwirtschaft – Ge-
4. Medizin . . . . 6,62 %	werbe . . . . 1,06 %
5. Philosophie . . . . . 5,83 %	13. Praktische Hausbücher . 0,93 %
6. Schöne Künste und	14. Außerklassische Philo-
Wissenschaften . . . 5,83 %	logie . . . . 0,662 %
7. Allgem. Gelehrsamkeit . 5,298 %	15. Erziehung und Unter-
8. Populär-moralische	richt . . . . 0,535 %
Schriften . . . . . . 3,31 %	16. Populäre periodische
9. Mathematik-Naturwis-	Schriften . . . . . . 0,27 %
senschaft . . . . . . 3,31 %	

1770 stellt sich eine bei weitem veränderte Rangordnung derselben Gebiete dar:

1. Theologie . . . . . . 24,47 %	9. Populäre periodische
2. Schöne Künste und	Schriften und Verw. . . . 3,59 %
Wissenschaften . . . . 16,43 %	10. Populär-moralische
3. Geschichte – Geographie 9,615 %	Schriften . . . . 3,41 %
4. Medizin . . . . 7,95 %	11. Klassische Philologie . . . 3,06 %
5. Mathematik – Natur-	12. Philosophie . . . . . . 2,97 %
wissenschaft . . . . 6,206 %	13. Staatswissenschaft . . . . 2,80 %
6. Jurisprudenz . . . . . 5,33 %	14. Erziehung und Unterricht . 1,75 %
7. Landwirtschaft –	15. Praktische Hausbücher
Gewerbe . . . . 5,24 %	und Verw. . . . . 1,40 %
8. Allgemeine	16. Außerklassische
Gelehrsamkeit . . . . 4,46 %	Philologie . . . . 1,40 %

1800 endlich ergibt sich nach den Prozentsätzen die nachstehende Reihenfolge:

1. Schöne Künste und	9. Populär-philosophische u.
Wissenschaften . . . . 21,45 %	ähnliche Schriften . . . . 3,97 %
2. Theologie . . . . . . 13,55 %	10. Philosophie . . . . . . 3,66 %
3. Geschichte – Geographie 10,59 %	11. Staatswissenschaft . . . 3,62 %
4. Medizin . . . . 8,135 %	12. Klassische Philologie . . 3,04 %
5. Landwirtschaft –	13. Populäre periodische
Gewerbe . . . . 8,06 %	Schriften und Schriften
6. Mathematik – Natur-	fürs Volk . . . . 2,567 %
wissenschaft . . . . . 7,12 %	14. Praktische Hausbücher . 2,06 %
7. Jurisprudenz . . . . . 5,02 %	15. Allgem. Gelehrsamkeit . 1,44 %
8. Erziehung und	16. Außerklassische
Unterricht . . . . . . 4,09 %	Philologie . . . . . . 1,09 %

Abb. 35: Die Verteilung der Buchproduktion nach Sachgebieten in den Leipziger Meßkatalogen 1740, 1770 und 1800 (Jentzsch 1912, 314; nach Kiesel/Münch 1977, 200).

Der Buchmarkt erlebte im 18. Jahrhundert, so lässt sich zusammenfassen, einen Aufschwung in vorher nicht gekannten Ausmaßen. Der sich in dieser Zeit vollziehende Übergang vom Lateinischen zum Deutschen sowie die Verlagerung von der Gelehrsamkeit zu praktischem Wissen und belehrender Unterhaltung brachten es mit sich, dass neue Bevölkerungsschichten angesprochen und neue Themen verbreitet wurden. Durch das Lesen von Zeitungen, Zeitschriften und Büchern entstand eine Öffentlichkeit, die auf einer gesellschaftlichen Gruppe beruhte und die von ihr zugleich benutzt wurde, um sich als ebendiese Gruppe zu konstituieren: dem Bürgertum.

Lesen überhaupt wurde in dieser Zeit zu einem Gesellschaftsspiel, so dass schon bald abschätzig von einer geradezu unerträglichen „Lesewut" die Rede war. Der folgende Brief von Luise Mejer an Heinrich Christian Boie berichtet über die Lesegewohnheiten im Hause der Grafen Stolberg. Dieser Bericht mag für die tatsächlichen Verhältnisse vielleicht nicht ganz typisch sein, dennoch ist er ein Zeugnis dafür, dass das Lesen im 18. Jahrhundert einen breiten Raum im täglichen Leben der Menschen eingenommen hat (Schreiber [Hrsg.] 1980, 273-275):

> Der Wandel von der Gelehrsamkeit zu praktischem Wissen und Unhaltung bewirkte die Verbreitung neuer Themen und die Ausweitung des Publikums auf andere Bevölkerungsschichten

Tremsbüttel, 1. Januar 1784
[...]
Nun will ich Dir unsern Tagesablauf erzählen. Um zehn Uhr wird gefrühstückt. Dann liest Stolberg ein Kapitel in der Bibel und einen Gesang aus Klopstocks Liedern vor. Jeder geht nach seinem Zimmer. Ich lese dann in dem ‚Spectator', der ‚Physiognomik' und noch einigen Büchern, die mir die Gräfin gegeben hat. Sie kommt zu mir herunter, indeß Lotte übersetzt, und ich lese ihr den ‚Pontius Pilatus' von Lavater eine Stunde vor. Indessen sie ihre lateinische Stunde hat, schreibe ich ab für sie, oder lese für mich, bis angerichtet ist. Nach Tisch und dem Kaffee liest Fritz aus den ‚Lebensläufen', dann kommt Lotte zu mir herunter, und ich lese mit ihr den Milton eine Stunde. Dann gehen wir wieder herauf, und ich lese dem Grafen und der Gräfin vor, aus dem Plutarch, bis es Teezeit ist [um] neun Uhr Abends. Nach dem Tee liest Stolberg ein Kapitel in der Bibel und einen Gesang aus dem Klopstock vor; damit Gute Nacht.
Wenn der Geist nur erst an diese reiche Nahrung gewöhnt ist, ist sie ganz vortrefflich. Der Plutarch interessiert mich unbeschreiblich. — [...]
Graf Christian wird Dir die Chöre aus dem Sophokles schicken.
Leb wohl. Ich habe noch viel abzuschreiben aus einer Satire über Voß und Stolberg: ‚Empfindelei und Kraftgenies, Modevorurteil und Scheinfreuden'. Erstes Heft.
Adio."

3.10 Die Massenpresse

Die Entwicklung insbesondere der Lesestoffe „Zeitung" und „Buch" hatte seit der Zeit Gutenbergs zwar einen enormen Aufschwung genommen, die Technik des Drucks war in ihrem

Technische Erfindungen im Druckwesen

„Entfesselung der Massenkommunikation im 19. Jahrhundert"

Parteipresse

Grundprinzip über gut 350 Jahre hinweg jedoch weitgehend gleich geblieben. Erst Anfang des 19. Jahrhunderts gab es eine neue Erfindung, die das Druckverfahren revolutionieren sollte. Die von Friedrich Gottlob König (1774-1833) und Andreas Friedrich Bauer (1783-1860) konstruierte Schnellpresse erhöhte nicht nur die Druckgeschwindigkeit, auch die Druckformate konnten gesteigert werden.[17] Zusammen mit Verbesserungen der Satztechnik und der Verbilligung des Papiers (Holzschliffpapier) waren damit die grundlegenden Bedingungen für ein effizienteres Pressewesen gegeben. Im Verlaufe des 19. Jahrhunderts kamen Neuerungen in der Nachrichtenübermittlung hinzu (Morse, Telegraf), die den Zeitraum zwischen Ereignis und seiner Veröffentlichung auch bei großen Entfernungen drastisch verkürzten. Wilke (2000, 155) spricht folglich von einer „Entfesselung der Massenkommunikation im 19. Jahrhundert", denn die Bedingungen für die Presse hatten sich „technisch wie ökonomisch, rechtlich wie politisch und deswegen auch hinsichtlich der sozialen Durchdringung der Gesellschaft" wesentlich verändert.[18]

Mit der Expansion des Pressewesens differenzierte sich ein Mediensystem aus, in dem neue Publikumsschichten erschlossen und eine Vielzahl neuer Inhalte etabliert wurden. Nach einzelnen, meist kurzlebigen Vorläufern in der ersten Hälfte des 19. Jahrhunderts etablierten sich verstärkt nach 1848 politisch agierende Zeitungen, die explizit die Interessen einer Partei vertraten oder aber Partei für eine bestimmte politische (oder auch konfessionelle) Richtung nahmen. Diese Parteipresse machte bis zum Beginn der nationalsozialistischen Herrschaft wenigstens 50% des gesamten Presseaufkommens aus (vgl. Stöber 2000, 210), was auf einen beträchtlichen Einfluss schließen lässt. Zu nennen sind hier zunächst liberale (z.B. *Frankfurter Zeitung*, ab 1856) und konservative Blätter (z.B. *Deutsche Allgemeine Zeitung*, ab 1861), später dann parteipolitisch ausgerichtete Zeitungen der SPD (z.B. *Vorwärts*, ab 1864),

---

[17] Vgl. zur Geschichte der Druckverfahren Wolf 1992. Eine Übersicht zu den technischen Neuerungen zu Beginn des 19. Jahrhunderts gibt Stöber 2000, 113-129.

[18] Wilke (2000, 155) weist darauf hin, dass sich die Entfesselung der Massenkommunikation „nicht ohne neuerliche Rückschritte und Verzögerungen" vollzog, weshalb auch von „Retardierung" gesprochen werden muss. Diese Retardierungen beruhten hauptsächlich auf politischen und rechtlichen Entscheidungen (Zensur), worauf in Kapitel 5, vgl. unten 211-235, eingegangen wird.

der KPD (*Rote Fahne*, ab 1918; *Welt am Abend*, ab 1922) und der NSDAP (*Völkischer Beobachter*, ab 1920; *Der Stürmer*, ab 1923; *Der Angriff*, ab 1927). Die Funktion der Parteipresse war es, durch die Publikation eindeutig markierter politischer Positionen in die öffentliche Meinung lenkend einzugreifen sowie neue Leser – und damit auch Parteigänger – zu gewinnen.

Neben der Parteipresse – und teilweise auch in bewusster Absetzung gegen sie – entstanden in Deutschland ab ca. 1880 General-Anzeiger, die als „Prototypen der neuen Massenpresse" (Stöber 2000, 232) gelten können. Sie finanzierten sich teilweise über Anzeigen, so dass sie billiger verkauft werden konnten. Stöber (2000, 234) fasst zusammen:

General-Anzeiger

> Die Generalanzeigerpresse brachte drei Neuerungen: Sie veränderte die Vertriebsbedingungen, sie revolutionierte das Anzeigenwesen und sie bediente sich neuer Methoden der Leser-Blatt-Bindung, die bei der Parteipresse noch nahezu ausschließlich über politische Affinitäten hergestellt worden war. Die Generalanzeiger deklarierten hingegen politische Neutralität. Der Leser müsse einen emotionalen oder räumlichen Bezug zum Dargestellten haben. Die Journalisten der Massenblätter suchten das Leserinteresse zu antizipieren; sie unterwarfen sich damit nicht dem Ansinnen von Lesergruppen, sondern einem angenommenen Lesergeschmack. Großer Wert wurde auf direkte Serviceleistungen wie Rechts- oder allgemeine Lebensberatung gelegt.
>
> Die Generalanzeiger profilierten sich bei den publizistischen Kriterien Aktualität, Universalität und Publizität. Die Aktualität wurde durch bewussten Einsatz neuester technischer Vervielfältigungsmöglichkeiten und Informationskanäle gesteigert. Angesichts des breiten Spektrums des anvisierten Publikums zeichneten sich die Generalanzeiger durch ein weites Themenspektrum aus. Die einzelnen Texteinheiten waren kürzer, die Zahl der Einzelinformationen erheblich größer. Hinzu kamen verbesserte Aufmachung, stärkere Lokalberichterstattung, aktuellerer Nachrichtendienst, Belebung des Feuilletons und Zurückdrängung ‚parteipolitischen Gezänks'.

Die Gattung der General-Anzeiger mit Titeln wie *Berliner Lokal-Anzeiger* (ab 1883) oder *General-Anzeiger für Hamburg-Altona* (ab 1888) erreichte noch nicht die Auflagen wie die späteren Massenzeitungen, die als deren Nachfolger gelten können und sich um die Wende zum 20. Jahrhundert einen Platz im Mediensystem schufen. Sie verkauften jedoch bis zu einer halben Million Exemplare (z.B. *Berliner Morgenpost*, ab 1898), was nicht zuletzt durch ihren verhältnismäßig geringen Preis möglich wurde. Bereits zu dieser Zeit ist eine Verlagskonzentration auf dem Pressemarkt zu erkennen (vgl. Stöber 2000,

Massenpresse

Herausbildung der klassischen Ressorts: Politik, Wirtschaft, Feuilleton, Sport, Lokales

Abb. 36: *Die Gartenlaube*, Titelblatt

234 f.). Auch die klassischen Ressorts, deren Wurzeln sich allerdings schon früher finden, wurden damals verfestigt: Politik, Wirtschaft, Feuilleton, Sport und Lokales. Ihre innere Gewichtung verschob sich bei gleichzeitiger Vermehrung des Umfangs bis zur Zeit des Nationalsozialismus tendenziell zu Gunsten unterhaltender Ressortteile bei einem leichten Rückgang der Politik:

> „Der Zuwachs im Umfang der Zeitungen kam im Kaiserreich insonderheit dem Feuilleton und dem Unterhaltungsteil zugute; ja die Zeitungen übernahmen damit für ihre Leser eine Unterhaltungsfunktion, die sie früher in diesem Maße nicht besaßen und die sie im 20. Jahrhundert mit dem Auftreten anderer, dafür besser geeigneter Medien (Hörfunk, Fernsehen) wieder weitgehend verloren." (Wilke 2000, 274)

Unterhaltungsfunktion der Zeitungen

Familienzeitschriften

Illustrierte

In die gleiche Richtung – mehr Unterhaltung und weniger Politik – entwickelten sich auch Teile des Zeitschriftenwesens, insbesondere die „Familienblatter". Sie können als „das Unterhaltungsmedium der zweiten Hälfte des 19. Jahrhunderts" (Stöber 2000, 238) gelten. Das erfolgreichste Blatt war *Die Gartenlaube* (ab 1853), die sich an weniger gebildete Leserschichten richtete. Aus diesen bereits mit Abbildungen versehenen Zeitschriften entwickelten sich die Illustrierten (z.B. *Berliner Illustrierte Zeitung*, ab 1891; *Die Woche*, ab 1899; *Arbeiter-Illustrierte Zeitung*, ab 1925). Sie benutzten bereits die neuen technischen Möglichkeiten der Autotypie als Druckverfahren für Bilder und der Rollfilmkamera (Kodak), die eine Fotoberichterstattung ermöglichte, und schufen so ein Medium, in dem sich Text und Bild in neuer Weise ergänzten (vgl. Stöber 2000, 121, 241).

Meinungsbildende Zeitschriften

Das Zeitschriftenwesen insbesondere in der Weimarer Republik aber erschöpfte sich nicht in populären Blättern. Hinzu kamen meinungsbildende Zeitschriften, deren Spektrum von ganz rechten Heften über so genannte eher konservative „Rundschau-Zeitschriften" bis hin zu linken Organen reichte, wie die folgende – nicht ganz wertfreie – Aufzählung von Wehler (2003, 479) belegt:

> Die Palette der politischen Zeitschriften spiegelte ungleich deutlicher die vorherrschende Polarisierung wieder. Am äußersten linken Rand stritt die ‚Aktion' zuerst für den Expressionismus, dann

Abb. 37: *Arbeiter-Illustrierte Zeitung,* Titelblatt

für die revolutionären Ideen linksmarxistischer Splittergruppen. Seit 1929 machte die kurzlebige ‚Linkskurve‘ als kommunistische Zeitschrift von sich reden. Karl Kautskys ‚Neue Zeit‘, über 30 Jahre hinweg das Theorieorgan der deutschen Sozialdemokratie, ging schließlich ein, doch in Rudolf Hilferdings ‚Neuer Gesellschaft‘ gewann die SPD ein reflektiertes Organ für Theoriediskussionen und Tagesfragen, wie sie es heute nicht wiedergewonnen hat. Eine gesinnungsethisch linke Position verfocht die ‚Weltbühne‘, bis 1926 unter der Redaktion von Siegfried Jacobsohn, dann nach dem Intermezzo mit Kurt Tucholsky von Carl v. Ossietzky, immerhin mit einer Auflage von 10000 Exemplaren. In ihren Spalten wurde die Republik manchmal zu Recht, noch häufiger aber gnaden- und alternativlos kritisiert, und die Volksfrontillusionen von einem Bündnis der beiden deutschen Arbeiterparteien gegen den Nationalsozialismus verrieten nur mehr die politische Realitätsferne eines naiven Wunschdenkens. Ungleich abgewogener, gerechter und politisch klüger urteilte dagegen der linksliberale Leopold Schwarzschild, der seit 1922 den Kurs des ‚Tagebuchs‘ bestimmte. Auf der rechten Seite entfaltete allein Hans Zehrers ‚Tat‘ eine gewisse Brillanz, die ganz der Unterminierung der Republik diente. Dagegen wurden die ‚Nationalsozialistischen Monatshefte‘, die ihren Lesern die Parteidogmen einhämmerten, nur im Kreis der Gläubigen gelesen.

Politische Zeitschriften in der Weimarer Republik

Ulrich Wehler (2003, 474) bezeichnet die Gesellschaft um 1900 aus dem Blickwinkel des Systems der Printmedien als eine „segmentierte Öffentlichkeit". Diese Bezeichnung ist letztlich nur vor dem Hintergrund der Realität, aber auch des Ideals von Öffentlichkeit am Ende des 18. Jahrhunderts zu verstehen. Jene Öffentlichkeit war zwar auf bestimmte gesellschaftliche Gruppen beschränkt, innerhalb dieser Gruppen aber war sie weitgehend einheitlich, so dass sich das Ideal einer auf Publizität beruhenden Öffentlichkeit bilden konnte (vgl. oben, 51 ff.). Die zunehmende soziale Differenzierung der Gesellschaft nach wirtschaftlichen Verhältnissen, politischer Meinung und dem Grad der Bildung bei gleichzeitiger Erhöhung der Lesefähigkeit und des tatsächlichen Anteils von Lesern und Leserinnen in der Bevölkerung differenzierte auch das Mediensystem aus, ohne dass ein gemeinsamer Bezugspunkt für alle, ein von allen rezi-

Segmentierte Öffentlichkeit um 1900

Abb. 38: *Die Weltbühne*, Titelblatt

piertes Medium als „Leitmedium" gegeben gewesen wäre. So wie die Medienlandschaft segmentiert war in einzelne Mediengattungen (Tagespresse, populäre Zeitschriften, Illustrierte, meinungsbildende Zeitschriften u.a.), war auch die Öffentlichkeit im Sinne publizierter Themen und ihrer Rezipienten segmentiert. Daran ändert sich grundlegend erst etwas, als Hörfunk und vor allem Fernsehen erfunden und derart verbreitet werden, dass prinzipiell jeder durch diese Medien erreichbar wird. Das aber ist erst in der zweiten Hälfte des 20. Jahrhunderts der Fall.[19]

3.11 Die elektronischen und digitalen Medien

Rapide Ausbreitung des Rundfunks

Der Beginn des Rundfunks als Massenmedium liegt im Jahr 1923. Wurde anfänglich täglich nur ein Programm eine Stunde lang von nur einem Sender ausgestrahlt, nahmen Sendezeit und Anzahl der Rundfunkanstalten in den folgenden Jahren rapide zu. Bereits im Jahre 1932 besaßen mehr als 4 Millionen Teilnehmer ein Rundfunkgerät. Wilke (2000, 338) kommentiert die Entwicklung so:

> Das Tempo, mit dem das Radio praktisch zu einem Medium der Massenkommunikation wurde, ist beeindruckend. Dabei reichen die Teilnehmergenehmigungen allein nicht hin, um die Größe des Publikums abzuschätzen. Denn so weit der Empfang über Kopfhörer nicht auf eine Einzelperson beschränkt blieb, sind mehrere Zuhörer pro Gerät anzunehmen. Die Teilnehmerzahlen müssen also hochgerechnet werden, gewissermaßen vom Haushalt auf die Personen. Die Reichs-Rundfunk-Gesellschaft schätzte die Radio-Zuhörerschaft 1932 (bei 4,2 Millionen registrierter Geräte) auf 10 bis 11 Millionen. Wenn der Rundfunk somit viel schneller als

---

[19] Zum Mediensystem in der Zeit des Nationalsozialismus und in der DDR vgl. die Kap. 5.5 und 5.6, unten, 236-243.

die Zeitung zu einem Medium der Massenrezeption wurde, so hatte dies nicht nur mit den gänzlich anderen historischen Umständen zu tun, sondern auch mit der dem auditiven Medium eigenen niedrigeren Zugangsschwelle.

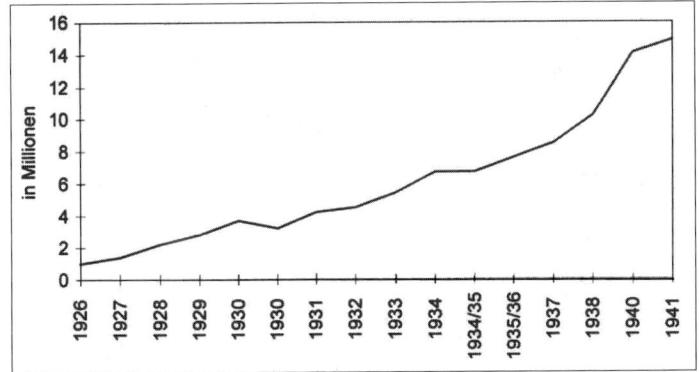

Abb. 39: Rundfunkteilnehmer in Millionen 1926-1941 (nach Stöber 1998, 102)

Dem Rundfunk (verstanden als Funk und Fernsehen) ist eine rechtliche Besonderheit eigen, die ihn von den Printmedien grundsätzlich unterscheidet. Während sich die Presse von Beginn an im Besitz von Privatleuten oder Konzernen befand, wurde der Rundfunk bereits 1932 verstaatlicht (vgl. Führer 1997). Dieser Umstand machte es den Nationalsozialisten leicht, gleich nach ihrer „Machtergreifung" dieses Medium zu übernehmen und im Zuge der „Gleichschaltung" für ihre Zwecke einzusetzen.

Rechtliche Besonderheiten des Rundfunks

In der Bundesrepublik Deutschland wurde der Rundfunk als eine Anstalt des öffentlichen Rechts etabliert, über die Parteien und gesellschaftlich relevante Verbände gemeinsam die öffentliche Aufsicht ausüben. Seit 1991 existiert, geregelt durch einen Staatsvertrag, das duale System, in dem neben dem öffentlich-rechtlichen Rundfunk nun auch private Anbieter über Sendefrequenzen verfügen. Die technische Entwicklung hin zum Satelliten- und Kabelrundfunk macht es in der Zwischenzeit prinzipiell möglich, Radio- und Fernsehsendungen aus der gesamten Welt zu empfangen.

Duales System

In der Mediengeschichte begründen die elektronischen Medien Radio und Fernsehen eine neue Phase: Anders als bei den Printmedien, für die auf Seiten des Rezipienten kein Einsatz ei-

Mediengeschichtliche Einordnung von Radio und Fernsehen

nes technisches Gerätes erforderlich ist, benötigt man zum Empfang elektronischer Signale, d.h. zur Dekodierung der Funkwellen, ein Radio- bzw. ein Fernsehgerät. Wie die Geschichte zeigt, haben beide Medien sehr rasch ein hohes Maß an technischer Verfügbarkeit erreicht, d.h. innerhalb weniger Jahre besaß ein Großteil der Bevölkerung die technische Ausrüstung, um Radio- und Fernsehsendungen empfangen zu können.[20] Damit konnten beide Medien in einem zweifachen Verständnis zu einem Massenmedien werden: als Medium, über das die ‚Massen' verfügen, und als Medium, das die ‚Massen' erreicht.

Radio und Fernsehen als Massenmedien

Kollektive Rezeption

Während Printmedien zumeist individuell rezipiert werden, ermöglichen Radio und Fernsehen eine kollektive Rezeption,[21] bei der zudem prinzipiell die intellektuelle Zugangsschwelle deutlich niedriger ist. Zwar ist dem sich seit Beginn des 20. Jahrhunderts ebenfalls als Medium ausbreitenden Kinofilm (vgl. Jacobsen/Kaes/Prinzler [Hrsgg.] 1993) die Eigenschaft der kollektiven Rezeption ebenfalls eigen, er übernahm aber eher – von den bis zur Durchsetzung des Fernsehens vorangestellten berichtenden Wochenschauen einmal abgesehen – die Funktion von Unterhaltung und ästhetischem Genuss. Radio und Fernsehen dagegen kam zunehmend auch die Funktion zu, auf der Grundlage von Informationen und ihrer Kommentierung die öffentliche Meinung zu spiegeln und zu bilden. Dieser so genannte ‚Bildungsauftrag' kommt insbesondere den öffentlich-rechtlichen Radio- und Fernsehkanälen zu, während bei den privaten Anbietern zumeist die Unterhaltung im Vordergrund steht. Allerdings ist auf für die öffentlich-rechtlichen Sendeanstalten zu bedenken, dass im Zeitalter des Infotainements Information ohne unterhaltsame Zutat ohnehin kaum mehr zu finden ist.

Bildungsauftrag

---

[20] Ähnlich verhält es sich auch bei der Einführung und Durchsetzung anderer technischer Errungenschaften im Kommunikationsbereich wie dem Telefon, dem Computer und der Mobilkommunikation (Handy). Insgesamt geht man davon aus, dass die Medien- und Kommunikationsgeschichte einem enormen Beschleunigungsprozess unterliegt (vgl. Faulstich [Hrsg.] 1994, 29 f.)

[21] Auch Printmedien wurden mittels Vorlesen – beispielsweise in Fabriken – kollektiv rezipiert. Dennoch ist eine solche stets eigens zu schaffende Kommunikationssituation von der der kollektiven Rezeption des Radios und Fernsehens unterschieden. Hier sind die gleichen Inhalte zur gleichen Zeit von vielen gerade auch räumlich getrennten Menschen rezipierbar.

Heute hat sich das Radio – bis auf spezielle Sender mit einem hohen Anteil an Politik und Kultur – zu einem Medium insbesondere für ein unterhaltendes Musikangebot gewandelt. Wortbeiträge sind in diesem ‚Begleitmedium' zumeist nicht länger als zwei Minuten, was die Möglichkeit einer umfassenden Berichterstattung und der Vermittlung von Hintergrundinformationen erheblich einschränkt. Diese Funktion hat das Fernsehen übernommen, das seit wenigstens 30 Jahren als das gesellschaftlich akzeptierte und genutzte ‚Leitmedium' gilt. Sein entscheidendes Charakteristikum ist die gleichzeitige Übertragung von bewegtem Bild und Ton (sowie von Schrift, was jedoch eine untergeordnete Rolle spielt). Damit liefert dieses Medium die Möglichkeit, Geschehnisse nicht nur in einer Momentaufnahme festzuhalten, sondern auch in Echtzeit wiederzugeben.

Radio als unterhaltendes Begleitmedium

Fernsehen als Leitmedium

Indem das Fernsehen Wirklichkeiten abbildet, konstruiert es jedoch zugleich auch neue Wirklichkeiten, denn die Abbildung, so getreu sie auch sein mag, ist bereits aufgrund der in sie eingehenden medialen Bedingungen sowie der jeweiligen Perspektive des Abbildenden stets verzerrt, manipuliert. Zudem erhalten die Abbilder selbst den Status einer (neuen) Wirklichkeit, die als nun medial vermittelte an die Stelle der (eigentlichen) Wirklichkeit tritt und das Bewusstsein der Rezipienten bestimmt. Für das Fernsehen gilt in besonderem Maße, was Sybille Krämer ([Hrsg.] 1998, 14) für Medien allgemein feststellt: „Medien übertragen nicht einfach Botschaften, sondern entfalten eine Wirkkraft, welche die Modalitäten unseres Denkens, Wahrnehmens, Erfahrens, Erinnerns und Kommunizierens prägt."

Mediale Konstruktion von Wirklichkeit

Gesteigert wird diese Wirkkraft vermutlich noch durch den Computer, der als weltweit vernetztes Medium seit den achtziger Jahren des 20. Jahrhunderts neue Formen der Kommunikation und Möglichkeiten der Informationsübermittlung durch die Nutzung digitaler Technik bereitstellt. Die Kommunikationsformen Email und Chat lassen die Kommunikation und den Austausch von Daten von praktisch jedem Ort der Erde zu jedem anderen beliebigen Ort beinahe ohne Zeitverzögerung zu. Das Internet präsentiert Informationen, auf die ebenfalls von überall her zugegriffen werden kann. Entscheidend dabei ist, dass jeder, der über einen entsprechenden Computer und das nötige Know-how verfügt, mit einem verhältnismäßig geringen finanziellen Einsatz kommunizieren und Daten nicht nur empfangen, sondern auch eigene Daten weltweit verfügbar

Der Computer als digitales Medium

Computernutzer als Rezipienten und Produzenten

machen kann. Im Massenmedium ‚Computer' steht folglich nicht mehr, wie grundsätzlich bei den traditionellen analogen Massenmedien, eine Gruppe professioneller Produzenten einem anonymen Massenpublikum gegenüber. Im digitalen Medium kann jeder Rezipient nun auch zum Produzenten werden, was Auswirkungen auf den Begriff von Öffentlichkeit haben muss. Johannes Bittner (2002), der die aus der Etablierung der digitalen Medien resultierenden Veränderungen von Kommunikationsformen und Textsorten untersucht hat, stellt folgendes fest:

„Öffentlichkeit" und „Privatheit" im Zeitalter digitaler Medien

Mit den veränderten Kommunikationsbedingungen eng verknüpft ist das Verhältnis von Privatheit und Öffentlichkeit, ja deren bislang gültige Definition selbst ist für den Bereich digitaler Medien zu überdenken. Die neue, virtuelle Infrastruktur des Netzes und die entmaterialisierte Kommunikation führen dazu, daß sehr schnell und oft (vielfach öfter und schneller als bezweckt) ‚öffentlich' wird, was privat sein und bleiben sollte […]. Auf der anderen Seite mag vieles zwar öffentlich sein, aber kaum Aufmerksamkeit erregen […].

Zwei Punkte sind hierbei von Bedeutung. Zum einen die Feststellung, daß die etablierten Vorstellungen von ‚Öffentlichkeit' und ‚Privatheit' natürlich auch der analogen, material ausgerichteten, prädigitalen Ära entspringen, in der beides mittels Kategorien aus der ‚realen Welt' festgelegt werden konnte. Zum anderen spielt eine überaus wichtige Rolle, daß das Digitalmedium Speichermedium und Übertragungsmedium zugleich ist. Alles Übertragene wird oder ist in irgendeiner Form auch immer gespeichert oder kann gespeichert werden – und zwar auch unbemerkt oder ungewußt. […]

Deutlich werden die Veränderungen im Verhältnis von Öffentlichkeit und Privatheit schließlich auch daran, daß das Digitalmedium Computer in bestimmten Bereichen zu einer gewaltigen Popularisierung, Egalisierung und Liberalisierung geführt hat, was die aktive Partizipation und Mitgestaltung eines Massenmediums anbetrifft. Natürlich sind Computer und Internet noch immer weit von den Durchdringungsraten analoger (Massen-)Medien wie dem Fernsehen, dem Radio oder den Printmedien entfernt. Gleichwohl geben die Zuwachsraten und die allgemeine gesellschaftliche Wertschätzung der Digitalmedien Anlaß zu der These, dass der Computer als neues Leitmedium in absehbarer Zeit einen festen Platz in der Kommunikationswelt der Industrienationen eingenommen haben wird. (Bittner 2002, 292 f.)

Doppelte Verfügbarkeit des Mediums: Rezeption und Produktion von Informationen

Im Zeitalter der elektronischen und digitalen Medien kann also grundsätzlich alles von allen öffentlich gemacht werden. Dabei bedeutet ‚öffentlich' zunächst nicht mehr als die Verfügbarkeit des Mediums in dem doppelten Sinne der Zugänglichkeit zur

Rezeption und Produktion von Informationen. Indem die Welt auf diese Weise zu einem Kommunikationsraum zusammengeschlossen wird, könnte sich auch eine weltumspannende Öffentlichkeit bilden. Doch die bloße Verfügbarkeit und Verfügbarmachung von Informationen allein bildet noch nicht – oder jedenfalls nur in Ausnahmefällen wie beispielsweise Naturkatastrophen, Kriegen oder Terroranschlägen – eine solche globale Öffentlichkeit. Gleichwohl ist der Computer als digitales Medium in der Lage, dem Gegenstand „Öffentlichkeit" eine neue Qualität zuzuweisen – die Qualität nämlich, Information und Kommunikation als Bedingungen von Öffentlichkeit durch Überwindung von Raum, Zeit und Materialität prinzipiell jedem Menschen bereitzustellen und zu ermöglichen.

Der Computer als Bedingung der Möglichkeit einer neuen Qualität von Öffentlichkeit

3.12 Rückblick auf das Kapitel

Das Thema „Medien und Öffentlichkeit", dies dürfte das vorangehende Kapitel gezeigt haben – ist schier unerschöpflich. Die Fülle des Stoffes hat aus diesem Grunde für die vorangegangene Darstellung nur eine knappe Auswahl aus der Mediengeschichte möglich gemacht – eine Auswahl allerdings, in der der Akzent auf die herausragenden und zugleich typischen Veränderungen gelegt werden sollte.

Stellen wir nun, am Ende dieses recht umfangreichen Kapitels, noch einmal den Zusammenhang zum Anfang her. Blicken wir zurück auf das, was von Herder und Jochmann über Schrift und Buchdruck zitiert wurde.

Jochmann hatte die Entstehung von Öffentlichkeit an die Herausbildung eines schriftlichen Zeitalters gebunden und behauptet, dass der ältere Grundsatz der Gemeinschaftlichkeit durch den der Öffentlichkeit abgelöst würde, wenn die Kommunikationsräume sich derartig erweitern, dass eine gemeinsame Beratschlagung der gesellschaftlich wichtigen Themen von Angesicht zu Angesicht nicht mehr möglich ist. Wir haben im Verlaufe dieses Kapitels gesehen, dass die Presse – und hierunter seien alle Druckerzeugnisse, von den Flugblättern und Flugschriften über die Zeitungen in ihren verschiedenen Gestalten und die Zeitschriften bis hin zu den Büchern, gefasst – die Grundlage für die Erschließung weiter Kommunikationsräume bildet und diese Erschließung immer mehr vervollkommnet. Dabei bleibt allerdings die Frage unbeantwortet, ob zuvor erweiterte Kommunikationsräume durch die Presse überbrückt worden sind oder ob diese erweiterten Kommunikationsräume überhaupt erst durch die Presse geschaffen wurden. Auf jeden Fall lässt sich nach dem Gang durch die Mediengeschichte Jochmanns Auffassung nachvollziehen: Öffentlichkeit ist der Versuch, die vorwiegend räumliche und bedingt auch die soziale Trennung von Menschen durch verschiedene schriftliche Gattungen, die eine Art Nachrichten- und Meinungsforum bilden, zu überwinden.

Herder, dem Jochmanns Begriff von Öffentlichkeit noch nicht zur Verfügung stand, schrieb der Schrift und vor allem dem Buchdruck ebenfalls schon eine Bedeutung zu, die auf eine Vorstellung von Öffentlichkeit hinausläuft. In seinem zu Beginn des Kapitels abgedruckten Entwurf *Vom Einfluß der Schreibekunst ins Reich der menschlichen Gedanken* verweist er darauf, dass durch den Buchdruck die Schriften aufs Schnellste verbreitet werden können, so dass nun viele Menschen über aktuelle Ereignisse unterrichtet und mit verschiedenen Meinungen über die Ereignisse konfrontiert werden können. Die Reformation, die er ausdrücklich nennt, ist hierfür ein Beispiel. Ohne den Buchdruck wäre ihre rasche, umfassende Verbreitung, ihre Kenntnisnahme und Erörterung in allen Gesellschaftsschichten, nicht möglich gewesen.

Interessanter noch als diese vor allem heute verhältnismäßig leicht nachvollziehbaren Überlegungen zur Verbreitung von Gedanken durch Schrift und Druck scheint es jedoch zu sein, eine weitere Position Herders mit den Beobachtungen aus der vorangegangenen mediengeschichtlichen Betrachtung zu konfrontieren. Herder hatte in seinem Entwurf behauptet, erst durch Schrift entstünde in den Menschen das Bewusstsein von Geschichte, die Vorstellung von Chronologie. Wenn die Vorstellung, dass die Welt sich im Laufe der Zeit verändert und dass der Mensch maßgeblich die Gestaltung der Welt beeinflussen kann, ein Kriterium des geschichtlichen Wissens und Bewusstseins ist, dann kann man Herders Position von unserem Befund her stützen.

Schon die „Neuen Zeitungen" des 16. Jahrhunderts, mehr noch die periodischen Nachrichtenblätter des 17. Jahrhunderts und vollends dann die Zeitschriften des 18. Jahrhunderts, vermittelten den lesenden Menschen über alle konkreten Inhalte hinweg auch die Botschaft, dass vor ihnen andere Menschen gelebt haben, dass neben ihnen andere Menschen leben und dass die Welt prinzipiell für Veränderungen offen ist. Dieses durch die Presse vermittelte Wissen um Vorgänge, die außerhalb des eigenen Wahrnehmungskreises geschehen, eröffnet den Menschen grundsätzlich die Möglichkeit, über ihren engen Kreis des eigenen Erlebens hinauszudenken. Die Phantasie wird angeregt, Utopien können entstehen. Die ständig erneuerte, Nachrichten und Meinungen transportierende Schrift, der Buchdruck im weitesten Sinne also, kann dazu beitragen, die Menschen selbstbewusster und mündig zu machen.

Herder hat aber neben diesen prinzipiellen Vorteilen der Schrift und des Buchdrucks auch schon deren Gefahren erkannt: eine „Schwächung der menschlichen Kräfte", eine „Empfindelei aus Büchern". Damit stand er in seiner Zeit nicht allein. Friedrich Schillers Räuber Karl von Moor war angeekelt von dem „tintenklecksenden Säkulum", von dem schriftlich aufgeklärten 18. Jahrhundert, in dem ein schwindsüchtiger Professor sich bei jedem Wort ein Fläschchen Salmiakgeist unter die Nase halten muss, während er ein Kollegium über die Kraft liest.[22] Und Adam Müller diagnostizierte 1812 in seinen *Zwölf Reden über die Beredsamkeit und deren Verfall in Deutschland*:

> [...] es gehörte eine künstliche Appretur der Geister, eine verdrehte, verzerrte Bildung eines ganzen Geschlechts dazu, daß jenes allgemeine Wohlgefallen an einer Bücherwelt, an körperlosen Gedanken, an einem wesenlosen Flattern des Verstandes, an einem umrißlosen Farbenspiel der Phantasie über uns kommen konnte. (Müller 1983, 128 f.)

Derartige Klagen ließen sich leicht vermehren. Man kann sie als einen Indikator dafür nehmen, dass die Gesellschaft um 1800 vollends in dem Zeitalter der Schriftlichkeit angekommen war, denn diese Klagen zeigen ein deutliches Bewusstwerden des Neuen vor dem Hintergrund der Vergangenen an. Die Ankunft der Gesellschaft in dem Zeitalter der Schriftlichkeit war zugleich auch eine in dem der Öffentlichkeit. Die nun einsetzende Diskussion um ihren Begriff und die vehement vorgebrachte Forderung nach Pressefreiheit sind weitere Indikatoren. Obgleich die Zeit in Deutschland schon im letzten Jahrzehnt des 18. Jahrhunderts reif war für die Anerkennung der Öffentlichkeit als einem gesellschaftlichen Prinzip und einer gesellschaftlichen Kraft, sollte es noch fünfzig Jahre dauern, bis das Prinzip ‚Öffentlichkeit' auch geschichtliche Realität werden konnte. Erst nach 1848, als politische Verhältnisse geschaffen

---

[22] Friedrich Schiller: Die Räuber, I,2.

wurden, die eine Vielfalt von Medien und damit auch (veröffentlichten) Meinungen erlaubten, war die Möglichkeit gegeben, dass sich Menschen kommunikativ zusammenfanden und in einem gemeinsamen Kommunikationsraum eine Öffentlichkeit konstituierten. Wesentlichen Anteil daran hatte die Entstehung der Massenpresse. Jochen Hörisch (2001, 149) beschreibt diesen Vorgang wie folgt:

> Es ist, wie schnell deutlich wird, schwierig, für die eigentümliche Gemengelage aus Massenmedialität und Vereinzelung eine verbindliche Formel zu finden. Zügig bildet sich deshalb auch der Sachverhalt, später dann der zugehörige Begriff heraus, der ohne Massenmedien kaum sinnvoll ist: ‚Durch das Medium des Drucks verschränken sich die älteren Begriffe von Einsamkeit und Geselligkeit zu einem neuen Begriff, dem der Öffentlichkeit.' Das Phänomen, das da auf den Namen ‚Massenmedien' getauft wird, muß nicht bedeuten, daß Massen wie im antiken Theater, in der spätmittelalterlichen Kathedrale oder direktdemokratisch auf dem Appenzeller Dorfplätzen zusammenströmen, um vereint der zentralen Verkündigung des Sinns beizuwohnen. Auch Millionen einzelner Leser, Rundfunk-Hörer oder Fern-Seher können ein Massenpublikum bilden. Der anhaltende Zauber des Kinos beruht auch darauf, daß sich der handgreifliche Sinn des Wortes Masse in der Kinohöhle noch bewahrt hat.[23]

Die heutigen Massenmedien bieten in ihrer Vielfalt und in ihren technischen Möglichkeiten lediglich die Chance, dass die von Hörisch offenbar als unkonturiert beschriebene ‚Masse' zu einer sich formierenden Öffentlichkeit wird. In Wirklichkeit nämlich bildet sich Öffentlichkeit nicht *in* den Massenmedien, sondern sie wird *von* den Massenmedien hergestellt.

---

[23] Das eingeschobene Zitat ist Assmann 1994, 10 f., entnommen.

TEIL II:

POLITIK UND GESELLSCHAFT

4. Gesellschaftliche Kommunikationsräume

4.1 Höfe und Stände, Stadt und Land

Die Sphäre der Öffentlichkeit ist ein Teil der gesellschaftlichen Wirklichkeit. Die Gestalt dieser gesellschaftlichen Wirklichkeit hat darum einen entscheidenden Einfluss auf den Rahmen, in dem sich jene Sphäre der Öffentlichkeit ausbilden kann. Ein Wandel der gesellschaftlichen Wirklichkeit muss somit auch einen Wandel der Öffentlichkeit hervorbringen. Um die Sphäre „Öffentlichkeit" anschaulich zu machen, soll zunächst ein Blick auf die gesellschaftliche Wirklichkeit – wenn auch nur in Grundzügen und notwendigerweise stark vereinfacht – geworfen werden.

Der uns zunächst interessierende Zeitraum, vom 16. bis zum beginnenden 19. Jahrhundert, war gesellschaftlich anders gegliedert als die Zeit danach. Ernst Hinrichs (1980, 67) schreibt in seiner *Einführung in die Geschichte der Frühen Neuzeit*:

Gliederung der Gesellschaft vom 16. bis zum 19. Jahrhundert

> Die Historiker nennen die Gesellschaftsordnung, die sich in Europa bis zum Ende des 18. Jahrhunderts, ja, bis ins 19. Jahrhundert hinein erhalten hat, gern die ‚Ständegesellschaft', die ‚société d'ordres', die ‚corporate society' und stellen ihr die Klassengesellschaft des 19. und 20. Jahrhunderts gegenüber. In Deutschland, wo das Phänomen der ‚Standschaft' stärker und länger als in anderen Ländern mit dem des institutionalisierten Ständetums verbunden war, wird mit dem Begriff ‚ständische Verfassung' gearbeitet, gelegentlich auch vom ‚ständischen Wesen' gesprochen, als Zeichen dafür, daß nicht nur die Ebene der politischen Repräsentation, sondern alle Lebensbereiche vom ständischen Gemeinschaftsprinzip durchdrungen gewesen sind.

Wie sah nun diese Ständegesellschaft aus? Ebenso wie das Mittelalter ist auch die frühe Neuzeit von der Existenz eines festen Statussystems gekennzeichnet. Es weist jedem Menschen einen bestimmten Platz in der Gesellschaft zu, einen Platz, den er zeit seines Lebens nicht verlassen kann und der mit beinahe schon naturgesetzlicher Notwendigkeit auch auf seine Nachkommen übertragen wird. Um dieses System zu charakterisieren, können wir zurückgreifen auf einen Spruch des Wanderdichters Heinrich Frauenlob aus der zweiten Hälfte des 13. Jahrhunderts:

Ständegesellschaft

In driu geteilet wâren
von êrst die liute, als ich las:
bûman, ritter unt pfaffen.
ieslich nâch sîner mâze was
gelîch an adel und an art
dem andern ie, wie stêt der pfaffen sin?
Die lêrent wol gebâren,
kunst, wîsheit, aller tugende kraft,
vride, scham unt dar zuo vorhte.
dem ritter lîchet ritterschaft.
der bûman hât sich des bewart,
daz er den zweien nar schüef mit gewin.
Nu pfaffe, werder pfaffe,
lâz ander orden under wegen.
du stolzer ritter schaffe,
daz ritterschaft dir lache,
niht nim an dich ein ander leben.
du bûman solt niht hôher streben,
daz lêre ich dich durch werndes prîses sache.[1]

Das hier beschriebene traditionelle Drei-Stände-Modell hat noch im 18. Jahrhundert Gültigkeit, nur wird man etwas andere Bezeichnungen wählen müssen, weil in der Frühen Neuzeit keine „ritterschaft" mehr existierte und auch die Bauern längst nicht mehr einen Stand allein repräsentierten. Für unseren Zeitraum können wir von einer Aufteilung der Gesellschaft in Klerus, Adel und Drittem Stand sprechen. Der Dritte Stand ist in dieser Gliederung nur negativ bestimmt: ihm gehören all jene an, die nicht unter den Klerus und den Adel zu fassen sind.

Selbstverständlich gibt diese Einteilung in drei Stände die gesellschaftliche Wirklichkeit lediglich grob und in idealisierter Form wieder. Die Ständeeinteilung war ein rechtliches Kon-

> Die Ständegesellschaft setzt sich bis zum Ende des 18. Jahrhunderts aus Klerus, Adel und Drittem Stand zusammen

---

[1] Übersetzung des Spruchs: „Wie ich gelesen habe, waren alle Menschen vom Beginn der Welt in drei Stände eingeteilt: Bauern, Ritter und Kleriker. Jeder von ihnen war in seiner Art und Weise dem anderen Stand an Ansehen und vornehmer Abkunft stets gleich. Womit beschäftigen sich die Kleriker? Sie lehren gottesfürchtiges Verhalten, Kunst, Weisheit und alle Tugenden, Friedfertigkeit, Keuschheit und Ehrgefühl und dazu Gottesfurcht. Dem Ritter ist ritterliche Lebensweise und ritterliches Verhalten gemäß. Der Bauer hat sich dazu entschieden, diesen beiden Ständen zu seinem Nahrung eigenen Unterhalt zu verschaffen. Nun rechtschaffener Kleriker, wende dich nicht anderen Lebensformen zu. Du, stolzer Ritter, handle so, daß dir die ritterliche Lebensweise zur Ehre gereicht, bleibe in deinem Stand. Und du, Bauer, sollst nicht zu einem höheren Stand streben, das lehre ich dich, damit man dich immer loben möge." – Text und Übersetzung sind entnommen: Aspekte mittelhochdeutscher Literatur 1980, 37.

strukt, das in vielen Ländern beispielsweise auf der Ebene der Ständeversammlungen Gültigkeit hatte und bei Abstimmungen Anwendung fand (vgl. Hinrichs 1980, 68), nicht aber die Gesellschaft im einzelnen erfassen konnte. Hinrichs berichtet über eine Schrift *Traité des ordres et simples dignités* des französischen Juristen Charles Loyseau aus dem Jahre 1613, in der sich eine ziemlich detaillierte Beschreibung der inneren Gliederung jener drei Stände findet:

> So macht es einen gewaltigen Unterschied aus, ob man dem ersten Stand als Kardinal, als Bischof, als Mitglied eines höheren oder niederen Ordens oder als niederer Geistlicher angehört. Im Stand des Adels hängt alles davon ab, ob man mit dem Herrscher direkt oder entfernt verwandt ist, ob man von den ‚alten Rassen' abstammt oder erst auf dem Weg über staatliche oder herrschaftliche Ämter zu Adel gelangt ist, ob man Herzog, Marquis, Graf, Baron, Kastellan oder durch sein Wappen nur dem Kreis des niederen Adels zugewiesen ist. Am vielgestaltigsten nimmt sich in Loyseaus Tableau der dritte Stand aus. Hier grenzt er zunächst eine breite Gruppe von nicht durch Handarbeit ausgezeichneten Berufen aus, deren Träger darum den Anspruch haben, ‚Ehrenmänner', ‚ehrenwerte Herren' genannt zu werden und Anrecht auf die Stadtbürgerschaft besitzen. Die studierten Leute aus Theologie, Jurisprudenz, Medizin, den freien Künsten finden sich hier, die Advokaten, Finanziers und niederen Justizbeamten, schließlich auch die Handelsherren und Kaufleute und jene Handwerksmeister (wie Goldschmiede und Juweliere), die mehr mit dem Verkauf als mit der Herstellung ihres Produktes befaßt sind. Zwischen dieser Gruppe und den Handwerkern und Bauern liegt die entscheidende Trennungslinie, die eine kleine Minderheit von den 90% der übrigen Bevölkerung abgrenzt, die – nach Loyseau – ‚ihren Lebensunterhalt mehr durch körperliche Arbeit als durch den Handel mit Waren oder durch geistige Bildung erwerben'. Loyseau spart nicht mit dem Wort ‚niedrig', wenn er diese unterste Statusgruppe insgesamt beschreibt. Alle, die Handarbeit betreiben, gehören zu den ‚Niedersten'. Wer als Handwerker ‚die mechanischen Künste' ausübt, ist – im Unterschied zu den Mitgliedern der ‚freien Künste' – ‚gemein und niedrig'. ‚Die einfachen Handlanger [...] sind die niedrigsten des gemeinen Volkes.' Und doch ist Statusdifferenzierung auch auf dieser Ebene überall auszumachen. Der Bauer steht über dem Handwerker, der selbständige Landeigentümer, der über ein oder mehrere Gespanne verfügt, über dem Erb- und Zinspächter, der Handwerker natürlich über dem Handlanger und Lohnarbeiter und diese, so ‚niedrig' sie auch erscheinen, über dem Bettler, dem Landstreicher, dem Vagabunden. (Hinrichs 1980, 68 f.)

Beschreibung der inneren Gliederung der drei Stände

Dieses Bild trifft im Großen und Ganzen auch auf Deutschland zu. Es vernachlässigt allerdings einen Faktor, mit dem man über die gesamte Frühe Neuzeit hin rechnen muss und der für den Bereich „Öffentlichkeit" von großer Wichtigkeit ist: die Unterscheidung der sozialen Verhältnisse in der Stadt und auf dem Land. Bevor wir uns diesem Unterschied etwas genauer zuwenden, sei ein kurzer Blick auf die Bevölkerungszahlen geworfen.

Bevölkerungsentwicklung zwischen 1100 und 1800

Die nachfolgende Abbildung 40 zeigt den langsamen Trend einer offenbar stetig steigenden Bevölkerungszahl mit drei Auffälligkeiten: zunächst den enormen Einbruch im 14. Jahrhundert, eine Folge des in ganz Europa wütenden „schwarzen Todes", der Pest, nach 1348, dann für Deutschland die verheerenden Auswirkungen des Dreißigjährigen Kriegs in der ersten Hälfte des 16. Jahrhunderts und schließlich den sprunghaften Anstieg der Bevölkerungszahlen seit der Mitte des 18. Jahrhunderts.

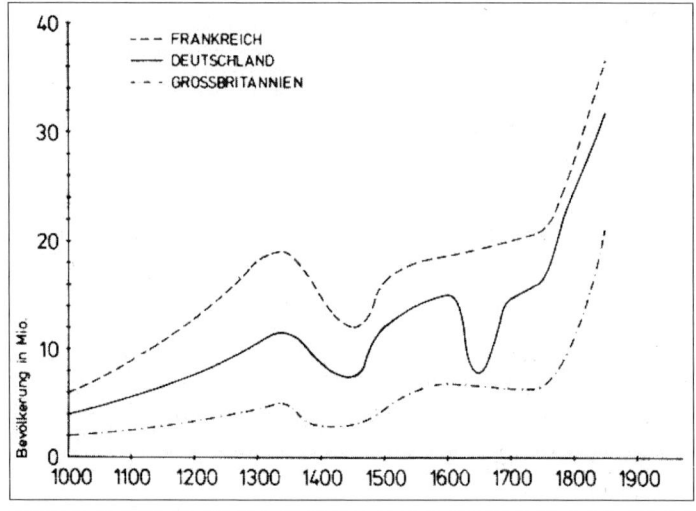

Abb. 40: Bevölkerungsentwicklung in Frankreich, Deutschland und Großbritannien zwischen 1000 und 1800 (nach Hinrichs 1980, 16).

Bevölkerungsentwicklung in Städten

Die Verteilung zwischen Stadt- und Landbevölkerung veränderte sich in dieser Zeit nur wenig. Die weitaus größere Zahl der Bevölkerung lebte auf dem Land – vor dem Dreißigjährigen Krieg waren es ca. 90%, im 18. Jahrhundert durchschnittlich immerhin noch ca. 75-85%. Der große Schub der Verstädterung erfolgte erst im Zuge der Industrialisierung in der zweiten Hälfte des 19. Jahrhunderts.

Städte	1700	1750	1800
Wien	105	169	247
Berlin	24	113	172
Hamburg	70	90	130
Prag	48	58	77
Breslau	40	52	64
Dresden	22	60	61
München	24	30	48
Frankfurt	35	38	42
Köln	39	44	41
Augsburg	26	31	32
Leipzig	21	30	32
Bremen	22	23	31
Braunschweig	17	25	31
Nürnberg	35	30	25
Lübeck	23	21	24
Mainz	20	25	24
Aachen	24	24	23
Stuttgart	13	17	21
Düsseldorf	8–9	9–10	22
		(mit Garnison)	
Mannheim	5 (1716)	24 (1766)	21
Koblenz	?	7 (1784)	10
Trier	4	6–7 (1760)	8–9
Karlsruhe	2 (1719)	2–3	5
Marbach	1	1–2	2

Abb. 41: Bevölkerungsentwicklung in Städten im 18. Jahrhundert, Angaben in Tausend (nach Kiesel/Münch 1977, 15 f.).

Dennoch belegen die Zahlen aus Abbildung 41, dass im Laufe des 18. Jahrhunderts die Bevölkerung in einigen Städten, besonders in Residenz- und Garnisonsstädten, erheblich anstieg. Stagnierende oder gar rückläufige Bevölkerungszahlen finden sich vorwiegend in den alten Reichsstädten, die an Bedeutung verlieren, weil sie zunehmend vom internationalen Handel ausgeschlossenen werden.

Soziale Schichtung der Land- und Stadtbevölkerung

Blicken wir nun noch einmal zurück auf die soziale Schichtung der Land- und der Stadtbevölkerung, wie sie vom Mittelalter bis weit ins 17. Jahrhundert hinein bestanden hat:

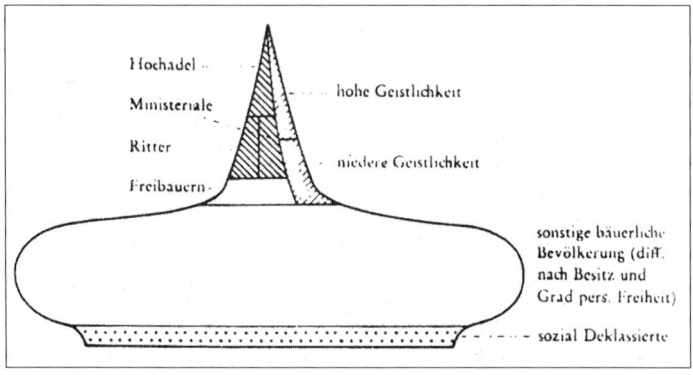

Abb. 42: Hauptgruppen im Statusaufbau der ländlichen Gesellschaft (nach Aspekte mittelhochdeutscher Literatur 1980, 40).

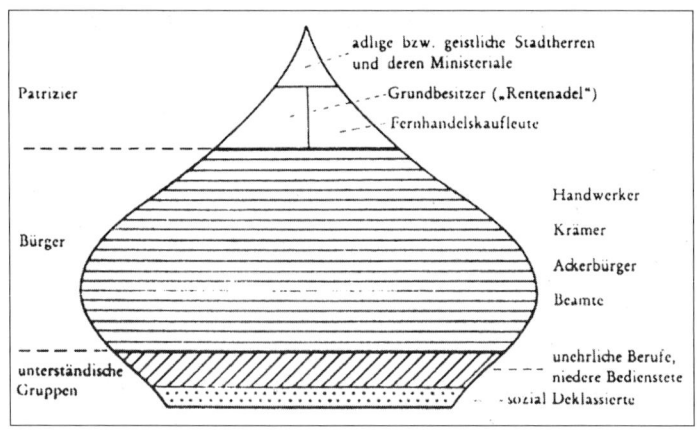

Abb. 43: Hauptgruppen im Statusaufbau der mittelalterlichen und frühneuzeitlichen Stadt (nach Aspekte mittelhochdeutscher Literatur 1980, 46).

Es muss hier nicht im einzelnen auf die jeweilige Schichtung eingegangen werden, die sinnvoll und historisch exakt im Grunde ohnehin nur durch Einzelstudien für bestimmte Städte

oder Landstriche erfasst und interpretiert werden kann. Für unsere Zwecke genügt es festzuhalten, dass die Städte immer
mehr als wirtschaftliche Zentren an Bedeutung gewannen und
sich in ihnen folglich eine stärkere soziale Ausdifferenzierung
vollzog als auf dem Land.

Abb. 44: Dorfzentrum Hohnstein/Sächs. Schweiz, von A. Zingg, Ende 18. Jahrhundert. – „Zum
Mittelpunkt eines Dorfes gehörten für gewöhnlich ‚die Linde‘, deren ‚Zweig sich auch
gar leicht ... / lencken / leiten und ziehen lassen / gantz bequem sind / eine lebendige
selbst-wachsende Lauben damit zu machen‘, so daß darunter oder auch ‚auf ihnen
Mahlzeiten und Gastereyen angestellet und celebriret / auch auf Dörffern offentliche
Gerichte darunter gehalten werden‘, und der Dorfbrunnen." (nach Jacobeit/Jacobeit
1988, 265).

Aber auch auf dem Land gab es bemerkenswerte Veränderungen. Schon vor dem Dreißigjährigen Krieg wandelte sich als
Folge von Überproduktion und Preisverfall agrarischer Produkte die ländliche Sozialstruktur dahingehend, dass die landarme
und landlose Bevölkerung zunahm. Diese Schichten

> Veränderung der
> Sozialstruktur auf
> dem Land

stehen – sofern sie nicht in die Städte abwandern und dort die
plebejischen Schichten vermehren, wohl auch nicht selten zum
Bettelstab greifen müssen – den reich gewordenen großen Bauern, die vor den Mittel- und Kleinbauern an der Spitze der besitz-
bäuerlichen Hierarchie im Dorfe plaziert sind, als Tagelöhner, Ge-

sinde, Einlieger usw. für Dienstleistungen zur Verfügung. Sie sind es aber auch, die […] die Arbeitskräfte für die gewerbliche Produktion im Rahmen des Verlagswesens, des Bergbaus, der Eisenverarbeitung, des Transportwesens und dann der Manufakturen stellen.[2]

Abb. 45: Das Tanzvergnügen im Hofe, von D. Teniers, 17. Jahrhundert. – „Ein solches ‚abgeschirmtes', hinter einem hohen Bretterzaun stattfindendes Tanzen mag in einer kursächsischen Verordnung folgenden Inhalts gemein sein: ‚Daß der Tantz bei Tag und Sonnenschein / bey gewisser Poen, ehrlich / ohne einig Verdrehen und unzüchtige Geberde / an einem offetlichen gemeinen Ort / und in keinem Winckel zu halten / verstattet werde.'" (nach Jacobeit/Jacobeit 1988, 256).

---

[2] Jacobeit/ Jacobeit 1988, 24 f. Das „Verlagswesen" meint in dieser Zeit die Heimarbeit, zu der Unternehmer die Rohstoffe lieferten.

Die Verteilung zwischen der bäuerlichen und nicht-bäuerlichen Bevölkerung wandelte sich im Laufe des 18. und 19. Jahrhunderts rapide. Für Sachsen rechnet man um 1550 noch mit einem Anteil der nichtbäuerlichen Bevölkerung von nur 18%, 1750 sind es schon 38% und 1843 schließlich überwiegt sie die Bauern mit 52% (Jacobeit/Jacobeit 1988, 51). An der Spitze der ländlichen Hierarchie stand selbstverständlich der – vorwiegend niedere – Adel, der überall aber nur ca. 1% der Bevölkerung ausmachte.[3]

Wie sahen – vor dem Hintergrund dieser groben Schichtung in Adel, Bauern und Unterschicht – die „Kommunikationsräume" auf dem Lande aus? Welche Gestalt hatte das Gemeinschaftsleben? Sigrid und Wolfgang Jacobeit (1988, 252) schreiben dazu:

Gemeinschaftsleben auf dem Land

> Gemeinschaft und Gemeinschaftsleben sind besonders in unserem Zeitraum [1550-1810; J.Sch.] wesentliche Elemente für die Bewältigung des Alltags. Vor allem auf dem Lande erzeugt die relative Kleinheit der meisten Dörfer ein geradezu notwendiges Gemeinschaftsbewußtsein. Jedermann, der Wohnrecht im Dorf hat, der hier lebt, gehört zu dieser Dorfgemeinschaft und hat sich nach deren geschriebenen und ungeschriebenen Gesetzen zu richten. Hier macht man gemeinsame Erfahrungen, die bei notwendigen Entscheidungen schwerer wiegen als Erfahrungen eines einzelnen. Aber: Was die Gemeinschaft akzeptiert, verwirft, worüber sie Kompromisse schließt, hat daher Gültigkeit auch für den einzelnen, trägt verallgemeinernden Charakter. Die Gemeinschaft fällt das Urteil über Annahme oder Ablehnung von Neuerungen, die von außen kommen, und die Gemeinschaft bleibt so lange ein stabiler Faktor, solange ihre Ordnung nicht durch äußere Zwänge untergraben wird.

Die Formen von Gemeinschaft waren auf dem Lande nicht oder kaum durch Standesgrenzen eingeengt. Man wohnte, arbeitete und feierte zusammen, ging gemeinsam zur Kirche und hatte – hier jedoch gab es eine Grenze – einen gemeinsamen Gegner: den Grundherren und seinen Amtswalter, gegenüber denen man sich als Gemeinschaft abgrenzte.

Dieses ausgeprägte Gemeinschaftsleben dürfte allerdings weitgehend auf den Kommunikationsraum ‚Dorf' eingeschränkt gewesen sein. Durchbrochen wurde dieser geschlossene Kommunikationsraum nur durch außergewöhnliche, allerdings mehr oder weniger regelmäßig stattfindende Ereignisse: dem Markttag in der Stadt, von dem man die neuesten Nachrichten

---

[3] Vgl. zu diesem ganzen Komplex Wehler (1987a), 140-177.

mitbrachte; den Reisenden und Wandergesellen, die gelegentlich Station machten und die von anderen Gegenden erzählten; den fahrenden Theaterleuten und Musikanten, später auch den fahrenden Leihbibliotheken, die neben der Unterhaltung auch Neuigkeiten über das Leben in der Stadt mitbrachten.

Wenn wir für das Land überhaupt von „Öffentlichkeit" reden wollen, dann wohl nur in dem ganz eingeschränkten Sinne einer dörflichen Gemeinschaft, in der alles vor den Augen aller stattfand, in der keiner Geheimnisse vor dem anderen hatte und haben konnte. Nachrichten, die von weiter her kamen, befriedigten in der Regel nur die Neugier einzelner in ihrer Gemeinschaft, dienten aber kaum dazu, dass sich die Menschen verschiedener Dörfer oder ganzer Landstriche in einer gemeinsamen Meinung oder einem gemeinsamen Handeln zusammenschlossen.

Ständeordnung in den Städten

Begeben wir uns nun in die Stadt. Hans-Ulrich Wehler (1987a, 182) charakterisiert die ständische Gliederung so:

Geht man von den grundlegenden Kriterien der ökonomischen Lage, der politischen Macht und der sozialen Ehre aus, weisen zuerst einmal alle Städte

Bürgerliche Oberschicht

1. eine dünne bürgerliche Oberschicht auf. In ihrem obersten Rang konnte sie sich zu einem Patriziat verdichten, das entweder eine großbürgerliche Elite verkörperte oder förmlich zum Stadtadel wurde. Aus beiden Lagen wurde häufig der Übergang zum niederen oder sogar ritterschaftlichen Adel erstrebt, auch erreicht. Das Patriziat bildete die exklusive abgehobene Spitze des Honoratiorentums, aus dem der Aufstieg in das Patriziat, sofern es vorhanden war, im Prinzip möglich blieb; das Verhältnis der beiden Gruppen zueinander läßt sich durchaus mit dem von Hoch- und Niederadel vergleichen. Fehlte ein Patriziat, besetzten die Honoratioren aus ihrem gewöhnlich schmalen Kreis die strategischen Positionen. Das Honoratiorentum wurde durch den Zustrom ökonomisch erfolgreicher Homines Novi ständig ergänzt. Seit dem 15./16. Jahrhundert gehörten zu ihnen auch die Akademiker, vor allem die Syndici des Stadtregiments, überhaupt Juristen.

Mittel- und kleinbürgerliche Schicht

2. Unterhalb dieser hochprivilegierten Minderheit findet man eine ungleich breitere Schicht selbständiger kaufmännisch oder handwerklich tätiger Mittel- und Kleinbürger, unter denen es zwar zahlreiche Abschattierungen des Vermögens und Einflusses, aber auch eine ständerechtlich befestigte Homogenität gab.

Plebejische Unterschicht

3. Wahrscheinlich wurde jedoch die Mehrheit in den allermeisten Städten von den plebejischen Unterschichten der Tagelöhner, Dienstboten, Armen usw. gestellt. Sie sind lange Zeit in einer Dunkelzone des historischen Interesses geblieben, obwohl sie für das Leben der Städte nicht minder charakteristisch waren als etwa die zünftigen Handwerker.

Diese Dreiteilung findet sich auch in der rechtlichen Stellung der Stadtbewohner. Die Vollbürger, zu denen die Patrizier, Honoratioren und der Großteil des Kleinbürgertums gehörten, waren im Besitz des städtischen Bürgerrechts, das ihnen unter anderem erlaubte, Haus- und Landbesitz zu erwerben und das aktive und passive Wahlrecht auszuüben. Zudem hatten sie geringere Steuern und Zölle zu zahlen. Ungefähr die Hälfte der Einwohner aber besaß nur mindere Rechte. Diese sogenannten Schutzverwandten oder -bürger, Bei- oder Hintersassen durften in der Stadt nur auf Widerruf leben und mussten zum Teil erhebliche finanzielle Leistungen für dieses Recht erbringen. Ganz unten in der Hierarchie standen wiederum die durchweg den Unterschichten zugehörigen Rechtlosen, die „jederzeit aus dem Stadtbezirk ohne Begründung ausgewiesen werden" (Wehler 1987a, 182 f.) konnten.

Die Angehörigen der Oberschicht und der Großteil der Kleinbürger besaßen das städtische Bürgerrecht und das Wahlrecht. Die Angehörigen der Unterschicht besaßen nur eingeschränkte Rechte oder waren gar rechtlos

Name	Stadttyp	Jahr	Einwohnerzahl	Oberschicht
1. Köln	Reichsstadt	1799	40 000	ca. 1 %
2. Weimar	Residenzstadt	1820	8 700	ca. 2 %
3. Magdeburg	Landstadt	1812	33 200	ca. 2,5 %
4. Prichsen- stadt	Landstadt	1744	176 Bürger	ca. 3 %
5. Isny im Allgäu	Reichsstadt	1786	1 700	ca. 3,6 %
6. Husum	Landstadt	1803	3 627	ca. 4 %
7. Lübeck	Hansestadt	1800	8 300	ca. 4 %
8. Braun- schweig	Residenzstadt	1758	22 000	ca. 4,3 %
9. Wismar	1648–1803 schwedische Stadt	1799	6 500	ca. 9 %
10. Rostock	Hansestadt	1769	9 600	ca. 10 %
11. Mainz	Residenzstadt	1785	28 000	ca. 17 %
12. Flensburg	Landstadt	1803	10 666	ca. 1,4 %

Abb. 46: Städtische Oberschichten um 1800 (nach Wehler 1987a, 188).

Die Abbildungen 46 bis 48 zeigen die Verteilung von Ober-, Mittel- und Unterschichten in einigen deutschen Städten um 1800. An den Prozentzahlen wird deutlich, dass wir auch in der Stadt mit einer pyramidalen Schichtung rechnen müssen, in der der größte Teil der Bevölkerung, die rechtlose Unterschicht, am schwersten zu fassen ist. Uns interessiert hier allerdings vorrangig die Ober- und Mittelschicht, so dass wir nun einen etwas genaueren Blick auf diese Gruppe werfen sollten, in der

Name	Stadttyp	Jahr	Einwohnerzahl	Mittelschicht
1. Köln	Reichsstadt	1799	40 000	ca. 10 %
2. Weimar	Residenzstadt	1810	8 700	ca. 22 %
3. Magdeburg	Landstadt	1812	33 200	ca. 25 %
4. Prichsen-stadt	Landstadt	1744	176 Bürger	ca. 33 %
5. Isny im Allgäu	Reichsstadt	1786	1 700	ca. 33 %
6. Husum	Landstadt	1803	3 627	ca. 24 %
7. Barmen	Landstadt	1816	19 000	ca. 33 %
8. Braun-schweig	Residenzstadt	1758	22 000	ca. 33,7 %
9. Wismar	schwedische Landstadt	1799	6 500	ca. 25,2 %
10. Rostock	Hansestadt	1769	9 600	ca. 17,2 %
11. Mainz	Residenzstadt	1785	28 000	ca. 36,4 %
12. Münster	Residenzstadt	1802	13 600	ca. 18–20 %

Abb. 47: Städtische Mittelschichten um 1800 (nach Wehler 1987a, 189).

Name	Stadttyp	Jahr	Einwohnerzahl	Mittelschicht
1. Köln	Reichsstadt	1799	40 000	ca. 10 %
2. Weimar	Residenzstadt	1810	8 700	ca. 22 %
3. Magdeburg	Landstadt	1812	33 200	ca. 25 %
4. Prichsen-stadt	Landstadt	1744	176 Bürger	ca. 33 %
5. Isny im Allgäu	Reichsstadt	1786	1 700	ca. 33 %
6. Husum	Landstadt	1803	3 627	ca. 24 %
7. Barmen	Landstadt	1816	19 000	ca. 33 %
8. Braun-schweig	Residenzstadt	1758	22 000	ca. 33,7 %
9. Wismar	schwedische Landstadt	1799	6 500	ca. 25,2 %
10. Rostock	Hansestadt	1769	9 600	ca. 17,2 %
11. Mainz	Residenzstadt	1785	28 000	ca. 36,4 %
12. Münster	Residenzstadt	1802	13 600	ca. 18–20 %

Abb. 48: Städtische Unterschichten um 1800 (nach Wehler 1987a., 193).

– jedenfalls im 18. Jahrhundert – die Träger der „bürgerlichen
Öffentlichkeit" zu finden sind. Greifen wir zu ihrer Beschreibung wiederum auf Wehlers *Deutsche Gesellschaftsgeschichte*
zurück, der an der betreffenden Stelle seines Werkes zunächst
auf einige Unterschiede zwischen den Städten in Deutschland
hinweist und dann feststellt:

Differenzierung des
Bürgertum

Wichtiger noch als diese innerdeutschen Unterschiede im Städte-
wesen, so folgenreich sie sich auch auf das bürgerliche Selbstbe-

wußtsein auswirkten, sind in gesellschaftsgeschichtlicher Perspektive einige grundlegend wichtige Differenzierungen innerhalb jener Schicht, die man häufig mit einem völlig amorphen Begriff als ‚das' Bürgertum hinreichend zu charakterisieren glaubt. Geht man vom Ständerecht des 18. Jahrhunderts aus, handelt es sich tatsächlich in allen Fällen um Angehörige des Bürgerstandes, also des nichtadligen und nichtbäuerlichen, eigenen, wenn auch lokal-regional verschiedenartigen Rechtsnormen unterstehenden Teils der Bevölkerung. Aber welche gravierenden Unterschiede, historischen Entwicklungsbedingungen und strukturellen Wesensverschiedenheiten werden dadurch verwischt! Scharf auseinanderzuhalten sind nämlich längst vor 1800, erst recht dann seither:
1. das Stadtbürgertum;
2. die neuen ‚Bürgerlichen', unter ihnen vor allem die Bourgeoisie und das Bildungsbürgertum;
3. die ‚Staatsbürger'. (Wehler 1987a, 203)

Wehler beschreibt die Stadtbürger als eine weitgehend konservative, in ihre Traditionen eingebundene Schicht, unbeweglich und kaum Neuerungen aufgeschlossen. Dem ‚Staatsbürger' entsprach im 18. Jahrhundert offenbar noch keine genau auszumachende gesellschaftliche Realität, höchstens eine in Form des „Staatsdieners". Der Staatsbürger wird erst im 19. Jahrhundert, während der Reformära, quasi als der Untertan schlechthin erfunden.

Blicken wir nun, wiederum mit Wehler (1987a, 204), auf die neuen ‚Bürgerlichen':

Die neuen „Bürgerlichen"

> Diese Aufsteigerschicht, die außerhalb der altständischen Sozialordnung emporkam, wurde von Verwaltungsbeamten und Theologen, Professoren und Hauslehrern, Gelehrten und Hofmeistern, Syndici und Magistratsjuristen, Richtern und Landschaftskonsulenten, Anwälten und Notaren, Ärzten und Apothekern, Ingenieuren und Domänenpächtern, Schriftstellern und Journalisten, Offizieren und Leitern staatlicher Betriebe, nicht zuletzt aber auch von jenen Unternehmern gebildet, die Verlage und Manufakturen, Protofabriken und Banken betrieben. Von diesen Abertausenden von neuen Bürgerlichen, die ihre Existenz den verschiedenen Evolutionsprozessen der neuzeitlichen Gesellschaft und ihrer Institutionen verdankten, lebte zwar der größere Teil in Städten gleich welchen Typs, nicht wenige aber auch auf dem Lande. wie etwa der Geistliche in seiner Dorfgemeinde, der Ingenieur im Bergrevier, der Amtmann auf dem Gut, der Hofmeister im Schloß, der Manufakturier neben seinem Betrieb.

Für die ländlichen Gegenden, für das Dorf, haben wir einen weitgehend geschlossenen Kommunikationsraum angenommen. Für die Stadt müssen wir stärker differenzieren. Zunächst

Abb. 49: Geselliges Bürgerleben in Leipzig, um 1800 (nach Jacobeit/Jacobeit 1988, 265).

sei das Außenverhältnis betrachtet: der Handel, der von den Städten ausging und in ihnen zusammenlief, brachte schon früh, im Spätmittelalter, Verbindungswege hervor, auf denen nicht nur Waren, sondern auch Nachrichten transportiert wurden. Wie die Karte der Landstraßen durch das Römische Reich (Abb. 50) deutlich macht, wusste man um 1500 schon sehr genau, welche Handels- und Pilgerstraßen es im Reich gab. Zumindest die dünne Oberschicht der Patrizier verfügte bereits in dieser Zeit über Informationen aus entfernteren Regionen und Ländern, die sich im Wirtschaftsleben nutzen ließen. Der wirtschaftliche Nachrichtenverkehr hatte daher auch Folgen für das Leben in der eigenen Stadt: von ihm wurden ökonomische Entscheidungen abhängig gemacht, wurden Produktionsinhalte und -weisen bestimmt. Mit der Intensivierung des Handels im 17. und 18. Jahrhundert wurden auch die Nachrichtenwege ausgeweitet.

Ausweitung der Nachrichtenwege im 17./18. Jahrhundert

Nimmt man für diese Form der Nachrichtenübermittlung den Begriff „Öffentlichkeit" in Anspruch, dann kann er nur eine sehr eingeschränkte Bedeutung haben: Öffentlichkeit wäre in diesem Fall der funktional streng und auf eine kleine Trägerschicht begrenzte Fluss von Nachrichten. Wir hätten hier also von einem völlig geschlossenen Kommunikationsraum auszu-

Abb. 50: Karte der Landstraßen durch das Römische Reich. Nachdruck der Karte des Erhard Etz-
laub von 1501 durch Albrecht Glockendon, 1533. Oben die Inschrift: „Das sein die lant-
strassen durch das Romisch reych von einem kunigreych zw dem andern, dy an Tew-
tsche land stossen, von meilen zw meiln mit puncten verzaichnet" (nach Germanisches
Nationalmuseum 1983, 109).

gehen, der zudem noch einseitig ausgerichtet ist. Es ist sinnvoller und wird in der Forschung auch so gehandhabt, diese Handelskorrespondenzen einer kleinen wirtschaftlichen Elite noch nicht als eigene Formen, sondern höchstens als Vorformen von Öffentlichkeit zu betrachten. Wie wir im dritten Kapitel (vgl. oben, 118 f.) gesehen haben, entstand aus diesen Korrespondenzen die „Neuen Zeitung", die dann gewiss zur Sphäre der Öffentlichkeit zu rechnen ist.

Wie sahen die Kommunikationsräume nun im Innenverhältnis der Stadt aus? Die sehr starke soziale und berufsmäßige Differenzierung der Stadtbevölkerung brachte Formen der „öffentlichen" Selbstdarstellung einzelner Gruppen hervor: Feste und Umzüge zum Beispiel, die einerseits auf ein ausgeprägtes Gemeinschaftsbewusstsein innerhalb dieser Gruppen, zugleich aber auch auf eine Abgrenzung gegen andere Gruppen hinweisen. Der enge räumliche Kontakt zwischen diesen Gruppen hatte noch eine andere Folge: Um ein Stück des Prestiges, das sozial höherstehende Gruppen aufwiesen, auf sich selbst zu übertragen, ahmten die sozial niedrigeren in bestimmten Bereichen die höheren Gruppen nach. Das betraf weniger rein Äußerliches wie Kleidung, für die es strenge Ordnungen gab, als vor allem Verhaltensweisen wie den Sprachgebrauch (das Einstreuen französischer Wendungen zum Beispiel, nach dem Vorbild der adligen Kreise) oder die Tischsitten.[4]

Alles in allem ist – selbst noch im 18. Jahrhundert – auch für die Stadt mit relativ geschlossenen Kommunikationsräumen zu rechnen. So bildete die internationale Adelsgesellschaft einen, wenn auch überregionalen Kommunikationsraum, die reichen Unternehmer, die zünftigen Handwerker jeweils mit ihresgleichen einen anderen und so fort.

Die neuen „Bürgerlichen" grenzten sich gegenüber anderen Gruppen niederer Hierarchie vor allem durch Bildung ab

Diese Kennzeichnung trifft zunächst auch für die im 18. Jahrhundert sich herausbildende Gruppe der neuen „Bürgerlichen" zu. Gerade sie mussten sich gegen andere Gruppen, besonders aber nach unten, gegenüber dem „Volk", mit dem zusammen sie innerhalb der alten Ständeordnung den dritten Stand ausmachten, abgrenzen (vgl. Alewyn 1985, 28-31). Sie konnten diese Abgrenzung jedoch nicht dadurch erreichen, dass sie zum Beispiel eine berufsständische Identität entwickelten, sondern sie mussten sich auf das besinnen, wodurch sie über-

---

[4] Vgl. zu dem gesamten Prozess des Verhaltens und der Verhaltensänderungen seit dem Mittelalter das immer noch grundlegende Werk Elias ²1969.

haupt zu einer selbständigen Gruppe geworden waren: die Bildung. Bildung aber bedeutete den Besuch von Schulen, Universitäten, Akademien, bestand in der Rezeption von Literatur, Zeitschriften, Zeitungen, machte Kenntnisse in Wissenschaften und Künsten aus – mit anderen Worten: Bildung war Schriftkultur, Kommunikation, Publizität, schließlich Öffentlichkeit. Mit dem Aufkommen des Bildungsbürgertums also sind wir im Zentrum der Etablierung von Öffentlichkeit angelangt.

Es bleibt als Kommunikationsraum der Hof. Ein wichtiges Kennzeichen der absoluten Monarchie ist die mehr oder weniger exzessive Hofhaltung, die Repräsentation von Macht nach außen. Man lässt sich unterhalten durch Theater und Musik, man jagt, spielt, amüsiert sich und intrigiert, buhlt mit allen Mitteln um die Gunst der in der Hofhierarchie Höherstehenden. An den Höfen laufen die Nachrichten zusammen, allerdings ohne dass sich aus und mit ihnen Meinungen bilden würden. Die Neuigkeiten dienten mehr zum Klatsch, zur Unterhaltung. Dennoch ist der Hof ein wichtiger Kommunikationsraum. Lange Zeit konzentrierte sich an den Höfen fast alles, was in irgendeiner Weise mit Öffentlichkeit zu tun hatte. Vor allem die Künste, das Theater insbesondere und die Literatur, waren an die Höfe gebunden. Sie dienten im 16. und 17. Jahrhundert hauptsächlich der Unterhaltung und der Repräsentation, und sie standen zugleich unter der Aufsicht des Fürsten.

> Der Hof als Kommunikationsraum

Noch im 18. Jahrhundert konnten die Künstler unter den neuen Bürgerlichen nicht von ihrer Kunst allein leben. Sie mussten ein Amt annehmen, in den Staatsdienst treten, um ihre Existenz zu sichern.[5] Aus dieser finanziellen Abhängigkeit folgte zwar nicht unbedingt auch eine inhaltliche Ausrichtung der Kunst auf den Geschmack des Fürsten, aber gewisse unterschwellige Kontrollmechanismen gegenüber dem, was „öffentlich" gemacht werden sollte, ergaben sich daraus schon. Alles in allem aber verloren die Höfe am Ende des 18. Jahrhunderts ihre zentrale Stellung für jenes kulturelle Leben, das nun über die Grenzen der Fürstentümer hinweg in der neuen bürgerlichen Öffentlichkeit gedieh.

> Die Höfe verloren erst gegen Ende des 18. Jahrhunderts ihre zentrale Stellung als Orte der Künste, insbesondere des Theater und der Literatur

---

[5] Die von Schriftstellern zu Beginn des 19. Jahrhunderts unternommenen Versuche, sich ausschließlich vom Schreiben zu ernähren, wirkten sich deutlich auf die Gestalt der Literatur und auf Buchproduktion aus; vgl. dazu Meyer 1987a.

4.2 Die Kirche

Die Religion in Gestalt der Institution ‚Kirche' hat einen beträchtlichen, wenn nicht sogar den entscheidenden Einfluss auf das Leben des mittelalterlichen wie des frühneuzeitlichen Menschen ausgeübt. Das war vor der Reformation so und blieb es in hohem Grade mindestens bis zur Säkularisierung zu Beginn des 19. Jahrhunderts.

Die Kirche als Kommunikationsraum

Der sonntägliche Kirchgang war unabdingbare Pflicht. Hier traf man sich, in der Stadt wie auf dem Land, in protestantischen wie in katholischen Gegenden, man sprach miteinander und hörte vor allem gemeinsam der Predigt des Pfarrers zu, einer – auch gesellschaftlich – wichtigen Autorität. Während der Predigt versammelten sich alle Stände, alle sozialen Gruppen, unter einem Dach, auch wenn die Sitzordnungen und die Bequemlichkeit der Bänke Aufschluss gaben über den Status des Einzelnen. Der Gottesdienst war ein gemeinschaftliches Erlebnis, woraus zwar noch keine wie auch immer geartete „Öffentlichkeit" abzuleiten ist, der aber immerhin einen so oder ähnlich in der Gesellschaft nicht mehr zu findenden Kommunikationsraum darstellt. Während der mündlichen Predigt öffnen sich die ständisch weitgehend geschlossenen Kommunikationsräume, hier hören alle die Botschaft des Glaubens und der Moral. Ob von dieser Institution allerdings auch eine befreiende, die Menschen zusammenführende Wirkung auf alle ausging, dürfte ganz wesentlich von der Person des Pastors oder Pfarrers, noch mehr aber von seiner Konfession abhängig gewesen sein. Protestantismus und Katholizismus nämlich zeigten bezüglich des gesellschaftlichen Lebens und den Möglichkeiten seiner Veränderung unterschiedliche Gesichter. Hans-Ulrich Wehler (1987a, 270) gibt folgende ganz allgemeine Charakterisierung:

Charakterisierung des Protestantismus und des Katholizismus

Es kann kein wissenschaftlich ernstzunehmender Zweifel daran bestehen, daß in einer Zeitspanne von mehr als vier Jahrhunderten nach 1517 der Protestantismus auf deutschem Boden eine historisch weitaus bedeutsamere Rolle als der römische Katholizismus gespielt hat. Dem befreienden, zukunftsträchtigen Einfluß entsprechen freilich Schattenseiten von bedrückendem Ausmaß. Unter universalgeschichtlichem Gesichtspunkt setzte jedoch der Protestantismus eine neue, schließlich weltumspannende Spielart des Christenglaubens durch, die auch dem modernen politischen Freiheitsbegriff zum Durchbruch verholfen, ja ihn eigentlich erst möglich gemacht hat. Kulturell erwies er sich in Wissenschaft und Erziehung, in Universität und Literatur, im Bücher- und Zeitschriftenwesen, überhaupt in der gesamten Schriftkultur als ungleich produktiver. Im ökonomischen Bereich half er, beispiellos kraftvolle Energien freizusetzen.

Sozialgeschichtlich ist das deutsche Bildungsbürgertum ohne ihn undenkbar. Dagegen ist es dem deutschen Katholizismus, obwohl ihn progressive Kräfte der Gegenreformation und der Aufklärung auflockerten, erst nach dem Säkularisierungsschock von 1803/15 im Verlauf des 19. und 20. Jahrhunderts gelungen, den Abstand zu vermindern, der ihn von der modernen städtischen, säkularisierten, verwissenschaftlichten, vom Protestantismus mitgeprägten Zivilisation so lange getrennt hatte.

Halten wir wenigstens einen konkreten Unterschied fest: Martin Luthers Bibelübersetzung hatte den christlichen Glauben für die meisten Menschen überhaupt erst in der Weise erschlossen, dass er aus einem mehr formelhaften Anschauungsritual zu einer lebendigen, zur aktiven Teilnahme aufrufenden Handlung überführt wurde. Die katholische Kirche blieb auch nach der Reformation und Gegenreformation bei ihrem streng gegen die Gemeinde abgegrenzten Zeremoniell, sie blieb starr bei ihrer lateinischen Messe, die den Gläubigen als heiliger Akt einiger Berufener vorgeführt wurde. Ganz anders der Protestantismus, wenngleich bei einem genaueren Blick, als er hier vorgenommen werden kann, erhebliche Unterschiede und Abstufungen festgestellt werden müssten: Im Protestantismus öffnete sich die Kirche den Menschen, sie sprach die Menschen in deren Sprache an, bezog sie direkter in die zu verbreitenden Botschaften mit ein. Diese stärkere Offenheit des Protestantismus gegenüber der Gemeinde, seine „Volksnähe", hat zu anderen Kommunikationsfor-

> Während der Katholizismus streng seine Messen in lateinischer Sprache vollzog, sprach der Protestantismus die Menschen in ihrer Volkssprache an

Abb. 51: Evangelische Predigt. Holzschnitt von 1548.

men innerhalb des kirchlichen Einflussbereichs geführt als die stärker selbstdarstellerischen Gebärden des Katholizismus.

Bleiben wir beim – norddeutschen – Protestantismus, der weitaus einflussreicheren und auch offeneren Glaubensform in der frühen Neuzeit. Die gesellschaftliche Position und Rolle des protestantischen Pfarrers im 18. Jahrhundert nimmt sich in Wehlers (1987a, 274 f.) Worten so aus:

Charakterisierung
der Rolle des
protestantischen
Pfarrers

Das Pfarrhaus als
kulturelles Zentrum

Vor allem […] kann die positive sozialkulturelle Rolle des evangelischen Pfarrhauses nicht bestritten werden. Auf dem Land war der Pastor meist der einzige Universitätsabsolvent, der als Kenner der alten Sprachen humanistische Bildung verkörperte. Sein ganzes Standesbewußtsein hing geradezu an seiner akademischen Ausbildung. Mit seiner Familie bildete er das einzige kulturelle Zentrum, das tagtäglich in engster Berührung mit dem Dorf stand. Geistige Ansprüche, Musik- und Lesekultur gewannen hier einen festen Ort.

Dieser Rang wurde durch ein spartanisch einfaches Leben großer Familien ermöglicht. Frühzeitig wurden die Kinder einer Atmosphäre intellektueller Anregung und kultivierter Kunstpflege ausgesetzt. Dadurch wurde offensichtlich eine ‚humanistisch-pastorale Gelehrtenintelligenz' über lange Zeiträume hinweg herangebildet, ein Vorgang, der ohne die tatkräftige, entsagungsvolle Mitwirkung der Pfarrfrauen undenkbar wäre. Das soziale Ergebnis tritt zum einen in dem unverhältnismäßig hohen Anteil zutage, den Pfarrersöhne unter den deutschen Gelehrten und Schriftstellern seit dem 17. Jahrhundert gestellt haben: Gryphius, Lessing, Gellert, Gottsched, Wieland, Lenz, Schubart, Claudius, Bürger, Paul, Boie, Schelling, Schleiermacher, die Schlegels besaßen diese Herkunft wie auch Pufendorf, Conring, Pütter, Schlözer, Spittler, Heeren, v.Müller, Droysen, Mommsen, Euler, W.Weber, Schinkel und Aberhunderte mehr. Zum andern äußert es sich in der extrem hohen Selbstrekrutierung von Pastoren und ihren Frauen aus Pfarrerfamilien. Die pommerschen Geistlichen des 18. Jahrhunderts stammten zu 55%, ihre Frauen zu 64% aus Pfarrhäusern. In Württemberg führte die standesstolze Absonderung zu einer ebenso stark ausgeprägten sozialen Inzucht. Auffällig ist sodann, daß der Pfarrerberuf kontinuierlich eine Plattform blieb, welche die Söhne von Handwerkern und Volksschullehrern auf dem Weg in die Akademikerschaft zu erklimmen versuchten.

Wie geschlossen und ergänzungsbedürftig die sozialen Lebenskreise des evangelischen Pfarrertums auch je nach Region gewesen sein mögen, es bestand Raum für die unterschiedlichsten politischen und konfessionsdogmatischen Auffassungen. Innere Querelen wurden nicht selten erbitterter ausgetragen als der Disput mit dem gemeinsamen katholischen Gegner. Ständig stritten Anhänger borniter lutherischer Orthodoxie mit unnachgiebigen Reformierten oder frühliberalen Verfechtern der Wolffschen Naturrechtsphilosophie. Überhaupt hat die Aufklärung in den deutschen Protestantismus mächtig hineingewirkt. Der einflußreiche theologische Rationalismus als eine der Erscheinungen des großen gemeineuropäischen Säkularisierungs- und Rationalisierungsprozesses beweist das vom späten 18. Jahrhundert bis hin zur systematischen Bultmannschen Bibelkritik der Gegenwart. Die staatsfreundliche Form der deutschen Aufklärung hat im Prinzip die Wichtigkeit der Religion als Stütze der Moral bereitwillig anerkannt, die Dogmen der etablierten Theologie aber völlig in Frage gestellt, im Ergebnis zumindest auch kräftig aufgelockert.

Der Protestantismus bot bei all seiner staatsmachterhaltenden Funktion dem einzelnen Menschen doch die Möglichkeit, einerseits den moralischen und praktischen Halt einer Religion zu genießen, andererseits aber dennoch so weit frei zu sein, um sich mit ganzer Kraft dem diesseitigen Leben zuzuwenden. Was er, jedenfalls in seiner liberalen Ausprägung, vor allem gestattete, war der Gebrauch der Vernunft auch dort, wo eventuell Konflikte mit dem Glauben entstehen würden. Der Protestantismus öffnete ein geistiges Feld, auf dem eine Aufklärung gedeihen, auf dem frei und öffentlich über die Themen der Zeit geschrieben und diskutiert werden konnte. Er förderte also die Herausbildung einer Öffentlichkeit, indem er sie nicht unterband.

Der Protestantismus förderte die Entstehung von Öffentlichkeit

4.3 Gesellschaft und Gesellschaften

Bislang war von Kommunikationsräumen die Rede, die entweder durch eine tradierte gesellschaftliche Ordnung, durch räumliche Gliederungen oder durch etablierte Institutionen vorgegeben waren, erweitert oder eingeengt wurden. Nun sind jene Kommunikationsräume in den Blick zu nehmen, die interessierte Menschen selbst geschaffen haben und die damit in viel stärkerem Maße auf eine bewusste und gewollte Errichtung einer wie auch immer eingerichteten Öffentlichkeit hinweisen.

Die Anfänge einer selbstorganisierten Beschäftigung mit Gegenständen des allgemeinen Interesses liegen im 17. Jahrhundert. Zu erwähnen sind hier als erstes die Sprachgesellschaften des Barock, die es sich zur Aufgabe gemacht hatten, den ,alten deutschen Tugenden' und der beinahe zum Untergang verurteilten deutschen Sprache wieder zu einem Ansehen zu verhelfen. Die bekannteste dieser Sprachgesellschaften ist die

Sprachgesellschaften des Barock

„Fruchtbringende Gesellschaft", gegründet 1617. Ihre Mitglieder, zu denen bezeichnenderweise Adlige wie Bürgerliche gehörten, übten auf die deutsche Literatur einen wichtigen Einfluss aus. Durch Übersetzungen aus anderen Sprachen machten sie deutlich, dass das Deutsche durchaus literaturfähig war, so dass der barocken Dichtung nicht zuletzt auch durch ein derart gestärktes Selbstbewusstsein entscheidende Impulse gegeben wurde. Die Sprachgesellschaften lebten, wenn auch in anderen Formen und nicht mehr in dem Maße bedeutsam, noch weit bis ins 18. Jahrhundert hinein fort.[6]

Leibniz' Forderung einer „Deutschgesinnten Gesellschaft"

Gegen Ende des 17. Jahrhunderts greift Gottfried Wilhelm Leibniz den Gedanken der Sprachgesellschaften wieder auf. Bereits der Titel seines Aufsatzes *Ermahnung an die Deutschen, ihren Verstand und ihre Sprache besser zu üben, samt beigefügtem Vorschlag einer deutschgesinnten Gesellschaft* besagt schon, dass es sich um eine Art Programmschrift handelt. Er schreibt:

> Und weil aus Obstehendem soviel erscheint, daß vor allen Dingen die Gemüter aufgemuntert und der Verstand erweckt werden müsse, welcher aller Tugend und Tapferkeit Seele ist, so wäre dies meine unvorgreifliche Meinung, es sollten einige wohlmeinende Personen zusammentreten und unter höherem Schutz eine Deutschgesinnte Gesellschaft stiften, deren Absehen auf alles dasjenige gerichtet sein solle, so den deutschen Ruhm erhalten oder auch wiederaufrichten könne. Und solches zwar in Dingen, so Verstand, Gelehrsamkeit und Beredsamkeit einigermaßen betreffen können, und dieweil solches alles vornehmlich in der Sprache erscheint, als welche ist eine Dolmetscherin des Gemüts und eine Behalterin der Wissenschaft, so würde unter anderm auch dahin zu trachten sein, wie allerhand nachdenkliche, nützliche, auch annehmliche Kernschriften in deutscher Sprache verfertigt werden möchten, damit der Lauf der Barbarei gehemmt und, die in den Tag hinein schreiben, beschämt werden mögen. (Leibniz 1983, 77)

Leibniz begreift hier die Sprache lediglich als eine Form, in die Gedanken gegossen und in der diese Gedanken verbreitet werden können. Er will also nicht eigentlich eine Sprachgesellschaft nach barockem Vorbild gründen, sondern eine Gesell-

---

6 Eine Form waren die so genannten „Deutschen Gesellschaften", die seit den dreißiger Jahren des 18. Jahrhunderts über den gesamten deutschen Sprachraum verteilt waren. Ihre Aufgabe sahen sie vor allem darin, den Prozess der Herausbildung einer standardisierten deutschen Hochsprache kritisch reflektierend zu begleiten. Vgl. Cherubim/Walsdorf 2004.

schaft, die das Wissen der Zeit sammelt und erweitert. Ihm geht es um Bildung und um das nationale Ansehen. Was ihm eigentlich vorschwebt, ist eine Akademie wie die Pariser *Académie française* und die *Académie des sciences* – Institutionen, die in der Gelehrtenwelt das Prestige Frankreichs stark erhöht hatten. Leibniz war 1700 dann maßgeblich an der Gründung der Akademie der Wissenschaften mit Sitz in Berlin beteiligt, die zunächst aber nicht das hielt, was er sich von ihr versprochen hatte. Eine Verbesserung der deutschen Sprache konnte von dieser Akademie kaum erwartet werden – schließlich sprach man dort noch bis in 19. Jahrhundert hinein fast ausschließlich Französisch (vgl. Grau 1993).

Die Gesellschaften des Barock und die wissenschaftlichen Akademien des 18. Jahrhunderts waren reine Gelehrtengesellschaften. Sie genossen zwar ein beachtliches Ansehen – so vor allem die Berliner Akademie unter Friedrich dem Großen –, stellten aber einen weitgehend geschlossenen Kommunikationsraum dar. Ihnen kam in mancherlei Hinsicht – zum Beispiel in der Ausbildung einer freien, gemeinschaftlichen Forschung – eine große Bedeutung zu. Die Öffentlichkeit wissenschaftlicher Themen aber haben sie nur in Ausnahmefällen gefördert.[7]

An dieser Stelle können wir den Blick nun wenden und fragen, ob es Formen gemeinsamer Rezeption von Zeitungen, Zeitschriften und Büchern gab, einer Rezeption, die durch die Gemeinsamkeit zugleich auch eine Form von Öffentlichkeit herstellen konnte. Martin Welke (1981, 36) berichtet schon für das frühe 17. Jahrhundert von städtischen Abonnementsgemeinschaften für Zeitungen:

Abonnementsgemeinschaften

> Zunehmend bürgerte sich die gemeinsame Bestellung einer Zeitung auch in den kleinen Städten und auf dem Lande ein, zunächst meist in der Form der reinen Abonnementsgemeinschaft. Mit dem Vordringen in den kleinstädtisch-ländlichen Bereich wurden zugleich auch sozial schlechter Gestellte als Leser der periodischen Tagespublizistik gewonnen. Der Pastor des fränkischen Städtchens Tauberzell hat 1695 den Umlauf der Zeitung in seiner Pfarre beschrieben: Er selbst beziehe die Avisen vom Krämer und gebe sie nach der Lektüre an den Weinwirt weiter, dieser an den Schultheiß, von dort gehe sie an den Schmied und Krankenpfleger und schließlich an den Krämer zurück.

---

[7] Derartige Ausnahmen sind die aus der Preisfragen der Berliner Akademie hervorgegangenen Schriften *Über den Ursprung der Sprache* von Johann Gottfried Herder (1772) oder *Ueber die Reinigung und Bereicherung der deutschen Sprache* von Joachim Heinrich Campe (1794).

Lesegesellschaften
im 18. Jahrhundert
Was hier für die zum Teil noch verhältnismäßig teuren Zeitungen beschrieben wird, setzte sich ab Mitte des 18. Jahrhunderts auf der Ebene der Bücher fort. Seit dieser Zeit wurden erstaunlich viele Lesegesellschaften gegründet, die neue Formen der Verteilung von Lektüre und ein gemeinschaftliches Lesen praktizierten. Die Zahlen der Neugründungen belegen einen raschen Aufschwung in den letzten drei Jahrzehnten des 18. Jahrhunderts: vor 1760: 5; 1760-1770: 8; 1770-1780: ca. 50; 1780-1790: ca. 170; 1790-1800: ca. 200 (Stützel-Prüsener 1981, 74).

Abb. 52: Lesegesellschaft bei Herzogin Anna Amalia. Aquarell von Georg Melchior Kraus (Weimar 1795).

Wie sahen diese Lesegesellschaften aus? Ein unbekannter Autor hat das folgende, recht anschauliche Bild von der Verfassung einer Lesegesellschaft und dem literarischen Leben in der norddeutschen Kleinstadt Lüneburg während der zweiten Hälfte des 18. Jahrhunderts gegeben:

Beschreibung der
Aktivitäten einer
Lesegesellschaft
Die Gesellschaft besteht gemeiniglich aus 90 bis 100 Personen. Jährlich rechnen wir etwa 3 bis 400 neu angeschaffte Bücher. Man wählt nicht bloß solche, die man für gut hält, sondern auch schlechte, wenn sie nur von einer gewissen Seite merkwürdig sind. Die drey sogenannte Brodstudien sind gänzlich ausgeschlossen, und werden Bücher daraus nur in so weit zugelassen, als ihr Gegenstand und die Behandlung desselben noch innerhalb den Gränzen der Philosophie (im allgemeinen Verstande genommen)

enthalten sind. Schöne Wissenschaften, Geschichte, Statistik, Naturhistorie sind die Fächer, woraus die meisten Bücher genommen werden. Unter den ersten haben leider die Romanen ein so ungeheures Uebergewicht bekommen, daß alles, was dahin gehört, eingerechnet, mehrentheils die Hälfte aller Bücher aus Romanen besteht, und doch hat das Romanhungerige Publicum nicht genug.

Den elendsten darunter sieht man es an ihrem schmutzigen Colorit oft an, wie sehr sie von der gnädigen Frau bis zur Köchin hinab die große Tour gemacht, und wie sie die Corps de gardes durchwandelt haben, da hingegen die interessantesten und unterhaltendsten Bücher nach einer langen Circulation oft noch nicht aufgeschnitten sind.

Im Ganzen genommen hat doch diese Anstalt, die nun schon seit 14 Jahren besteht, den Umlauf von Kenntnissen gar sehr befördert; denn es sind nicht allein wirklich die Interessenten, die daran Theil nehmen, sondern, da die Bücher nach der Circulation mehrentheils verkauft werden, und weil sie ziemlich beschmutzt sind, zu einem sehr wohlfeilen Preise, so kommen sie auch in die niederern Classen. Manche Handwerksfrau spricht jetzt mit so einer Bekanntschaft von Bürger und Jacobi, als vormals ihre Mutter vom Schmolken und Spangenberg. Vielleicht hat ein gewisser Hang zur Geselligkeit und ein sehr freymüthiges und doch anständiges Betragen des hiesigen Mittelstandes in einer solchen Verfeinerung seinen Grund: ein charakteristischer Zug unseres Publicums, der anjetzt bey der Anwesenheit des Prinzen Eduard mehr zum Vorschein kommt, und unter andern zum Beyspiel auf den hiesigen Redouten (die unter die besten und unterhaltendsten mit können gezählt werden) von allen Fremden bewundert wird. Vielleicht aber auch eben daher eine gar zu große Neigung zum Luxus, zu Zerstreuungen, Empfindsamkeit, deren affectirte Grimassen man noch täglich sieht (wenn es gleich Aufklärung und Modeton mit sich bringt, über dieß gute Wort und die dadurch bezeichnete edle Eigenschaft der Seele zu spötteln) und endlich wohl gar – Nervenkrankheiten der Frauenzimmer, die denn bald auf unser kalkartiges Wasser – bey dem doch der gemeine Mann trefflich gesund bleibt – bald auf dieß bald auf jenes geschoben wird.

Ich zweifle, ob eine Lesegesellschaft wie die unsrige in vielen Städten passend seyn möchte. Lüneburg ist gerade so groß und so klein, und das Verhältniß der verschiedenen Städte gegen einander hat gerade die Lage, die dazu erfordert wird.

Nur noch eines! die Gesellschaft entstand zuerst durch Veranlassung einer elenden Leihbibliothek, die ein hiesiger Buchführer angelegt hatte. Weil man sie gar zu schlecht fand, so vereinigten sich einige Freunde, eine Lesegesellschaft unter sich zu errichten. Um sie zu vergrößern müßte ordentlich gepreßt werden, und ich erinnere mich noch wohl, daß ich selbst auf einen solchen Preßgang ausgegangen bin. Leute, denen jetzt das Institut sehr wehrt

ist, ließen sich damahls ängstlich bitten, insonderheit die Brodge-
lehrten, die noch gar keine Notiz von Litteratur hatten.
Ich führe dieses zu dem Ende an, damit, wenn jemand etwas
Aehnliches etwa an seinem Orte anlegen will, er sich nicht gleich
durch den Gedanken abschröcken lasse: ‚das geht bey uns nicht;
dazu ist unser Publicum nicht gemacht.' (Zit. nach Wieckenberg
[Hrsg.] 1988, 253 f.)

Ziele der
Lesegesellschaften

Marlies Stützel-Prüsener (1981, 82) fasst die Zielsetzungen der
Lesegesellschaften so zusammen:

In den Lesegesellschaften des 18. Jahrhunderts sind bestimmte
Prinzipien zu erkennen: Sie betonen die Notwendigkeit der Verknüpfung von Selbstbildung mit gemeinschaftlicher Aufklärung;
sie streben eine autonome Stellung gegenüber staatlicher Aufsicht
an, sie praktizieren Selbstbestimmung bei der Ausarbeitung ihrer
Satzung, bei der Wahl ihrer Gremien und bei der Lektüreauswahl;
sie fordern und realisieren das Gleichheitsprinzip innerhalb der
Gesellschaft. Der Lesestoff, der den Ausgangspunkt für die wechselseitige Aufklärung bildete, mußte den neuen Lebensformen
entsprechen; er mußte eine Beziehung zwischen dem Gelesenen
und der Praxis – sei es in Verbindung mit dem Beruf oder mit der
gesellschaftlichen oder politischen Situation im Staat – erkennbar
werden lassen. Die Literatur wurde am Maß der Nützlichkeit gemessen; verurteilt werden ‚Lesegesellschaften, wo ohne bedacht-
same Rücksicht auf die Bedürfnisse der Interessenten nur für Unterhaltung gesorgt, aber der so wichtige Punkt, bleibender
Nutzen, außer Acht gelassen' wird. Das Interesse richtet sich vornehmlich auf ein pragmatisches Schrifttum, das zur historisch-politischen und philosophischen Bestimmung des eigenen Standor-
tes dienen konnte, das aber auch den bürgerlichen Beruf mit
einbezog.

Nehmen wir noch eine weitere Forschungsposition hinzu und
werden wir noch ein Stück allgemeiner. Ulrich Im Hof hat das
18. Jahrhundert als *Das gesellige Jahrhundert* bezeichnet. Er
stellt in seinem anschaulich geschriebenen Buch gleichen Titels
die in jener Zeit herrschende Fülle von Gesellschaften und Sozietäten vor, charakterisiert sie und kommt zu dem Schluss,
dass die Sozietät eine „republikanische Organisation" sei. Mit
seinen Ausführungen lässt sich wieder der Bogen schlagen
zum Anfang dieses Kapitels über gesellschaftliche Kommunikationsräume:

Die alten, ständischen Institutionen, höfische und adlige Gesell-
schaftszirkel, geistliche Kollegien, Hochschulfakultäten, Hand-
werkszünfte werden als zu eng empfunden. Die Produktionsver-
hältnisse sind außerdem anders geworden. Die Welt der
Kaufleute sprengt die geschlossene städtische Gesellschaft, die

neue Agronomie bringt die bäuerliche Stabilität in Bewegung, das industrielle Verlagssystem ‚befreit' die untersten Bevölkerungsschichten. Der erwachende ‚public spirit' fordert eine Anteilnahme an der Öffentlichkeit durch Kritik und aufbauende Wirksamkeit. Man verlangt nach einem größeren Freiraum. Man wünscht nicht mehr von inkompetenten Instanzen kontrolliert zu werden. Weil der Staat die freiwillige Anteilnahme an der Öffentlichkeit meist nicht geben kann, gründen die aktiveren Adligen und Bürger ihre Sozietäten. Die Sozietät kann wie ein Staat im Staate sein. Das Jahrhundert liebt die Freiheit, liebt es, sich dem traditionellen Zwang der Institutionen, denen man doch verhaftet bleibt, mindestens zeitweilig zu entziehen. Man ist wohler in der Sozietät als im Ratskollegium, wohler in der Akademie als im Universitätssenat.

Die Organisation der Sozietäten ist eine Widerspiegelung dieser neuen Einstellung. (Im Hof 1982, 216)

Die zitierten Texte machen deutlich, dass dem Lesen im 18. Jahrhundert eine ganz entscheidende Funktion zukam. Aber es war offensichtlich nicht das vereinzelte Lesen, das den Reiz ausmachte, sich mit Romanen zu unterhalten oder von philosophischen, enzyklopädischen und naturwissenschaftlichen Abhandlungen belehren zu lassen. Seit Mitte des 18. Jahrhunderts, als die Buchproduktion und somit vermutlich auch der ‚Lesekonsum' zunahmen, trat zu dem Lesen das Bedürfnis nach einem Austausch mit anderen über das Gelesene hinzu. Ein solches Verhalten ist nicht unbedingt selbstverständlich – schließlich lesen wir heutzutage weitgehend allein. Welche Gründe lassen sich dafür anführen, dass die Leser des 18. Jahrhunderts eine Gesellschaft ‚gleichbelesener' Mitmenschen brauchten, zur gemeinsamen lauten Lektüre, zum Vorlesen, oder zum mündlichen Austausch über das Gelesene?

Das kollektive Lesen und insbesondere der gemeinsame Austausch über das Gelesene sind für das 18. Jahrhundert charakteristisch

Zunächst wäre als Grund die Ungeübtheit im Umgang mit dem Gegenstand ‚Buch', mehr noch mit dem Medium ‚Schrift', zu nennen. Eine Gesellschaft, die noch am Anfang dieser Entwicklung zur völligen Aufgabe der Exklusivität von Schriftlichkeit steht, eine Gesellschaft, in der das Bewusstsein einer vorherrschenden Mündlichkeit noch lebendig ist, ja, in der diese Mündlichkeit eigentlich noch lebt, braucht eine Phase des Übergangs. Das 18. Jahrhundert ist auch das Jahrhundert dieses Übergangs, und es ist anzunehmen, dass in den Lesegesellschaften, -zirkeln, -kabinetten und ähnlichen Einrichtungen die Vorbereitung des einzelnen auf das neue Zeitalter der Schriftlichkeit stattfand.

Gründe für gemeinsame Lektüre

Ein weiterer Grund dürfte sein, dass die lesenden Schichten sich darüber verständigen mussten, ob sie den Inhalt des Gelesenen auch tatsächlich verstanden hatten, ob also das Ziel der in der Literatur enthaltenen Pädagogik auch erreicht war. Belehrung für Geist und Herz hatte man sich vom Lesen ‚guter' Bücher damals versprochen, und Romane wurden deshalb lange Zeit im Öffentlichen verachtet und im Geheimen verschlungen, weil sie ‚nur' Unterhaltung boten. Möglicherweise sollte das stets stark ritualisierte Gespräch in den Lesegesellschaften über die eigene Lektüre eine Versicherung sein, dass die in guten Büchern immer vermutete Botschaft angekommen war und man sich mit dem ebenfalls lesenden Nachbarn in gleicher Gesellschaft befand.

Die Lesegesellschaften und andere Sozietäten des 18. Jahrhunderts kompensieren den Mangel an Freiheit und politischer Öffentlichkeit

Den dritten und vielleicht wichtigsten Grund hat Ulrich Im Hof in dem oben wiedergegebenen Zitat geliefert: Das Lesen in Sozietäten, überhaupt das Gründen von Sozietäten, war die Kompensation eines Mangels, des Mangels an Freiheit, an politischer Macht, an funktionierender Öffentlichkeit. Im Kleinen schuf man nach, was im Großen verwehrt geblieben war. So bildete man Gesellschaften in der Gesellschaft und übte in geschlossenen Zirkeln Formen des Umgangs und des Denkens, die Offenheit ausstrahlten und zum Inhalt hatten. Man erschuf sich künstlich den Raum, den man für das neue Bewusstsein brauchte, dem aber das Sein fehlte – ein Mechanismus, auf den wir in der Geschichte immer wieder treffen.[8]

Wahrscheinlich ist, dass sämtliche genannten Gründe ihre Berechtigung haben, denn sie haben alle mit Öffentlichkeit zu tun, laufen auf Öffentlichkeit hinaus. Und sie bilden, jedenfalls für das 18. Jahrhundert, ein Stück neuzeitlichen Wandels in Staat und Gesellschaft ab.

4.4 Ausblick: Die Etablierung der modernen massenmedialen Gesellschaft

Eine Ausweitung der Kommunikationsräume erfolgte erst im Zuge der Revolution von 1848, als, bedingt durch die rasante

---

[8] Auch auf anderen Gebieten gab es im 18. Jahrhundert „Gesellschaften", für die sich gerade diese Funktion der Kompensation fehlender politischer Freiheit feststellen lässt. Ein Beispiel wäre Joachim Heinrich Campes „Gesellschaft von Sprachfreunden", in der – geregelt nach de-

Entwicklung im Zeitschriftenwesen, breite Leserschichten als Publikum erschlossen wurden. War zuvor eine politische Öffentlichkeit lediglich das Programm liberalen Staatsdenkens, so wurde sie nun, wenn auch in der Folge immer wieder durch staatliche Eingriffe eingeschränkt, gesellschaftliche Wirklichkeit:

Politische Öffentlichkeit während der Märzrevolution 1848

> Die Märzrevolution 1848, angeregt vom Pariser Vorbild, stellt ziemlich plötzlich eine ungewohnte politische Öffentlichkeit für alle Bevölkerungsschichten her: Pressefreiheit wurde in fast allen Ländern zugelassen, und an den revolutionären Aktionen beteiligten sich Männer und Frauen aus sehr verschiedenen sozialen Gruppen, vom Tagelöhner und Industriearbeiter bis zum Besitzbürgertum und Gewerbetreibenden. Durch rasche Vervielfachung des Angebots an politischen Zeitungen, satirischen Zeitschriften und Flugschriften wurde die gesamte Bevölkerung, erstmalig auch in den Unterschichten, vorübergehend politisiert. Man las und hörte die während der Restaurationszeit nur heimlich verbreiteten Kurztextformen, Gedichte, Lieder, Aufrufe, kleine Heftchen, nun aber auch öffentliche Agitationsreden und szenische Aufführungen an Straßenecken, auf Plätzen und in Theatern. Statt rationaler Kritik und Aufklärung traten in den revolutionären Wochen z.T. sehr emotionale, alltagsnähere Agitationsformen und Gruppenrituale mehr in den Vordergrund. (von Polenz 1999, 530 f.)

In dem Maße, in dem die zu dieser Zeit entstehende Massenpresse die bis dahin existierenden geschlossenen Kommunikationszirkel durchdrang und auflöste, separierten sich die gesellschaftlichen Kräfte, um in für sie geschaffenen Publikationsorganen ihre Interessen und Meinungen wieder zu finden. Bedingung für diese Ausweitung des Kommunikationsraumes bei gleichzeitiger Befriedigung der spezifischen Erwartungen unterschiedlicher Publikumsgruppen war die Kommerzialisierung der Massenpresse. Rasch reagierten Journalisten und Verleger auf die wachsende Nachfrage nach Unterhaltung und Informationen, indem sie das Angebot periodischer Schriften vergrößerten und die Auflage durch das Annoncengeschäft steigerten. So entstand ein Wachstumsmarkt, von dem alle Beteiligten – Leser, Journalisten, Verleger, Auftraggeber der Annoncen – profitierten. In diesem System lassen sich, wie Wehler (1995, 430) schreibt, bereits die „Konturen der modernen Kommunikationsgesellschaft" erkennen:

Kommerzialisierung der Massenpresse Mitte des 19. Jahrhunderts

Konturen der modernen Kommunikationsgesellschaft: marktbedingte Öffentlichkeit

mokratischen Prinzipien – stellvertretend die in der Öffentlichkeit vermisste Diskussion um Sprachverbesserung geführt werden sollte. Vgl. Schiewe 2002.

Aufgrund der Dynamik, durch die eine marktbedingte Öffentlichkeit ganz so heraufgeführt wurde wie eine marktbedingte literarische Kultur, sind die Konturen einer von Marktgesetzen gesteuerten Kommunikationsgesellschaft seit den siebziger Jahren [des 19. Jahrhunderts; J.Sch.] erkennbar. Daß die ‚Öffentlichkeit' in quantitativ ungleiche politische Segmente zerfiel, ändert nichts an dieser gemeinsamen Grundgegebenheit. Noch dominierte die große gemäßigte liberale Öffentlichkeit. Ihr konservativer Gegenspieler besaß trotz der Stärke der konservativen Politik keinen ebenbürtigen Rang. Eine Sonderrolle spielten sowohl die konfessionelle Öffentlichkeit der katholischen Minderheit als auch die neue proletarische Öffentlichkeit, welche von der Sozialdemokratie und den Gewerkschaften mit ihren eigenen Zeitungen und Zeitschriften als unverzichtbare Gegenmacht gegen das erdrückende Übergewicht der ‚bürgerlichen Öffentlichkeit' geschaffen wurde. Auch wenn der politische Pluralismus mühsam erkämpft werden mußte und keineswegs automatisch auf dem liberalen Meinungsmarkt gedieh, prägte er doch die publizistische Öffentlichkeit. Die intensivierte Marktabhängigkeit erzwang keineswegs Konformität, wohl aber schaffte sie für diese Arena verbindliche Rahmenbedingungen, die jeder seither respektieren mußte, wenn er nicht die Strafe des Untergangs riskieren wollte.

„Liberale Meinungsöffentlichkeit" versus „liberale Marktöffentlichkeit"

Dennoch hatte die so entstehende Öffentlichkeit eine andere Qualität als die des 18. und beginnenden 19. Jahrhunderts. Die „liberale Meinungsöffentlichkeit", die die Presse als Ort des Wettstreits divergierender Meinungen zur Ermittlung der Wahrheit verstanden wissen wollte, konnte sich nicht in die neue „liberale Marktöffentlichkeit", die die Presse nun als Ort der Verkündung von Privatmeinungen und der Propagierung von Wirtschaftsinteressen benutzte, hinüberretten. Präzise beschreibt Jürgen Habermas (1990, 284) diesen vor 150 Jahren einsetzenden Wandel, der in seinen Grundzügen bis heute, auch unter den Bedingungen der modernen elektronischen Massenmedien, Bestand hat:

Privatleute als Privateigentümer wirken auf Privatleute als Publikum ein

Während die Presse früher das Räsonnement der zum Publikum versammelten Privatleute bloß vermitteln und verstärken konnte, wird dieses nun umgekehrt durch die Massenmedien erst geprägt. Auf dem Wege vom Journalismus der schriftstellernden Privatleute zu den öffentlichen Dienstleistungen der Massenmedien verändert sich die Sphäre der Öffentlichkeit durch das Einströmen privater Interessen, die in ihr privilegiert zur Darstellung kommen –, obwohl sie keineswegs mehr eo ipso für die Interessen der Privatleute *als* Publikum repräsentativ sind. Die Trennung von Öffentlichkeit und Privatsphäre implizierte, daß die Konkurrenz privater Interessen grundsätzlich dem Regulativ des Marktes überlassen und aus dem öffentlichen Streit der Meinungen herausgehalten wurde. In dem Maße, in dem aber die Öffentlichkeit für geschäftliche Werbung in Anspruch genommen wird, wirken unvermittelt Privatleute als Privateigentümer auf die Privatleute als Publikum ein.

Unter den Bedingungen einer marktgesteuerten Öffentlichkeit muss nun auch der Begriff „öffentliche Meinung" fragwürdig werden (vgl. Schelsky 1965, 310-313). Indem die Medien – heute nicht nur die Presse, sondern auch der Rundfunk, das Fernsehen, das Internet und sonstige Erzeugnisse der Public-Relations-Abteilungen von Unternehmen – ihren Kommunikationsraum globalisiert haben und zumindest in den modernen Industrienationen nahezu jeden Menschen erreichen, werden Meinungen lediglich produziert und gesteuert, die Chance zur Bildung *einer* öffentlichen Meinung aber wird nicht eröffnet. Gleichwohl hält die moderne Medien- und Kommunikationswissenschaft an dem Begriff fest. Für sie ist öffentliche Meinung „diffus, instabil, irrational und keinesfalls, wie die klassische Theorie noch annahm, auf Wahrheit oder Richtigkeit verpflichtet. Im Gegenteil: Gerade dadurch, daß sie zu *Themen* nicht durch Wahrheit gedeckte Meinungen jederzeit schnell beschaffen kann, wird sie zu einem hochflexiblen Kommunikationsaggregat, auf das vergleichsweise leicht Einfluß genommen werden kann" (Merten/Westerbarkey 1994, 202). Daraus ergibt sich, nach Merten (1987, 331) folgende Definition: Öffentliche Meinung ist ein

> Kommunikationsprozeß zur Auswahl von relevanten oder für relevant ausgegebenen Sachverhalten oder Problemen, die als *Themen* etabliert werden und zu denen vor allem durch die Medien *Meinungen* erzeugt werden. Die Präsentation von Meinungen in der Öffentlichkeit provoziert eine Auswahl relevanter oder für relevant gehaltener Meinungen, die von einer Mehrheit akzeptiert werden oder akzeptiert zu werden scheinen und dadurch politische Wirkung entfalten.

Dieser Charakter von öffentlicher Meinung, vielleicht besser: von *public opinion*, lässt sie nun wieder relevant werden – allerdings nicht mehr als Ort der Selbstverständigung eines räsonnierenden Publikums, sondern als Objekt der prophezeienden Demoskopie und der Wirklichkeiten erzeugenden *public relations*.

Fragwürdigkeit des Begriffs „öffentliche Meinung"

5. Öffentlichkeit und Zensur

5.1 Campes Kampf um „Preßfreiheit"

Zum Einstieg in das Thema „Zensur" soll noch einmal von Joachim Heinrich Campe die Rede sein, der bereits im zweiten Kapitel als Sprachreiniger und im dritten Kapitel als Publizist vorgestellt wurde. Jetzt wird der Verleger und politische Schriftsteller in den Blick genommen. Um die Zusammenhänge erkennen zu können, ist es nötig, zunächst eine kurze Skizze von Campes Lebensgeschichte zu entwerfen.

Die Biographie des 1746 im Herzogtum Braunschweig als Sohn eines Kaufmanns geborenen Joachim Heinrich Campe zeigt zwei große Stränge des Wirkens. Campe war erstens ein Pädagoge, der sich direkt mit der Erziehung von Kindern und Jugendlichen beschäftigte, zugleich aber auch bemüht war, das Bildungsgut seiner Zeit für ein bürgerliches, nicht gelehrtes Publikum in dem immer populärer werdenden Medium ‚Zeitschrift' umzusetzen (vgl. Fertig 1977). Zweitens war er ein Sprachforscher, der sich ab 1790 intensiv und fast ausschließlich Fragen der Verdeutschung von Fremdwörtern zuwandte.

Campe begann seine eigentliche Laufbahn als Pädagoge nach dem Studium der Theologie und verschiedenen Tätigkeiten als Hofmeister (u.a. als Erziehung Alexander und Wilhelm von Humboldts in Berlin) erst dreißigjährig im Dessauer Philanthropin. Er übernahm damals die Grundgedanken des unter dem Einfluss Rousseaus stehenden Philanthropismus (vgl. Schmitt 1992, 1989; Fertig 1977, v.a. 69-119) und forderte als pädagogische Prinzipien die Rückbesinnung auf die Natur und die Einsetzung der Vernunft. Diese Ideale treten auch dem heutigen Leser noch deutlich in Campes erfolgreichstem Kinderbuch *Robinson der Jüngere*[1] vor Augen.

Eine Möglichkeit, diese Erziehungsideale in die Praxis umzusetzen, fand sich 1786 im Zuge des von dem braunschweigischen Herzog erteilten Auftrags, das gesamte Schulwesen des

> Biographie
> Joachim
> Heinrich Campes

---

[1] Campe 1779. Dieses Buch wurde bald nach dem Erscheinen in zahlreiche Sprachen übersetzt. 1923 erlebte es bereits die 122. Auflage.

Herzogtums vollständig zu reformieren. Campe hatte dafür weitgehende Pläne, die zu den radikalsten und fortschrittlichsten der Zeit zählten, gerade deshalb aber den Widerstand von Geistlichkeit und Landständen hervorriefen. Seine Hoffnung, öffentlich-politisch, im Auftrag des Staates, für eine Verbesserung der Volksbildung und damit für eine Veränderung der Gesellschaftsformen zu wirken, scheiterte schließlich 1790 mit der Auflösung des Schuldirektoriums, dem er vorgestanden hatte.[2]

Das Braunschweigische Journal – ein Medium zur Volksaufklärung

Einen zweiten, ebenfalls pädagogischen Impuls, nun aber in Richtung auf das Bürgertum, versuchte Campe mit seiner publikumsorientierten Zeitschrift *Braunschweigisches Journal*[3] zu geben. Sein Ziel war es, eine Volksaufklärung zu bewirken im Sinne einer politischen Emanzipation des Bürgertums von der nicht kontrollierbaren Herrschaft des Absolutismus und den Wissenschaften. Campe wollte die gesellschaftliche Umschichtung des Bildungsgutes, die politische Aufklärung auch der mittleren und unteren Schichten, um auf diese Weise dem Freiheitsbedürfnis und der Freiheitsnotwendigkeit eine reale Basis zu geben.

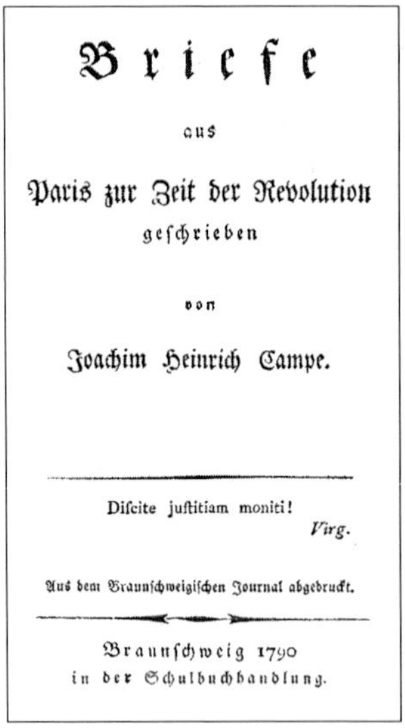

B r i e f e

aus

Paris zur Zeit der Revolution

geschrieben

von

Joachim Heinrich Campe.

Discite justitiam moniti!
Virg.

Aus dem Braunschweigischen Journal abgedruckt.

Braunschweig 1790
in der Schulbuchhandlung.

Abb. 53: Campes *Briefe aus Paris*, erschienen 1790, Titelblatt.

1789 dann – die schulreformerischen Pläne waren schon weitgehend gescheitert, sein Verlag jedoch, den er 1786 gegründet hatte, florierte – reiste Campe zusammen mit dem jungen Wilhelm von Humboldt nach Frankreich, um dem „Leichenbegängniß des französischen Despotismus" (Campe 1790a, 4) aus nächster Nähe beizuwohnen. Die während dieser Reise verfassten und kurz danach veröffentlichten *Briefe aus Paris* lösten in Deutschland einen Sturm der Reaktion aus. Campe hatte darin nämlich ohne Scheu den Despotismus jeglicher Art angegriffen und prophezeit, dass es auch in den deutschen Kleinstaaten zu Umwälzungen kommen werde, wenn die Herrscher nicht zu Zugeständnissen an das Volk be-

---

[2] Zur Chronologie dieses Reformplanes vgl. den umfangreichen Anhang in Schmitt 1979.

[3] *Braunschweigisches Journal philosophischen, philologischen und pädagogischen Inhalts, hrsg. von E. Chr. Trapp, Joh. Stuve, Conr. Heusinger, und J. Heinr. Campe.* Braunschweig 1788-1793.

reit wären. Das Beispiel Frankreich, so meinte er, werde Schule machen.

Es war jedoch nicht nur die Tatsache, dass Campe hier öffentlich brisante Themen aufgriff, die ihm Anfeindungen und Verleumdungen wie „Volksschulmeister", „Volksverführer" und „Revolutionsrath" (vgl. Leyser 1877, Bd. 1, 389 f.) einbrachten. Auch die Sprache, in der er seine Briefe abgefasst hatte, wurde angegriffen. So schreibt z.B. der Wiener Reaktionär Leopold Aloys Hoffmann 1792 in der *Wiener Zeitschrift* über die *Briefe aus Paris*:

Campe und die Französische Revolution

Campe in der öffentlichen Kritik

> Freiheit hatten Sie allerdings wie jeder andre, dem seine Berufsgeschäfte und Einkünfte eine Lustreise erlauben, nach Paris zu gehen, dort sich im Ocean der demokratischen Schwärmerei zu baden, und allenfalls auch Ihre noch so excentrischen Herzensrührungen von Woche zu Woche einem geduldigen Freunde im Felleisen der französischen Freiheit zu Handen zu fördern. Mochten sie da in Ihren Briefen weinen und lachen, und alle die verwirrten und läppischen Freiheittiraden ausgießen; es konnte doch nur höchstens ums Postgeld Schade sein; und Ihnen war durch diese Briefschreiberei zu einem empfindsamen Zeitvertreibe geholfen.
>
> Aber diese schwärmerischen, panegirischen, vernunftlosen Briefe, diese Briefe, worinn die tiefste Ignoranz in allem, was Staatskunde heißt, auf allen Seiten sichtbar wird; worinn kein einziger richtiger Begriff über die Verfassung, die Verhältnisse und die unerschütterlichen Grundsätze der Staaten aufgestellt wird; worinn man nichts liest, als demagogischen Saus und Braus wider Despotismus und Tirannei; wo ein deutscher Pädagoge mit runden Haaren allen europäischen Mächten und Fürsten die infamsten Insinuationen fein heimlich und offenbar ins Ohr sagt; worinn Aufruhr und Meuterei auf die niedrigste Volksklasse hinabgepredigt wird – solche Briefe in guter und allverständlicher deutscher Sprache mitten in Deutschland, unter Vorsetzung seines Namens drukken lassen – dies verdient die ernsthafteste Indignation aller deutschen Patrioten und aller vernünftigen und nichtschwärmenden Menschen in Europa. (Hoffmann 1977, 54)

Den Hintergrund für eine solche Einstellung bildet selbstverständlich die Befürchtung, dass Volksschichten politisiert werden könnten, die auch aufgrund einer zu der Zeit in Deutschland noch herrschenden Sprachentrennung bislang von der Diskussion politischer Gegenstände ausgeschlossen waren. Was man also scheute, war Öffentlichkeit, war eine freie – allgemeinverständliche – Sprache.

Für Campe brachten die *Briefe aus Paris* einen Einschnitt. Nach einigen Auseinandersetzungen mit seinem Herzog, über die sogleich ausführlicher berichtet werden soll, zog er sich immer mehr zurück und vermied in seinen Schriften direkte Bezugnahmen auf die politische Situation in Deutschland. Seine Positionen gab er allerdings nie auf. Er blieb zeit seines Lebens ein gemäßigter Radikaler.

Nach all den Misserfolgen, in die seine Reformen von oben und mit herrschaftlicher Genehmigung gemündet waren, hatte Campe erkannt, dass eine Veränderung der Gesellschaftsformen nur von unten, vom Volk aus, erfolgreich sein könne. Dazu aber bedurfte es zunächst einer Politisierung dieses Volkes, was für ihn nur durch eine Beseitigung der bestehenden Sprachentrennung auf dem politischen und wissenschaftlichen Gebiet zu erreichen war. Letztlich ist er wohl aber auch mit diesem Versuch gescheitert, denn er hat weder die Sprache nachhaltig verändert noch waren seine Revolutionierungsbestrebungen erfolgreich. Campe starb 1818, in geistiger Umnachtung.

Vieles in Campes Leben drehte sich um Freiheit. Sein Kampf für ,Preßfreiheit', der einen großen Raum in seiner politischen Betätigung einnahm, brachte ihm viel Anerkennung seiner Zeitgenossen ein. Seit er 1786 mit Unterstützung des Herzogs, als die Schulreformpläne eine breite Buchproduktion erwarten ließen, die Braunschweigische Schulbuchhandlung gegründet hatte, war ihm dieses Thema verständlicherweise noch wichtiger als zuvor. Das fortschrittliche Braunschweig gewährte Campe zunächst völlige Druckfreiheit, wodurch das *Braunschweigische Journal* wegen der darin unzensiert erscheinenden politisch-pädagogischen Ideen weit über die Grenzen des Herzogtums hinaus bekannt wurde. Campe pflegte in seinem Verlag die aufklärerische Tradition, und bewundernd schrieb ihm Johann Joachim Christoph Bode 1790 aus Weimar:

> Denn ich denke immer, Gott lasse uns nur Pressfreyheit! das Uebrige giebt sich von selbst. – Was für Ideen haben jetzt nicht schon freyen Cours, die vor vierzig Jahren kaum e i n Mensch unter 20000 im Stillen für sich zu denken wagte. Nur immer Samen besserer Kenntnisse ausgestreut! Wenn er auch einen Winter über liegen müsste bevor er aufgehen könnte! R e i m a r u s säete ganz insgeheim. L e s s i n g eggete schon bey Tage. Sie und T r a p p und Andere pflügen und säen schon ohne Besorgniss. (Zit. nach Leyser 1877, Bd. 2, 182 f.)

Doch dieser Zustand änderte sich nach den Ereignissen von 1789, für Campe konkret nach der Veröffentlichung seiner *Briefe aus Paris.* Unter den Intellektuellen in Deutschland stieß die Französische Revolution bekanntlich zunächst auf die glei-

Das Herzogtum Braunschweig-Wolfenbüttel gewährte Campe völlige Druckfreiheit

che Begeisterung wie bei Campe. Hegel, Schelling und Hölderlin im Tübinger Stift, Klopstock, Kant und Fichte, um nur einige zu nennen, zeigten offen ihre Sympathie. Aber Campe verarbeitete die Revolution in seinen *Briefen* nicht nur literarisch oder philosophisch, er stellte mit großer Offenheit politische Bezüge zu Deutschland her. Seine allzu offenen Kommentare riefen manch alten Gegner aus der Zeit des Schuldirektoriums auf den Plan und schufen ihm neue Feinde. Als Campe aus dem freien Frankreich nach Deutschland zurückkehrte, spürte er bereits den Verdacht des Franzosenfreundes und Umstürzlers, der nun auf ihm lastete. Deshalb veröffentlichte er bereits vorab, eingestreut in die im *Braunschweigischen Journal* sukzessive erscheinende Fassung der *Briefe aus Paris*, eine *Vorrede*, die er auch der separaten Buchpublikation voranstellte. Darin wollte er seine Gesinnung klarstellen und den Verdacht des Revolutionärs nachdrücklich von sich weisen:

Reaktionen auf Campes Briefe aus Paris

Die Vorrede zu den Briefen aus Paris

> Ich glaube der Regierung, worunter ich zu leben das Glück habe, durch die Herausgabe dieser Briefe ein so würdiges Denkmal zu setzen, als ein Mann von meinen geistigen Vermögensumständen es ihr zu setzen vermag. Nur in einem Lande, wo man nichts von Despotismus weiß, ist es erlaubt, über Despotismus und Freiheit so zu schreiben, wie ich darüber geschrieben habe. Nur unter einem Trajan darf man, wie Plinius, auf die Gräuel und Frevelthaten der Nerone und Domitiane schelten.
>
> Der Schriftsteller, der dies unter den Augen seines angebeteten Fürsten thut, beweist dadurch mehr als durch die schmeichelhafteste Lobrede, daß er den erhabenen Charakter und die großen Regententugenden desselben kennt und ihnen Gerechtigkeit widerfahren läßt; und der edle Fürst, der das nicht ungnädig bemerkt, der den freimüthigen Schriftsteller sogar mit neuen ungesuchten Gunstbezeugungen überhäuft, legt dadurch vor aller Welt Augen einen herrlichen und überzeugenden Beweis ab, wie sehr er dieses seiner würdige – nicht in Worten, sondern in Handlungen bestehende – Lob verdient. Solche Beweise gab uns ehemals Friedrich der einzige; jetzt giebt sie sein erhabener Neffe, Carl Wilhelm Ferdinand. (Campe 1790a, III-V)

Campe fährt fort mit Ehrenbezeugungen für seinen Herzog, dem man, wie er meint, wegen der in Braunschweig bestehenden „Denk- und Pressfreiheit" ein immerwährendes Andenken bewahren werde. Er stellt klar, dass er mit seinen *Briefen aus Paris* keineswegs die Geschichte der Revolution habe schreiben wollen, sondern dass sie einzig und allein die „Empfindungen eines einzelnen menschlichen Zuschauers" wiedergäben, „der das Glück hatte, gerade der schönsten Periode jener großen Weltbegebenheit beizuwohnen" (Campe 1790a, VII). Es folgt das in der Literatur oft zitierte „Glaubensbekenntnis über die kritischen Zeitumstände, worin wir jetzt leben" und über die Grundsätze, „wovon jeder gute Bürger sich unter diesen Umständen leiten lassen muß". Dieses „Glaubensbekenntnis" soll hier vollständig zitiert werden, weil es Campes politische Auffassung enthält und auch ein Zeugnis dafür ist, in welcher Weise zur damaligen Zeit ein Schriftsteller noch gegenüber der Obrigkeit auftreten konnte:

Campes
politisches
Glaubensbe-
kenntnis

Er glaubt zuförderst, daß ein Volk erst, wie das französische, durch Unterdrückungen aller Art, aufs Aeußerste gebracht seyn müsse, bevor es den immer sehr gewagten und immer mit Blut bezeichneten Schritt thut, seine Ketten mit Gewalt zu zerbrechen. Er glaubt, daß jede gewaltsame Staatsumwälzung, selbst da, wo die Menschheit durch Cultur und Aufklärung schon in hohem Grade veredelt ist, nie ohne mancherlei Gräuel und Unmenschlichkeiten vor sich gehen könne; und daß sie nie, oder doch selten zum Glück der lebenden Zeitgenossenschaft des erschütterten Landes, sondern gemeiniglich nur zum Besten der Nachwelt und der Mitmenschen in andern Ländern auszuschlagen pflege.

Er glaubt daher, daß ein Volk, welches den bedenklichen und immer schauderhaften Schritt, seine Verfassung durch gewaltsame Mittel zu ändern, ohne die allerwichtigsten und allerdringlichsten Ursachen, also muthwilliger Weise, wagen wollte, sehr thörigt und sehr ungerecht gegen sich selbst handeln würde.

Er glaubt, daß es vernünftiger sey, in einem alten, auch etwas baufälligen und unbequemen Hause, wohnen zu bleiben, als aus unweiser Veränderungssucht die Grundlage desselben auf einmal wegzureißen, und es sich und den Seinigen auf den Kopf stürzen zu lassen.

Er glaubt indeß, daß die alleslenkende Vorsehung, Begebenheiten dieser Art, von Zeit zu Zeit in der weisen und wohlthätigen Absicht herbei führe, um diejenigen Regenten, welche sich eine gesetzwidrige Gewalt anmaßen und diese Gewalt zu Ungerechtigkeiten und Unterdrückungen misbrauchen, an die Zerbrechlichkeit ihres despotischen Regierungssystems zu erinnern, und sie dadurch zu bewegen, künftig mildere und gerechtere Maaßregeln zu befolgen.

Er glaubt, daß denjenigen, welche den hohen Beruf zu haben meinen, Wächter und Rathgeber der Menschheit, d.i. Schriftsteller zu seyn, die heilige Pflicht obliege, jene wohlthätigen Absichten der Vorsehung bei Vorfällen dieser Art nach Vermögen zu befördern; also auch gerade bei solchen Gelegenheiten, wo die Herzen der Despoten und ihrer Diener sich einer wohlgemeinten Warnung noch am ersten öffnen, für die Rechte der Menschheit am nachdrücklichsten zu schreiben.

Er glaubt, daß ein braver Schriftsteller, der die bedeutende Wichtigkeit seines Berufs kennt und ehrt, sich durch keine kleinmüthige Betrachtung, auch durch die Gefahr nicht, misverstanden und

schief beurtheilt zu werden, müsse abschrecken lassen, dieser seiner Pflicht ein Genüge zu thun.
Er glaubt, so sehr er auch die moralische und bürgerliche Freiheit liebt, daß man in einem wohleingerichteten monarchischen Staate, und unter einem gerechten und weisen Regenten, der nicht willkührlich, sondern gesetzmäßig herrscht, viel ruhiger und glücklicher, als in einem stürmischen Freistaate, leben könne.

Trotz dieses Glaubensbekenntnisses, mit dem Campe seine Treue zum Herzog bekunden wollte, spitzte sich die Lage zu. Seine Gegner erkannten sofort, dass er inhaltlich kaum etwas von dem in den *Briefen aus Paris* Gesagten zurückgenommen hatte. Die Auseinandersetzung ging nun um handfeste politische Standpunkte. „Es stand nicht so sehr die Frage auf dem Spiel", schreibt Ludwig Fertig (1977, 44), „wie man es mit einem verweltlichten Gottesgelehrten zu halten habe, sondern die, ob in der Öffentlichkeit über brisante politische Fragen überhaupt diskutiert werden, wie weit man in den ,Journalen' gehen durfte, für Campe konkret um die Frage, ob die ihm konzedierte Pressefreiheit in jedem Fall gelten sollte, auch dann, wenn Campe, wie geschehen, im ,Braunschweigischen Journal' gegen die […] verschärfte Pressezensur zu Felde zog."

1791 intervenierte Preußen beim Braunschweigischen Herzog, weil Campe in seinem Verlag ein Buch veröffentlicht hatte, dem in Preußen die Druckerlaubnis (Imprimatur) verweigert worden war. Campe hatte – offenbar eine besondere ,Frechheit' – das Berliner Zensurdekret mit abgedruckt. Offensichtlich konnte der Herzog nicht anders, als Campe einen Verweis zu erteilten. Am 9. September 1791 schreibt er:

> In der hiesigen Schul Buch Handlung ist vor etlichen Tagen eine kleine Schrift unter dem Titul:
> Dringende Bitte und Vorstellung der sämmtlichen Einwohner Berlins an die beyden Herren Stadt-Praesidenten P h i l i p p i und E i -
> s e n h a r d etc.
> herausgekommen, und dabey nicht nur auf der letzten Seite dieser Schrift das Berliner Censur-Decret, womit das Imprimatur derselben dort versaget worden, mit abgedruckt, sondern es ist auch bey der Anzeige des sogenannten Braunschweigischen Journals von diesem laufenden Monat September eine gleiche Nachricht, mit Abdruckung des Berliner Censur-Decrets, wiederholt. Beydes ist Uns, da dergleichen zu Berlin nothwendig auffallen muss, bey den so nahen Verhältnissen mit diesem Hofe nun sehr unangenehm gewesen, und hätte Man zu dem Rath C a m p e sich wol versehen, dass er hierunter behutsamer verfahren, und den Abdruck einer Schrift, die man zu Berlin, aus hier nicht zu beurtheilenden Gründen, das Imprimatur versagt, hier nicht geschehen, noch weniger aber eine öffentliche An-

Campe erhält von Braunschweigischen Herzog einen Verweis, da er in einem Buch das Berliner Zensurdekret veröffentlicht hatte

zeige von dem dort versagten Druck dabey thun lassen. Es wird also der Rath C a m p e in künftigen ähnlichen dergleichen Fällen vorsichtiger seyn, und zu keinen unangenehmen Beschwerden benachbarter Regierungen, welche dadurch gar leicht veranlasst werden könnten, die Gelegenheit geben. (Zit. nach Leyser 1877, Bd. 1, 374)

Campe antwortete selbstbewusst. Er meinte, dass sogar in Preußen diese Art von Zensur ungesetzlich sei, eine Willkür, und dagegen öffentlich anzukämpfen habe er als „Bürger des gelehrten Freistaats" ein Recht und sogar die Pflicht. In seiner Antwort an den Herzog vom 10. September 1791 heißt es:

Reaktion Campes
auf den Verweis

Nun könnte man zwar fragen: wer denn gerade m i r die Pflicht aufgelegt oder die Befugniss ertheilt habe, Censurunfuge dieser Art zu rügen? Allein, da müsste ich antworten: G o t t   u n d   m e i n B e r u f ! Jeder nämlich, der durch Gottes Vorsehung die innere und äussere Bestimmung erhielt, das Reich der Wahrheit mit anbauen zu helfen, hat, meine ich, auch die Verpflichtung übernommen, nach Vermögen und Gelegenheit dahin zu sehen und dahin mitzuwirken, dass die Grenzen dieses Reichs nicht beengt, die Rechte desselben nicht gefährdet werden. Wir haben in diesem unsichtbaren Freistaate kein sichtbares Oberhaupt und keine geschriebenen Gesetze. Die Vernunft ist unser Gesetz, die öffentliche Stimme unser Richter in der ersten Behörde; die zweite und letzte hat Gott sich selbst vorbehalten. Einer ist hier zum Aufseher des Anderen, Jeder zum öffentlichen Ankläger bestellt. Wer also Dinge, welche die Rechte und Freiheiten dieses Gedankenreichs betreffen, vor den Richterstuhl des öffentlichen Urtheils bringt, der handelt recht und pflichtmässig; unrecht und pflichtwidrig handelt also der, der Veranlassung dazu hat und es unterlässt.
Ein Bücherrichter oder Censor, der aus den vom Gesetz ihm vorgeschriebenen Schranken herausgeht und willkürlich zu verfahren sich unterfängt, hört in dem Augenblicke, da er dies thut, auf ein Staatsbeamter zu sein. Jeder Bürger des gelehrten Freistaats hat das Recht, ja die Verbindlichkeit, ihn deshalb öffentlich anzuklagen. Dies, und nichts weiter, habe ich durch die Bekanntmachung des ungesetzlichen Berliner Censurbeschlusses gewollt. Ich habe daher geglaubt, und muss noch jetzt glauben, bloss meine Pflicht als Gelehrter dadurch gethan zu haben, und, wo nicht Lob, doch wenigstens keinen Tadel dafür zu verdienen. (Zit. nach Leyser 1877, Bd. 1, 378 f.)

Campe publizierte in seinem Journal weiterhin politische Artikel. Insbesondere ging er im *Braunschweigischen Journal* nicht gerade behutsam gegen die *Wiener Zeitschrift* des schon erwähnten Leopold Aloys Hoffmann vor, der sich rühmte, sein Blatt nicht nur unter dem Schutz, sondern sogar unter der Mitarbeit des deutschen Kaisers Leopold II. und des preußischen Königs Friedrich Wilhelm II. zu schreiben. Der Herzog bat Campe am 19. Januar 1792 daraufhin nochmals um Mäßigung:

Erneute
Ermahnung
durch den Herzog

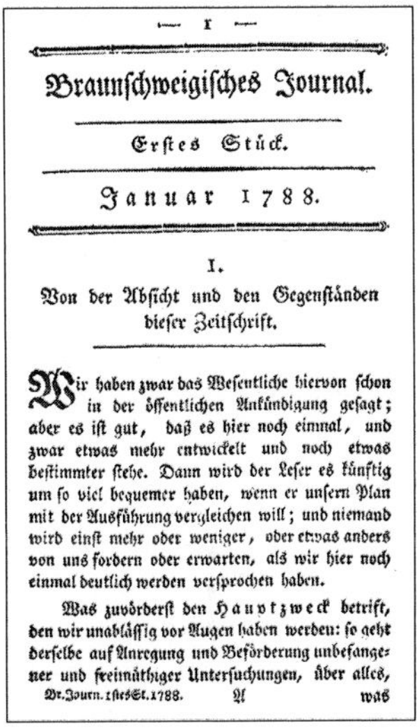
— 1 —

Braunschweigisches Journal.

Erstes Stück.

Januar 1788.

I.

Von der Absicht und den Gegenständen dieser Zeitschrift.

Wir haben zwar das Wesentliche hiervon schon in der öffentlichen Ankündigung gesagt; aber es ist gut, daß es hier noch einmal, und zwar etwas mehr entwickelt und noch etwas bestimmter stehe. Dann wird der Leser es künftig um so viel bequemer haben, wenn er unsern Plan mit der Ausführung vergleichen will; und niemand wird einst mehr oder weniger, oder etwas anders von uns fordern oder erwarten, als wir hier noch einmal deutlich werden versprochen haben.

Was zuvörderst den Hauptzweck betrift, den wir unablässig vor Augen haben werden: so geht derselbe auf Anregung und Beförderung unbefangener und freimüthiger Untersuchungen, über alles,

Br. Journ. 1stes St. 1788. A was

Abb. 54: *Braunschweigisches Journal*, Erstes Stück, Januar 1788, S. 1.

Euch ist erinnerlich, was Wir bey Gelegenheit der in der hiesigen Schul Buch Handlung herausgekommenen Schrift unter dem Titel: ‚Dringende Bitte und Vorstellung der sämmtlichen Einwohner Berlins etc.' unterm 9. September v. J. an euch zu erlassen, Uns genöthigt gesehen haben. In Beziehung auf den Schluss dieses Rescripts mögen Wir euch nun nicht bergen, wie der Ton, worin die bekannte neue Wiener Zeit-Schrift in dem hiesigen Journal angekündiget worden, gerade wieder von der Art ist, dass solcher unangenehme Verlegenheiten veranlassen könnte, in Ansehung, welcher ihr jedoch unterm 17. Septr. v. J. Uns die Versicherung ertheilet habt weit davon entfernt zu seyn, Uns dergleichen auszusetzen.
Ueberdem hat seit einiger Zeit dieses Journal Artikul aufgenommen, weshalb hinkünftig dem Herausgeber und den Mitarbeitern davon eine mehrere Behutsamkeit wol zu empfehlen seyn dürfte.
Ungern mögten Wir indess so überall als wegen dieses Journals eine eigene Censur anordnen, und doch dürften Wir vom Unserm hierunter aufhabenden Pflichten, seitdem, auf vorgängigen Antrag des Reichs, von des Kaisers Majestät eine förmliche Aufforderung gegen die Verbreitung bedenklicher Schriften und Grundsätze an die Kreis-ausschreibenden Fürsten des Reichs, und damit also auch an Uns, als mitausschreibenden Fürsten im Niedersächsischen Kreise, erlassen worden, Uns nicht los-sagen; wie ihr denn leicht selbst ermessen werdet, dass Unserer Verhältnisse gegen des Kaisers Majestät und Unsre Mit-Stände Uns auch solches nicht gestatten. Wir vertrauen daher zu euch, als Eigenthümer der Schulbuchhandlung und der damit verbundenen Druckerey, dass ihr für die Zukunft in allen euren Verlagsartikuln und so auch, in Absicht des neuen Braunschweigischen Journals hierunter behutsamer seyn, und Uns nicht wie überhaupt, als auch in Rücksicht vorgedachter Aufforderung des Kaisers Majestät zu Maassregeln nöthigen werdet, deren wir gern überhoben wären.
Insbesondere werdet ihr euch aller nur im Mindesten anstössigen Critik der oben erwehnten Wiener Zeit-Schrift, in sofern solche Critik auch nur den mindesten Bezug auf irgend eine Protecktion dieser Schrift hat, für das Künftige gänzlich enthalten, auch ein Gleiches dem Herausgeber dieses Journals, welchem überhaupt von dem Inhalt des Obigen zu seiner Nachricht und Nachachtung Eröffnung zu thun ist, bekannt werden lassen.(Zit. nach Leyser 1877, Bd. 1, 380-382)

Campe jedoch blieb bei seiner Auffassung. Sein bürgerliches Selbstbewusstsein war stark genug, auch gegen den Herzog für sich Recht und Freiheit zu fordern, wo dies um der Sache und der gesellschaftlichen Errungenschaften willen nötig war. Seine umfangreiche „Unterthänigste Eingabe" vom 16. Januar 1792 reflektiert nach einleitenden Worten jene vom Herzog geforderte „Behutsamkeit":

Campes selbstbewusste Stellungnahme

Was zuvörderst die mir anbefohlene grössere Behutsamkeit betrifft, so sehe ich wahrlich nicht, worin oder wodurch ich eigentlich gegen diese Pflicht verstossen haben soll; vorausgesetzt, dass man bei dieser Frage auf den gegenwärtigen Zustand der Aufklärung in Deutschland, auf das Beispiel der edelsten Schriftsteller in anderen von Presszwang noch freien deutschen Ländern und auf die Erwartungen Rücksicht nehmen will, die man in Deutschland in diesen Zeiten einer fast allgemeinen Vernunftsunterdrückung von Schriftstellern hegt, die das beneidete Glück haben, unter dem Schutz des aufgeklärtesten, weisesten und besten der jetzt lebenden Fürsten zu arbeiten. Wo ist in Allem, was ich selbst geschrieben oder durch meine Handlung verlegt habe, eine einzige Aeusserung, welche weiter ginge, als die würdigsten und berühmtesten Schriftsteller in W e i m a r , G o t h a , G ö t t i n g e n , ja sogar in B e r l i n noch, schon längst und noch heute, und zwar, die in Berlin ausgenommenen, unter fortdauernder Genehmigung und Beschützung ihrer Regierungen, gegangen sind und noch jetzt gehen. Soll denn der Unterthan des von allen denkenden Menschen in Europa als Schutzgeist der Denkfreiheit verehrten H e r z o g s v o n B r a u n s c h w e i g seine für Wahrheit und Recht ertönende Stimme nicht eben so zuversichtlich und freimüthig erheben dürfen, als der Unterthan des Herzogs von Weimar und Gotha es zu thun und durch nichts gehindert wird? Sollen wir zugeben, dass man uns für feige, des Schutzes eines s o l c h e n Fürsten und der geglaubten, unbeschränkten Pressfreiheit unwürdige Leute halte, die entweder aus Gemächlichkeitsliebe, oder aus Muthlosigkeit, die glückliche Lage, worin man sie erblickt, nicht für die gute Sache der Vernunft und der Freiheit, der man jetzt von allen Seiten droht, nicht für das gemeine Beste und für die Menschheit benützen wissen, oder sie dazu zu benützen nicht den Edelsinn haben?
Wenn ich also, wie hieraus erhellet, nicht finden kann, worin ich die Schranken einer v e r n ü n f t i g e n Bescheidenheit, die nicht in feige Knechtelei ausartet, überschritten haben soll: so kann ich mir noch viel weniger einen deutlichen Begriff von der g r ö s s e - r e n Behutsamkeit machen, die mir anbefohlen wird. Unmöglich kann der aufgeklärteste, weiseste und beste Fürst wünschen oder sogar verlangen wollen, dass seine Schriftsteller die Sache der Vernunft, des Gewissens und der Menschheit gerade jetzt, wo ihr durch mächtige Blindschleichen von vielen Seiten her die meiste Gefahr droht, feigherzig verlassen oder nur aufhören sollen, sie mit Muth und Standhaftigkeit aus allen ihren Kräften gegen Jedermann, selbst gegen ungerechte Fürsten, welche Eingriffe darin

thun, zu vertheidigen! Unmöglich kann Er sie der Schmach und Schande preis geben wollen, zu der feigen, feilen und unwürdigen Classe von Schriftstellern, deren wir leider! so viele in Deutschland haben, gezählt zu werden, die den Mantel nach dem Winde hängen, und sobald mit der Vertheidigung der Wahrheit und der Menschenrechte nur die mindeste Unbequemlichkeit oder Gefahr verbunden zu sein scheint, entweder wie todte Hunde verstummen, oder wohl gar um das liebe Kind zu machen und ihr Schäfchen zu scheeren (pfui den Niederträchtigen!) – das Gegentheil ihrer Ueberzeugungen äussern. Wenn nun aber dies augenscheinlich nicht gemeint werden kann; was soll ich mir denn darunter denken? Der allgemein bekannte und verehrte Charakter unseres edlen Fürsten und zugleich eigenes Selbstgefühl, machen es mir unmöglich, mir etwas anderes dabei vorzustellen, als dieses: wir sollen uns hüten, irgend etwas zu schreiben oder drucken zu lassen, was wir nicht vor jedem unparteiischen Richterstuhle, wo keine Machtsprüche gelten, vor dem der Vernunft, der Billigkeit, der guten Sitten und einer nach Gesetzen, nicht nach Willkür, verwalteten Rechtspflege zu verantworten uns getrauen. Wird nun aber diese Behutsamkeit hier gemeint, so müsste ich offen gestehen, dass der Vorwurf, nicht immer sie beobachtet zu haben, mich empfindlich kränken würde; weil ich mir das Gegentheil zu lebendig bewusst bin. Würde hingegen, was mir durchaus unmöglich zu sein scheint, eine andere Behutsamkeit gemeint: so müsste ich eben so ehrerbietig als freimüthig bekennen, dass ich mich zur Beobachtung derselben ganz unfähig fühlen würde, und folglich Maassregeln nehmen müsste, dass aus dieser meiner Unfähigkeit für meinen innigst verehrten Landesfürsten keine Ungelegenheit entstände, wozu ich denn, sollte es auch mein ganzes irdisches Wohlsein kosten, wie ich nachher zeigen werde, von ganzem Herzen bereit und willig bin. (Zit. nach Leyser 1877, Bd. 1, 386-388)

Campe beschließt sein Schreiben mit zwei „unterthänigsten Vorschlägen":

> I. [...] Weit entfernt eine besondere Beschützung zu verlangen, erbitten wir uns bloss den Schutz, auf den jeder Bettler in diesem Lande Anspruch machen darf, und der ihm wirklich auch gewährt wird, den Schutz gegen Verurtheilungen durch Machtsprüche. Der Verfassung des deutschen Reichs scheint dieser Schutz auch vollkommen angemessen zu sein. Wäre er das nicht, so wäre die Verfassung ein Ungeheuer, dem jeder denkende Mensch so geschwind und so weit als möglich zu entfliehen eilen müsste. Ist er es aber, so hat weder der Kaiser, noch irgend ein Mitstand des heil. römischen Reichs das Recht, von einem Reichsfürsten zu verlangen, eine Ausnahme, sie sei welche sie wollte, davon zu machen; und würde dies dennoch verlangt:

so hätte der Reichsfürst das unstreitige Recht, ja sogar die unstreitige Pflicht, sich diesem ungerechten Verlangen nicht zu fügen,
sondern es zu verweigern. [...]

Sollte es aber, wider Hoffen und Erwarten, aus mir unbekann-
ten Ursachen, dennoch unthunlich sein, diese gesetzmässige
Maassregel für uns festzusetzen; dann würde ich – und mein
Entschluss ist auf diesen Fall unwiderruflich genommen – II. aus
Verehrung und Liebe zu meinem gütigsten Fürsten und aus
Pflichtgefühl dessen, was ich der Menschheit in diesem e r h a -
b e n e n Manne, der eine ihrer grössten Zierden und eine der
vorzüglichsten Stützen ihrer Hoffnungen ist, schuldig bin, keinen Augenblick anstehen, der Ruhe desselben mit meinem ganzen äusseren Glücksstande ein ehrfurchtsvolles und freudiges
Opfer zu bringen, die vor einigen Jahren von der Regierung
käuflich an mich gebrachte Buchhandlung zu verkaufen und
nach irgend einem anderen, von Presszwang noch befreiten
Lande zu ziehen, wo ich der Gefahr, dem besten Fürsten unwill-
kürlich Sorge und Unruhe zu machen, überhoben wäre. Mein
Alter sichert mich vor dem Verdachte einer kindischen Uebereil-
lung, und meine unbegrenzte, von Allen, die mich kennen, un-
bezweifelte innigste Verehrung des edelsten und gütigsten Fürsten, vor dem, dass diese ehrerbietige Erklärung etwas anderes
sein könne, als was sie ist – nämlich ein reines Opfer meiner
ungeheuchelten tiefgefühlten Ehrfurcht und Dankbarkeit. (Zit.
nach Leyser 1877, Bd. 1, 393 f.)

Die ‚versöhnliche'
Antwort des
Herzogs

Umgehend, am 24. Januar 1792, erhielt Campe vom Herzog die
folgende Antwort:

Auf die von dem Schulrath C a m p e eingereichte Vorstellung gegen das ihm zugegangene Rescribt vom 13. dieses, wird hiemit
die Resolution erteilt: dass, ob zwar es bey sothanem Rescribte
sein ungeändertes Bewenden habe, der Supplicant jedoch, von
dem man sonst die Veränderung mit dem bisherigen Braunschweigischen Journal gern vernommen, sich überzeugt halten
könne, d a s s n i e e i n M a c h t s p r u c h e i n e r A r t h i e r w i -
d e r i h n g e s c h e h e n w e r d e, vielmehr die gegen ihn als
Schriftsteller und Verleger, oder als Eigenthümer der Druckerey,
vorkommende unverhoffte Privat-Beschwerden, dem gehörigen
Lauf Rechtens überlassen werden sollen, und wenn ja, wider alles
Erwarten, sogar Begünstigungen von der Art eintreten sollten,
dass dagegen der Fiskal erregt werden müsste, dennoch auch solchen Falls, wie sich von selbst versteht, nur in foro competente,
und nicht ohne seine vorgängige hinlängliche Vertheidigung, in
der Sache werde erkannt werden. Was übrigens die H o f f -
m a n n 'schen Angriffe in der Wiener Zeit-Schrift angeht; so ist
ihm die Vertheidigung dagegen in keine Weise genommen, vielmehr ihm dieselbe deutlich vorbehalten, und wird es nun seiner
eignen Beurtheilung überlassen, in wiefern der dabey sich erlaub-

te respecktswidrige Bezug auf die angebliche Protektion dieser Schrift, wenn auch auf sonstige Verhältnisse überall keine Rücksicht genommen werden wollte, mit seinen eignen Verhältnissen als Reichs-Unterthan gegen das Reichs-Oberhaupt bestehen könne?[4]

Campe verlegte das *Braunschweigische Journal* nach Schleswig, wo es keine Zensur gab. Dort wurde es – weiterhin unter Campes maßgeblicher Beteiligung – als *Schleswigsches Journal* weitergeführt.[5] Offenbar war dies für Campe ein annehmbarer Kompromiss: Er sollte eine Art Selbstzensur für sich und seinen Verlag ausüben, dafür wollte die Regierung auf eine juristisch verbindliche Aufhebung der Pressefreiheit verzichten. Campe hielt sich an diese Abmachung. Spricht hieraus eine gewisse Resignation?

Campe selbst sah es nicht so. In einem Brief an Sophie Reimarus, der Schwester August Hennings, vom 27. Januar 1792 kommentierte er die ganze Auseinandersetzung so:

> Als Ihr Paket ankam, war ich eben im hitzigsten Kampfe für Druck- und Preßfreiheit begriffen. Kaiser und Reich wollten, daß wir geknebelt werden sollen; ich aber wollte mich nicht knebeln lassen. Mein ganzer Wohlstand, vielleicht noch mehr, stand auf dem Spiel. Mein Entschluß war fest: entweder durchzudringen oder alles, was ich habe, dahinten zu lassen und nach Frankreich zu gehn. Aber ich habe erreicht, was ich wollte. Ferner frei von Censureinschränkungen, sind wir uns und unserm Schicksal überlassen worden. Ich habe die Versicherung ausgewirkt, daß wir nie durch Machtsprüche gerichtet werden sollen, sondern daß jede Klage, käme sie auch vom Kaiser selbst, an unsern competenten Richter verwiesen werden soll; und es ist meiner eigenen Beurtheilung überlassen, drucken zu lassen, was ich verantworten zu können glaube. Mehr wollte ich nicht; ohngeachtet dies mir keine Sicherheit gewährt; aber ich bin auch bereit für Wahrheit und Recht, wenn's seyn muß, zu leiden.[6]

Das Braunschweigische Journal wurde nach dieser Auseinandersetzung als Schleswigsches Journal im zensurfreien dänischen Schleswig weitergeführt

Campes Kommentar zu der Auseinandersetzung um Zensur und Druckfreiheit

---

[4] Zit. nach Leyser 1877, Bd. 1, 395f. Die Bemerkung zum *Braunschweigischen Journal* nimmt Bezug auf Campes Ankündigung, die Zeitschrift an eine dänische Buchhandlung abzutreten, wo sie, unter einem anderen Herausgeber, als *Schleswigsches Journal* weitergeführt werden soll.

[5] Herausgeber des *Schleswigschen Journals* war August Hennings. Das *Schleswigsche Journal* wurde jedoch bis Ende 1792 nach wie vor in Braunschweig gedruckt. Vgl. Schmitt 1985, 78-102, besonders 88 f. mit Anmerkung 71.

[6] Dieser Brief ist erstmals gedruckt in Schmitt 1985, 91-95, Zitat 91 f.

Einberufung einer
Untersuchungs-
kommission,
die eine
Zensur verhängt

Ganz aber war die Angelegenheit zu diesem Zeitpunkt noch nicht ausgestanden. Von Berlin aus suchte man weiter gegen Campe vorzugehen, so dass sich der Herzog offensichtlich nicht anders retten konnte, als eine Untersuchungskommission einzuberufen, die über die Fragen der Zensur entscheiden sollte. Auf der betreffenden Sitzung der Kommission, im März 1792, wurde Campe und Trapp, der als Herausgeber des *Braunschweigischen Journals* ebenfalls geladen war, der Antrag eröffnet, dass sie

> hinfort in ihrem Journal sowohl, als in ihren sonstigen Edendis, alle Gegenstände, sowohl theologischen, dogmatischen, als politischen Inhalts vor der Hand ganz unberührt lassen oder doch wenigstens so behandeln möchten, dass daher kein Anstoss genommen werden könne, dass sie in specie sich aller Kritiken benachbarter Regierungen und ihrer Verordnungen, besonders der Preussischen, gänzlichen enthalten möchten. (Zit. nach Leyser 1877, Bd. 1, 401)

Dies bedeutete nichts anderes als Zensur. Campes Schicksal schien entschieden. Er brachte Frau und Tochter nach Hamburg in Sicherheit – offenbar fürchtete er das Schlimmste. Die Antwort an die Kommission fiel umfangreich aus (vgl. Leyser 1877, Bd. 1, 403-418). Campe wiederholte seine Argumente, untermauerte sie, trat selbstbewusst als ein Verteidiger des Rechts und der Pressefreiheit auf:

Reaktion Campes
auf den Beschluss
der Kommission

> So lange also von einer f r e i w i l l i g e n Annahme jenes Antrages die Rede ist, kann und werde ich meine heiligen Pflichten gegen Vaterland und Menschheit nie so sehr vergessen, um mich – was ohne feige Schändlichkeit nicht geschehen könnte – dazu jemals zu verstehen. Mein Vermögen, mein Leben, meine Freiheit stehen in der Hand der Menschen; aber meine Ehre und mein Gewissen sind von jeder äusseren Einwirkung unabhängig – sind m e i n im eigentlichsten und vollsten Sinne des Worts. Man kann mir j e n e nehmen, sobald man will; ich werde es nicht hindern können, und, sobald es sein muss, zu verzichten und zu leiden wissen; aber d i e s e kann und werde ich gegen die ganze Welt, gegen die Hölle selbst, wenn es eine giebt, in ihrer ganzen unverletzlichen Reinheit behaupten! (Zit. nach Leyser 1877, Bd. 1, 416 f.)

Antwort der
Kommission

Campe bot schließlich an, sein Hab und Gut zu verkaufen und Braunschweig zu verlassen. Die Antwort der Kommission hatte für ihn gewiss einen überraschenden Inhalt. Sie lautete:

> Dass Serenissimus, im Vertrauen auf unsere Ergebenheit gegen seine Person, und in der Hoffnung, dass wir Alles gern zu ver-

meiden suchen würden, was Ihn, seiner Neigung zuwider, zwingen könnte, strenge Verfügungen zu treffen, uns nach wie vor unserer eigenen Vernunft und unserer gewissenhaften Vorsicht zu überlassen beschlossen hätten. (Zit. nach Leyser 1877, Bd. 1, 419)

Die Angelegenheit war damit erledigt. Campe wahrte in den folgenden Jahren die nötige Zurückhaltung, indem er sich fortan mit der von ihm allerdings keineswegs unpolitisch betriebenen Reinigung der deutschen Sprache beschäftigte.

5.2 Abriss der Zensurgeschichte

Bevor der Fall ‚Campe' interpretiert werden soll, sei, um die historischen Linien zu erhalten, ein Blick auf die Geschichte der Zensur in Deutschland geworfen. Auf den folgenden Seiten ist – im Wortlaut und zur Hervorhebung in etwas engerem Satz – der entsprechende Überblick aus Helmuth Kiesels und Paul Münchs ausgezeichneter Darstellung *Gesellschaft und Literatur im 18. Jahrhundert. Voraussetzungen und Entstehung des literarischen Marktes in Deutschland* wiedergegeben:[7]

1485/86. Der Mainzer Erzbischof Berthold von Henneberg führt in der Diözese Mainz, wo sich die ersten Druckereien befinden, die Zensur für alle Bücher und insbesondere die Vorzensur für Übersetzungen aus dem Griechischen und Lateinischen ins Deutsche ein, um Irrlehren und Mißbräuche zu verhindern; zugleich verlangt er vom Frankfurter Rat, die auf der Messe angebotenen Bücher zum selben Zweck durch Doktoren und Licentiaten prüfen zu lassen.[8] – Schon diese erste Zensurbestimmung mit ihrer besonderen Rücksicht auf die Übersetzungen zeigt ein wichtiges, wenn nicht überhaupt das wesentliche Ziel der Zensur bis zum Ende des 18. Jahrhunderts: bestimmte Kenntnisse und Meinungen, die unter Gelehrten gängig oder zumindest diskutabel waren, sollten nicht populär werden, d.h., sie durften eventuell in lateinischer, aber niemals in deutscher Sprache gedruckt werden. Noch in den siebziger Jahren des 18. Jahrhunderts, während des Streits zwischen Lessing und einigen Theologen wegen der unorthodoxen Schriften, die Lessing zum Teil herausgegeben, zum Teil selbst verfaßt hatte, sagte der Herzog von Braunschweig, Les-

(Randnotiz:) Zensur für alle Bücher und Vorzensur für Übersetzungen aus dem Griechischen und Lateinischen ins Deutsche

---

[7] Kiesel/Münch, 1977, 106-113. Die folgenden Anmerkungen 8 bis 34 stammen ihrem Gehalt nach ebenfalls aus Kiesel/Münch.

[8] Publiziert in: *Archiv für Geschichte des Deutschen Buchhandels.* Hrsg. von der Historischen Commission des Börsenvereins der Deutschen Buchhändler. Band 9. Leipzig 1884, 238 ff.

sings Landesherr und mithin auch sein oberster Zensor: „warum schreiben denn diese Leute ihre Sachen nicht in lateinischer Sprache, damit dieses Aergerniß nicht allgemein verbreitet werde?"[9] Von vornherein ging es der Zensur nicht so sehr darum, den Austausch wissenschaftlicher Ergebnisse unter Gelehrten zu reglementieren, als vielmehr deren Verbreitung über die Gelehrtenwelt hinaus zu kontrollieren.

1487. Papst Innozenz VIII. ordnet die allgemeine kirchliche Präventivzensur an: die Ortsbischöfe werden unter Androhung von Geldstrafen und Exkommunikation beauftragt, religiöse Schriften vor der Drucklegung zu überprüfen.[10] Diese Anordnung wird 1501 von Alexander VI. und 1515 von Leo X. erneuert.[11]

1496. Kaiser Maximilian bestellt einen Straßburger Doktor der Rechte zum ‚Generalsuperintendenten des Bücherwesens in ganz Teutschland'; als Rechtsgrundlage dafür wird ein kaiserliches Bücherregal behauptet, d.h. ein kaiserliches Hoheits- und Majestätsrecht im Bereich der Bücherherstellung und -verbreitung. Das erste bisher bekannte kaiserliche Buchverbot trifft 1512 die „den Juden günstigen, dem Christenglauben nachteiligen Bücher des Dr. Johannes Reuchlin".[12]

1515. In Augsburg müssen Buchdrucker vor dem Rat schwören, „das sy on wissen und willen [des Rats] nichtz trucken, noch ainichen truck ausgeen lassen, der yemand zu schandt oder zu schmach raicht, on wissen aines ersamen rats";[13] ähnlich auch in anderen Reichsstädten.

Diese wenigen ausgewählten Daten signalisieren nicht nur rein zeitlich den Beginn der Zensur. Sie lassen zugleich erkennen, welche Kräfte an der Zensur Interesse hatten und sie in den nächsten Jahrhunderten ausübten: die weltliche und die geistliche Obrigkeit, Reichsregierung und Lokalobrigkeiten. Für die Reichsregierung, d.h. für den Kaiser und die auf dem Reichstag versammelten Stände, wurde das Problem der Zensur durch Luthers Schriften und ihren publizistischen Erfolg virulent. Im Ver-

---

[9] *Lessing im Gespräch. Berichte und Urteile von Freunden und Zeitgenossen.* Hrsg. von Richard Daunicht. München 1971, Nr. 776.

[10] Vgl. Joseph Hilgers: *Der Index der verbotenen Bücher. In seiner neuen Fassung dargelegt und rechtlich-historisch gewürdigt.* Freiburg i.Br. 1904, 480 ff.

[11] Vgl. Rudolf Hirsch: *Bulla Super impressione librorum, 1515.* In: Gutenberg-Jahrbuch 1973, 248-251.

[12] Vgl. ausführlich zur kaiserlichen Bücheraufsicht Ulrich Eisenhardt: *Ein Eingriff in das kaiserliche Bücherregal.* In: Archiv für Urheber-, Film-(Funk) und Theaterrecht, 1967, 625-636.

[13] Publiziert in: *Archiv für die Geschichte des Deutschen Buchhandels.* Band 6, Leipzig 1881, 251.

lauf des 16. Jahrhunderts kam es daher zu den reichsgesetzlichen Regelungen der Zensur, die bis zum Ende des Heiligen Römischen Reiches Deutscher Nation 1806 niemals außer Kraft gesetzt wurden und durchgehend die rechtliche Grundlage aller weiteren Zensurbestimmungen und aller Zensurtätigkeiten bildeten.

1521. Durch Mandat verbietet Kaiser Karl V. am 10. März 1521 Druck, Verbreitung und Lektüre von Luthers Schriften.[14] Dieses Verbot wird im ‚Wormser Edikt' gegen Luther am 8. bzw. 26. Mai 1521 unter Berufung auf die päpstliche Verurteilung von Luthers Lehre wiederholt und verschärft. Darüber hinaus bringt das vom päpstlichen Legaten Aleander entworfene und von kaiserlichen Räten überprüfte Edikt eine allgemeine Zensuranordnung. Die entscheidenden Sätze machen zum Gesetz,

Verbot der Lutherschen Schriften

„das hinfüro kein buchtrucker oder jemands ander, er sei wer oder wo er wölle, in dem hailigen Römischen reiche, auch in unsern erbkünigreichen, fürstenthumben und landen kain bücher, noch ander schriften, in den etwas begriffen wirdet, das den christlichen glauben wenig oder vil anrüret, zum ersten druck nit drucke on wissen und willen des ordinarien [geistlichen Oberen] desselben orts oder seines substituten und verordenten, mit zulassung der facultet in der hailigen geschrift einer der nechstgelegnen universitet. Aber ander bücher, sie seien in welicher facultet und begreifen was sie wöllen, die sollen mit wissen und willen des ordinarien und ausserhalb desselben kainswegs gedruckt, verkauft, noch ze drucken oder zu verkaufen understanden, verschaffet noch gestatet werden, in kain weise ...“[15]

1524. Der Abschied des Reichstags zu Nürnberg ordnet an, „daß eine jede Obrigkeit bey ihren Druckereyen, und sonst allenthalben nothdürfftig Einsehens haben sollen, damit Schmachschrifft und Gemählde hinfürter gäntzlich abgethan werd, und nicht weiter ausgebreitet: Und daß fürter der Druckerey halben, Inhalt Unsers Mandats, gehalten werde“ (§ 28).[16] – Damit wurde das kaiserliche Zensuredikt von 1521 durch den Reichstag bestätigt und die Ausübung der Zensur den Territorial- und Lokalobrigkeiten zur Pflicht gemacht.

Pflicht zur Ausübung der Zensur in allen Ländern

---

[14] Publiziert in: Fritz Dickmann (Hrsg.): *Renaissance, Glaubenskampfe, Absolutismus.* München 1966 (= Geschichte und Quellen; 3), 119.
[15] Ebd., 128.
[16] *Neue und vollständigere Sammlung der Reichs-Abschiede, Welche von den Zeiten Kayser Conrads des II. bis jetzo, auf den Teutschen Reichs-Tägen abgefasset worden, sammt den wichtigsten Reichs-Schlüssen, so auf dem noch fürwährenden Reichs-Tage zur Richtigkeit gekommen sind. In vier Theilen.* Franckfurt am Mayn 1747. Teil II, 258.

Erneuerung des
Zensurgesetzes

1529. Der Reichsabschied von Speyer erneuert das Zensurgesetz von 1524 und ordnet für Zensurvergehen nachdrücklich Strafen an. (§ 9).[17]

1530. Der Reichsabschied zu Augsburg erneuert die vorherigen Zensurgesetze und beauftragt den kaiserlichen Fiskal, gegen Obrigkeiten, die ihrer Zensurpflicht nicht nachkommen, Klage zu erheben (§ 58).[18]

Einrichtung von
Zensurkommissio-
nen in Frankfurt
und Leipzig

Die erste Phase der reichsrechtlichen Zensurgesetzgebung war damit abgeschlossen. Kaiser und Stände mußten nun die Gesetze verwirklichen und die Zensur institutionalisieren. Beispielhaft für das weitere Vorgehen war die Einrichtung von Zensurkommissionen in Frankfurt und Leipzig, den beiden wichtigsten Messeplätzen für den Buchhandel. Dabei zeigte sich deutlich die Mehrschichtigkeit der Zensur in Deutschland, die eine Folge der eigentümlichen Reichsverfassung war. Frankfurt war eine Reichsstadt und unterstand somit unmittelbar dem Kaiser; Leipzig gehörte zum kursächsischen Territorium. Dementsprechend ergriff in Frankfurt der Kaiser die Initiative, während in Leipzig der Anstoß vom sächsischen Kurfürsten ausging. Die Folge davon war, daß in Frankfurt die Zensur nach anderen Gesichtspunkten gehandhabt wurde als in Leipzig, ein Faktum, dessen Konsequenzen für die Bücherproduktion und -distribution erst im 18. Jahrhundert voll zum Tragen kamen.

Institutionalisierung
der kaiserlichen
Bücherkommission

1569. Kaiser Maximilian II. beauftragt den Frankfurter Rat damit, die kaiserlichen Rechte auf der Frankfurter Buchmesse wahrzunehmen und für die Einhaltung der Zensurbestimmungen zu sorgen. Als Aufsichtsorgan wird in den nächsten Jahren die kaiserliche Bücherkommission zu Frankfurt gebildet und zur dauernden Einrichtung gemacht.[19]

1569. Der sächsische Kurfürst erteilt dem Rat und der Universität von Leipzig den Auftrag, vor und während der Messe die Buchläden zu kontrollieren, „vnleidliche bucher" ausfindig zu machen, in Verwahrung zu nehmen und den Buchhändlern Strafen und Landesverweisung anzudrohen. Daraus entwickelt sich die kursächsische Bücherkommission zu Leipzig.[20]

---

[17] Ebd., 294 f.

[18] Ebd., 314.

[19] Vgl. Friedrich Kapp: *Geschichte des Deutschen Buchhandels bis in das siebzehnte Jahrhundert*. Leipzig 1886, 522 ff.; Albrecht Kirchhoff: *Zur Geschichte der kaiserlichen Bücher-Commission in Frankfurt am Main*. In: Archiv für Geschichte des Deutschen Buchhandels. Band 4. Leipzig 1879, 96-137.

[20] Vgl. Johann Goldfriedrich: *Geschichte des Deutschen Buchhandels vom Westfälischen Frieden bis zum Beginn der klassischen Literaturperiode (1740-1804)*. Leipzig 1909, 159 ff.; Albrecht Kirchhoff: *Die kurfürstlich-sächsische Bücher-Commission zu Leipzig*. In: Archiv für Geschichte des Deutschen Buchhandels. Band 9. Leipzig 1884.

Beide Kommissionen arbeiteten noch im 18. Jahrhundert und waren durchaus in der Lage, Autoren und Verlegern beträchtliche Schwierigkeiten zu bereiten. Über beide Kommissionen wurden auch immer wieder Klagen geführt, so z.B. im Jahr 1719 von der Leipziger Buchdruckerinnung über die kursächsische Kommission.[21] Die kaiserliche Bücherkommission in Frankfurt war schon früh in den Ruf gekommen, ein Instrument der katholischen Gegenreformation zu sein,[22] und verschiedentlich wurde auf die Gefahr hingewiesen, dass die protestantischen Verleger und Buchhändler eines Tages wegen der Intoleranz der kaiserlichen Kommission von der Frankfurter Büchermesse fernbleiben könnten. Den Niedergang der Frankfurter Büchermesse im 18. Jahrhundert hat die kaiserliche Kommission nicht verschuldet, zumindest nicht allein; aber sie verlor damit ihren Einfluß auf das Buchwesen fast gänzlich, weil es ihr nicht gelang, ihre Kontrollbefugnisse auf die Leipziger Messe auszudehnen.[23] Sie sprach weiterhin Bücherverbote aus, doch konnten diese die Verbreitung eines Buches nicht mehr verhindern, sondern hatten gewissermaßen einen Werbeeffekt. Beispielsweise meinte Lessing in einem Brief an Friedrich Nicolai vom 30. März 1779, „daß ein Buch, welches die Kaiserliche Bücherkommission verbiete, durchaus kein denkender Kopf so behandeln müsse. Es sei zuverlässig gut; und zuverlässig zur Aufklärung gewisser Menschen zuträglich; eben weil es in gewissen Ländern verboten werde".[24]

Verlust des Einflusses der kaiserlichen Bücherkommission im 18. Jahrhundert

Ein zweiter Schub reichsrechtlicher Zensurbestimmungen, die sich ebenfalls für die Buchproduktion bis ins 18. Jahrhundert hinein auswirkten, erfolgte gegen Ende des 16. Jahrhunderts:

1570. Der Abschied des Reichstags zu Speyer enthält die Klage, daß alle bisherigen Verbote von Schmähschriften erfolglos waren, weil die Zensurgesetze nicht effektiv durchgeführt wurden (§ 154). Deswegen wird angeordnet (§ 155), „daß hinfüro im gantzen Römischen Reich Buchdruckereyen an keine andere Oerter, dann in denen Städten, da Churfürsten und Fürsten ihre gewöhnliche Hoffhaltung haben, oder da Universitates studiorum gehalten, oder in ansehnlichen Reichs-Städten verstattet, aber sonsten alle Winckel-Druckereyen stracks abgeschaffet werden sollen".[25]

Beschränkung des Druckgewerbes

21 Publiziert in: Archiv für Geschichte des Deutschen Buchhandels. Band 12. Leipzig 1887, 288.
22 Wolfgang Brückner: *Die Gegenreformation im Kampf um die Frankfurter Buchmesse. Die kaiserliche Zensur zwischen 1567 und 1619.* In: Archiv für Frankfurts Geschichte und Kunst 48. 1962.
23 Vgl. *Archiv für Geschichte des Deutschen Buchhandels.* Band 7. Leipzig 1882, 264 ff.
24 Gotthold Ephraim Lessing: *Gesammelte Werke.* Hrsg. von Paul Rilla. 10 Bände. Band IX. 2. Aufl. Berlin, Weimar, 828.
25 *Neue und vollständigere Sammlung der Reichs-Abschiede, Welche von den Zeiten Kayser Conrads des II. bis jetzo, auf den Teutschen Reichs-*

Zu dieser lokalen Einschränkung des Druckgewerbes kommen noch weitere Reglementierungen hinzu: Den Druckern wird der Eid abverlangt, sich den Reichsabschieden gemäß zu verhalten, nichts ohne Erlaubnis der Obrigkeit zu drucken und „alsdann auch deß Dichters oder Authoris, gleichfalls seinen Nahmen und Zunahmen, die Stadt und Jahrzahl darzu setzen" (§ 156). Für Verstöße werden Strafen angedroht (§ 157 und § 158). Den Obrigkeiten wird jetzt ausdrücklich befohlen, daß sie „ihre Druckereyen unverwarnter Ding visitiren" und ihre Zensurpflicht wahrnehmen, um sich nicht kaiserliche Strafen zuzuziehen (§ 159). – Zurückgreifend auf einen Ansatz von 1530 wurde mit dem § 156 das vollständige Impressum geboten, das die strafrechtliche Ahndung von Zensurdelikten erleichtern sollte. Dies führte allerdings auch dazu, daß viele Bücher gedruckt und veröffentlicht wurden, bei denen das Impressum fehlte oder unwirkliche Namen eingesetzt waren. Anonymie und Kryptonymie eines Buchs wurden später geradezu als Gütesiegel besonderer Art betrachtet, wie der Verfasser einer 1652 unter dem Titel *Ineptus Religiosus ...* erschienenen und freilich ironisch gemeinten Schrift über die Freigeisterei behauptete. Lessing schrieb für dieses lateinische Büchlein die *Rettung des INEPTI RELIGIOSI und seines ungenannten Verfassers* und fertigte Auszüge an, wovon § 28 lautet: „Endlich, welches ich gleich zuerst hätte erinnern sollen, halte besonders diejenigen für auserlesene Bücher, welche ohne Nahmen des Verfassers heraus kommen, und auch keinen Ort des Drucks angeben, es müßte denn etwa ein Stadt in Utopien seyn. In solchen Büchern wirst du Schätze antreffen, weil sie meistentheils von witzigen und wahrheitliebenden Männern kommen. Die Welt ist sehr undankbar, daß sie dergleichen Schriften verbieten, oder sie nicht frey verkaufen lassen will."[26] Abgesehen davon, daß hier eine berechtigte Klage über die schwere Belastung der Literatur durch die Zensur zum Ausdruck kommt, ist in dieser Denkweise einer der Gründe für einen Teil der anonymen und kryptonymen Literatur des 17. und des 18. Jahrhunderts zu sehen. Nicht immer war ein Druckverbot vorausgegangen, wenn ein Buch ohne Impressum oder mit verschleierten Namens- und Ortsangaben erschien. Vor dem Hintergrund des Impressumzwangs konnten Anonymie und Kryptonymie vielmehr zu Mitteln gemacht werden, die Aufmerksamkeit des Käufers und Lesers auf ein bestimmtes Buch zu lenken und bestimmte Leseerwartungen zu wecken, die dann keineswegs immer erfüllt wurden.

Tägen abgefasset worden, sammt den wichtigsten Reichs-Schlüssen, so auf dem noch fürwährenden Reichs-Tage zur Richtigkeit gekommen sind. In vier Theilen. Franckfurt am Mayn 1747. Teil III, 308.

[26] Gotthold Ephraim Lessing: *Sämtliche Schriften.* Hrsg. von Karl Lachmann. 3., aufs neue durchgesehene und vermehrte Aufl., besorgt durch Franz Muncker. 22 Bände und ein Registerband. Stuttgart, Leipzig 1886-1924, Band V, 342.

1577. „Der Römischen Kayserl. Majestät reformirte und gebesserte Policey-Ordnung, zu Beförderung gemeines guten bürgerlichen Wesen und Nutzen" enthält unter dem „XXXV. Titul. Von Buchtruckern / Schmähschrifften / schmälichen Gemäls / Gedichten und Anschlägen" eine Neuauflage der früheren Verbote und einige Präzisierungen. So wird jetzt genauer angeordnet (§ 2), daß „Buchtrucker / Verleger / oder Händler", um nicht straffällig zu werden, „keine Bücher / klein oder groß / wie die Namen haben möchten, in Truck ausgehen lassen sollen / dieselbe seyen dann zuvor durch ihre ordentliche Obrigkeit eines jeden Orts / oder ihre darzu Verordnete, besichtiget und der Lehr der Christl. Kirchen / desgleichen den aufgerichteten Reichs-Abschieden gemäß befunden / darzu daß sie nit auffrührisch oder schmählich / es treff gleich hohe oder niedere Stände, gemeine oder sondere Personen an, und deßhalben approbirt, und zugelassen".[27] – Zum einen trug diese Zensurbestimmung der konfessionellen Spaltung in Deutschland Rechnung: es war nicht mehr pauschal von der christlichen Lehre die Rede, sondern von den Lehren der im Augsburger Religionsfrieden (1555) anerkannten Konfessionen (§ 3). Zum anderen wurde durch den zitierten Paragraphen auch die rechtliche Voraussetzung dafür geschaffen, politische und sozialkritische Schriften zu verbieten und ihre Verfasser und Verleger zu bestrafen. Der Kaiser behielt sich wiederum ein unmittelbares Eingriffsrecht vor, für den Fall, daß eine Obrigkeit ihrer Zensurpflicht nicht nachkam (§ 4).

Mit dem 35. Titel der revidierten Polizeiordnung von 1577 war die Reichsgesetzgebung in Zensurfragen abgeschlossen. Im 17. Jahrhundert gab es keine neuen reichsrechtlichen Bestimmungen. Das vorhandene Gesetz schien den Anforderungen der Zensur zu genügen. Auf seiner Grundlage erließen die Territorialobrigkeiten weiter Gesetze für die einzelnen Territorien und bauten ihre Zensurinstitutionen auf.

Für das 16. Jahrhundert bleibt noch die Fundierung der katholisch-kirchlichen Zensur nachzutragen:

1559. Papst Paul IV. erläßt (nach einigen regionalen Vorläufern) den ersten für die Gesamtkirche verbindlichen *Index librorum prohibitorum.* Grundlegend für die kirchliche Zensur wird der 1564 von Pius IV. publizierte tridentinische Index, in welchem dem Katalog verbotener Bücher allgemeine Indexregeln vorangestellt sind; unter anderem ist hierin auch das folgenschwere Verbot lasziver und obszöner Schriften enthalten.[28] 1571 errichtet Pi-

(Marginalien:)
Präzisierung der Zensurbestimmungen

Kirche erlässt verbindlichen Index librorum prohibitorum

---

[27] *Neue und vollständigere Sammlung der Reichs-Abschiede, Welche von den Zeiten Kayser Conrads des II. bis jetzo, auf den Teutschen Reichs-Tägen abgefasset worden, sammt den wichtigsten Reichs-Schlüssen, so auf dem noch fürwährenden Reichs-Tage zur Richtigkeit gekommen sind. In vier Theilen. Franckfurt am Mayn 1747. Teil II, 396.*

[28] Regel VII. Vgl. Gert Zeising: *Die Bekämpfung unzüchtiger Gedankenäußerungen seit der Aufklärung.* Marburg 1967.

us V. die Indexkongregation.[29] – Der Index und das kirchliche Zensurverfahren wurde laufend dem Wandel der literarischen Strömungen angepaßt. Im 18. Jahrhundert ordnete Benedikt XIV. erneut das Zensurverfahren durch die Constitutio ,Sollicita ac provida' an, die auch in den ersten Teil des Index von 1758 aufgenommen wurde. Hierin spiegeln sich u.a. die Vorbehalte der katholischen Kirche gegen einen großen Teil der bedeutendsten europäischen Aufklärungsliteratur. Welchen praktischen Nutzen der Index für die Kontrolle der Bücherdistribution hatte, ist schwer abzuschätzen. Buchhändler oder Zöllner, die an Mautstellen Büchertransporte untersuchen mußten, brauchten einfachere Richtlinien. Als Faustregel galt für sie, daß am Druckort eines Buches zu erkennen sei, ob es eingeführt und verbreitet werden dürfe oder nicht. Aber die Indexregeln flossen in die Zensurvorschriften katholischer Obrigkeiten ein, und die Verbotslisten waren dazu angetan, nicht nur die indizierten Bücher zu ächten, sondern auch ein generelles Mißtrauen gegenüber der Literatur als potentiellem Medium der Verbreitung des ,Unglaubens' und der ,Unsittlichkeit' zu wecken. Die Aufklärer empfanden den Index und überhaupt jedes Verzeichnis verbotener bzw. ,gefährlicher' Bücher als Dokumente eines unerträglichen geistigen Despotismus. Lichtenberg, als Universitätsprofessor in Göttingen von der Zensur befreit, meinte: „Das Buch, das in der Welt am ersten verboten zu werden verdiente, wäre ein Katalog verbotener Bücher."[30] In der Tat wurde es 1777 in Österreich untersagt, den Katalog verbotener Bücher publik zu machen; freilich geschah dies nicht aus aufklärerischen Absichten heraus, sondern weil man befürchtete, der Katalog werde zum Werbemittel verbotener Bücher.[31]

Für die protestantischen Kirchen gab es keine Zensurordnung, die hinsichtlich der Allgemeingültigkeit mit dem Index und seinen Regeln vergleichbar gewesen wäre. Die Zensur war hier eine Angelegenheit der einzelnen Landeskirchen und oblag den Konsistorien und den theologischen Fakultäten der Universitäten bzw. wurde nach ihren Maßgaben ausgeübt.

---

[29] Vgl. zum Index und zum kirchlichen Zensurverfahren Franz Heinrich Reusch: *Der Index der verbotenen Bücher. Ein Beitrag zur Kirchen und Literaturgeschichte.* In zwei Bänden. Bonn 1883. Neudruck Aalen 1967; Joseph Hilgers: *Der Index der verbotenen Bücher. In seiner neuen Fassung dargelegt und rechtlich-historisch gewürdigt.* Freiburg i. Br. 1904; Joseph Hilgers: *Die Bücherverbote in Papstbriefen.* Freiburg i. Br. 1907; Heinrich Lackmann: *Die kirchliche Bücherzensur nach geltendem kanonischen Recht. Unter Berücksichtigung ihrer geschichtlichen Entwicklung und der heutigen Reformgedanken.* Köln 1962.

[30] Georg Christoph Lichtenberg: *Werke in einem Band.* Hrsg. von Peter Plett. Hamburg o.J., 179.

[31] Vgl. Karl Biedermann: *Deutschland im 18. Jahrhundert.* 2 Teile in 4 Bänden. 2. Aufl. 1880. Neudruck Aalen 1969, Teil I, 135.

Zu Beginn des 18. Jahrhunderts wurde die Reichsgesetzgebung in Sachen Zensur wieder belebt:

1715. Kaiser Karl VI. erläßt ein ‚Kayserliches EDICT, Wegen ernstlicher Untersagung alles Schmähens zwischen denen im Reich gelittenen Religionen'. Das Edikt nimmt ausdrücklichen Bezug auf die früheren Zensurgesetze und beklagt deren Wirkungslosigkeit, die sich im fortgesetzten Erscheinen von religiösen Schmähschriften zeigt. Insbesondere aber verurteilt das Edikt, daß „auf öffentlichen Universitäten über das Jus Civile & Publicum sehr schädliche, des Heil. Röm. Reichs Gesetze und Ordnungen anzapfende verkehrte neuerliche Lehren, Bücher, Theses und Disputationes angehebt, und dadurch viele so ohnzuläßig als tiefschädliche Neuerungen gegen die Teutsche Grund-Veste, folglich Unordnungen in dem Teutschen Reich eingeführet werden. Gleichwie aber dergleichen Zanck- und schmäh-süchtige Schreib-Arten und Lehren so wenig dem Christ- und Kayserthum, als der Gerecht- und Erbarkeit gemäß, noch auch zu Ausbreitung der Christlichen Lehre und allerseitigen Glaubens- oder gemeinnützigen Rechts- und Staats-Sachen den geringsten Nutzen und Ehre, wohl aber ein und anders dieses empfindlichen Schaden haben, daß daraus an statt der so hochnötigen Einigkeit und innerlichen guten Vernehmens, nichts als Zanck, Mißtrauen, Entfernung derer Gemüther, Irrwege, auch wohl gar Unfriede und Empörungen zu entstehen pflegen",[32] werden alle früheren Zensuranordnungen erneut eingeschärft, mit einer Ausnahme: Die 1570 erlassene Einschränkung der Standorte von Druckereien wird gelockert. Druckereien dürfen fortan in allen Städten errichtet werden, „wo Obrigkeitliche Obsicht gehalten wird", und die Obrigkeiten sind verpflichtet, „bey allen und jeden Buchdruckereien verständige und gelehrte Censores zu bestellen".[33]

Kaiserliches Edikt

Die Einschränkung des Druckgewerbes wird gelockert

Die Bedeutung dieses Edikts für die Entwicklung der Literatur im 18. Jahrhundert lag hauptsächlich in folgenden Punkten: 1. Es behauptete die Gültigkeit von Zensurgesetzen, die in einer kirchlich-theologischen und zugleich politischen Kampfsituation entstanden waren, und zog dadurch für religions- und kirchenkritische Äußerungen im 18. Jahrhundert sehr enge Grenzen. 2. Es schuf expressis verbis die Voraussetzung, gegen mißliebige politische und staatsrechtliche Literatur vorgehen zu können, und stemmte sich damit gegen die zunehmende Tendenz, die Literatur zum Forum eines politischen Räsonnements zu machen und sich litera-

---

[32] *Neue und vollständigere Sammlung der Reichs-Abschiede, Welche von den Zeiten Kayser Conrads des II. bis jetzo, auf den Teutschen Reichs-Tägen abgefasset worden, sammt den wichtigsten Reichs-Schlüssen, so auf dem noch fürwährenden Reichs-Tage zur Richtigkeit gekommen sind. In vier Theilen.* Franckfurt am Mayn 1747. Teil IV, 336 f.

[33] Ebd., 337.

risch über nötige und wünschenswerte gesellschaftliche Umstrukturierungen zu äußern. 3. Es erleichterte die Ausdehnung des Verlags- und Pressewesens, indem es den Betrieb einer Druckerei in nahezu jeder Stadt erlaubte.

Verschärfung
der Zensurbestimmung für politische
Literatur

Das Edikt von 1715 wurde 1746 durch ein kaiserliches Patent und 1790 durch die Wahlkapitulation Leopolds II. bestätigt. Zudem verschärfte Leopold II. am 3. Dezember 1791 in einem Presserescript die gegen die politische Literatur gerichteten Bestimmungen.[34]

Zensur in
Preußen
um 1790

Um die Verbindung zu Campe herstellen zu können, müssen wir die Ausführungen von Kiesel/Münch durch einen Abschnitt aus Dieter Breuers *Geschichte der literarischen Zensur in Deutschland* ergänzen. Es handelt sich um die Beschreibung der preußischen Zensur um 1790:

[...] in Preußen ist zwischen den gesetzlichen Absicherungen und der tatsächlichen Zensurpraxis zu unterscheiden. Der aufgeklärte Monarch [Friedrich II.] wünschte ‚vernünftige Männer' als Zensoren. Zugleich wollte er ‚eine anständige und ernsthafte Untersuchung der Wahrheit', also die Wissenschaften, nicht behindern. So wurde die Zensurgesetzgebung vergleichsweise liberal gehandhabt, mit Ausnahme der Zeitungen und politischen Schriften. Diese Liberalität galt besonders für religiöse Schriften. Die Zensurbehörden arbeiteten gemäß ihren Vorschriften, aber der König nahm sich oft genug das Recht, Zensurentscheidungen seiner Behörden zu revidieren und so die Konsequenz der Zensurgesetze in Einzelfällen aufzuhalten.

Diese Situation änderte sich dann auch schlagartig mit dem Tode des Monarchen 1786. Auf die Aktion des Aufklärers folgte die Reaktion der Gegner der Aufklärung zunächst auf religiösem Gebiet. 1788 ernannte König Friedrich Wilhelm II. einen Verfechter der geistlichen Reaktion und Restauration zum Justizminister und Chef des geistlichen Departements, J. Chr. v. Wöllner. Dieser setzte unverzüglich ein Religionsedikt in Kraft, das alle Aufklärung auf religiösem Gebiet verbot und die Geistlichkeit der drei zugelassenen Konfessionen aufs strengste an die Glaubensnormen band. Proteste gegen diese Einschränkung der Geistesfreiheit von seiten der Aufklärer, und Preußen war damals das Land der Aufklärer (Nicolai in Berlin, Kant in Königsberg), alle Proteste halfen nichts, im Gegenteil: der König stellte fest, ‚daß die Preßfreiheit in Preßfrechheit ausartet, und [...] allerley aufrührerischen Scharteckecken gedruckt werden' und veranlaßte noch im gleichen Jahr eine Neuregelung der Zensur (Erneuertes Zensuredikt vom 19.12.1788). Die Zensur sollte dem steuern, ‚was wider

---

[34] Vgl. Oswald Krempel: *Das Zensurrecht in Deutschland zu Ausgang des 18. und Beginn des 19. Jahrhunderts.* Diss. (masch.) Würzburg 1921, 140 ff.

die allgemeinen Grundsätze oder Religion, den Staat, die moralische und bürgerliche Ordnung sei oder auf Kränkung der persönlichen Ehre und des guten Namens anderer abziele' (Anm.: Goldfriedrich 1908, 413).

In den folgenden Jahren verschärfte sich aufgrund der Revolutionsereignisse in Frankreich und des Krieges gegen die Revolutionäre wie überall die Situation auch in Preußen; 1791 setzte
Wöllner als neue zentrale Zensurkommission die ‚Geistliche Im-
mediat=Examinations=Kommission' ein. Ihr unterstand u.a. die
Zensur der in Berlin gedruckten und verlegten ‚Monatsschriften,
Zeit- und Gelegenheitsschriften, Bibliotheken, pädagogischen
Schriften und alle dergleichen Broschüren, philosophischen und
moralischen Inhalts eben so wohl als die größeren theologischen und moralischen Bücher' (Anm.: Goldfriedrich 1908, 413
f.). Das heißt: betroffen waren gerade die neuen, wirksamen
Publikationsformen der Aufklärer. An Kants Abhandlung *Die Religionen innerhalb der Grenzen der bloßen Vernunft*, die 1792
in einer Berliner Zeitschrift erscheinen sollte, wurde sogleich ein
Exempel statuiert; sie wurde trotz Protesten verboten. Die *Allgemeine Deutsche Bibliothek* Friedrich Nicolais, eines der bedeutendsten Publikations- und Rezensionsorgane der deutschen
Aufklärung, wanderte daraufhin nach Kiel aus, die *Berlinische
Monatsschrift* nach Jena. Auch der Vertrieb der auswärtigen Zeitschriften der Aufklärung wurde verboten (*Gothaische Gelehrte
Zeitung, Jenaische Allgemeine Literatur-Zeitung*). Einwendungen
des Buchgewerbes wegen Geschäftsschädigung wies der König
zurück: er sei ‚äußerst verwundert, daß man den Flor des Buchhandels auf den Verkauf unzulässiger Schriften gründen wolle'
(Anm.: Goldfriedrich 1908, 415 f.). Bis zum Tode des Königs
1797 wurden die Zensurmaßnahmen ständig verschärft. (Breuer
1982, 96 f.)

5.3 Zensur und „Preßfreiheit" um 1800

Kehren wir nun wieder zu Campe zurück. Wie sind die Vorgänge um ihn, wie ist jener Fall von bestehender Pressefreiheit,
Androhung von Zensur und schließlich Selbstzensur zu interpretieren?

Bedenkt man, dass die Gegenaufklärung mit strengen Zensurmaßnahmen im mächtigen Preußen schon vor Ausbruch
der Französischen Revolution eingesetzt hatte, dann wird
verständlich, warum gerade jemand wie Campe äußerst miss-
trauisch beobachtet wurde. Seine *Briefe aus Paris* nämlich –
eine Warnung an jede Art von „Despotismus" – mussten besonders für das ‚reaktionäre' Preußen wie eine Ohrfeige ge-

wirkt haben. Das kleine Herzogtum Braunschweig-Wolfen-
büttel, dessen Herrscherhaus durch verwandtschaftliche Beziehungen mit dem preußischen Hof verbunden war, konnte
es sich nicht erlauben, mit Preußen über den ‚Fall Campe' einen Bruch zu vollziehen, zudem auch der von Preußen ins
Feld geführte Hinweis auf die Reichsgesetzgebung in Sachen
Zensur nicht ganz von der Hand zu weisen war. Herzog Carl
Wilhelm Ferdinand, der noch ganz der aufgeklärt-liberalen
Politik seines Onkels Friedrich II. verbunden war, musste mit
Feingefühl vorgehen. Einerseits war die Forderung Preußens
zu erfüllen, dafür Sorge zu tragen, dass in Campes Schulbuchhandlung keine politischen Schriften mehr erschienen –
Schriften, die selbstverständlich auch nach Preußen gelangten. Andererseits hätte die Einführung der Zensur im Herzogtum vermutlich nicht nur tatsächlich die Auswanderung Campes bedeutet. Eine solche Maßnahme wäre auch dem
Ansehen des Herzogtums nachteilig gewesen und entsprach
zudem in keiner Weise den Überzeugungen des Herzogs. Er
musste einen Weg finden, die offizielle Aufhebung der Pressefreiheit zu umgehen, zugleich aber verhindern, dass politische Bücher aus Braunschweig vor allem in Preußen Anstoß
erregten.

Campe erreicht den Verzicht auf eine formelle Verkündigung der Zensur

Für Campe stand an oberster Stelle der ganzen Auseinandersetzung der Verzicht auf eine formelle Verkündigung der Zensur. Mit der letzten Antwort des Herzogs hatte er dieses Ziel erreicht. Das konnte immerhin, gerade unter den verschärften
politischen Bedingungen, als ein Sieg gelten: die Errungenschaften der Aufklärung in Hinblick auf Publizität waren wenigstens offiziell nicht zurückgenommen worden. Zudem hatte
Campe, auch dies ist nicht zu unterschätzen, vor Deutschlands
„Leserwelt" – so hatte er den Begriff „Publikum" übersetzt –
sein Gesicht gewahrt.

Hanno Schmitt hat darüber hinaus den vielleicht wichtigsten
Grund für Campes „Wohlverhalten" herausgestrichen: Campe
hatte ein Interesse daran, in Deutschland und vor allem in
Braunschweig weiterarbeiten zu können, denn „auch nach
Ausbruch der Französischen Revolution und trotz ihrer differenzierten Befürwortung konnte sich der genannte Personenkreis [Campe, Trapp, Stuve u.a.; J.Sch.] eine Verwirklichung der
für richtig gehaltenen Reformmaßnahmen [gemeint ist die Veränderung des Erziehungswesens auf der Grundlage des Philanthropismus; J.Sch.] nur innerhalb des Spätabsolutismus vorstellen".[35] Campes „Glaubensbekenntnis" aus den *Briefen aus*

Paris bekräftigte diese Interpretation auch für den allgemeinen politischen Bereich.

Diese grundsätzliche Befürwortung eines aufgeklärten Absolutismus erklärt auch, warum Campe seinem Herzog nach all diesen Auseinandersetzungen noch immer ergeben blieb. Dies ist nicht so ganz selbstverständlich, denn Carl Wilhelm Ferdinand gehörte 1792 schließlich zu den Führern der deutschen Reaktion gegen die Französische Revolution und war Verfasser des herablassend drohenden Manifests vom 25. Juli 1792, das von den Franzosen bedingungslose Unterwerfung forderte und sich auf die Seite König Ludwigs XVI. stellte, desjenigen ‚Despoten‘, dessen Entmachtung Campe 1789 so enthusiastisch begrüßt hatte. Dem 49seitigen, bisher nur in Auszügen bei Leyser (1877, Bd. 1, 373-420) gedruckten Manuskript *Kurze Geschichte meines Kampfes für Druck- und Preßfreiheit in den Jahren 1791 und 1792. nebst drei Beilagen*,[36] das auch die oben zitierten Dokumente enthält, hat Campe auf Blatt I unter dem Jahre 1804 folgende Eintragung beigegeben:

> Die hierin enthaltenen Verhandlungsschriften können, nach des Herzoges und meinem Tode, von dem auswärtigen Freunde, bei dem ich sie niederlege, immerhin bekanntgemacht werden, weil sie meinem edeln Fürsten zur Hohen Ehre, mir aber auch wohl nicht zur Schande gereichen.

1807 setzte er dann hinzu:

> Jetzt, das unser guter Herzog nicht mehr ist, können diese Aufsätze auch meinen vermischten Schriften einverleibt werden, die ich wenn ich bis zu meinem eigenen Tode noch die dazu nöthige Zeit gewinnen kann, sammt meinen Erziehungsschriften sammeln und zum Drucke zurichten werden.

Campe scheint die Zwänge, in denen dieser aufgeklärte Fürst Carl Wilhelm Ferdinand stand, sehr wohl erkannt zu haben. Als Realpolitiker konnte er deshalb mit dem Ergebnis seines „Kampfes für Druck- und Pressfreiheit" vollauf zufrieden sein. Schließlich ging es bei dem ganzen Konflikt, der weit über die

---

[35] Schmitt 1985, 89. Johann Stuve (1752-1793) und Ernst Christian Trapp (1745-1818), beides bekannte Reformpädagogen, gaben zusammen mit Campe und Conrad Heusinger (1752-1820) das *Braunschweigische Journal* heraus.

[36] Das I+49 Seiten umfassende Manuskript befindet sich im Staatsarchiv Wolfenbüttel, Signatur VI Hs 11, Nr. 46.

Grenzen des Landes hinaus Beachtung fand, nicht, wie noch bei Lessing, um philosophische oder religiöse Standpunkte. Es handelte sich vielmehr, wie Ludwig Fertig (1977, 49) es ausdrückt, „um die Furcht, daß in einer Zeit, in der Schriften politischen Inhalts gefragt waren wie nie, öffentliche Diskussionen um die rechte Staatsform, um Menschenrechte und dergleichen gefährliche Gegenstände ausferten, es ging darum, daß die Obrigkeiten eine Infizierung des ‚großen Haufens' mit Gedanken, die ihm nicht zukamen, fürchteten." Was man also scheute, war Öffentlichkeit. Drei Jahre nach der Revolution war diese ‚Gefahr' – zumindest nach außen – auch im Herzogtum Braunschweig-Wolfenbüttel gebannt.[37]

Wieder einmal ließe sich zusammenfassend Goethe (1982, Bd. 14, 80 f.) zitieren, der die Situation treffend auf den Punkt gebracht hat: „Kaum wird durch Buchdruckerei Kultur allgemein verbreitet, so macht sich schon die Zensur nötig, um dasjenige einzuengen, was bisher in einem natürlich beschränkten Kreise frei gewesen war."

5.4 Die literarische Zensur

Auch der Überblick zur Zensurgeschichte von Kiesel/Münch hat gezeigt, dass die Zensur in Gestalt von verbindlichen Erlassen oder Gesetzen mit dem Buchdruck überhaupt erst aufkommt und dass sie der weltlichen wie der kirchlichen Obrigkeit in gleicher Weise dazu gedient hat, größere Leserkreise von bestimmten Büchern und damit bestimmten Gedanken fernzuhalten. So lassen sich in der Zensurgeschichte die folgenden Höhepunkte ausmachen:

Höhepunkte der Zensurgeschichte

- **Humanismus und Renaissance**, die gewisse Glaubenssätze, zum Teil in deutschsprachigen Veröffentlichungen, in Frage stellten, riefen die kirchliche Zensur hervor.
- Auf **Martin Luthers Lehre**, die den Staat genauso wie die katholische Kirche angriff und in ihrer bestehenden Gestalt bedrohte, folgten auch Zensurmaßnahmen beider Institutionen, zumal Luthers Schriften in bislang nicht gekanntem Ausmaß alle Bevölkerungsschichten direkt oder indirekt erreichten.

---

[37] Zur Geschichte des *Braunschweigischen Journals* vgl. Stern 1915/16.

- **Aufklärung und Französische Revolution** mündeten in eine verschärfte Zensur, weil immer mehr Menschen aufgrund ihrer Bildung aus Büchern und Zeitschriften immer mehr Freiheit für sich forderten, der Staat sich dadurch aber in seiner Existenz bedroht und deshalb gezwungen sah, die Verbreitung bestimmter Gedanken zu ver- oder wenigstens zu behindern.

Immer dann also, wenn eine Form von Öffentlichkeit – und das heißt bis weit ins 19. Jahrhundert hinein: die Übereinstimmung einer genügend großen Anzahl von Menschen in einer Meinung, die einer herrschenden Macht gefährlich werden konnte – entsteht, dann setzt ebendiese Macht das Mittel der Zensur ein, um jene Form von Öffentlichkeit zu unterbinden. Noch deutlicher wird die Kommunikationsunterbindung als Motiv für die Zensur, wenn wir in der Geschichte etwas weiter voranschreiten.

> Die Zensur wurde immer dann eingeführt, wenn eine Form von Öffentlichkeit entstand. Durch die Zensur sollte die Verbreitung bestimmter Gedanken unterbunden werden

Die verschärfte Zensur nach 1791 hatte zwar nicht verhindern können, dass politische Schriften in Umlauf waren, denn jede Zensur bringt subtile Mechanismen ihrer Umgehung hervor. Die Revolution aber war dennoch nicht nach Deutschland getragen worden. Stattdessen musste man sich einige Jahre lang der Diktatur Napoleons beugen. Die Zensur in dieser Zeit wurde nicht ganz so streng wie während der Revolutionsereignisse in den 90er Jahren gehandhabt, doch die Furcht und der Respekt vor der napoleonischen Verwaltung war selbst noch während der so genannten ‚Befreiungskriege‛ so groß, dass sogar die preußischen Behörden gegen antifranzösische Schriften vorgingen.[38]

> Zensur unter der Diktatur Napoleons

Der Wiener Kongress von 1814/15, der gegen die Hoffnung der großen Mehrheit des Volkes die Restauration besiegelte und zur Gründung des Deutschen Bundes führte, schrieb die bisherige Zensurgesetzgebung lediglich fort.[39] Als die von den Burschenschaften an den deutschen Universitäten ausgehende oppositionelle Bewegung gegen den Deutschen Bund immer heftiger und schließlich gar der Schriftsteller August von Kotzebue von dem Burschenschaftler Karl Ludwig Sand ermordet

> Die Zensur wird nach der Ermordung des Schriftstellers August von Kotzebue drastisch verschärft

---

[38] Umfangreiches Material hierzu, das eine genauere Auswertung lohnen würde, ist in drei Bänden mit aussagekräftigen Aktenstücken zusammengetragen worden von Paul Czygan (1911).

[39] Die *Deutsche Bundesakte* vom 8. Juni 1815 sah in Art. 18, Absatz c) nur vor: „Die Bundesversammlung wird sich bey ihrer ersten Zusam-

wurde, verschärfte die Regierung, hauptsächlich auf Betreiben des österreichischen Gesandten Fürst von Metternich, die Zensur drastisch. Edda Ziegler (1983, 119 f.) charakterisiert das ‚Bundes-Preßgesetz‘, Teil der Karlsbader Beschlüsse[40] von 1819, in ihrem Band *Literarische Zensur in Deutschland 1819-1848* so:

Bundes-Preß-
gesetz von 1819

Der § 1 des Pressegesetzes führte mit der Vorzensur das alte Polizeisystem wieder ein. Der Vorzensur unterliegen nun alle Schriften mit weniger als 20 Druckbogen (320 Seiten) Umfang und damit der Großteil der Buch- und die gesamte Zeitungs- und Zeitschriftenproduktion. Die Differenzierung nach dem Umfang der Druckschriften läßt die Schwerpunkte des Kontrollsystems erkennen. Der eine liegt auf der Überwachung aktueller politischer Äußerungen, für die Schriften von geringem Umfang und v.a. Periodika besser geeignet waren, weil sie schnell und in hohen Auflagen hergestellt und verbreitet werden konnten; der andere auf der schichtenspezifischen Begrenzung des Buchmarkts. Der Gärungsstoff politischer Literatur soll durch die Rezeptionsbeschränkung auf die zahlungskräftigen und das heißt die traditionellen, sozial gehobenen Leserschichten, die allein sich teure, weil umfangreiche Schriften leisten können, um seine Wirkung dort gebracht werden, wo man zurecht das gesellschaftliche Veränderungspotential vermutet: in einer auf die unteren Mittel- oder gar Unterschichten erweiterten Leserschaft.

Für Schriften von mehr als 20 Bogen Umfang war zwar nur eine Nachzensur obligatorisch (der sich weniger umfangreiche Schriften zusätzlich zu unterziehen hatten); das finanzielle Risiko aber, das mit dem Verlag dieser in der Herstellung kostspieligen Werke verbunden war, weil der Verleger die Gefahr entschädigungsloser Beschlagnahme einging, erwies sich als ausreichendes Regulativ.

Detailbestimmungen verstärken die neoabsolutistische Struktur des Gesetzes. So ist z.B. eine amtliche Begründung von Zensururteilen nicht vorgesehen, was die Erfolgsaussichten eines möglichen Einspruchs erheblich mindert. Entscheidender noch wirkt die Aufhebung der Pressehoheit der einzelnen Bundesstaaten (§§ 2 bis 6). Eine Tendenz zur Zentralisierung kündigt sich an, die in den nächsten Jahrzehnten zum wirksamsten Machtinstrument des Bundes gegen die freiheitlichen Pressegesetze einzelner Länder, wie z.B. Kurhessens, Sachsens oder Badens werden sollte. Durch das Pressegesetz mehr noch als durch das Universitätsgesetz wird

---

menkunft mit Abfassung gleichförmiger Verfügungen über die Preßfreyheit und die Sicherstellung der Rechte der Schriftsteller und Verleger gegen den Nachdruck beschäftigen." Huber [Hrsg.] 1978, 90.

[40] Die Karlsbader Beschlüsse. In: Protokolle der deutschen Bundesversammlung. Bd. 8, Heft 3, Frankfurt a.M. 1819, 262, 266-287.

Deutschland, wie der bayrische Minister von Lerchenfeld es formulierte, ‚aus einem Staatenbunde in einen Bundesstaat' verwandelt.

Franz Schneider (1966, 244) betont in seiner Schrift *Pressefreiheit und politische Öffentlichkeit* noch stärker den kommunikationspolitischen Aspekt:

> Die Karlsbader Beschlüsse sollten verhindern, daß sich die bürgerliche Gesellschaft politisch formiert. Sie sind der Versuch, eine fundamentale geistige Entwicklung, die in breitesten Schichten Fuß gefaßt hatte, durch Kommunikationsunterbindung zu sistieren und rückgängig zu machen. Doch nicht die Absicht, epochale Ideen in ihrer Verbreitung zu drosseln, gibt dem Unternehmen die Besonderheit des Erstmaligen in der Geschichte deutscher Pressefreiheit, sondern das Bestreben, ein erwachtes politisches Freiheitsbedürfnis (Liberalismus) durch kommunikative Unfreiheit wieder zu entwöhnen.

Intention der Karlsbader Beschlüsse

Wie diese Kommunikationsunterbindung betrieben wurde, zeigt das Beispiel des „Jungen Deutschland", jener „Vormärz"-Literatur, die vor allem mit den Namen Heinrich Heine, Karl Gutzkow, Heinrich Laube, Ludolf Wienbarg, Ludwig Börne und Theodor Mundt verbunden ist. Metternich war die oppositionelle Haltung dieser politischen Schriftsteller schon spätestens seit der französischen Juli-Revolution 1830 ein Dorn im Auge. Mit dem Roman *Wally, die Zweiflerin* von Gutzkow (erschienen am 12.8.1835) hatte er wieder einmal einen Anlass gefunden, auf höchster Ebene gegen jene

„Junges Deutschland"

Nachdem die **Bundesversammlung** den Präsidialvortrag ausführlich erörtert, und sich die darin entwickelten Ansichten und Anträge angeeignet hatte, erfolgte hierauf der nachstehende

Beschluß:

Nachdem sich in Deutschland in neuerer Zeit, und zuletzt unter der Benennung „das junge Deutschland" oder „die junge Literatur", eine literarische Schule gebildet hat, deren Bemühungen unverholen dahin gehen, in belletristischen, für alle Classen von Lesern zugänglichen Schriften die christliche Religion auf die frechste Weise anzugreifen, die bestehenden socialen Verhältnisse herabzuwürdigen und alle Zucht und Sittlichkeit zu zerstören: so hat die deutsche Bundesversammlung — in Erwägung, daß es dringend nothwendig sey, diesen verderblichen, die Grundpfeiler aller gesetzlichen Ordnung untergrabenden Bestrebungen durch Zusammenwirken aller Bundesregierungen sofort Einhalt zu thun, und unbeschadet weiterer vom Bunde oder von den einzelnen Regierungen zur Erreichung des Zweckes nach Umständen zu ergreifenden Maaßregeln — sich zu nachstehenden Bestimmungen vereiniget:

1) Sämmtliche deutschen Regierungen übernehmen die Verpflichtung, gegen die Verfasser, Verleger, Drucker und Verbreiter der Schriften aus der unter der Bezeichnung „das junge Deutschland" oder „die junge Literatur" bekannten literarischen Schule, zu welcher namentlich Heinr. Heine, Carl Gutzkow, Heinr. Laube, Ludolph Wienbarg und Theodor Mundt gehören, die Straf- und Polizei-Gesetze ihres Landes, so wie die gegen den Mißbrauch der Presse be-

> stehenden Vorschriften, nach ihrer vollen Strenge in Anwendung zu bringen, auch die Verbreitung dieser Schriften, sey es durch den Buchhandel, durch Leihbibliotheken oder auf sonstige Weise, mit allen ihnen gesetzlich zu Gebot stehenden Mitteln zu verhindern.
>
> 2) Die Buchhändler werden hinsichtlich des Verlags und Vertriebs der oben erwähnten Schriften durch die Regierungen in angemessener Weise verwarnt und es wird ihnen gegenwärtig gehalten werden, wie sehr es in ihrem wohlverstandenen eigenen Interesse liege, die Maaßregeln der Regierungen gegen die zerstörende Tendenz jener literarischen Erzeugnisse auch ihrer Seits, mit Rücksicht auf den von ihnen in Anspruch genommenen Schutz des Bundes, wirksam zu unterstützen.
>
> 3) Die Regierung der freien Stadt Hamburg wird aufgefordert, in dieser Beziehung insbesondere der Hoffmann- und Campe'schen Buchhandlung zu Hamburg, welche vorzugsweise Schriften obiger Art in Verlag und Vertrieb hat, die geeignete Verwarnung zugehen zu lassen.

Abb. 55: Beschluss der Bundesversammlung vom 12. Dezember 1835 über das „Junge Deutschland".

Beschluss der Bundesversammlung gegen das „Junge Deutschland"

Gründe für die Reaktion des Staates

vorzugehen, die, um in seiner Terminologie zu reden, „Ruhe und Ordnung" störten. In der Sitzung der Bundesversammlung vom 10.12.1835 erging der in Abb. 55 faksimilierte Beschluss.[41]

Die scharfe Reaktion des Staates gegen das „Junge Deutschland" beruhte offenbar auf zwei Gründen: Erstens wagten es hier erstmals Schriftsteller, bestimmte traditionelle ,Werte' in Frage zu stellen, und zwar so, dass über diese Werte nicht bloß ,räsonniert' wurde. Diese Schriftsteller forderten ganz offen einen neuen Staat und eine neue Gesellschaft mit neuen Werten. Zweitens, und dieser Grund ist gewiss der wichtigere, blieben diese Forderungen nicht auf einen kleinen, kontrollierbaren Rezipientenkreis beschränkt. Die Formen des Feuilletons, die das „Junge Deutschland" für seine Literatur gefunden hatte, sprachen nicht nur die seit Mitte des 18. Jahrhunderts tragende mittelständische Leserschicht an. Sie kamen auch den weniger gebildeten und finanziell nicht so gut gestellten Schichten entgegen, die zunehmend ein Lesebedürfnis artikulierten und gerade an jenen Formen des z.B. in Fortsetzung erzählten Romans Gefallen fanden.[42]

---

[41] *Protokolle der Deutschen Bundesversammlung vom Jahre 1835.* Sitzung 1 bis 32. Frankfurt a.M. 1835, 1168-1172, hier 1171 f.

[42] Reinhart Meyer (1987a) hat gezeigt, dass die Autoren des beginnenden 19. Jahrhunderts zum großen Teil aus ökonomischen Gründen ihre feuilletonistischen Formen in dem Medium ,Journal' wählten: auf diese Weise erhielten sie ein höheres Honorar.

Abb. 56: „Zensurlücke" in Heinrich Heines *Reisebildern* (1827).

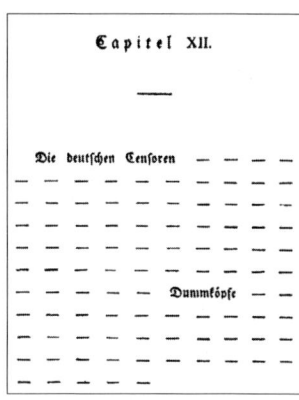

Erstmals in der Geschichte blieb eine Diskussion über Freiheitsrechte nicht auf den relativ kleinen und zudem von seiner Herkunft und seinem Selbstverständnis kaum zum politischen Handeln bestimmten Kreis des bürgerlichen Mittelstandes beschränkt. Genau dieser Umstand machte den Herrschenden die größte Sorge. Das wird deutlich in der folgenden, vor allem auf Heinrich Heine bezogenen Bemerkung des österreichischen Gesandten vor der deutschen Bundesversammlung:

> Die Schmähungen gegen die Religion, welche versteckt oder offen das stets variirte Thema ihrer [der Schriftsteller des „Jungen Deutschlands"; J.Sch.] Arbeiten bilden, sind keineswegs neu und originell. Neu dagegen, wenigstens in Deutschland, ist das Hinüberziehen dieser Materien auf das belletristische Gebiet, wo das, was früher höchstens einem engern Kreise wissenschaftlicher Leser bekannt war, jetzt vor das Forum jener unermeßlichen Menge gebracht wird, die in Deutschland zur Unterhaltung liest [...].[43]

Diese Einschätzung war nicht ganz unbegründet. Zwar geht man in der Forschung davon aus, dass um 1830 nur ca. 40% der Bevölkerung als potentielle Leser in Frage kamen (Schenda 1977, 444 f.; vgl. Engelsing 1973, 101 ff.), doch ist diese Zahl, verglichen mit der Lesefähigkeit im 18. Jahrhundert (um 1770 rechnet Rudolf Schenda mit 15%, um 1800 mit 25%), bereits verhältnismäßig hoch.

Die Sorge der Herrschenden wird noch nachvollziehbarer, wenn man die gesellschaftliche Bedeutung der Leihbibliotheken, einer im 18. Jahrhundert errichteten, aber erst in den 30er und 40er Jahren des 19. Jahrhunderts zum Durchbruch kommenden Institution, hinzunimmt. Wolfgang von Ungern-Sternberg beschreibt Verbreitung und Einfluss der Leihbibliotheken so:

Gesellschaftliche Bedeutung der Leihbibliotheken

> Bereits um 1800 gab es in den meisten deutschen Städten, soweit es die Zensurgesetze und die Obrigkeit zuließen, mindestens eine, oft aber mehrere Leseinstitute dieser Art. Gegen Ende der Restaurationszeit überzog Deutschland ein dichtes Netz von – eher zurückhaltend geschätzt – 1500 bis 2000 Leihbibliotheken. Insgesamt waren die Leihbibliotheken nach Zahl, Umfang und Frequenz ihrer Bestände die größte Literaturagentur des 19. Jahrhun-

---

[43] *Protokolle der Deutschen Bundesversammlung vom Jahre 1835.* Sitzung 1 bis 32. Frankfurt a.M. 1835, 1169.

derts. Im Bereich der Belletristik, vor allem bei der Verbreitung von Romanen und Erzählliteratur, nahmen sie fast eine Monopolstellung ein. Sie kauften vermutlich allein drei Viertel dieser Produktion auf. Bereits 1801 bemerkte Daniel Jenisch in seiner Bilanz ,Geist und Charakter des 18. Jahrhunderts‘, daß nicht zuletzt durch die ,Menge unserer Leihbibliotheken’ die ,teutsche Nazion, so wie eine der schreib- also auch eine der leselustigsten in ganz Europa geworden’ sei. Daß die Leihbibliotheken erheblich zur Demokratisierung des Lesens beigetragen haben, steht außer Frage. Die auch in politischer Hinsicht große Bedeutung der Leihbibliotheken wird nicht zuletzt von den Zensurbehörden bestätigt. So spricht ein amtlicher Erlaß, die ,Verfügung des königl. preuss. Ministeriums über die Beaufsichtigung der Leihbibliotheken’ von 1842, die Meinung aus, daß der Einfluß ihres Lektüreangebots auf den ,Volksgeist’ ,an Umfang, wie an nachhaltiger Wirkung, den des gesamten Buchhandels und der Tagespresse’ übersteige.[44]

Beaufsichtigung der Leihbibliotheken durch Zensurbehörden

Berücksichtigt man die an dieser Stelle nur knapp angedeutete Sozialgeschichte der Kommunikationsmöglichkeiten und Kommunikationspraxis, dann muss man die Zensurgesetze des Deutschen Bundes als den Versuch betrachten, eine sich mehr und mehr formierende politische Öffentlichkeit mit Machtmitteln zu unterdrücken. Dass dazu sogar ein Bundesgesetz gegen einzelne Schriftsteller bzw. eine Gruppe von Schriftstellern erlassen wurde, zeigt einerseits, dass der Staat hier schon auf verlorenem Posten kämpfte. Wenn nämlich schon die Karlsbader Beschlüsse mit ihren allgemeinen und umfassenden Bestimmungen nicht ausgereicht hatten, die Entstehung und Verbreitung einer Literatur wie der des „Jungen Deutschland“ zu verhindern, dann konnten auch Einzelverbote kaum die Politisierung von Literatur und Gesellschaft aufhalten. Andererseits macht ein derartiges Bundesgesetz deutlich, dass der Staat gewillt war, mit allen Mitteln die Opposition zu unterdrücken – ein Unterfangen, das ihm für die Dauer von gut zehn Jahren auch weitgehend gelang. Dabei war es weniger die konsequente Anwendung der Zensur als ihre psychologische Wirkung, die diesen Erfolg hervorrief. Edda Ziegler (1983, 123) schreibt:

Politisierung von Literatur und Gesellschaft trotz Zensur

Psychologische Wirkung der Zensur

> Obwohl das Edikt [der Bundesbeschluss gegen das „Junge Deutschland“; J.Sch.] schon seinerzeit als juristisch außerordentlich fragwürdig galt, faktisch kaum angewendet und 1842 offiziell wieder aufgehoben wurde, war es nicht ohne Effizienz. Zum einen

---

[44] Ungern-Sternberg 1988, 402. Ungern-Sternberg zitiert aus Jenisch 1801, Bd. 3, 346 f., sowie aus dem amtlichen Erlass aus der Allgemeinen Press-Zeitung 3/35, 1842, Sp. 329-332, abgedruckt in: Bucher/Hahl/Jäger/Wittmann [Hrsgg.] 1975, Bd. 2, 633 ff. Vgl. zum Thema ,Leihbibliothek und Zensur’ auch Ungern-Sternberg 1980.

wirkte es abschreckend und demoralisierend. Außer Heine hielt keiner der verbotenen Autoren der harten Konfrontation mit dem obrigkeitlichen Machtwillen stand. Heine hatte es allerdings bereits 1832 vorgezogen, nach Paris zu emigrieren. Gutzkow, Wienbarg, Mundt und Laube, die ‚Häupter der Bewegung‘, aber gaben klein bei, schwiegen künftig oder ließen sich vom politischen und gesellschaftlichen Establishment in Dienst nehmen, was durch gesellschaftliche Integration und bürgerliche Karriere belohnt wurde.

Eine andere Wirkung, auf die hier allerdings nicht mehr eingegangen werden soll, war die Selbstzensur, die berühmte ‚Schere im Kopf‘ (vgl. Ziegler 1983, 169-177).

Wenngleich die Märzrevolution von 1848 politisch weitgehend scheiterte, führte sie im gesellschaftlichen Bereich doch zu erheblichen Veränderungen. Eine davon war die Aufhebung der Zensur und die Einführung der Pressefreiheit, die mit dem Beschluss der Bundesversammlung vom 3. März 1848 allen Ländern nahegelegt wurde (vgl. Abb. 57).[45]

> März 1848: Aufhebung der Zensur und Einführung von Pressefreiheit

Obwohl die Pressefreiheit 1849 offiziell in die von der Deutschen Nationalversammlung verabschiedete Verfassung Aufnahme fand,[46] wurde sie im Laufe des 19. Jahrhunderts immer wieder von einzelnen Staaten außer Kraft gesetzt oder durch wirtschaftliche Maßnahmen (beispielsweise durch die Einführung der „Stempelsteuer" für Zeitungen in Preußen 1852) unterlaufen (vgl. Elkan 1922, Olszewski 1951). Insbesondere der Reichskanzler Fürst Otto von Bismarck betrieb eine restriktive Pressepolitik, die er aus dem so genannten „Reptilienfond"[47] finanzierte (vgl. Nöll von der Nahmer 1968).

---

[45] *Protokolle der Deutschen Bundesversammlung vom Jahre 1848*. Sitzung 1 bis 70. Frankfurt a.M. 1848, 201-203.

[46] In Art. IV / § 143 von Abschnitt VI. der Verfassung heißt es über „Die Grundrechte des deutschen Volkes" (zit. nach Wilke 2000, 218):
„Jeder Deutsche hat das Recht, durch Wort, Schrift, Druck und bildliche Darstellung seine Meinung frei zu äußern.
Die Preßfreiheit darf unter keinen Umständen und in keiner Weise durch vorbeugende Maßnahmen, namentlich Censur, Concessionen, Sicherheitsbestellungen, Staatsauflagen, Beschränkungen der Druckereien oder des Buchhandels, Postverbote oder andere Hemmungen des freien Verkehrs beschränkt, suspendiert oder aufgehoben werden.
Über Preßvergehen, welche von Amts wegen verfolgt werden, wird durch Schwurgerichte geurtheilt. Ein Preßgesetz wird vom Reiche erlassen werden."

[47] In seiner Reichstagsrede vom 20. Januar 1869 sprach Bismarck davon, „bösartige Reptilien" verfolgen zu wollen, worunter er vornehmlich Journalisten verstand. Dieser Ausspruch motivierte die Bildung des Begriffs „Reptilienfond".

§. 119.

Die Bundes-Preßangelegenheiten betreffend.

(11. Sitz. §. 113 v. J. 1848.)

Der Bundestags-Ausschuß in Preßangelegenheiten erstattet nachstehenden Vortrag:

Hoher Bundesversammlung sind die eifrigen und angestrengten Bemühungen bekannt, die von vielen Bundesregierungen, insbesondere denen von Preussen, Königreich Sachsen, Würtemberg, Baden und Großherzogthum Hessen, im Verlaufe des vorigen Jahrs angewendet worden sind, um die von ihnen als unumgänglich nothwendig erkannte förmliche Aufhebung der bestehenden provisorischen Preßgesetzgebung des Bundes und die definitive Vollziehung des Art. 18 d der Bundesacte auf der Grundlage der Repression herbeizuführen. Diese Bemühungen hatten endlich die Erstattung des in der Bundestags-Sitzung vom 9. September v. J. (Prot. §. 268) vorgelegten Ausschußvortrags zur Folge.

Hiernach gelang es zwar nicht, die Stellung von Anträgen über das Nähere des vom Bunde zu erlassenden neuen Preßgesetzes zu bewirken, dennoch aber wurde die Stellung einiger Vorfragen erzielt, deren Beantwortung von anderen Bundesregierungen für nothwendig erachtet worden war, dahin lautend:

„1) Soll das Bundes-Preßgesetz vom 20. September 1819 im Sinne der zur Erzielung einer gleichförmigen Anwendung desselben gegebenen Andeutungen ergänzt und vervollständigt werden?

2) Soll an die Stelle des erwähnten Gesetzes, zur Lösung der durch den Art. 18 der Bundesacte der Bundesversammlung vorbehaltenen Aufgabe, das neue Preßgesetz dem Präventiv- oder dem Repressiv-Systeme angehören, oder soll das künftige Preßgesetz des Bundes durch eine zweckmäßige Verbindung und gegenseitige Ergänzung von Präventiv- und Repressiv-Maaßregeln gebildet werden?

3) Sollen die von Preussen und Sachsen gemachten Vorschläge, und insbesondere der §. 1 des von Preussen vorgelegten Beschlußentwurfs, zur Grundlage der weitern Regulirung der Bundes-Preßgesetzgebung gemacht werden?"

Im Verlaufe dieses Jahrs wurde hierüber von Preussen, Bayern, Würtemberg, Baden, Großherzogthum Hessen und Mecklenburg abgestimmt, ohne daß es bis jetzt noch weitere Abstimmungen zu Protokoll gekommen sind. Inzwischen sind die Verhältnisse immer dringender geworden, und es haben sich bereits die Regierungen von Würtemberg und Baden, wie sie es in ihren Abstimmungen zum Voraus angekündigt hatten, genöthigt gesehen, provisorische Anordnungen über die Regulirung der Preßangelegenheiten in ihren Staaten, unter Vorbehalt des zu gewärtigenden Bundes-Preßgesetzes, zu erlassen.

Es läßt sich mit Bestimmtheit vorhersehen, daß auch noch andere Bundesstaaten genöthigt seyn werden, diesem Beispiele zu folgen.

Es muß daher die Frage entstehen, was unter solchen Umständen zu thun sey, um die Einheit der Preßgesetzgebung des Bundes möglichst aufrecht zu erhalten. — Der Ausschuß erblickt hierzu kein anderes Mittel, als, nach Num. 3 der vorgedachten Vorfragen, die §§. 1 und 2 des von Preussen vorgelegten Entwurfs eines Bundes-Preßgesetzes, für deren Annahme sich ohnedieß schon mehrere Bundesglieder ausgesprochen haben, sofort zum Bundesbeschluß zu erheben und öffentlich zu verkündigen, die nähere Bezeichnung und Feststellung der dem Bunde zu gewährenden Garantieen aber einer spätern Zeit vorzubehalten.

Ueber die deßhalb zu treffenden Einleitungen wird der Ausschuß den ihm bereits aufgetragenen Vortrag mit aller Beschleunigung erstatten.

Der Ausschuß stellt demnach den

Antrag:

Hohe Bundesversammlung wolle beschließen:

1) Jedem deutschen Bundesstaate wird freigestellt, die Censur aufzuheben und Preß=
freiheit einzuführen.

2) Dieß darf jedoch nur unter Garantieen geschehen, welche die anderen deutschen
Bundesstaaten und den ganzen Bund gegen den Mißbrauch der Preßfreiheit mög=
lichst sicherstellen;

3) Vorstehende Bestimmungen sind sofort öffentlich zu verkündigen.

Bei der hierauf gehaltenen

Umfrage

erklärten sich — mit Ausnahme der Stimmen von Oesterreich, Hannover und Kur=
hessen, wobei der Königlich=Hannöverische Herr Gesandte insbesondere
bemerkte, daß er, noch zur Zeit ohne Instruction, sich ausser Stand sehe, abzustimmen
und, im Hinblick auf den Artikel 65 der Wiener Schlußacte vom 15. Mai 1820, zu dem
Beschlusse mitzuwirken, vielmehr seiner allerhöchsten Regierung Erklärung vorbehalte —
sämmtliche übrigen Stimmen mit dem beantragten Beschlusse einverstanden, wobei

12. Sitz. §. 120 v. 3. März. **203**

jedoch allgemein die Voraussetzung ausgesprochen wurde, daß die Competenz des Bundes
hinsichtlich der Festsetzung der Garantieen ausdrücklich vorbehalten bleibe.

Daher

Beschluß:

1) Jedem deutschen Bundesstaate wird freigestellt, die Censur aufzuheben und Preß=
freiheit einzuführen.

2) Dieß darf jedoch nur unter Garantieen geschehen, welche die anderen deutschen Bun=
desstaaten und den ganzen Bund gegen den Mißbrauch der Preßfreiheit möglichst sicher=
stellen.

3) Vorstehende Bestimmungen sind sofort öffentlich zu verkündigen.

Abb. 57: Beschluss der Bundesversammlung vom 3. März 1848 über die
Aufhebung der Zensur.

Erst nach der Reichsgründung 1871 wurde mit dem 1874 ver-
abschiedeten „Reichspressegesetz" eine einheitliche Rechtsgrundlage für alle im Reichsgebiet erscheinenden Zeitungen
und Zeitschriften geschaffen. Danach war die „Freiheit der
Presse" garantiert, allerdings im Rahmen der bestehenden Gesetze. So wurden insbesondere die Aufforderung zum Hoch-
verrat, die Majestätsbeleidigung, die Gefährdung des öffentlichen Friedens durch Aufruf zum Klassenhass und die
Verbreitung unzüchtiger Schriften unter Strafe gestellt (vgl. Wilke 2000, 254). Der § 30 des Reichspressegesetzes enthielt eine
Art Notverordnung, auf die vierzig Jahre später, zu Beginn des
Ersten Weltkriegs, zurückgegriffen wurde: „Die für Zeiten der
Kriegsgefahr, des Krieges, des erklärten Kriegs- (Belagerungs-)
Zustandes oder innerer Unruhen (Aufruhrs) in bezug auf die

Das Reichspresse-
gesetz von 1874

Presse bestehenden besonderen gesetzlichen Regelungen bleiben auch diesem Gesetze gegenüber bis auf weiteres in Kraft."

Bismarcks Kampf gegen die Presse

Wilke (2000, 255 f.) kommentiert die Auswirkungen der gesetzlichen Regelungen auf die politische und gesellschaftliche Realität folgendermaßen:

> Das Reichspressegesetz schuf für das Pressewesen im Kaiserreich nicht nur eine einheitliche Rechtsgrundlage, sondern bedeutete fraglos auch eine wesentliche Liberalisierung. Aber diese hinderte nicht daran, dass man amtlicherseits auch fortan gegen die Presse vorging, wenn ihre Tätigkeit als unliebsam empfunden wurde. Die Handhabe dazu boten die erwähnten Straftatbestände sowie die dafür im Reichspreßgesetz vorgesehenen Möglichkeiten der Beschlagnahme. Massiv davon Gebrauch gemacht wurde in den siebziger Jahren zunächst im sogenannten Kulturkampf, dem erbitterten Konflikt zwischen Bismarck und der Katholischen Kirche. [...] Zwar konnten Zeitungen nicht mehr mundtot gemacht oder unterdrückt werden, aber die gesetzlichen Möglichkeiten, sie zu behindern oder zu verfolgen, wurden bis ins letzte ausgenutzt.

Sozialistengesetz

In ähnlicher Weise wie gegen die katholische Kirche ging Bismarck ab 1878 gegen die Sozialdemokratie vor. Für das „Gesetz gegen die gemeingefährlichen Bestrebungen der Sozialdemokratie" berief er sich auf den zitierten § 30 des Pressegesetzes, so dass Druckschriften verboten werden konnten, in denen, wie es hieß, „sozialdemokratische, sozialistische oder kommunistische auf den Umsturz der bestehenden Gesellschaftsordnung gerichtete Bestrebungen in einer den öffentlichen Frieden, insbesondere die Eintracht der Bevölkerungsklassen gefährdenden Weise zu Tage treten" (zit. nach Wilke 2000, 256). Das Sozialistengesetz blieb bis 1890 in Kraft, fand jedoch noch in den zahlreichen „Notverordnungen" der Weimarer Republik eine inhaltlich ähnliche Anwendung.

Einschränkung der Pressefreiheit während des Ersten Weltkriegs

Bei Ausbruch des Ersten Weltkriegs 1914 wurde die durch die Verfassung grundsätzlich gewährte Pressefreiheit außer Kraft gesetzt (vgl. Stöber 2000, 139 f.). Eine Militärzensur regelte nicht nur die Berichterstattung über Kriegsereignisse, sondern beispielsweise auch die über wirtschaftliche Verhältnisse. Trotz der Kriegssituation wurde die amtliche Zensur ständig durch das Parlament kritisiert, was letztlich auch ein Zeichen dafür war, dass einmal gewährte Freiheiten nicht so leicht wieder aufgehoben werden können – jedenfalls dann nicht, wenn der Staat grundsätzlich noch die Verfassung achtet.

Presse- und Meinungsfreiheit in der Weimarer Republik

Die Zeit zwischen 1918 und 1933 war von einem Kampf um das Pressewesen gekennzeichnet. Zwar garantierte die Weimarer Reichsverfassung von 1919 die Presse- und sogar die Meinungsfreiheit, doch machte es ein Notverordnungsrecht möglich, dass der Reichskanzler dieses und andere Grundrechte aufheben konnte, „wenn im Deutschen Reiche die öffentliche Sicherheit und Ordnung erheblich gestört oder gefährdet wird" (Art. 48 der Weimarer Reichsverfassung). Verschärft wurde dieses Notverordnungsrecht durch ein Republikschutzgesetz von 1922, nach dem ein Verbot für Periodika auf bestimmte Dauer erlassen werden konnte. Die Regierung machte von diesem Gesetz häufig Gebrauch: „Allein von August bis Dezember 1922 wurden in diesem Sinne 52 Presseverbote ausgesprochen, davon 40 in Preußen. In Bayern, wo das Republikschutzgesetz durch eine Ausnahmeverordnung außer Kraft gesetzt war, wurde durchweg nur auf preußisches Drängen gegen nationalistische Hetzorgane eingeschritten" (Koszyk 1972, 339). Kurz vor der Machtübergabe an Adolf Hitler ging man insbesondere gegen die sozialistische und kommunistische Presse vor. Kurt Koszyk (1972, 328) fasst zusammen:

Notverordnungsrecht und Republikschutzgesetz

> Ein weiteres Verbot für 3 Wochen traf die ‚Rote Fahne' am 25. November 1932. Dieses 50. Verbot dauerte bis zum 14. Dezember, nachdem es um drei Tage abgekürzt worden war. Die Druckmaschine blieb jedoch beschlagnahmt, so daß ‚Die Rote Fahne' mit nur acht Seiten Umfang erscheinen konnte. Erst am 23. Dezember kehrte das Blatt in seine eigene Druckerei zurück. In einem Resümee des Jahres 1932 stellte es am 1. Januar 1933 fest, daß die kommunistische Tagespresse 1932 insgesamt 919 Verbotstage überstehen mußte. Von 307 Erscheinungstagen war ‚Die Rote Fahne' 124 Tage verboten.

Zeitweiliges Verbot sozialistischer und kommunistischer Presseorgane

So wurde die von der Weimarer Verfassung grundsätzlich garantierte Presse- und Meinungsfreiheit in den wenigen Jahren ihres Bestehens mehr und mehr untergraben. Letztlich muss konstatiert werden, dass die in ihren demokratischen Grundlagen unsichere Weimarer Republik mit dem Notverordnungsrecht und anderen so genannten „Schutzmaßnahmen" für die Nationalsozialistischen gar die Möglichkeit geschaffen hatte, nach 1933 auf legalem Wege jeglichen Pluralismus im Pressewesen zu vernichten.

5.5 Die „Gleichschaltung" der Massenmedien im Nationalsozialismus

Bücherverbrennung
am 10. Mai 1933

Noch bevor die Nationalsozialisten ihre Regelungen zur Handhabung der Presse offiziell machten, setzten sie ein Zeichen, wie sie künftig mit der Literatur und der Öffentlichkeit umzugehen gedachten. Am 10. Mai 1933 organisierten sie eine Bücherverbrennung, an der vor allem Studenten aktiv beteiligt waren. Der Propagandaminister Joseph Goebbels selbst verkündete in Berlin: „Die deutsche Volksseele kann nun wieder selbst zum Ausdruck kommen. Diese Flammen werfen ihr Licht nicht allein auf das Ende einer vergangenen Ära, sondern auch auf den Beginn einer neuen" (zit. nach Lorant 1979, 223). Mehr als 20000 Bücher wurden an diesem Abend vernichtet, darunter Schriften von Thomas Mann, Erich Maria Remarque, Lion Feuchtwanger, Arnold Zweig, Sigmund Freud, Karl Marx, Marcel Proust, Ernest Hemingway und Emile Zola. Dies war der Auftakt für die vom NS-Staat angestrebte „Gleichschaltung" allen öffentlichen Lebens.

Abb. 58: 10. Mai 1933. Bücherverbrennung in Berlin auf dem Kaiser-Franz-Josef-Platz neben der Staatsoper.

Rein formal gesehen behielt das Reichspressegesetz von 1874 auch während der nationalsozialistischen Herrschaft seine Gültigkeit. Faktisch aber regelte das am 4. Oktober 1933 erlassene „Reichsschriftleitergesetz" die Aufgaben der Journalisten und der von ihnen verantworteten Presseerzeugnisse:

Reichsschriftleiter-gesetz vom 4. Oktober 1933

> § 1. Die im Hauptberuf oder auf Grund der Bestellung zum Hauptschriftleiter ausgeübte Mitwirkung an der Gestaltung des geistigen Inhalts der im Reichsgebiet herausgegebenen Zeitungen und politischen Zeitschriften durch Wort, Nachricht oder Bild ist eine in ihren beruflichen Pflichten und Rechten vom Staat durch dieses Gesetz geregelte öffentliche Aufgabe. Ihre Träger heißen Schriftleiter. Niemand darf sich Schriftleiter nennen, der nicht nach diesem Gesetz dazu befugt ist. [...]
>
> § 5. Schriftleiter kann nur sein, wer:
> 1. die deutsche Reichsangehörigkeit besitzt,
> 2. die bürgerlichen Ehrenrechte und die Fähigkeit zur Bekleidung öffentlicher Ämter nicht verloren hat,
> 3. arischer Abstammung ist und nicht mit einer Person nichtarischer Abstammung verheiratet ist,
> 4. das 21. Lebensjahr vollendet hat,
> 5. geschäftsfähig ist,
> 6. fachmännisch ausgebildet ist,
> 7. die Eigenschaften hat, die die Aufgabe der geistigen Einwirkung auf die Öffentlichkeit erfordert. (Zit. nach Faschismus 1976, 70)

Damit waren alle Journalisten einer „rigiden politischen Kontrolle" (Wehler 2003, 837) unterworfen. Institutionell geregelt wurde diese Überwachung und völlige Vereinnahmung nicht nur des Pressewesens durch die Schaffung so genannter „Reichskulturkammern". Eingerichtet wurde neben der „Reichs-Pressekammer", der „Reich-Rundfunkkammer", der „Reichs-Musikkammer", der „Reichs-Theaterkammer", der „Reichs-Filmkammer" und der „Reichskammer der bildenden Künste" auch eine „Reichsschrifttumskammer", die die gesamte Literatur (soweit ihr dieser Name in der Zeit überhaupt zukommen kann) verwaltete.[48]

Reichskultur-kammern

---

[48] Die folgende Abbildung des Organisationsplans der Reichsschrifttumskammer ist entnommen: *Klassiker in finsteren Zeiten 1933-1945*. Eine Ausstellung des Deutschen Literaturarchivs im Schiller-Nationalmuseum Marbach am Neckar. Hrsg. von Bernhard Zeller. Bd. 1, Stuttgart 1983, 124 f. Das Original der Abbildung findet sich in: *Die Welt des Buches. Eine Kunde vom Buch*. Hrsg. von Hellmuth Langenbucher. Mit einem Geleitwort des Präsidenten der Reichsschrifttumskammer Staatsrat Hanns Johst. 8.-10. Tausend. Ebenhausen bei München 1940, 193 f.

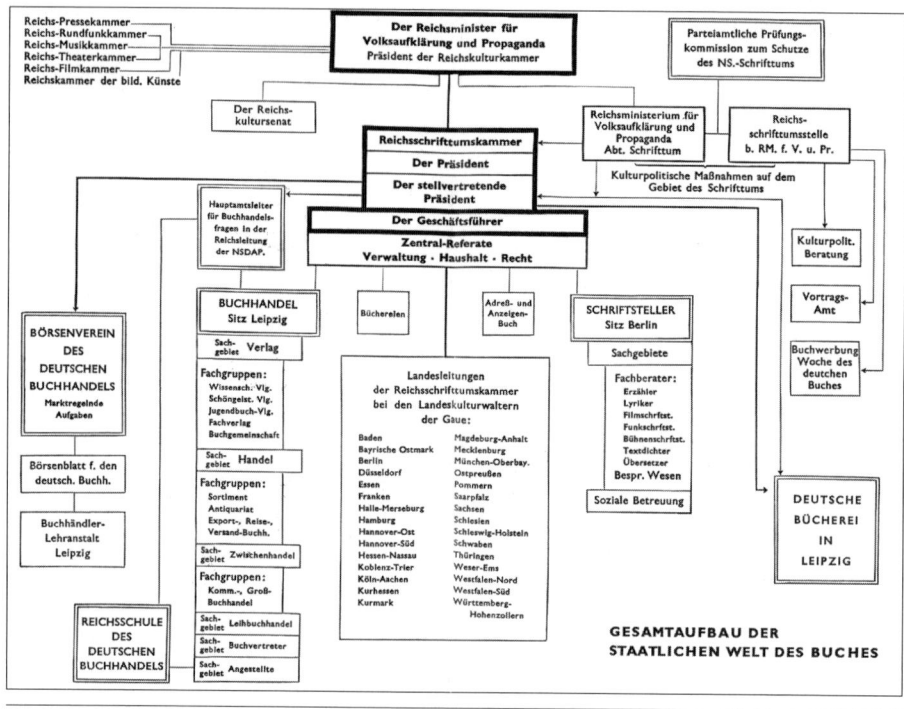

Abb. 59: Organisationsplan der Reichsschrifttumskammer (1940).

Auf diese Weise wurden nicht nur die Kommunikationsmedien Presse, Rundfunk und Film als „Instrumente einer politischen Ideologie eingesetzt" (Wilke 2000, 356), das gesamte kulturelle Leben war einer Totalität politischer Herrschaft unterworfen, die sich zudem auf Gewaltandrohung und tätige Gewaltausübung stützte. Einer direkten Zensur bedurfte es deshalb auch nicht, denn der Gewaltapparat hinterließ seine Spuren dort, wo jeder Zensor die Zensur am liebsten hat: im Bewusstsein der Menschen:

Selbstzensur

> Zensur ist nichts Äußerliches. Sie unterbindet nicht nur die Verlautbarung einer schon gebildeten Meinung. Sie wirkt auf die Meinung selbst, auf ihre Festigkeit und Deutlichkeit zurück. Einschneidend wird sie vor allem dadurch, daß sie schon die Entstehung von Meinungen vereitelt. Im ,Dritten Reich' trugen alle, selbst die Tapfersten, die in praktischen Fragen (fast) kompromißlos waren, einen inneren Zensor in sich, der sie vorm Aussprechen anstößiger Gedanken bewahrte und ihre Gedanken selbst in zulässige und unzulässige schied. (Bauer 1988, 133)

Folglich lässt sich – wenn überhaupt – für die Zeit des Nationalsozialismus von ‚Öffentlichkeit' auch nur in folgendem, von Henning Storek (1972, 113) präzise bestimmten Sinn sprechen:

> Öffentlichkeit hatte keine Korrektivfunktion wie im demokratischen Modell, sondern eine Akklamationsfunktion, da durch die Einwirkung der Staatsstellen auf die Bildung von Öffentlichkeit ihre Selbstkonstitution präformiert wurde. Sie hatte insofern Macht, als sie als staatliches Mittel die Leitlinien autoritätskonformen Verhaltens aufzeichnete.

Akklamationsfunktion der „Öffentlichkeit"

5.6 Zensur in der DDR

In den beiden nach dem Zweiten Weltkrieg gegründeten deutschen Staaten gab es – offiziell – keine Zensur. Diese Feststellung gilt auch für die DDR.[49] Gleichwohl kam es immer wieder zu staatlichen Eingriffen, die insbesondere in der DDR System hatten.[50] Zum ‚Schutze der sozialistischen Gesellschaft' wurden Genehmigungsverfahren für Druckerzeugnisse praktiziert, die letztlich einer Zensur gleich kamen. Eine Begründung für diese Praxis liefert das von Claus Träger herausgegebene Leipziger *Wörterbuch der Literaturwissenschaft*:

> Unter sozialist[ischen] Gesellschaftsverhältnissen, unter denen sich die Herausgabe und Verbreitung von Presse- und Verlagserzeugnissen grundsätzlich auf der Basis des demokrat[ischen] Zentralismus bei voller Verantwortlichkeit der Produzenten (Autoren, Verlage, Redak-

Zensurpraxis und ihre offizielle Begründung

---

[49] In der ersten Verfassung der DDR von 1949 lautet der Artikel 9: „Alle Bürger haben das Recht, innerhalb der Schranken der für alle geltenden Gesetze ihrer Meinung frei und öffentlich zu äußern und sich zu diesem Zweck friedlich und unbewaffnet zu versammeln. Diese Freiheit wird durch kein Dienst- oder Arbeitsverhältnis beschränkt; niemand darf benachteiligt werden, wenn er von diesem Recht Gebrauch macht. Eine Pressezensur findet nicht statt." (*Die Verfassung der Deutschen Demokratischen Republik*. Berlin 1950, 11 f.) – In der Verfassung aus dem Jahre 1974 lautet der entsprechende Artikel 27: „1. Jeder Bürger der Deutschen Demokratischen Republik hat das Recht, den Grundsätzen dieser Verfassung gemäß, seine Meinung frei und öffentlich zu äußern. Dieses Recht wird durch kein Dienst- oder Arbeitsverhältnis beschränkt. Niemand darf benachteiligt werden, wenn er von diesem Recht Gebrauch macht. 2. Die Freiheit her Presse, des Rundfunks und des Fernsehens ist gewährleistet." (*Verfassung der Deutschen Demokratischen Republik vom 6. April 1968 in der Fassung des Gesetzes zur Ergänzung und Änderung der Verfassung der Deutschen Demokratischen Republik vom 7. Oktober 1974*. Berlin 1989, 29)

tionen usw.) regelt, bleiben prinzipiell Publikationen ausgeschlossen, die den Frieden, die Völkerverständigung, die Menschenwürde und den sozialen Fortschritt gefährden. (Träger [Hrsg.] 1986, 582)

"Spielarten der Zensur in der DDR

Richard Zipser, der nach der Wende eine Umfrage zur „Literaturzensur" veranstaltet hat, unterscheidet für die DDR vier „Spielarten der Zensur" (Zipser 1995, 15 f.):

1. Die Selbstzensur,
2. die Zensur durch die Verlage,
3. die staatliche Zensur,
4. die Parteizensur.

Zensierte Themen

Zusammengenommen bewirkten diese Formen von Zensur letztlich eine Unterdrückung von Gedanken, von öffentlich geübter Kritik.[51] Welche ‚Gegenstände‘, welche Themen unterlagen in der DDR der Zensur? Zipser (1995, 19) bemerkt dazu, dass ein Zensor sich „an keinen schriftlich fixierten Richtlinien orientieren" konnte. Er musste vielmehr „ein Gespür für die Stimmungslage der Mitglieder des Zentralkomitees der SED haben, um sicher zu sein, daß er nichts genehmigte, was diese hätte brüskieren oder einen Skandal auslösen können". Der Zensor musste „Fingerspitzengefühl" und „Intuition" walten lassen. Allerdings lassen sich eine Reihe von Themen ausmachen, die von der Zensurpraxis mehr oder weniger dauerhaft betroffen waren:

Bekannte Tabus waren: die positive Darstellung und Bewertung der westlichen Gesellschaft (vor allem in der BRD und den USA) und des Kapitalismus (speziell als Alternative zum Sozialismus), Texte mit faschistischen Zügen, Kritik an gewissen Zuständen in der DDR oder an führenden Mitgliedern der SED und deren Entscheidungen, die kritische Darstellung der Sowjetunion und deren Führer (bis zu dem Zeitpunkt, als Michail Gorbatschow gegen Ende der achtziger Jahre zur Persona non grata wurde) oder von Aktionen der Mitgliederstaaten des Warschauer Paktes und deren Armeen sowie der kommunistischen Ideologie überhaupt (Kritik an Marx, Lenin und Stalin), ebenso die Darstellung oder Diskussion von ‚Republikflucht‘, ein Reizthema in der DDR. Andere verbotene Themen waren die Armee, die Staatssicherheit, Polizeiwillkür, extreme Gewalt, Homosexualität, Pornographie, Wehrdienstverweigerung, Umweltverschmutzung, negative Zustände im Schulsystem, Selbstmord (speziell von Jugendlichen), Alkoholis-

---

[50] Zur literarischen Zensur in der Bundesrepublik Deutschland, auf die hier nicht näher eingegangen wird, vgl. Buschmann 1997.

[51] Vgl. dsie umfassenden Darstellungen Wichner/Wiesner [Hrsgg.] 1991; Wichner/Wiesner [Hrsgg.] 1993; Darnton 1991, 202-217; Mix [Hrsg.] 1993.

mus, Drogenmißbrauch, Arbeitslosigkeit und Kriminalität in sozialistischen Ländern, um nur einige zu nennen. (Zipser 1995, 19 f.)

Auch wenn in der DDR ein subtiles System der Überwachung installiert war und Andersdenkende offene und versteckte Repressalien hinnehmen mussten, fanden viele Schriftstellerinnen und Schriftsteller Mittel und Wege, trotz allem zu publizieren – sei es im Westen, sei es im Auffinden neuer sprachlicher Ausdrucksmöglichkeiten, die den Zensoren fremd waren und die sie passieren ließen. Dieter Sevin (1994, 242 f.) fasst die Auswirkungen der Zensur in der DDR folgendermaßen zusammen:

Literarische Kreativität als Folge der Zensur

> Eine offensichtliche Konsequenz der staatlichen Zensur war, daß eine relativ große Zahl von Autoren die DDR besonders nach der Ausbürgerung von Biermann verließen, um sich im westlichen Teil Deutschlands niederzulassen [...]. Niemand vermag jedoch zu sagen, wieviele Werke überhaupt nicht geschrieben wurden oder in Schubladen verschwanden, wieviele potentielle Autoren und Autorinnen durch die zeitgeschichtliche Situation es nicht gewagt haben zu schreiben. Darüber hinaus jedoch mag die Zensur auch die paradoxe Wirkung gehabt haben, die Kreativität einiger Autoren – die in der DDR geblieben sind und die sich durchsetzen konnten – zu stimulieren, indem sie diese zwang, neue künstlerische Wege zu finden, um diese staatliche Instanz durch Kreativität zu umgehen, und trotz allem zu schreiben. Der Zensur muß damit eine weitere Funktion in der Entwicklung der DDR-Prosa zugeschrieben werden, nämlich nicht nur als Hürde und teilweise unüberwindbares Hindernis fungiert zu haben – ‚als ein tückisches Gift‘, wie Günter Kunert formuliert hat – sondern auch als Anreiz und schöpferischer Stimulansfaktor.

Beispiele für jene Kreativität lassen sich in jeder Phase der vierzigjährigen Geschichte der DDR finden – auch und gerade im politischen Witz, der in der DDR die Funktion einer „Gegenöffentlichkeit" besaß (vgl. Schiewe/Schiewe 2000). Für den literarischen Bereich mag stellvertretend ein 1967 von Volker Braun (1975, 115) geschriebenes Gedicht stehen:

Zeitungsgedicht, redigiert

Was auch geschehn mag, ich sage
was ich – – – – – – –
– – – – nicht schweige
– – – – und zeige
Die Fehler – – – – – –
– – – – – – – – – – – –
– – – – – –
– – – – – – –
Der andern – – – – – – –
– – – – – –

In den achtziger Jahren wurde der Protest gegen die politischen, gesellschaftlichen und wirtschaftlichen Zustände in der DDR, auch gegen die Zensurpolitik, immer offener und deutlicher formuliert (vgl. Pollack/Ring [Hrsgg.] 1997). So griff Christoph Hein auf dem Schriftstellerkongreß der DDR von 1987 mit deutlichen und mutigen Worten die herrschende Zensurpraxis an:

> Das Genehmigungsverfahren, die staatliche Aufsicht, kürzer und nicht weniger klar gesagt: die Zensur der Verlage und Bücher, der Verleger und Autoren ist überlebt, nutzlos, paradox, menschenfeindlich, volksfeindlich, ungesetzlich und strafbar. Ich werde das im folgenden begründen:
>
> Die Zensur ist überlebt. Sie hatte ihre Berechtigung in den Jahren nach dem zweiten Weltkrieg, als der deutsche Faschismus von den Alliierten militärisch vernichtet, aber die geistige Schlacht um Deutschland, um die Deutschen damit noch nicht entschieden war. Damals hatte die Zensur, ähnlich den Lebensmittelmarken, die Aufgabe, den allgemeinen Mangel zu ordnen, das Chaos zu verhindert und die Aufbauarbeit zu ermöglichen. […] Die Zensur hätte zusammen mit den Lebensmittelmarken Mitte der fünfziger Jahre verschwinden müssen, spätestens im Februar 1956.
>
> Die Zensur ist nutzlos, denn sie kann Literatur nicht verhindern, allenfalls ihre Verbreitung verzögern. Wir haben es wiederholt erlebt, daß nicht genehmigte Bücher Jahre später die Genehmigung erhalten mußten. Und daher wissen wir alle, daß Bücher, die uns heute noch nicht zugänglich sind, etwa einige der Bücher von Stefan Heym oder die von Monika Maron, in DDR-Verlagen erscheinen werden.
>
> Die Zensur ist paradox, denn sie bewirkt stets das Gegenteil ihrer erklärten Absicht. Das zensierte Objekt verschwindet nicht, sondern wird unübersehbar, wird selbst dann zum Politikum aufgeblasen, wenn Buch und Autor dafür untauglich sind und alles andere zu erwarten und zu erhoffen hatten. Die Zensur erscheint dann lediglich als ein umsatzsteigernder Einfall der Werbeabteilung des Verlages.
>
> Die Zensur ist menschenfeindlich, feindlich dem Autor, dem Leser, dem Verleger und selbst dem Zensor. Unser Land hat in den letzten zehn Jahren viele Schriftsteller verloren, unersetzliche Leute, deren Werke uns fehlen, deren Zuspruch und Widerspruch uns bekömmlich und hilfreich war. […]
>
> Die Zensur ist volksfeindlich. Sie ist ein Vergehen an der so oft genannten und gerühmten Weisheit des Volkes. Die Leser unserer Bücher sind souverän genug, selbst urteilen zu können. Die Vorstellung, ein Beamter könne darüber entscheiden, was einem Volk zumutbar und was ihm unbekömmlich sei, verrät nur die Anmaßung, den ‚Übermut der Ämter'.
>
> Die Zensur ist ungesetzlich, denn sie ist verfassungswidrig. Sie ist mit der gültigen Verfassung der DDR nicht vereinbar, steht im Gegensatz zu mehreren ihrer Artikel.

Und die Zensur ist strafbar, denn sie schädigt im hohen Grad das Ansehen der DDR und kommt einer ‚Öffentlichen Herabwürdigung‘ gleich. (X. Schriftstellerkongreß der DDR 1988, 228 ff.)

Letztlich muss diese Attacke gegen den DDR-Staat aber auch vor dem Hintergrund differenter Öffentlichkeiten gesehen werden. Die offiziellen DDR-Medien, die für die Herstellung der staatsinternen Öffentlichkeit zuständig waren, gingen der Berichterstattung über diesen Beitrag aus dem Wege. Diese Funktion aber übernahmen die Medien aus der Bundesrepublik, so dass, zumindest partiell, eine Öffentlichkeit des Themas hergestellt wurde. Nicht zuletzt auch mit der von DDR-Intellektuellen des Öfteren praktizierten Nutzung einer westdeutschen Öffentlichkeit zur Publikation ihrer Meinungen und Texte wurde die DDR-Zensur über Jahre hinweg umgangen, bis sie im Zuge der Protestbewegungen von 1989 ganz verschwand.

5.7 Zusammenfassung und Ausblick

Wir können zusammenfassen und die Darstellung an einigen Stellen ergänzen:

Mit Ulla Otto (1968, 6) ist „literarische Zensur" allgemein und mit universalgeschichtlichem Anspruch zu definieren als „die autoritäre Kontrolle aller menschlichen Äußerungen, die innerhalb eines bestehenden gesellschaftlichen Systems mit der Bemühung um sprachliche Form geschrieben werden". Gewiss ist die literarische Zensur nur ein Bereich in einem ganzen Zensursystem, doch in der Neuzeit stellt sie ohne Zweifel den am meisten ausgedehnten und am besten ausgearbeiteten Bereich dar. Die Kontrolle menschlicher Äußerungen wird offenbar verstärkt in Form einer organisierten Aufsicht dann praktiziert, wenn diese Äußerungen prinzipiell über zeitliche, räumliche und soziale Grenzen hinweg Verbreitung finden können. Diese Voraussetzung war erst mit dem Buchdruck gegeben. Zensur, im literarischen Sinne, ist somit auch auf Öffentlichkeit bezogen. Öffentlichkeit in dem Sinne, dass die Äußerungen eines Menschen oder einer Gruppe von Menschen anderen ‚offenstehen‘, dass sie also grundsätzlich für alle wahrnehmbar sind.

Versucht man Ulla Ottos Definition zu konkretisieren und stellt sie in den sozialen Kontext der Zensoren und Zensierten, dann wird gerade für den Bereich und Begriff ‚Öffentlichkeit‘

Definition:
Literarische Zensur

Veränderungen
in den Formen von
Zensur

von der Zensur her eine Veränderung bemerkbar. Lucian Hölscher (1979, 154 f.) pointiert diese Veränderung so:

> Die Einführung des Begriffs der ‚Öffentlichkeit' in die politische Diskussion um Meinungs- und Pressefreiheit indiziert einen historischen Umschlag in deren theoretischen Prämissen: grob gesagt war bis zur Wende vom 18. zum 19. Jahrhundert die Zensur für alle Arten schriftlicher und mündlicher Äußerungen ein selbstverständliches politisches Dogma gewesen; die Freiheit des Drucks stellte jeweils eine Ausnahme für besondere Fälle dar, ein Privileg, das einzelnen Institutionen, z.B. Universitäten, einzelnen Druckern und für einzelne, namentlich benannte Schriften von der zuständigen Obrigkeit bewilligt wurde. Seit dem 18. Jahrhundert verkehrte sich dagegen das Verhältnis von Zensur und Pressefreiheit in sein Gegenteil: nicht mehr die Freiheit, sondern die Zensur bedarf seitdem einer besonderen gesetzlichen Begründung und ist selbst dann stets einer scharfen sozialen Kontrolle und Kritik von seiten der bürgerlichen Gesellschaft ausgesetzt.

Für die Ausbildung einer politischen und sozialen Öffentlichkeit ist dieser Wandel im Verhältnis von Pressefreiheit und Zensur von grundsätzlicher Bedeutung gewesen: hatte die politisch-religiöse Zensur bis in 18. Jahrhundert die öffentliche Kommunikation auf einen vorgegebenen höheren Staatszweck, das gemeine Wohl, hin orientiert, so wurde mit ihrer Preisgabe jetzt ein öffentlicher Kommunikationsraum freigegeben, in dem sich dessen allgemeine Maximen und Grundsätze allererst ausbilden sollten.

Vom Ende des 15. bis zur Mitte des 19. Jahrhunderts gab es kirchliche und staatliche Bestimmungen zur Zensur, die in ihrem Kern nicht wesentlich differierten: Zum Druck vorgesehene Schriften wurden grundsätzlich vor ihrer Veröffentlichung begutachtet und letztlich dahingehend überprüft, ob sie Gedanken enthielten, die den Herrschenden in irgend einer Weise gefährlich werden konnten. Doch es gab Ausnahmen: Wissenschaftliche Schriften zum Beispiel, in Latein abgefasst, waren weitgehend von der Zensur ausgenommen, weil die Kenntnis ihres Inhalts ohnehin auf einen kleinen Kreis von Gelehrten beschränkt blieb, von dem kaum Gefahr drohte.[52]

Das System der vorgängigen Zensur brauchte von Seiten der Zensoren bis weit ins 18. Jahrhundert hinein nicht ausdrücklich

Wissenschaftliche Schriften in lateinischer Sprache unterlagen bis zum 18. Jahrhundert nicht der Zensur, da sie nur einem beschränkten Rezipientenkreis zugänglich waren

---

[52] Die Lehren des Kopernikus z.B. blieben lange Zeit von der kirchlichen Zensur unangetastet. Erst als Galilei dessen Gedanken aufnahm und das neue Weltbild in der italienischen Volkssprache einem größeren Publikum bekannt machte, griff die Zensur zu. In der Tatsache, dass Galilei überwiegend italienisch schrieb, könnte zumindest ein Grund für die vehemente Reaktion der Kirche liegen.

begründet werden. Schließlich bauten Staat und Kirche ihre Legitimität auf einer traditionell verbürgten ‚Wahrheit‘, auf einen Kanon der Interpretation von Welt und weltlicher Herrschaft, der nicht weiter begründet werden musste. Oberste Pflicht war es demnach, darauf zu achten, dass die Untertanen mit keinen Gedanken in Berührung kamen, die diesem Kanon widersprachen.

Erst mit der Aufklärung, mit dem Versuch, die Interpretation von Welt aus Anschauung, Erfahrung und Vernunftschlüssen herzuleiten, mit dem Anspruch, Herrschaft auf der Grundlage vernünftiger Gesetze zu legitimieren – kurz: mit der Ablehnung der alten Autoritäten, kam auch das alte Zensursystem ins Wanken. Ein sprechendes Beispiel dafür, dass der Untertan nun mit einem ganz anderen Selbstbewusstsein auftreten konnte, ist Campes Argumentation in seiner Auseinandersetzung mit dem Herzog: Wahrheit, so Campes Kernaussage, ist kein Vorrecht der Fürsten mehr. Sie kann von jedem Einzelnen gefunden werden und sie muss, damit über ihre Gültigkeit entschieden werden kann, öffentlich, also allen zugänglich sein. Von Seiten des sich im Besitz von Vernunft und Mündigkeit wissenden Untertanen konnte somit Zensur nicht mehr als „ein selbstverständliches politisches Dogma" gelten. Öffentlichkeit nämlich, und hier fällt der Begriff mit Pressefreiheit zusammen, muss gewährleistet sein, weil durch sie die politische ‚Wahrheit' ermittelt wird.

Öffentlichkeit ist um 1800 mit Pressefreiheit identisch

In der Diskussion um Pressefreiheit erkannte der Staat langsam aber sicher den Faktor ‚Öffentlichkeit' als ein wesentliches Element. Vor der Bundesversammlung sagte 1819 der Gesandte Gunther Heinrich von Berg:

> Da aber die öffentliche Rede, die Handschrift, die im Publikum verbreitet wird, schon um der Öffentlichkeit willen anders beurteilt werden muß, als das vertrauliche Gespräch, oder der Briefwechsel, dessen Geheimnis die Heiligkeit des Siegels bewahrt; so ist der höchste Grad der Öffentlichkeit, die Bekanntmachung durch die Presse, welche so vielfach in das bürgerliche Leben eingreift, ohne Zweifel ganz dazu geeignet, als ein Gegenstand betrachtet zu werden, welcher mit dem allgemeinen Wohl in der genauesten Verbindung steht, und folglich die besondere Aufmerksamkeit jeder Regierung verdient.[53]

Das Recht auf diese Aufmerksamkeit konnte sich der Staat gegen die Öffentlichkeit noch knapp 30 Jahre lang sichern. Dann

---

[53] Gunther Heinrich von Berg: *Übersicht der verschiedenen Gesetzgebungen über Preßfreiheit, besonders in Deutschland.* In: Protokolle der deutschen Bundesversammlung. Band 6, Frankfurt a.M. 1819, 296. Zitiert nach Hölscher 1979, 155.

musste er, auf der Ebene von Gesetzen, in der Frage von Zensur und Pressefreiheit vor ebendieser Öffentlichkeit kapitulieren.

Dass damit allerdings die Zensur in der Praxis des Publizierens nicht völlig außer Kraft gesetzt war, zeigen die Verhältnisse in der zweiten Hälfte des 19. und in der ersten Hälfte des 20. Jahrhunderts. Gerade in dieser Zeit wird einerseits die Instanz der Selbstzensur aufgebaut (vgl. Broder 1976, Brockmeier 1996), andererseits aber finden Schriftsteller, Drucker und Verleger immer wieder Wege, die bestehende Zensur zu umgehen (vgl. Ziegler 1983, 134-177).

Abschließend sei – ganz ohne wissenschaftlichen Kommentar – eine politische Glosse Carl Gustav Jochmanns (1990, 150-153), entstanden in den 20er Jahren des 19. Jahrhunderts, zitiert, die das Thema ‚Zensur' aus dem Blickwinkel der *Frechheit der Presse* mit Witz und Scharfsinn kommentiert:

Frechheit der Presse

‚Du dringst auf Preßfreiheit? Recht gut. Nur frage ich dich, würdest du sie auch dann verstatten, wenn dein von dir gekränktes, hülfloses Weib, dein von dir tyrannisiertes Gesinde, dein hingehaltener Gläubiger, und vor allen Dingen der Mann anfangen wollte, von dir drucken zu lassen, der durch seine höhere Einsicht dich, mit deinem ganzen Kompilatorwesen, vielleicht durch einen Federstrich in Staub verwandeln könnte?'

So fragt *Lichtenberg* (Verm. Schriften. V. S. 530) und erwartet zur Antwort ein *,Nein!*

Ich hätte ihm entgegenfragen mögen: ‚Würdest du lieber gewissenlose Menschen, Diebe, Betrüger und Giftmischer zu Gesetzgebern machen als ehrliche Leute? Würdest du lieber Schändlichkeiten und Verbrechen, an einem Menschen oder an Völkern begangen, verheimlichen helfen oder der verdienten Strafe ausliefern? Möchtest du lieber zugunsten der Brutalität oder der Sittlichkeit Staatsanstalten treffen?' – Ich wette, Lichtenberg würde *,Nein!* gerufen haben.

Was fruchtet denn alle Polizei, wenn sie die Werke der Finsternis nicht erblicken kann? Was denn alle Religion, in der die Mehrheit der Menschen nur aus Furcht vor der Hölle sündigt, und wenn sie diese Furcht verloren hat, sich im Dunkeln alles erlaubt? Wären unsere Häuser alle durchsichtig aus Glas erbaut, wir würden die Hälfte weniger Schandtaten unter uns finden. Die Pressfreiheit macht das Mauerwerk durchsichtig. Die nächtliche Straßenbeleuchtung stellt in den Gassen großer Städte die Sicherheit derselben am besten her.

Es ließe sich vielleicht unschwer beweisen, daß die Ausschweifungen und Nachteile der *Preßfreiheit* nichts als die strafenden Folgen des ihr vorangegangenen *Preßzwanges* und der durch ihn erzeugten Verbildung und Unwissenheit sind. Entstände urplötzlich Preßfreiheit in der *Türkei*, das menschliche Gehirn würde die ungeheuersten Narrheiten und die schamlosesten Pöbeleien zur Welt bringen. Hatte doch sogar in *Amerika* die gänzliche Befreiung der Presse im Umfang unangenehme Wirkungen, wenn auch erträgliche und vorübergehende, hervorgebracht. Und wir alle wissen wohl, welche Schändlichkeiten in *Frankreich* die vom Zwange des Ministerial-Despotismus und der bischöflichen Aufsicht befreite Presse gebar.

Auch in der Geisterwelt wuchert das Unkraut am meisten auf vernachlässigtem und verwildertem Boden.

Wie aber läßt sich ein Volk zu seiner Vollendung ausbilden, ohne Freiheit? und wie läßt sich dem bildungslosen die Freiheit geben, ohne daß es dieselbe mißbraucht? Das ist die Schwierigkeit, die uns hülflos im Zirkel herumtreibt; das die Aufgabe, die nie ganz und gewiß immer schwerer zu lösen ist, je länger die Lösung verschoben wird.

‚Man könnte die Preßfreiheit vielleicht stufenweis, *nach und nach* gestatten'; – allein das Schlimme ist, daß sich die Wahrheiten, die bekanntgemacht werden dürfen, nicht nach Graden, wie Wärme oder Kälte, abmessen lassen. Die Wahrheit ist entweder ganz da oder gar nicht.

‚Vieles ließe sich dazu wohl durch Verallgemeinerung und Veredlung des öffentlichen Unterrichts und mehr noch durch eine Verwaltung der öffentlichen Angelegenheiten vorbereiten, die imstände wäre, furchtlos der redlichen Prüfung wie der Verleumdung entgegenzuschauen.' – Aber verwechseln wir nicht hier wieder Wirkung mit Ursach? Setzen wir da nicht als Vorbereitung zur Preßfreiheit voraus, was nach allen Erfahrungen in der Regel erst ihre köstliche Frucht ist? Was die Mangelhaftigkeit jeder Zensur, was die Unmöglichkeit demonstriert, einen übermenschlich-unbefangenen, allwissenden Zensor zu finden, das verbietet uns auch jede Hoffnung, auf solchem Wege Preßfreiheit ohne Missbrauch zu gewinnen.

Einen Augenblick gab es freilich auch für die Presse, in dem sich ihr Segen ohne ihren Fluch finden ließ; – *einen* Augenblick gibt es bei jedem neuaufgefundenen Entwickelungsweg des menschlichen Geistes, in welchem die Abwege am gewöhnlichsten und leichtesten vermieden werden, – ist der *erste* Augenblick. Hätte man bei Erfindung der Presse, die ihrer Vollkommenheit nur langsam entgegenging und sich nur allmählich von Land zu Land fortpflanzte, sie ungestört sich selbst überlassen, so würde sie das Licht ebenso allmählich verbreitet haben. In ihrer Schwäche lag das natürliche Mittel gegen jeden Missbrauch. Erst die unterdrückte Kraft wird eine bösartige.

Der Augenblick ist verloren und, wie jeder verlorne, für immer. Um den Genius in seiner Wiege schlang der eifersüchtige Eigennutz, dem in ihm sein Überwinder ahnete, Ketten; ja er würde ihn lieber noch getötet haben, wenn, was vom Geiste stammte, nicht unsterblich wäre, wie der Geist selber.

Nun ist der Genius nicht mehr, wie einst, ein schüchternes Götterkind, das seine Kräfte anwenden lernt, indem es sie übt; – ein

gefesselter Riese ist er, in dessen Brust jeder erstickte Seufzer zum
Gelübde des Hasses wird; der nur den Augenblick der Befreiung
und der Rache erwartet, um zündend und leuchtend die Strahlen
der Wahrheit unter seine feindlichen Wächter zu schleudern.
Nehmen wir neben der Wohltat auch das Übel mit Ergebung an,
denn es ist ein unvermeidliches; nehmen wir es bald an, denn jeder Aufschub vergrößert es. Was sind England und Nordamerika
im Licht der Preßfreiheit geworden; was Italien, was das Volk der
pyrenäischen Halbinsel ohne dies Licht!

Aber fast scheint es, als sei es ein ewiges Geschick, daß noch immer die Wahrheit, wie einst Minerva aus des Gottes Stirne, *gerüs-
tet* in's Leben treten solle; und noch immer wissen die Sterblichen
nicht, ist es die Weisheit, ist es die Gewalt, die ihnen im Waffen-
klange erscheint.

6. Bürgerliche Öffentlichkeit

6.1 Organisationsformen der bürgerlichen Öffentlichkeit

Zu Beginn des 18. Jahrhunderts gibt es in Deutschland weitgehend nur geschlossene Kommunikationsräume in dem Sinne, dass Gruppen, die durch Stand, Beruf, Wohnort oder ähnliche Verbindungen ausgewiesen sind, Formen von Gemeinschaften bilden. Diese Kommunikationsgemeinschaften sind im Inneren ‚offen', nach außen jedoch in verschiedener Hinsicht begrenzt.

Wenn zu dieser Zeit eine umfassendere Öffentlichkeit existierte, die auf alle Menschen gerichtet war, dann war es jene einseitige der Obrigkeiten gegenüber den Untertanen, des Adels gegenüber dem Bürgertum. Bei Johann Wolfgang von Goethe, im dritten Kapitel des fünften Buches von *Wilhelm Meisters Lehrjahre*, gibt es eine schöne und aussagekräftige Stelle, die den Unterschied zwischen einem Adligen und einem Bürgerlichen hinsichtlich dieser Form von Öffentlichkeit schildert. Wilhelm Meister schreibt dort in einem Brief an seinen Schwager Werner:

Unterschiede zwischen Adel und Bürgertum am Beispiel von Goethes *Wilhelm Meisters Lehrjahre*

> Ich weiß nicht, wie es in fremden Ländern ist, aber in Deutschland ist nur dem Edelmann eine gewisse allgemeine, wenn ich sagen darf, personelle Ausbildung möglich. Ein Bürger kann sich Verdienst erwerben und zur höchsten Not seinen Geist ausbilden; seine Persönlichkeit geht aber verloren, er mag sich stellen, wie er will. Indem es dem Edelmann, der mit den Vornehmsten umgeht, zur Pflicht wird, sich selbst einen vornehmen Anstand zu geben, indem dieser Anstand, da ihm weder Tür noch Tor verschlossen ist, zu einem freien Anstand wird, da er mit seiner Figur, mit seiner Person, es sei bei Hofe oder bei der Armee, bezahlen muß, so hat er Ursache, etwas auf sie zu halten und zu zeigen, daß er etwas auf sie hält. Eine gewisse feierliche Grazie bei gewöhnlichen Dingen, eine Art von leichtsinniger Zierlichkeit bei ernsthaften und wichtigen kleidet ihn wohl, weil er sehen läßt, daß er überall im Gleichgewicht steht. Er ist eine öffentliche Person, und je ausgebildeter seine Bewegungen, je sonorer seine Stimme, je gehaltner und gemessener sein ganzes Wesen ist, desto vollkommner ist er. Wenn er gegen Hohe und Niedre, gegen Freunde und Verwandte immer ebenderselbe bleibt, so ist nichts an ihm auszusetzen, man darf ihn nicht anders wünschen. Er sei kalt, aber verständig; verstellt, aber klug. Wenn er sich äußerlich

in jedem Momente seines Lebens zu beherrschen weiß, so hat niemand eine weitere Forderung an ihn zu machen, und alles übrige, was er an und um sich hat, Fähigkeit, Talent, Reichtum, alles scheinen nur Zugaben zu sein.

Nun denke Dir irgendeinen Bürger, der an jene Vorzüge nur einigen Anspruch zu machen gedächte; durchaus muß es ihm mißlingen, und er müßte desto unglücklicher werden, je mehr sein Naturell ihm zu jener Art zu sein Fähigkeit und Trieb gegeben hätte.

Wenn der Edelmann im gemeinen Leben gar keine Grenzen kennt, wenn man aus ihm Könige oder königähnliche Figuren erschaffen kann, so darf er überall mit einem stillen Bewußtsein vor seinesgleichen treten; er darf überall vorwärts dringen, anstatt daß dem Bürger nichts besser ansteht als das reine, stille Gefühl der Grenzlinie, die ihm gezogen ist. Er darf nicht fragen: ‚Was bist du?' sondern nur: ‚Was hast du? welche Einsicht, welche Kenntnis, welche Fähigkeit, wie viel Vermögen?' Wenn der Edelmann durch die Darstellung seiner Person alles gibt, so gibt der Bürger durch seine Persönlichkeit nichts und soll nichts geben. Jener darf und soll scheinen; dieser soll nur sein, und was er scheinen will, ist lächerlich oder abgeschmackt. Jener soll tun und wirken, dieser soll leisten und schaffen; er soll einzelne Fähigkeiten ausbilden, um brauchbar zu werden, und es wird schon vorausgesetzt, daß in seinem Wesen keine Harmonie sei noch sein dürfe, weil er, um sich auf *eine* Weise brauchbar zu machen, alles übrige vernachlässigen muß.

An diesem Unterschiede ist nicht etwa die Anmaßung der Edelleute und die Nachgiebigkeit der Bürger, sondern die Verfassung der Gesellschaft selbst schuld; ob sich daran einmal etwas ändern wird und was sich ändern wird, bekümmert mich wenig; genug, ich habe, wie die Sachen jetzt stehen, an mich selbst zu denken, und wie ich mich selbst und das, was mir ein unerläßliches Bedürfnis ist, rette und erreiche. (Goethe 1982, Bd. 7, 290 f.)

Wilhelm Meisters Beschreibung der inneren Verfassung dieses oberen und mittleren Teils der Gesellschaft im letzten Drittel des 18. Jahrhunderts lässt sich mit Jürgen Habermas auf die knappe Formel bringen: „Der Edelmann ist, was er repräsentiert, der Bürger, was er produziert" (Habermas 1990, 68). Jene Aura, der ihn einhüllende Schein, der nicht legitimiert werden muss, umgibt den Edelmann mit einer – nach Habermas – „repräsentativen Öffentlichkeit". Diese „konstituiert sich nicht als ein sozialer Bereich, als eine Sphäre der Öffentlichkeit, vielmehr ist sie, wenn sich der Terminus darauf übertragen ließe, so etwas wie ein Statusmerkmal" (Habermas 1990, 60).

,Repräsentative Öffentlichkeit' als Statusmerkmal

Noch gegen Ende des 18. Jahrhunderts gibt es die seit dem Mittelalter von der Obrigkeit geübte „repräsentative Öffentlichkeit", deren Entfaltung an „Attribute der Person geknüpft [ist]: an Insignien (Abzeichen, Waffen), Habitus (Kleidung, Haartracht), Gestus (Grußformen, Gebärde) und Rhetorik (Form der Anrede, förmliche Rede überhaupt), mit einem Wort – [sie ist geknüpft; J.Sch.] an einen strengen Kodex ‚edlen' Verhaltens" (Habermas 1990, 61 f). Aber in Goethes *Wilhelm Meister* wird schon deutlich, dass es mit der repräsentativen Öffentlichkeit dem Ende zugeht. Meister will, eben weil er kein Edelmann ist, auf der Bühne versuchen, „eine öffentliche Person zu sein und in einem weitern Kreise zu gefallen und zu wirken". „Auf den Brettern", heißt es weiter, „erscheint der gebildete Mensch so gut persönlich in seinem Glanz als in den obern Klassen" (Goethe 1982, Bd. 7, 292). Doch Wilhelm Meisters theatralische Sendung scheitert, weil diese Form der Nachahmung einer repräsentativen Öffentlichkeit auf dem Theater schon vorbei ist. Das bürgerliche Publikum lässt sich nicht mehr mit dem Schein der ‚aristokratischen' Stücke des 16. und 17. Jahrhunderts abspeisen, sondern findet sich nun in Komödien und bürgerlichen Trauerspielen wie Lessings *Minna von Barnhelm* oder *Emilia Galotti* wieder. Dies ist eine andere Öffentlichkeit: die bürgerliche.

> Im 18. Jahrhundert tritt die repräsentative Öffentlichkeit zunehmen zurück, während sich die bürgerliche Öffentlichkeit herausbildet

Schon mit Leibniz beginnt der aufklärerische Versuch, ein Publikum zu erziehen, das sich nicht über Standeszugehörigkeiten definiert, sondern durch Bildung und bestimmte Tugenden eine Gestalt und damit auch eine gewisse Position innerhalb der Gesellschaft gewinnt. Diese Position soll es dem Publikum möglich machen, die Gesellschaft in Richtung auf eine humane, nach den Maßstäben der Vernunft eingerichteten Verfassung zu reformieren. Die Erziehung des Publikums wurde im Verlaufe des 18. Jahrhunderts auf wenigstens zweierlei Wegen versucht: auf dem Weg des direkten Unterrichts in Schulen und Universitäten, wozu eine umfassende Neuordnung des gesamten Erziehungswesens nötig war,[1] und auf dem Weg über die Kunst und Literatur, über Philosophie und (populär aufbereiteter) Wissenschaft.

> Erziehung eines gebildeten und tugendhaften Publikums

Als ein Beispiel für diesen zweiten Weg kann wiederum Campe gelten. In einem Brief an Christian Garve, der grundsätzliche Bedenken gegen die populäre und periodische Form

> Plädoyer Campes, Wissenschaft in einer gemeinverständlichen Sprache einem breiten Publikum zugänglich zu machen

---

[1] Als Beispiel für ein aufklärerisches Erziehungsprogramm können Campes Schulversuche im Herzogtum Braunschweig gelten. Vgl. oben, 197 f..

von literarisch-gelehrter Produktion erhoben hatte, schreibt Campe (1788, 32 f.), periodische Schriften

> seien ein wohlausgesonnenes und zweckmäßiges Mittel, nützliche Kenntnisse jeder Art aus den Köpfen und Schulen der Gelehrten durch alle Stände zu verbreiten. Sie sind die Münze, wo die harten Thaler und Goldstücke aus den Schatzkammern der Wissenschaften, welche nie oder selten in die Hand der Armen kamen, zu Groschen und Dreiern geprägt werden, um als solche durchs ganze Land zu rouliren und zuletzt wol gar in den Hut des Bettlers zu fallen. Oder meinen Sie, reicher Mann! Sie, durch den das Kapital unserer wissenschaftlichen Nationalbank selbst vergrößert worden ist: meinen Sie, daß es gut seyn würde, wenn jenes Kapital immer und ewig nur in harten Thalern und Goldstücken bestände, nie zu Scheidemünze ausgeprägt würde? Für das Kapital selbst – vielleicht! Für Sie und andere Schatzmeister und Banquiers, besonders im Puncte der eigenen Bequemlichkeit – vielleicht! Aber auch fürs Publicum? Aber auch für uns andere, die wir oft nur ein Zweigroschenstück zu erwerben wissen, und gleichwol auch dieses Zweigroschenstück gar zu gern in die öffentlichen Fonds zum öffentlichen Nutzen legen mögten? Aber auch für Kreti und Pleti, welche nichts erwerben, und doch auch leben wollen, und doch auch an dem Nationalreichthum des Geistes, wäre es auch nur zur Leibes Nahrung und Nothdurft, Antheil nehmen mögten? Nimmermehr! Für alle diese wird es stets gut und wünschenswürdig bleiben, wenn das, was ein K a n t, was ein G a r v e u.s.w. für Vaterland und Menschheit lucrirten und in grossen Stücken, also nur für Reiche, niederlegten, durch kleine Wechsler in kleinere Münzsorten umgesetzt, und so durchs ganze Publicum in wohlthätigen Umlauf gebracht wird.

Campe setzte sich für eine literarische Öffentlichkeit ein, um Wissen ungehindert verbreiten zu können

Campes Ausrufe sind ein vehementes zweifaches Plädoyer: zum einen für eine einfache, gemeinverständliche Sprache in populären Zeitschriften, zum anderen für die Öffentlichkeit aller Gegenstände des Wissens, für ihre ungehinderte Verbreitung durch Schrift. Campe fordert und übt selbst eine literarische Öffentlichkeit, die Transparenz eines Wissens, das pädagogisch wirken soll. So eindeutig er an der zitierten Stelle für eine solche literarische Öffentlichkeit Position bezieht – ganz klar wird daraus nicht, ob er auch gezielt eine „bürgerliche Öffentlichkeit" im Blick hat. Es mag sein, dass er die Unterschichten in sein Öffentlichkeitskonzept mit einbeziehen wollte und damit zu seiner Zeit – es war noch vor der Französischen Revolution – weit über die Absichten des Bürgertums hinausging.

Bürgerliche Öffentlichkeit versus repräsentative Öffentlichkeit

Die bürgerliche Öffentlichkeit des 18. Jahrhunderts grenzt sich gegen die frühere und teilweise noch bestehende repräsentative Öffentlichkeit dadurch ab, dass sie nicht einen bloßen

„Schein" von gesellschaftlicher Existenz ausdrücken und vermitteln will, sondern über philosophische, anthropologische, erkenntnistheoretische, psychologische, moralische, literarische und andere Inhalte mehr zur Selbstreflexion anhält, um ihrer eigenen Schicht, dem Bürgertum, Konturen zu geben. In dieser Hinsicht sind sich Aufklärung und bürgerliche Öffentlichkeit gleich.

Ob, und wenn ja, inwiefern und wann diese bürgerliche Öffentlichkeit politisch wird, also ein direkter Übergang von der literarischen zu einer politischen Öffentlichkeit ausgemacht werden kann, ist eine in der Forschung umstrittene Frage. Will man sie beantworten, kommt alles darauf an, wie man den Begriff „politisch" fasst. Zwei Positionen dazu, eine aus der Forschungsliteratur und eine für das 18. Jahrhundert beinahe noch zeitgenössisch zu nennende, sollen im Folgenden vorgestellt und diskutiert werden.

6.2 Habermas' Konstruktion der bürgerlichen Gesellschaft

Nach Jürgen Habermas muss die Entstehung der bürgerlichen Gesellschaft, der die Sphäre der Öffentlichkeit als spezifische Kennzeichnung zuzuordnen ist, auf eine langsame, aber grundsätzliche Änderung der ökonomischen Verhältnisse zurückgeführt werden.[2] Zwei Bereiche sind von diesem Wandel in besonderer Weise betroffen: der Waren- und der Nachrichtenverkehr (vgl. Habermas 1990, 70). Im Laufe des 18. Jahrhunderts führt dieser Wandel zu einer gesellschaftlichen Umschichtung. Bedingt durch die veränderte Wirtschaftsstruktur, verliert das alte Stadtbürgertum an Bedeutung. Es wächst eine neue bürgerliche Schicht heran, die sich vorwiegend aus Händlern, Bankiers, Verlegern, Manufakturisten, Ärzten, Juristen, Pfarrern und dem neuen Stand der Gelehrten zusammensetzt. Ihr gegenüber steht der moderne Steuerstaat mit einem aufwändigen

Änderung der ökonomischen Verhältnisse durch Ausweitung des Waren- und Nachrichtenverkehrs

Herausbildung einer neuen bürgerlichen Schicht

---

[2] Vgl. Habermas 1990, 56: „Wenn Öffentlichkeit erst in dieser Periode [im 18. Jahrhundert] nach ihrem Namen verlangt, dürfen wir annehmen, daß sich diese Sphäre, jedenfalls in Deutschland, erst damals gebildet und ihre Funktionen übernommen hat; sie gehört spezifisch zur ‚bürgerlichen Gesellschaft', die sich zur gleichen Zeit als Bereich des Warenverkehrs und der gesellschaftlichen Arbeit nach eigenen Gesetzen etabliert."

institutionalisierten Verwaltungsapparat. Er präsentiert sich den Bürgern als „Sphäre der öffentlichen Gewalt" (Habermas 1990, 74) und macht ihn zum Objekt seiner obrigkeitlichen, durch die Presse verbreiteten Verlautbarungen. Indem das Bürgertum sich – durch die Verfestigung der Gegensätze – seiner Interessen gegenüber dieser öffentlichen Gewalt bewusst wird, entsteht aus dem bloß rezeptiven Lesepublikum eine bürgerliche „räsonierende Öffentlichkeit". „Eine solche", definiert Habermas, „entwickelt sich nämlich in dem Maße, in dem das öffentliche Interesse an der privaten Sphäre der bürgerlichen Gesellschaft nicht mehr nur von der Obrigkeit wahrgenommen, sondern von den Untertanen als ihr eigenes in Betracht gezogen wird" (Habermas 1990, 82).

In diesem Sinne versucht das Bürgertum nun, die Presse zu einem Organ seiner eigenen Anschauungen zu machen. Mit den *Monatsgesprächen* des Thomasius entsteht eine Gattung von Zeitschriften, der im 18. Jahrhundert eine enorme Bedeutung zukommt. Noch aber berühren die darin enthaltenen Artikel nicht die öffentliche Ordnung als solche, ihre Legitimation wird nicht in Frage gestellt. Wenn ein Gelehrter ab und an doch von staatlichen – als ‚öffentlichen' – Angelegenheiten handelt, dann geschieht dies in der Regel noch ausschließlich im Auftrag der Obrigkeit. Dieses System – das Publikum räsoniert über sich selbst als Lesepublikum, klammert aber die Sphäre der staatlichen Gewalt aus seinem Räsonnement aus – hat bis Ende des 18. Jahrhunderts Gültigkeit. Noch 1784 kann Friedrich II. in einem Rescript anordnen:

Das Bürgertum als Lesepublikum

> Eine Privatperson ist nicht berechtigt, über Handlungen, das Verfahren, die Gesetze, Maßregeln und Anordnungen der Souveräne und Höfe, ihrer Staatsbedienten, Kollegien und Gerichtshöfe, ö f f e n t l i c h e, sogar tadelnde Urteile zu fällen oder davon Nachrichten, die ihr zukommen, bekanntzumachen oder durch den Druck zu verbreiten. Eine Privatperson ist auch zu deren Beurteilung gar nicht fähig, da es ihr an der vollständigen Kenntnis der Umstände und Motive fehlt. (Zit. nach Habermas 1990, 84)

Auf bürgerlicher Seite ist das System geronnen in Kants berühmter *Beantwortung der Frage: Was ist Aufklärung* aus dem gleichen Jahr:

> [...] der ö f f e n t l i c h e Gebrauch seiner Vernunft muß jederzeit frei sein, und der allein kann Aufklärung unter Menschen zustande bringen; der P r i v a t g e b r a u c h derselben aber darf öfters sehr enge eingeschränkt sein, ohne doch darum den Fortschritt

der Aufklärung sonderlich zu hindern. Ich verstehe aber unter dem öffentlichen Gebrauche seiner eigenen Vernunft denjenigen, den jemand a l s   G e l e h r t e r von ihr vor dem ganzen Publikum der L e s e r w e l t macht. Den Privatgebrauch nenne ich denjenigen, den er in einem gewissen ihm anvertrauten b ü r g e r l i c h e n P o s t e n oder Amte von seiner Vernunft machen darf. (Kant 1977, Bd. 11, 55)

Kant versteht hier bezeichnenderweise unter ‚öffentlich' die Sphäre des räsonierenden Publikums, einen Bereich, der sich als öffentlicher zu diesem Zeitpunkt schon gebildet hat. Ein „privater Gebrauch der Vernunft" dagegen ist derjenige, der in Ausübung eines ‚öffentlichen' – Kant sagt: bürgerlichen – Amtes geschieht: „Hier ist es nun freilich nicht erlaubt zu räsonieren; sondern man muß gehorchen." (Kant 1977, Bd. 11, 55 f.) Die dem heutigen Sprachgebrauch entgegengesetzte Verwendung von ‚öffentlich' und ‚privat' deutet exakt den Wandel in der Auffassung von staatlicher Gewalt und bürgerlichem Selbstverständnis an: Der vormals öffentliche (also der staatliche) Bereich wird vom Bürgertum für sich und seine Interessen in Anspruch genommen; die vormals private Tätigkeit dagegen wird – nun, da sie in Form der Ausübung eines bürgerlichen Postens ‚öffentlich' geworden ist – staatlich reglementiert und unterliegt der Beschränkung. Solange das Räsonieren in dieser Gesellschaft nicht in Handeln übergeht, ist in ihr alles erlaubt: „Räsoniert, soviel ihr wollt und worüber ihr wollt; nur gehorcht!"[3]

Kurz vor Ausbruch der Französischen Revolution hat sich in Deutschland eine bürgerliche Öffentlichkeit im Spannungsfeld von Staat und Gesellschaft etabliert. Als politische ist sie jedoch noch nicht zu verstehen, da die zentrale aufklärerische Forderung nach der Legitimierung der Herrschaft durch die Maßstäbe der Vernunft nicht mit der Politik konfrontiert, sondern in den literarischen Vorgriff abgedrängt wird (vgl. Koselleck 1973, 41-103). Die öffentliche Gewalt in ihrer realen Existenz bleibt von der Kritik praktisch unberührt. Diese für deutsche Verhältnisse charakteristische Position des politischen Stillhaltens hatte zu jener Zeit vor allem zwei subtile Verhaltensweisen der Herrschaftsträger zum Grunde. Einmal wurden zahlreiche Ideen der bürgerlichen Aufklärung von den Fürsten der großen Territorialstaaten – Friedrich II. in Preußen, Maria Theresia und

> Nach Kant ist die öffentliche Sphäre die Sphäre des räsonierenden Publikums

> Am Ende des 18. Jahrhunderts hat sich in Deutschland eine bürgerliche Öffentlichkeit herausgebildet, die jedoch noch nicht politisch ausgerichtet ist

---

3 Dieser Ausspruch Friedrichs II. ist verschiedentlich belegt, so auch bei Kant 1977, Bd. 11, 61.

Joseph II. in Österreich – aufgefangen und in Reformen umgesetzt. Die uneingeschränkte Herrschaft verwandelte sich so in einen aufgeklärten Absolutismus, der den radikalen Ideen die Spitze nahm. Zum anderen gestatteten die Fürsten dem Publikum durchaus das Räsonieren über ihre eigenen Angelegenheiten, allerdings in den Grenzen einer Privatheit, die auf eine Konfrontation ihrer Moral mit der des Staates verzichten musste. Auf diese Weise blieb das Politische als Gegenstand des Nachdenkens aus der öffentlichen Diskussion ausgegrenzt und im ausschließlichen Verfügungsbereich der staatlichen Gewalt. Die bürgerliche Öffentlichkeit im Deutschland des späten 18. Jahrhunderts war somit, wie Habermas (1990, 88) sagt, „eine Öffentlichkeit in unpolitischer Gestalt – die literarische Vorform der politisch fungierenden Öffentlichkeit".

Ausgrenzung politischer Themen aus der öffentlichen Diskussion

Das Räsonnement über den Gesellschaftskörper und seine Verfassung wurde überlagert von dem Räsonnement über den Menschen als Bürger und seine innere Verfassung. Die öffentlichen Themen der zweiten Hälfte des 18. Jahrhunderts waren in erster Linie psychologische, auch dort, wo es um Kultur im engeren Sinne, um Literatur, Theater und Musik, ging. Habermas (1990, 88) pointiert diese Haltung als einen „Prozeß der Selbstaufklärung der Privatleute über die genuinen Erfahrungen ihrer neuen Privatheit". Allerdings enthält dieser Reflexionsbereich bereits ein politisch-soziales Element. Insofern sich nämlich die Bereiche der Privatheit als „Sphäre des Marktes" und der Intimität als „Sphäre der Familie" (Habermas 1990, 120) nur in Abgrenzung gegen die staatliche Gewalt behaupten und definieren können, treten sie mit dieser in Beziehung.

Themen der öffentlichen Diskussion in der zweiten Hälfte des 18. Jahrhunderts

Die Selbstverständigung des Bürgertums läuft zu diesem Zeitpunkt also ohne Zweifel auf eine Politisierung seiner eigenen Sphäre hinaus. Die Frage aber ist, ob diese Politisierung ursprünglich und allein aus den ökonomischen Verhältnissen abgeleitet werden kann. Habermas begründet seine Ansicht, dass schon im 18. Jahrhundert literarische und politische Öffentlichkeit verschränkt sind, mit dem Hinweis auf den Humanitätsgedanken, dem eine Identifizierung von ‚bourgeois' und ‚homme' zugrunde liege:

Nach Habermas' Ansicht sind literarische und politische Öffentlichkeit bereits im 18. Jahrhundert verschränkt

> Als Privatmann ist der Bürgerliche beides in einem: Eigentümer über Güter und Personen sowie Mensch unter Menschen, bourgeois und homme. Diese Ambivalenz der Privatsphäre zeigt auch noch die Öffentlichkeit; je nachdem nämlich, ob sich die Privatleute im literarischen Räsonnement qua Menschen über Erfahrungen ihrer Subjektivität verständigen; oder ob sich Privatleute im

politischen Räsonnement qua Eigentümer über die Regelung ihrer Privatsphäre verständigen. Der Personenkreis beider Formen des Publikums deckt sich nicht einmal ganz: Frauen und Unselbständige sind von der politischen Öffentlichkeit faktisch wie juristisch ausgeschlossen; während die weibliche Leserschaft, auch Lehrlinge und Dienstboten, an der literarischen Öffentlichkeit oft stärkeren Anteil haben als die Privateigentümer und Familienväter selbst. Dennoch gilt in den gebildeten Ständen die eine Form der Öffentlichkeit als mit der anderen identisch; Öffentlichkeit erscheint im Selbstverständnis der öffentlichen Meinung eins und unteilbar. Sobald sich die Privatleute nicht nur qua Menschen über ihre Subjektivität verständigen, sondern qua Eigentümer die öffentliche Gewalt in ihrem gemeinsamen Interesse bestimmen möchten, dient die Humanität der literarischen Öffentlichkeit der Effektivität der politischen zur Vermittlung. *Die entfaltete bürgerliche Öffentlichkeit beruht auf der fiktiven Identität der zum Publikum versammelten Privatleute in ihren beiden Rollen als Eigentümer und als Menschen schlechthin.* (Habermas 1990, 120 f.)

Mit dieser für die deutschen Verhältnisse nur unzureichend belegten Hypothese bricht Habermas in seiner Arbeit *Strukturwandel der Öffentlichkeit* die Analyse der sozialen Konstellationen im 18. Jahrhundert ab. In seiner einsträngig ökonomistischen Argumentation für die Entstehung einer politischen Öffentlichkeit gerät folglich auch die äußerst vielschichtige Phase zwischen 1790 und 1830, in der sich Spätaufklärung und Romantik, Revolution und Restauration, Liberalismus und Konservatismus überlagerten, kaum in den Blick. Erst die zunehmende Industrialisierung um die Mitte des 19. Jahrhunderts schuf strukturelle Veränderungen im Bereich der Ökonomie, die für den von Habermas gewählten Ansatz verwendbar sind.

6.3 Kritik an Habermas' Öffentlichkeitsgeschichte

Es war zweifellos die Zeit zwischen den bürgerlichen Revolutionen, in der nicht nur über den geistigen Wert der Öffentlichkeit eine lebhafte Debatte geführt wurde. In dieser Zeit fanden auch die ersten Kämpfe um ihre politisch-soziale Wirksamkeit statt, die weit über die Grenzen der engen literarischen Öffentlichkeit des 18. Jahrhunderts hinausreichten. In dem Denkbild *Dichtung und Wahrheit* aus dem Jahre 1823 zeigt Carl Gustav Jochmann die veränderte Situation präzise auf und benennt zugleich eine Ursache dafür, dass die Kritik in eine Krise führen musste:

Will man wissen, um wieviel die politische Zivilisation der deutschen Völkerschaften vorgerückt sei, muß man auf die Zustände derselben vor etwa 50 Jahren zurücksehen. Was damals die hellsten Geister auf den Thronen, ein Friedrich der Grosse, ein Joseph der Zweite, mit edler Ungeduld erstreben wollten, davor beben heut die Kabinette; und sogar Poesien, die man damals harmlos in den Hauptstädten der Fürsten schrieb und las, würden heut unter den Federstrichen der Zensur sterben oder den Verfasser in's Gefängnis bringen. – Gibt es ein bündigeres Zeugnis für den Emporgang der Nation? Was sie damals nicht verstand, v e r s t e h t sie heut. Was damals Dichtung war, ist heut zur W a h r h e i t geworden. So sehr hat sich, mit dem verwandelten Weltsinn, die Bedeutung des Wortes verwandelt. Was aber heut verboten ist, das ist darum keineswegs vernichtet, sondern nur versüßt zum Genuß. (Jochmann 1990, 60)

Übergang von literarischer zu politischer Öffentlichkeit

Genau dieser Wechsel von poetischem Entwurf zu einer als historischer Notwendigkeit empfundenen Forderung, ein Wechsel, der zunächst im Bewusstsein und dann auch im Handeln des Bürgertums stattfand, bezeichnet den Übergang von literarischer zu politischer Öffentlichkeit.

Das in der Aufklärung vorgeprägte und durch die Antike-Rezeption in der Klassik entworfene Ideal einer bürgerlichen Individualität und nationalen Gemeinschaft fand seinen Niederschlag zunächst nur in der Literatur. Der nach Deutschland überschwappende Rausch der Französischen Revolution verband sich mit diesem teils sehnsüchtig überhöhten Ideal[4] zu ersten, noch zaghaften politischen Forderungen. Eine Opposition mit politischem Anspruch formierte sich jedoch erst unter dem Eindruck der Befreiungskriege und der alle Erwartungen enttäuschenden Restauration. Den Anfang bildeten die Burschenschaften (vgl. Wentzcke 1919). Sie nahmen diese Literatur ernst, sahen in ihr nicht nur einen utopischen Entwurf, sondern eine Wahrheit, die Wirklichkeit werden müsse. Damit war der Punkt erreicht, an dem die bloße Kritik, das Räsonieren, in ein Programm überging. Die Burschenschaften ragten damals als ‚radikale Gruppe' aus einer bürgerlichen Gesellschaft heraus, die letztlich an den gleichen Idealen orientiert war und diese auch als Ausdruck ihres Selbstverständnisses betrachteten.

Erste politische Forderungen in Deutschland während der Französischen Revolution

Burschenschaften

---

[4] Für eine derartige Überhöhung können Hölderlin oder auch der junge Hegel (1970 ff., Bd. 1, 449-610) mit seiner zwischen 1800 und 1802 entworfenen *Verfassung Deutschlands* ein Beispiel sein.

Der Kern politischer Öffentlichkeit ist – dies wäre gegen Habermas einzuwenden – zunächst also nicht im ökonomischen Bereich zu suchen, in dem der Bürger als Eigentümer beginnt, über die Sphäre seines Eigentums zu räsonieren. Solange nämlich n u r räsoniert wird, bleibt das Bürgertum Publikum im Sinne bloßer Rezeptivität. Das einzig aktive Moment besteht in der Fähigkeit zur Selbstreflexion, dem Vermögen, die eigene Rezeptivität zum Gegenstand erneuter Reflexion zu machen.

Weniger als über seinen Besitz definiert sich das Bürgertum am Ende des 18. Jahrhunderts vor allem über seine Bildung. Die hiermit in Einklang stehende Öffentlichkeit bleibt eine literarische, auch wenn in ihr ökonomische und politische Themen behandelt werden.

Am Ende des 18. Jahrhunderts definiert sich das Bürgertum über seine Bildung

Der Umschlag von literarischer zu politischer Öffentlichkeit setzt in einer Phase ein, in der die Bürger sich nicht mehr mit dem Räsonieren zufrieden geben, sondern die Forderung erheben, an den sie betreffenden Entscheidungen unmittelbar beteiligt zu werden bzw. diese Entscheidungen für sich selbst zu treffen.

Der Kern politischer Öffentlichkeit besteht nicht im bloßen Räsonieren, sondern in der aktiven Beteiligung an politischen Entscheidungen

Die bekannte Formel Kants, Aufklärung sei „der Ausgang des Menschen aus seiner selbstverschuldeten Unmündigkeit", wäre ohne Schwierigkeiten ins Politische zu wenden, wenn man der Bestimmung der ‚Unmündigkeit' als dem „Unvermögen, sich seines Verstandes ohne Leitung eines anderen zu bedienen" (Kant 1977, Bd. 11, 53), den Bereich der politischen Selbstbestimmung hinzufügte. Genau dies aber hat Kant im Jahre 1784 nicht getan und konnte es, obwohl das „Jahrhundert Friederichs" (Kant 1977, Bd. 11, 59) noch nicht zu Ende war, auch nicht tun. Einer, der diesen Punkt mit Scharfblick erkannte, war Kants Widersacher Johann Georg Hamann. In einem leider nicht so bekannten Brief an Kants Königsberger Kollegen Christian Jacob Kraus hat er ihn ebenso pointiert wie witzig benannt: „Was hilft mir das F e y e r - k l e i d der Freyheit, wenn ich daheim im Sclavenkittel" (Hamann 1996, 22). Und in der Tat gab es, wenn man so will, eine politisch ‚angehauchte' Öffentlichkeit nur ‚sonntags', ‚alltags' galt weiterhin im Literarischen die Abstinenz von der Politik.

Auch die Begriffsgeschichte von Öffentlichkeit weist in diese Richtung (vgl. oben, 44 ff.). Erst während der Restaurationszeit geht der Begriff „aus der akademischen Enge philosophischer Vorlesungen in den allgemeinen Sprachgebrauch" (Hölscher 1979, 121) über. Nimmt man – dies wurde bereits zitiert – mit Koselleck (1972, XXII) an, dass ein Wort zum Begriff wird, „wenn die Fülle eines politisch-sozialen Bedeutungszusammen-

Nochmals: Begriffsgeschichte von „Öffentlichkeit"

hanges, in dem – und für den – ein Wort gebraucht wird, insgesamt in das eine Wort eingeht", so ergibt sich für den Begriff *Öffentlichkeit* ein n e g a t i v e r Bedeutungszusammenhang. „Öffentlichkeit" repräsentierte im restaurativen Deutschland gerade nicht die politische Wirklichkeit, sondern ihr Gegenbild. Sie gewinnt daher im Sinne einer politischen Öffentlichkeit ihre spezifische Bedeutung nicht – wie die ‚literarische' im 18. Jahrhundert – aus dem Gegensatz zur ‚Privatheit' und ‚Individualität'. Vielmehr liegt ihr ein Entwurf (meist verbunden mit dem Hinweis auf das Vorbild der gesellschaftlichen Wirklichkeit in England) zugrunde, dessen Einlösung für die Zukunft sozusagen mitgefordert wird. „Öffentlichkeit" wird auf diese Weise nicht nur zu einem politischen „Schlagwort" (Hölscher 1979, 120), sondern zum Schlüsselwort einer progressiven Denkart, die ihre Kraft aus der Opposition zu einer als repressiv empfundenen Realität bezieht. Der ursprünglich enge Bedeutungsrahmen erweitert sich dahingehend, dass „Öffentlichkeit" nun einen Gesellschaftsentwurf bezeichnen kann. In diesem Sinne definiert und wertet der *Brockhaus* von 1819 als erste Enzyklopädie den Begriff. Die entsprechende Stelle (Bg. 1819) sei noch einmal auszugsweise zitiert:

> Die Oeffentlichkeit ist eine der ersten Bedingungen einer wohleingerichteten Staatsgesellschaft. [...] Die Oeffentlichkeit betrifft [...] nur die Angelegenheiten der Gesellschaft, nie aber die Angelegenheiten von Privatpersonen, die Fälle ausgenommen, wo diese die Gesellschaft interessiren, oder wo Privatpersonen bei ihren Streitigkeiten sich auf das Urtheil der Gesellschaft oder das der öffentlichen Meinung beziehen. [...] Seit der Erfindung der Druckerey der Zeitungen und der Posten, hat die Oeffentlichkeit einen ganz andern Charakter angenommen als sie in den Staaten der Alten hatte, und indem die öffentliche Meinung gebildeter und unterrichteter geworden, ist sie zugleich besser geworden; überall strebt sie jetzt als eine Macht in gesetzlicher Weise in den Staatshaushalt einzugehen, und sie sucht ihre Organe in der Volksvertretung und in der Preßfreiheit. Sie wird sich nicht eher in ihrem Streben beruhigen, bis sie sie gefunden, da sie so stark geworden, daß sie wohl geneigt seyn dürfte, sich ihre Rechte zu nehmen, wenn man geneigt seyn sollte, sie ihr zu versagen.

Die politische Öffentlichkeit findet ihren Ausdruck – auch dies wird in dem *Brockhaus*-Artikel deutlich – in einem erstarkten Auftreten gegen die staatliche Gewalt. Indem das Bürgertum seinen Mitwirkungsanspruch in Form einer rechtmäßigen Opposition kundtut und sich auf die Kraft der „öffentlichen Meinung" beruft, wird es politisch. Dieses Bewusstsein aber er-

wächst wiederum zunächst nicht aus den ökonomischen Verhältnissen, sondern wird erst Ende des 18. Jahrhunderts vor allem aus Frankreich importiert und mischt sich mit dem an der
Literatur geschulten Ideal der Individualität.[5]

Tragend wird die Kategorie „öffentliche Meinung" für
Deutschland erst während der Befreiungskriege (vgl. Flad
1929, Mischke 1958). Öffentlich konnte sich die „öffentliche
Meinung" zunächst aber nur für kurze Zeit geben. Sie verschwand in den Kerkern der Restaurationszeit oder emigrierte,
um 1830 und verstärkt 1848 wieder aufzutauchen. Ihre politische Bedeutung ist eng verknüpft mit dem Programm des Liberalismus. Zwar ist liberales Gedankengut schon früher, in der
Aufklärung des 18. Jahrhunderts, auszumachen (vgl. Valjavec
1951, 89–145), ein politisches Gewicht gewann es allerdings
erst um 1815 in der Diskussion um den Verfassungsstaat. Die
disparate Erscheinung dieser liberalen Strömungen vor 1848
fasst Thomas Nipperdey (1983, 290 f.) auf eingängige Weise so
zusammen:

> ‚Der deutsche Liberalismus' in der ersten Hälfte des Jahrhunderts
> ist eine vielgestaltige, fast proteusartige Bewegung mit gegensätz-
> lichen Richtungen und unscharfen Grenzen. […] Dieser Liberalis-
> mus ist zunächst und vor allem eine politische Bewegung, die
> den Staat umgestalten will, er will den Rechts- und Verfassungs-
> staat. Das ist uns so selbstverständlich geworden, daß man sich
> den geschichtlichen Sinn dieser Forderung vor Augen führen
> muß. Machtbeziehungen sollen Rechtsbeziehungen werden, Herr-
> schaft soll versachlicht werden, der Staat ein System von Rechts-
> sätzen; nicht Menschen sollen herrschen, sondern Normen: das ist
> der erste Sinn der Forderung nach einer Verfassung. Eigentlich ist
> es die Verfassung, die die Einheit des Staates konstituiert, aus den
> Einzelwillen den Gesamtwillen; im Idealfall liegt die Souveränität
> im Staat eigentlich weder beim Monarchen noch beim Volk noch
> beim Parlament (oder bei allen diesen gemeinsam), sondern bei
> der Verfassung.

Wesentlicher Bestandteil des liberalen Verfassungsdenkens waren die Grundrechte, von denen das Recht auf Meinungsfreiheit in unserem Zusammenhang am meisten interessiert:

Marginalien:

Erst Ende des 18. Jahrhunderts kritisiert das Bürgertum zuneh-mend die staatli-che Gewalt und wird somit politisch

Der deutsche Liberalismus in der ersten Hälfte des 19. Jahrhunderts

Recht auf Meinungsfreiheit

---

[5] Die früheste Verwendung des Begriffs *öffentliche Meinung*, noch ganz
bezogen auf das revolutionäre Frankreich, findet sich vermutlich in einem mit „v.H." unterzeichnetem *Schreiben aus Paris an den Herausgeber des Teutschen Merkurs* vom Jahre 1790. Vgl. dazu Hölscher
1979, 106, der diesen Artikel Joachim Heinrich Campe zuschreibt. Verfasst hat ihn jedoch Gerhard Anton von Halem.

Die Konservativen meinten, daß es nur eine Freiheit zur Wahrheit geben dürfe – die Liberalen plädierten für die Freiheit auch zum Irrtum und zur Unwahrheit, denn niemand habe ein Monopol auf die Wahrheit, sie komme nur im Prozeß der Diskussion widerstreitender und auch irriger Meinungen heraus [...]. Freie Meinungsäußerung aber war mehr als ein individuelles Recht, sie zielte auf öffentliche Meinung und konkret auf Pressefreiheit. (Nipperdey 1983, 291)

> Die öffentliche Meinung – als Kern von Öffentlichkeit – ist Garant der Freiheit. Unabdingbare Voraussetzung für die Herausbildung der öffentlichen Meinung ist die Pressefreiheit

Die öffentliche Meinung, die sich durch Diskussion von Einzelmeinungen zur Wahrheit – mindestens aber zur Vernünftigkeit – geläutert hat, beansprucht für sich den politischen Ort, den bislang der absolute Monarch einnahm. Sie ist, als Kern der Öffentlichkeit selbst, Schutzwall gegen unrechtmäßige Eingriffe und Garant der Freiheit. Ihr wesentliches Werkzeug ist die freie Presse, die quasi als Bühne ihrer Ermittlung und Verkündigung fungiert.

> Christoph Martin Wieland und Christian Garve über „öffentliche Meinung"

Sofort mit dem Auftauchen des Begriffs wurde die Frage gestellt, wer denn nun eigentlich Träger der ‚öffentlichen Meinung' sei. Schon für Christoph Martin Wieland war klar, dass sie von den Gebildeten – also dem Bürgertum im engeren Sinne – ausgehen müsse und sich „hauptsächlich unter denjenigen Klassen, die, wenn sie in Masse wirken, das Übergewicht machen" (Wieland 1799, 306), zu verbreiten habe. Hierzu konnten, so Wieland, natürlich nicht die „untersten Volksklassen" zählen, weil diese, unter dem Druck von Mangel und Arbeit, weder Muße noch Zeit hätten, „sich um Dinge, die ihre körperlichen Bedürfnisse nicht zunächst angehen, zu bekümmern" (Wieland 1799, 316). In diesem Sinne, mit Rückgriff auf das soziologische Moment, hatte auch schon Christian Garve 1795 die öffentliche Meinung definiert als „die Übereinstimmung vieler, oder des größten Theils der Bürger eines Staats in Urtheilen, die jeder einzelne, zu Folge seines eignen Nachdenkens, oder seiner Erfahrungen über einen Gegenstand, gefällt hat" (Garve 1802, 296).

> Versuche, die öffentliche Meinung mit den Zielen des Staates in Einklang zu bringen

Der Weg, den die öffentliche Meinung im revolutionären Frankreich insbesondere während der Phase, in der sie vom Volk getragen wurde, genommen hatte, veranlasste die deutschen Fürsten, derartigen ‚Ausschweifungen' vorzubeugen. Das beste Mittel zu diesem Zweck war es, die öffentliche Meinung in Einklang zu bringen mit den Zielen des Staates bzw. nur das als öffentliche Meinung anzuerkennen, was mit diesen Zielen übereinstimmte. Dies war einmal während der liberalen Ära Preußens der Fall. Hierzu schreibt Hölscher (1979, 114):

Schon seit 1803 hatte der Freiherr von Stein als Oberpräsident sämtlicher Kammern in den rheinischen Provinzen Preußens versucht, zur Einführung zweckmäßiger Neuerungen die öffentliche Meinung der städtischen Mittelschichten als politisches Gegengewicht gegen die einflußreichen Interessen der alten Feudalstände und der altpreußischen Bürokratie zu organisieren. Die öffentliche Meinung war für ihn ebenso Instrument wie Gegenstand seiner Reformbestrebungen. Mit allen anderen Reformern teilte er die Überzeugung, daß, wenn überhaupt eine wirkliche öffentliche Meinung in Preußen entstehen würde, sie nur im Sinne der patriotischen Reformpläne wirken könne, als deren Vertreter Stein und Hardenberg, Arndt und Görres auftraten.

Noch stärker, weil über die dünne Schicht des Bürgertums hinausreichend, ging die öffentliche Meinung während der so genannten Befreiungskriege einen Bund mit der ‚staatlichen Meinung' ein. Der Kampf gegen die napoleonische ‚Fremdherrschaft' in Deutschland vereinigte, nicht zuletzt aufgrund von Versprechungen staatlicherseits, beide Interessensphären zu einem bis dahin nicht gekannten Nationalgefühl. Als die meisten Fürsten nach dem Sieg über Frankreich diese Versprechungen – Neuordnung des Reiches mit dem Ziel der nationalen Einheit auf verfassungsmäßiger Basis – nicht hielten, trennten sich beide wieder. Die zu Beginn des Jahrhunderts zum politischen Schlagwort gewordene öffentliche Meinung versank mit der Installierung der Restauration. Die neue Losung dieser düsteren Zeit stammte von Metternich: „Ruhe und Ordnung" (vgl. Frühwald 1976, 107-109).

Bedeutungslosigkeit der öffentlichen Meinung während der Restaurationszeit

Fürst Metternichs Losung der Zeit: „Ruhe und Ordnung"

Abb. 60: Die erste Seite aus Georg Büchners Schrift *Der Hessische* Landbote, Juli 1834.

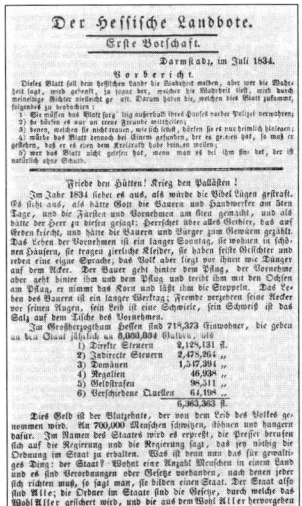

Ihre Auferstehung feierte die öffentliche Meinung erst wieder mit dem Vormärz. Vorangegangen war die französische Juli-Revolution von 1830; sie hatte „die Dinge in Deutschland in Bewegung gebracht" (Nipperdey 1983, 366). Braunschweig, Kurhessen, Sachsen und Hannover waren Verfassungsstaaten geworden, in Süddeutschland entstand eine „außerparlamentarische Opposition über die Grenzen der Einzelstaaten hinweg" (Nipperdey 1983, 369), die stärker denn je eine politische Neuordnung forderte. Das Hambacher Fest von 1832 erneuerte noch einmal, nur viel entschiedener „westlich und aufgeklärt" (Nipperdey 1983, 370), die nationale Stimmung nach den ‚Befreiungskriegen': „Auf der Basis der Pressefreiheit sollte die Macht des Geistes und der öffentlichen Meinung gegen die Macht der Fürsten mobilisiert werden, zur ‚Wiedergeburt Deutschlands' und seiner demokratischen Organisation." (Nipperdey 1983, 369) Der Ton wurde nun radikal. „Friede den Hütten! Krieg den Palästen!" lautete der Aufruf in Georg Büchners *Hessischen Landboten*. Aber die Welle der überregionalen Unruhen ebbte ab, als der Deutsche Bund noch einmal die „Pressgesetze" verschärfte und alle politischen Vereine und Versammlungen verbot. Das System der Repression verfestigte sich erneut. Etwas Wichtiges aber entstand: Die Literatur in Deutschland wurde politisch, und dies wirkte auf das lesende Publikum und die öffentliche Meinung. Am Ende dieser Entwicklung stand in Deutschland zwar nicht die geglückte Revolution, aber immerhin der bürgerliche Verfassungsstaat.

Verbot politischer Vereine und Versammlungen in der Vormärz-Zeit

Politisierung der Literatur

Nach 1830 ist ein Wandel der Bedeutung von ‚öffentlicher Meinung' auf zwei Ebenen festzustellen. Zum einen trennt sie sich von der Meinung der Herrschenden und wird zu einer selbstständigen Kraft gegen die fürstliche Politik. Zum anderen ist sie nicht mehr, wie noch bei Wieland und Garve, theoretisch definiert als reflektierte Meinung der Gebildeten, sondern politisch und sozial motiviert als Meinung der von der Macht Ausgeschlossenen, die alle Standesschranken überspringen kann. Geht man davon aus, dass eine p o l i t i s c h e Öffentlichkeit erst entsteht, wenn bloßes politisches Räsonieren in konkretes Fordern umschlägt und eine öffentliche Meinung als gesamtgesellschaftliches Pendant zur etablierten Herrschaft sich herausbildet, dann wird man diese Form der Öffentlichkeit in Deutschland sogar erst zwischen 1830 und 1848 ansetzen können.

Bedeutungswandel von ‚öffentlicher Meinung' nach 1830

‚Öffentliche Meinung' als selbstständige Kraft gegenüber der herrschenden Obrigkeit

‚Öffentliche Meinung' als Stände übergreifende Meinung der von der Macht Ausgeschlossenen

Kehren wir noch einmal zu Jürgen Habermas zurück. Eine Theorie der bürgerlichen Öffentlichkeit, wie er sie in seiner Schrift *Strukturwandel der Öffentlichkeit* vorgelegt hat, vermag die soeben angedeutete Diskussion der politischen Spätaufklärung über eine verfassungsmäßige Verankerung der bürgerlichen Freiheitsrechte nicht in vollem Umfang zu erfassen. Der Grund für diese partielle Ausblendung liegt in der gewählten Perspektive. Habermas nimmt die Veränderungen der ökonomischen Basis als Ausgangspunkt und sucht den Nachweis zu erbringen, dass die sich gleichfalls verändernden Rechtsbeziehungen und Machtstrukturen ursächlich auf die Basis bezogen seien. Diese recht konventionelle materialistische Sichtweise kann jedoch nicht alle Ebenen des historischen Wandels von

Kritik an Habermas' Strukturwandel der Öffentlichkeit

Öffentlichkeit deuten. Gerade die Bedingungen des Strukturwandels, die als eine Rückwirkung der Phänomene des ‚Über-
baus' auf die (ökonomische) ‚Basis' zu beschreiben wären,
bleiben in dieser ökonomistischen Öffentlichkeitsgeschichte
unbeachtet.

Die politisch-ökonomische Situation in Deutschland während der ersten Jahrzehnte des 19. Jahrhunderts zeichnet sich
vor allem dadurch aus, dass die Diskussion der Rechtsbeziehungen weit über die Grenzen dessen, was aus den tatsächlich
existierenden Produktionsverhältnissen ableitbar ist, hinaus-
reicht. Die Umstände, die das Hinausgreifen – um marxistisch
zu sprechen – des Bewusstseins über das Sein bedingen, finden sich zum einen in der fortgeschrittenen philosophischen
und literarischen Reflexion der Zeit, zum anderen in der poli-
tisch-ökonomischen Rückständigkeit Deutschlands im Vergleich
zu England und Frankreich. Aufklärung und Klassik entwarfen
im Raum der literarisch-philosophischen Utopie das Bild einer
idealen, aus der gebündelten Summe der historischen Erfahrungen hervorgehenden Gesellschaft. Eben die Tatsache, dass
dieses Bild weniger als konsequente Weiterentwicklung des
Bestehenden gedacht war, sondern vielmehr als sein Gegen-
entwurf, verweist auf einen selbstständigen Charakter, dem eine bloße Widerspiegelungstheorie nicht gerecht werden kann.
Das staatsutopische Denken, das schon zu Ende des 18. Jahrhunderts weit über die politische Realität hinausreichte und somit Anlass für eine vom Ökonomischen losgelöste Reflexion
gab, wurde zu Beginn des 19. Jahrhunderts mit den veränderten politischen und wirtschaftlichen Bedingungen in Frankreich
und England konfrontiert. Die genau in diesen Zeitraum fallen-
de Expansion des Pressewesens gab sozusagen die Plattform
für erste ‚internationale' Vergleiche ab. Gerade das deutsche
Bürgertum musste sich hierbei als weit hinter seinen Nachbarn
zurückgeblieben erkennen. Eine Folge war, dass besonders die
aus dem ökonomisch fortgeschrittenen England stammenden
Ideen importiert und in Deutschland weiter diskutiert wurden,
ohne dass die diesem Diskussionsstand entsprechenden Pro-
duktionsverhältnisse schon gegeben waren.

Die Beschreibung dieser konkreten Situation zeigt, dass eine
Theorie, die vom Primat der ökonomischen Basis ausgeht und
sie als alleinigen Fixpunkt der Analyse wählt, genau in dem
Moment den nationalen Verhältnissen nicht mehr gerecht werden kann, in dem ein internationaler Austausch der Überbau-
phänomene auf breitem Raum möglich wird. Die von Haber-

mas aufgestellten Kategorien des Strukturwandels der Öffentlichkeit sind folglich für England und Frankreich weitgehend nachvollziehbar, stimmig und mit Faktischem ausgefüllt, für Deutschland aber bleiben sie leer und unanschaulich. Auch aus diesem Grund nimmt Habermas die zeitgenössischen Texte zur Öffentlichkeit wenn überhaupt, dann nur am Rande wahr. Sie dienen ihm lediglich als begriffsgeschichtliche Dokumente, in denen sich die ökonomische Brisanz der neuen gesellschaftlichen Verkehrsformen spiegeln soll.

6.4 Die liberale Utopie der Öffentlichkeit

In Absetzung gegen Habermas soll nun ein liberales Modell vorgestellt werden, das einerseits eine Interpretation der zu Beginn des 19. Jahrhunderts bestehenden Verhältnisse, also der Praxis von Öffentlichkeit leistet, andererseits die Utopie eines Staates formuliert, in dem Öffentlichkeit eine zentrale Stellung einnimmt.

Carl Gustav Jochmanns Essay *Ueber die Oeffentlichkeit* als Beispiel eines liberalen Öffentlichkeitskonzeptes, das die Schaffung von Öffentlichkeit als Voraussetzung für eine Veränderung der gesellschaftlichen Verhältnisse begründet

Schon bei Campe, Garve und Wieland zeigte sich, dass der publizistischen Diskussion um das Thema „Öffentlichkeit" nach 1790 eine nicht unwesentliche Dimension zukommt. Damit setzte ein entscheidender Umschlag ein: Öffentlichkeit war nun nicht mehr nur die Folge und der Ausdruck gewandelter ökonomischer Verhältnisse, wie Habermas interpretiert, sondern verselbstständigte sich zu einem politischen Programm, dessen Verwirklichung in der gesellschaftlichen Praxis angestrebt wurde. In diesem Zusammenhang nun kann Carl Gustav Jochmanns Essay *Ueber die Oeffentlichkeit*, vermutlich um 1825 entstanden und erstmals 1830 publiziert, gesehen werden. Er ist eines der frühesten Beispiele eines liberalen Öffentlichkeitskonzeptes.[6]

Jochmanns Ansichten über den politischen Wert der Öffentlichkeit bildeten sich aufgrund des von ihm selbst erfahrenen Kontrasts zwischen den gesellschaftlichen Verhältnissen in England und Deutschland heraus. England ist für Jochmann das große Vorbild, ein Hort der Freiheit, die deshalb gedeihen

---

6 Neben Jochmanns Essay *Ueber die Oeffentlichkeit* muss im Zusammenhang eines liberalen Öffentlichkeitskonzeptes auch Carl Theodor Welckers Artikel *Oeffentlichkeit* im Staats-Lexikon von 1841 gesehen werden. Vgl. Welcker 1841 (²1848).

Abb. 61: Die erste Seite des Aufsatzes *Ueber die Oeffentlichkeit* von Carl Gustav Jochmann, 1830 anonym erschienen in Carl von Rottecks Zeitschrift *Allgemeine politische Annalen.*

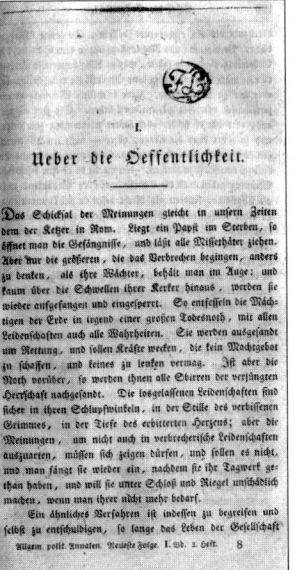

kann, weil dort das freie Wort und die freie Presse nicht nur erlaubt, sondern selbstverständlicher Bestandteil des gesellschaftlichen Lebens sind. Als einfachen und prägnanten Beleg zitiert er eine Stelle aus dem von James Mill verfassten Artikel *Jurisprudenz* der *Encyclopaedia Britannica*, wo es heißt, Öffentlichkeit sei nicht nur „eine gute Bürgschaft jedes Rechtes überhaupt", sondern auch ein Mittel, das „jeder andern [Bürgschaft; J.Sch.] erst Leben und Stärke verleiht" (Jochmann 1990, 196). Öffentlichkeit also garantiert nach dieser Auffassung nicht nur die Gesetzmäßigkeit der Handlungen des Staates gegenüber den Interessen der Gesellschaft und denen des einzelnen Bürgers, sie beschränkt auch die Macht staatlicher Institutionen auf ein Mindestmaß und schafft ein Maximum an bürgerlicher Freiheit.

In England aber, das darf bei einem Vergleich mit Deutschland nicht vergessen werden, gab es andere historische Voraussetzungen als auf dem Kontinent. In der Habeas-Corpus-Akte war schon gut einhundert Jahre vor der Französischen Revolution der Schutz des Bürgers vor willkürlichen staatlichen Zugriffen gesichert worden. Man kannte, bis auf das kurze Zwischenspiel der Stuarts und Cromwells, keinen absolutistischen Staat, denn die ‚glorious revolution' und die ‚declarations of rights' hatte die Rechte des Parlaments gegenüber dem König festgelegt. Die lange parlamentarische Tradition in England schuf fest im gesellschaftlichen Bewusstsein verankerte bürgerliche Rechte und Freiheiten, die nicht mehr, wie in Frankreich 1789 und in Deutschland erst ab Mitte des 19. Jahrhunderts, mühsam gegen die Herrscher erkämpft werden mussten. Jochmann (1990, 196) kann deshalb ohne weiteres über die Engländer feststellen:

> Sie sind frei, wie man gesund ist. Sie genießen ihr bürgerliches Dasein in dem Elemente der Öffentlichkeit, wie ihr körperliches in dem der Luft und brauchen keine Beweise, um sich der unentbehrlichen Wohltaten des einen wie des andern bewußt zu sein.

Öffentlichkeit also, die Bürgschaft rechtmäßiger Handlungen, ist für Jochmann gleichsam die elementare Voraussetzung für

Öffentlichkeit schafft ein Höchstmaß an bürgerlicher Freiheit

Jochmanns Vorbild ist England, wo die bürgerlichen Rechte und Freiheiten bereits fester Bestandteil des gesellschaftlichen Lebens waren ein funktionierendes gesellschaftliches Leben. Doch was in England als Selbstverständlichkeit verbreitet war und dessen Existenz positiv gar nicht mehr wahrgenommen zu werden brauchte, trat zu der Zeit in Deutschland gerade erst in das Bewusstsein breiterer Bevölkerungsschichten. Jochmann (1990, 197) schreibt an der zitierten Stelle weiter:

> Anders verhält sich's im Lande deutscher Zunge mit uns. Auf der ausgedehnten Stufenleiter des europäischen Völkerlebens, die sich von dem Wohlseyn, das der Beherrscher eines freien Volkes genießen und verbreiten kann, bis zu den Greueln einer großherrlichen Janitscharendemokratie und noch tiefer bis zu den einer priesterlichen Pöbelgewalt hinab erstreckt, stehen wir etwa in der Mitte. Gleich weit entfernt von dem vollendeten Segen einer nichts als schützenden Macht und von dem entschiedenen Verderben einer nichts als herrschenden, haben wir von jenem das meiste noch zu wünschen, von diesem das wenigste auch nur zu fürchten. Wir sind mit den Wohltaten einer gesetzlichen Freiheit nicht vertraut genug, um sie zu kennen, und nicht unbekannt genug, um sie zu verachten, und für uns ist es allerdings eine Frage, inwiefern Öffentlichkeit eine wesentliche Bedingung derselben ausmacht.

Im Deutschland der Reaktion und Restauration, des Wiener Kongresses und der Karlsbader Beschlüsse wurde Politik weitgehend unter dem Schleier des Geheimnisses betrieben. Die kurze Phase der Öffnung mit einer Beteiligung aller gesellschaftlichen Schichten am politischen Geschehen vor und während der so genannten ‚Befreiungskriege' war, seit sich die Macht der deutschen Fürsten wieder verfestigt hatte, umge-

Die Situation in Deutschland zu Beginn des 19. Jahrhunderts

schlagen in Repression: Die Opposition wurde bespitzelt, eine „öffentliche Meinung" unterdrückt, die Presse zensiert. Diesen Zustand charakterisiert Jochmann (1990, 193) zu Beginn seines Essays durch eine treffende historische Parallele:

> Das Schicksal der Meinungen gleicht in unsern Zeiten dem der Ketzer in Rom. Liegt ein Papst im Sterben, so öffnet man die Gefängnisse und läßt alle Missetäter ziehen. Aber nur die größern, die das Verbrechen begingen, anders zu denken als ihre Wächter, behält man im Auge, und kaum über die Schwellen ihrer Kerker hinaus, werden sie wieder aufgefangen und eingesperrt. So entfesseln die Mächtigen der Erde in irgendeiner großen Todesnot, mit allen Leidenschaften auch alle Wahrheiten. Sie werden ausgesandt um Rettung und sollen Kräfte wecken, die kein Machtgebot zu schaffen und keines zu lenken vermag. Ist aber die Not vorüber, so werden ihnen alle Sbirren der verjüngten Herrschaft nachgesandt.

In dieser ebenso verschleierten wie eindeutigen Beschreibung bringt Jochmann die Situation in Deutschland zwischen 1806 und 1815/19 auf den Punkt. Er demonstriert die Allmacht eines Systems, das es versteht, auch diejenigen Kräfte zu wecken, die dieser Allmacht nicht zugänglich sind. Die entfachten „Leidenschaften" (ein starkes Nationalgefühl), die dem Staat in der Stunde der Todesnot die Kraft zum Überleben, zum Handeln gegen die französische Besatzung gaben, setzten auch Wahrheiten frei: die Wahrheit der Notwendigkeit eines Verfassungsstaates, einer Volksvertretung und einer verbürgten Geistesfreiheit.

Die große Masse, das Volk, fügte sich nach der Befreiung von der französischen Besatzung nicht mehr in das als natürlich ausgegebene System einer fortgeschriebenen Herrschaft der kleinen, durch Geburt bevorrechteten Adelsschicht. Sie spürte die eigene Kraft, als deutlich wurde, dass genau diese Schicht angewiesen war auf den Beistand derjenigen, die bislang nur als Befehlsempfänger gedient hatten. Dies war gewissermaßen die Geburtsstunde einer demokratisch orientierten „öffentlichen Meinung" in Deutschland. Nach der Niederlage Napoleons lösten die Fürsten das Versprechen, eine Nationalrepräsentation einzurichten, jedoch nicht ein, und so gärte die öffentliche Meinung im Untergrund weiter, ohne Möglichkeit, zur „veröffentlichten" Meinung und damit zu einer politisch wirksamen Kraft werden zu können. Jochmann (1990, 193) wusste, dass die Existenz einer öffentlichen Meinung, „nicht als Tatsache, sondern als Recht", tief greifende Folgen für die politische Organisation der deutschen Staaten haben würde:

> Es liegt am Tage, daß Öffentlichkeit der M e i n u n g e n unmöglich von der ihrer Gegenstände zu trennen sei, und folglich ihre Gültigkeit in jedem Lande, aus dessen Einrichtungen sie bisher verbannt war, nicht etwa nur die Veredlung, sondern endlich auch die Umgestaltung dieser letztern und insofern ganz eigentliche Staatsveränderungen herbeiführen würde [...]. (Jochmann 1990, 194)

Der Wechsel im Bewusstsein deutet sich in Jochmanns Formulierung schon an, wenn er von der Öffentlichkeit als einer „bisher verbannt[en]" Instanz spricht. Die konkrete Erfahrung von Freiheit und Öffentlichkeit, die für kurze Zeit ansatzweise schon existiert hatten, ist nicht mehr wegzudenken. Jochmann kann schon – und das ist wichtig für sein argumentatives Vorgehen – von einer Position aus schreiben, die nicht Gnadenerweise von der Obrigkeit zu erbitten braucht, sondern sich im Rahmen des Rechtes bewegt. Hierzu beruft er sich auch auf das Altertum, in dem Öffentlichkeit „weder erlaubt noch ver-

Die Herausbildung einer öffentlichen Meinung während des Widerstands gegen die Herrschaft Napoleons

Öffentlichkeit ist für Jochmann mit der Freiheit der Presse untrennbar verbunden, in der ein ungehinderter Meinungs- und Gedankenfluss möglich ist und eine öffentliche Meinung gebildet und artikuliert werden kann

boten zu werden" brauchte, weil „alle Teilnehmer der Gesellschaft auch unmittelbar an den Verhandlungen derselben teilnahmen" (Jochmann 1990, 194). Auf andere Weise war, eben weil es noch keine Presse gab, Öffentlichkeit damals überhaupt nicht möglich, nicht herstellbar. Der ältere Grundsatz der „Gemeinschaftlichkeit" (Jochmann 1990, 195) – die mündliche Verhandlung gesellschaftlicher Themen – wurde mit der Erweiterung der Kommunikationsräume, die nun durch die Presse zu überbrücken waren, von dem Grundsatz der Öffentlichkeit abgelöst. So wie seinerzeit das mündliche Wort frei gesprochen werden konnte, muss nun auch das gedruckte Wort – soll der gedankliche Austausch nicht einseitig oder völlig abgeschnitten sein – ungehindert kursieren können. Deshalb sind, so Jochmann (1990, 194), „Preßfreiheit und Öffentlichkeit in ihrem Wirken und Wesen für uns einander gleich".

Folge einer Öffentlichkeit, die sich auf alle Gegenstände des gesellschaftlichen Lebens erstreckt, ist freilich eine Änderung der bisher praktizierten Regierungsformen. Die so heraufbeschworenen „Staatsveränderungen" sind jedoch „an sich und abgesehen von ihrem Zwecke nur insofern zu verwerfen, als nicht freie und gemeinnützige Überzeugungen, sondern selbstsüchtige Begierden und blinde Kräfte, sei es einzelner oder der Menge, sie herbeiführen" (Jochmann 1990, 195). Revolutionen, „Kämpfe der Leidenschaften", die nicht von dem Grundsatz der Vernünftigkeit getragen sind, lehnt Jochmann ab, denn „die Staatsstreiche der Herrscher wie die der Beherrschten [werden] im Dunkel des Geheimnisses vorbereitet [...], um sich erst vollendet, nicht als ö f f e n t l i c h e M e i n u n g, sondern als ö f f e n t l i c h e s U n g l ü c k zu enthüllen" (Jochmann 1990, 195 f.). Er plädiert vielmehr für einen dynamischen Rechtsstaat, der jederzeit für „Veränderungen" (Reformen) offen ist, die aus Überzeugungen erwachsen, um auf diese Weise Anlässe für „Umwälzungen" (Revolutionen) gar nicht erst aufkommen zu lassen:

Jochmann plädiert für einen dynamischen Rechtsstaat

> [...] es ist möglich, daß eben, um die Leidenschaften zu fesseln oder zu entwaffnen, jene Gefangenen, die wir nur in den Tagen der Gefahr aus ihren Kerkern zu entlassen pflegen, auch in denen der Sicherheit frei sein müssen und stark; und was wir als ein Übel der Öffentlichkeit ansehen, der Kampf der Meinungen, wäre dann eine ihrer Wohltaten mehr. (Jochmann 1990, 196)

Schon zu Beginn des Essays *Ueber die Oeffentlichkeit* wird deutlich, dass Jochmann den Begriff „Öffentlichkeit" auf drei verschiedenen Ebenen verankert: historisch, rechtlich und sozial. Das Prinzip der Öffentlichkeit ist

- *erstens* die Fortsetzung des Prinzips der Gemeinschaftlichkeit mit anderen Mitteln, verursacht durch den Übergang einer auf Mündlichkeit basierenden Gesellschaftsordnung zu einer Schrift- und Druckkultur;
- es ist *zweitens* ein Recht, auf das jeder, besonders aber der Schwächere, einen Anspruch hat, eben weil Recht und Öffentlichkeit einander unmittelbar bedingen;
- *drittens* hat es den praktischen gesellschaftlichen Nutzen einer stetigen Veränderung und Anpassung, wodurch Konfliktsituationen vor ihrer Explosion entschärft werden.

Jochmanns Argumentation für Öffentlichkeit auf drei Ebenen: historisch, rechtlich und sozial

Jochmann stellt sich damit außerhalb der beiden Stränge klassischer – platonisch und aristotelisch geprägter – Staatsphilosophie. Dies wird noch deutlicher bei seiner Untersuchung der bisherigen Vorschläge, die Staatsgewalten anzuordnen. Jochmann sieht das Problem nicht in der Definition der Gewalten, sondern in deren Abgrenzung gegeneinander:

Das Problem der Abgrenzung der Staatsgewalten

> Die Gewalten finden sich schon, aber damit ist noch nichts geschehen, solange nicht auch ihre Schranken gefunden sind; so lange nicht eine S c h e i d e w a n d z w i s c h e n d e r M a c h t u n d i h r e n M i ß b r ä u c h e n, als Schutzwehr gegen diese, der Gesellschaft alle beabsichtigten Wohltaten der erstern verbürgt. (Jochmann 1990, 197)

Die zwei Wege, die bisher im Staatsdenken – und in der Praxis – beschritten worden sind, haben für Jochmann ein diskreditierendes Merkmal gemein: auf beiden muss „die Regel und Schranke der Gewalt i n d e r G e w a l t selbst gesucht werden" (Jochmann 1990, 198). Der erste Weg, der bei Platon beginnt und über Paulus und Augustinus zu Luther führt, vereinigt die Gewalten in einer Hierarchie, auf deren oberster Stufe der Alleinherrscher, der „politische Gott" (Jochmann 1990, 198), steht. Jochmann bricht radikal – und das ist sicherlich ein Erbe der Aufklärung – mit dieser Analogie, indem er die Legitimation einer höheren Gewalt durch ihre höhere Stellung in der Hierarchie leugnet: der Mensch ist Mensch und deswegen gleich – „des Politikers Reihe einander beaufsichtigender Gewalten besteht immer nur aus gleichartigen, immer nur aus m e n s c h l i c h e n Kräften, deren k e i n e ihrer Natur nach e d l e r ist oder höher steht als die nächstvorhergehende" (Jochmann 1990, 198). Und: „In der Natur ist Gott; in unsern Staaten treffen wir immer nur auf Menschen und wieder Menschen" (Jochmann 1990, 201).

Der zweite Weg, von Aristoteles über Thomas von Aquin und Montesquieu her vorgezeichnet, trennt die staatlichen Gewalten „in eine r i c h t e r l i c h e, v e r w a l t e n d e und g es e t z g e b e n d e Macht" (Jochmann 1990, 201). Aber auch diese Möglichkeit, die die Entwicklung der Demokratie vorangebracht hat und an die man in einem spätabsolutistischen Staat, der zu einer bürgerlichen Republik reformiert werden soll, zuerst denken würde, ist für Jochmann nicht akzeptabel. Zwar werden mit der Gewaltenteilung, so sein Argument, der Willkür der einzelnen Machthaber Schranken gesetzt, aber gegen das „Unglück ihrer V e r e i n i g u n g " ist auf diese Weise noch längst nicht gesorgt. „Die Sicherheit der Beherrschten dauert nicht länger, als der Zwist ihrer Beherrscher. Für die Machtfülle der Einverstandenen gibt es kein Gegengewicht" (Jochmann 1990, 202). Und: „Der S e g e n der bloßen Gewalt ist immer nur m ö g l i c h , und das W a h r s c h e i n l i c h s t e bleibt ihr M i ß b r a u c h " (Jochmann 1990, 205 f.).

Jochmanns Skeptizismus führte gar zu einer Erkenntnis, deren Gültigkeit selbst zu Beginn des 21. Jahrhunderts noch längst nicht Allgemeingut geworden ist, der Erkenntnis nämlich, dass Gewalt nicht durch Gewalt begrenzt werden kann. „Ständen uns", schreibt er, „um den Zweck der Gesellschaft zu erreichen, keine andere als physische Mittel zu Gebot, so müßten wir ihn aufgeben" (Jochmann 1990, 206). Jochmann sucht nach Möglichkeiten, Herrschaft in Einsicht zu überführen. Er zielt jedoch nicht auf die Einsicht in die Notwendigkeit von Herrschaft, sondern auf „Überzeugungen und Wahrheiten", die den „Willen" der Gesellschaft artikulieren und die vom Staat lediglich verwaltet und ausgeführt werden:

> Die physische muß von einer geistigen, die Macht, welche Körper zwingt, von einer, die dem Willen seine Richtung gibt, bezwungen, die Bewegung durch Beweggründe, die nicht wieder nur aus den Massen hervorgehen, bestimmt werden. Den sinnlichen Kräften müssen edlere, den Leidenschaften Überzeugungen und Wahrheiten, und nicht nur einleuchtend, sondern herrschend gegenüberstehen. (Jochmann 1990, 206)

Der Staat hat gegenüber der Gesellschaft eine ‚dienende' Aufgabe: er führte die im gesellschaftlichen Diskurs ermittelten Überzeugungen aus

Das Verhältnis von Staat und Gesellschaft mündet bei Jochmann in eine Selbstbehauptung der Gesellschaft. Dem Staat als ‚dienendem Element' kommt lediglich noch die Aufgabe zu, für die Durchsetzung der ‚im gesellschaftlichen Diskurs' ermittelten Wahrheiten zu sorgen. Die höchste Tugend ist die Wahrheit, nicht eine abstrakte, aber die pragmatische Wahrheit der Bedürfnisse. Sie tritt, als gesellschaftliche Kraft, an die Stelle der platonischen Gerechtigkeit, die der Staat zu verbürgen hat. Die physische Macht einzelner oder weniger Menschen wird transformiert in eine Herrschaft von Gedanken:

Fragt sich's, wem eine schrankenlose Macht gehören soll, so wäre die gefahrloseste Antwort: Keinem, keinem Menschen, sondern jedem Gedanken, der einer solchen Auszeichnung würdig ist; und bleibt uns auch so die doppelte Aufgabe, zuerst einen solchen Gedanken auszumitteln und ihn dann mit überwiegendem Einflusse zu versehen, so sind wir uns dabei doch eines Zweckes bewußt, der nicht sich selbst widerspricht.
Soll aber der Wert eines Gedankens beurteilt werden, so ist seine Prüfung erforderlich. Andere Gedanken müssen ihm zur Seite und gegenüber stehen; er muß der Vergleichung und dem Widerspruche unterworfen sein. Um dem Kampfe der Gewalten zu entgehen, müssen wir uns den der Meinungen gefallen lassen, denn eben aus der Reibung sich bekämpfender Meinungen leuchtet die Wahrheit hervor. Die Reibung der Meinungen aber setzt ihre Bewegung voraus, und sie bewegen sich in ihrer Mitteilung. Wo die beste Meinung erkannt werden soll, muß auch die schlechteste gehört werden dürfen. Der Preis, der einzige Preis, um den uns die Wahrheit ihre Orakel verkauft, heißt Öffentlichkeit. (Jochmann 1990, 209)

Jochmann erweist sich in seinem Essay *Ueber die Oeffentlichkeit* als ein Pragmatiker. An den englischen Verhältnissen hat er sich geschult, und an dem Verfasser der Schriften *Common sense* (1776) und *The rights of man* (1791/92), Thomas Paine. Aber Jochmann ist kein Staatsphilosoph, der sein Denken nur an einem Ideal ausrichtet, um den Entwurf einer besten Verfassung zu liefern. Ihm geht es vorrangig um Mittel, die konkreten politischen Zustände durch „eine fortschreitende Annäherung zum Bessern" (Jochmann 1990, 210) zu verändern. Von diesem realpolitischen Standpunkt aus stellt er fest, dass es „– zwar nicht an sich, wohl aber für jeden vorkommenden Fall – in der Tat keine bessere Meinung geben kann als eben die herrschende" (Jochmann 1990, 210), und das ist die öffentliche.

Jochmann fordert einen ungehinderten Austausch der Meinungen, denn erst im Kampf der Meinungen wird die Wahrheit sichtbar

Wie weit Jochmann gerade an diesem Punkt von den staatsphilosophischen Positionen des deutschen Idealismus entfernt ist, zeigt ein Vergleich mit dem herausragenden Philosophen der Zeit, mit Hegel, der in seiner *Rechtsphilosophie* ausführt:

Jochmann und Hegel zur ‚öffentlichen Meinung'

Die öffentliche Meinung ist die unorganische Weise, wie sich das, was ein Volk will und meint, zu erkennen gibt. Was sich wirklich im Staate geltend macht, muß sich freilich auf organische Weise betätigen, und dies ist in der Verfassung der Fall. (Hegel 1970, 483)

In der öffentlichen Meinung ist alles Falsche und Wahre, aber das Wahre in ihr zu finden, ist die Sache des großen Mannes. Wer, was seine Zeit will und ausspricht, ihr sagt und vollbringt, ist der große Mann der Zeit. Er tut, was das Innere und Wesen der Zeit

ist, verwirklicht sie, – und wer die öffentliche Meinung, wie er sie
hier und da hört, nicht zu verachten versteht, wird es nie zu Großem bringen. (Hegel 1870, 486)

Vor allem die zweite zitierte Stelle macht die Kluft deutlich, die
Jochmann von diesem gar nicht unbedingt reaktionären Staatsdenken – Hegel trat immerhin für die konstitutionelle Monarchie ein – trennte. Eben weil er nicht bloß von einem Ideal her
dachte, sondern die geschichtliche Erfahrung als tragende Säu-
le seiner ‚Therapie' setzte, ging Jochmann um einiges über das
Denken seiner Zeit hinaus. Nach Robespierre und Napoleon
fürchtete er die ‚großen Männer', die Völkerschicksal spielen.
Im Grunde vertrat er den radikal-demokratischen Gedanken einer Herrschaftsaufsicht durch das Volk, die als Öffentlichkeit,
dem „politischen Archimedespunkt", „censorische Gewalt" in-
nehat. Diese ist als Gewalt

> gefahrlos weil von keinem einzelnen, und doch stark genug, weil
> von allen ausgeübt; eine censorische Gewalt in den Händen des
> V o l k s, und in dieser die einzige wünschenswerte Verwirli-
> chung jener Volkssouveränetät, die unter jeder andern Vorausset-
> zung einen der wesenlosesten Träume des politischen Optimis-
> mus abgibt, und buchstäblich verstanden alle Übel, die von der
> schrankenlosen Macht im Besitze eines einzigen nur zu fürchten
> sind, als notwendige mit sich bringt und in's Unendliche ver-
> mehrt. (Jochmann 1990, 214)

Jochmann stellt sich also gegen die klassischen Staatslehren,
weil er selbst in dem bestbegründeten System immer die Mög-

Jochmanns Vorstellung von einer repräsentativen Demokratie

lichkeit einer Ausartung vor Augen hat. So schwebt ihm, wie
aus dem letzten Zitat ersichtlich, auch keine direkte, wohl aber
eine repräsentative Demokratie[7] vor, in der die Öffentlichkeit
eine doppelte Aufgabe erfüllt. Sie ist erstens Anreiz, die „Kraft
der Trägheit im Volke" (Jochmann 1990, 218) auszuschalten:

> In der Öffentlichkeit, wenn irgendwo, muß das politische Reiz-
> mittel gesucht werden, das eben in freisinniger eingerichteten
> Staaten recht unentbehrlich erscheint, um die Kälte und Teil-
> nahmlosigkeit der zu dem unscheinbarsten, aber desto wesentli-
> chern Anteil an den Geschäften des öffentlichen Lebens Berufe-
> nen zu überwinden und sie zu einem Eifer in Ausübung ihrer

---

[7] An anderer Stelle schreibt Jochmann (1990, 218): „Erst wenn [...] die
freieste Erörterung und Beurteilung der Handlungen seiner Stellvertre-
ter das Volk über die Zweckmäßigkeit des ihnen geschenkten Vertrau-
ens belehrt haben, werden beide, Wähler und Gewählte, den Umfang
ihres Rechtes und die Schranken ihrer Pflicht ermessen und achten lernen."

politischen Rechte aufzuregen, wie er dem Sinne der Verfassung und den Bedürfnissen der Gesellschaft entspricht. (Jochmann 1990, 218)

Diese Bestimmung liest sich von heute her gewiss als eine etwas naive Ansicht vom Wert der Öffentlichkeit, aber Jochmann war die Vorstellung einer gelenkten oder gar manipulierten Öffentlichkeit im Zeitalter der Massenmedien selbstverständlich noch fremd. Weiter heißt es bei Jochmann:

> Die zweite, nur ihr in diesem Umfange gehörige Eigenschaft, vermöge deren die Öffentlichkeit gerade bei solchen Verfassungen, in welchen durch Teilungen der Herrschaft für eine gemäßigtere Ausübung derselben gesorgt werden sollte, am unentbehrlichsten erscheint, ist die einer Schutzwehr gegen die verfassungswidrige Übermacht irgend eines Zweiges der Staatsgewalt überhaupt. Man hat es ihr nachgerühmt, daß sie den Despotismus selbst, wenn sie mit ihm bestehen könnte, veredeln würde. Sie würde etwas Besseres tun, sie würde ihn vernichten [...]. (Jochmann 1990, 219)

Öffentlichkeit als „Schutzwehr" ist zweitens ein wesentlicher Teil von Freiheit, die Jochmann (1990, 227) „die vollkommenste Erscheinung der Gesellschaft" nennt. ‚Freiheit' ist für ihn gleichbedeutend mit ‚Wahrheit' – wer an der Wahrheit teilhat, hat an der Freiheit teil. Aber Wahrheit in einem absoluten Sinne gibt es nicht, denn Träger der Wahrheit sind immer Menschen, und es gibt keine menschliche Wahrheit, der nicht immer eine noch höhere Wahrheit übergeordnet werden könnte. Doch Wahrheit und Freiheit in einem relativen Sinne kann – und muss – es geben; es gibt sie dann, wenn alle an der Findung der Wahrheit beteiligt sind. Wahrheit ist also Öffentlichkeit, der gemeinsam in einer Gesellschaft ausgetragene Wettstreit der Meinungen. Freiheit ist die Freiheit, ‚sich um Dinge zu kümmern, die einen nichts angehen'.[8] Dieses ‚sich kümmern' aber bedeutet für Jochmann: öffentlich darüber reden.

Freiheit, Wahrheit und Öffentlichkeit

Das Prinzip der Öffentlichkeit bildet die Grundlage der Demokratie. Es bürgt für einen Pluralismus der Meinungen, die, nachdem sie ohne Zwang erörtert worden sind, nicht nur den gesellschaftlichen Willen der Mehrheit darstellen, sondern mehr noch die zwar historisch gebundene, deshalb aber nicht minder gültige Wahrheit dieses Willens ausdrücken. In einer er-

Öffentlichkeit ist die Grundlage der Demokratie

---

[8] Vgl. Jochmann 1990, 226: „Der Abbé Gagliani meinte: jeder Mensch habe einen angebornen und unwiderstehlichen Trieb, sich um Dinge zu bekümmern, die ihn nicht angingen; und eben in dem Rechte, dies auch zu tun, bestehe das Wesen der Freiheit."

starrten politischen Kultur, wie sie während der Restaurationszeit in Deutschland bestand, werden jedoch falsche, weil einseitig interessengebundene Wahrheiten vorgeschrieben. Jochmann setzt dagegen das Terenzische „homo sum!", die tiefe Einsicht in die Einheit alles Menschlichen, die nur durch die lebendige Äußerung und den Austausch des Geistigen entstehen kann. Auf die Gesellschaft bezogen lautet daher für Jochmann das Resümee: „Öffentlichkeit ist die Stimme der politischen Körper, und eine s t u m m e G e s e l l s c h a f t in ihrer Art etwas vollkommen so Armseliges als in der seinigen ein s t u m - m e r M e n s c h" (Jochmann 1990, 228).

Gründe für das Scheitern des Liberalismus

Der Versuch dieses Liberalismus, dem Volk in Form einer bürgerlichen, politischen Öffentlichkeit das Instrument von Machtkontrolle an die Hand zu geben und es auf diese Weise mit dem Staat zu versöhnen, ist gescheitert. James J. Sheehan gibt in seinem Buch *Der deutsche Liberalismus* dafür folgende Erklärung:

> Diejenigen, die sich vornahmen, die deutsche Wirklichkeit im Rahmen eines liberalen Weltverständnisses zu begreifen und zu verändern, sahen sich von allem Anfang an schwer überwindbaren Hindernissen gegenüber: der Macht des bürokratischen Staates, der wirtschaftlichen ‚Rückständigkeit' ihres Landes, der Zersplitterung und politischen Schwäche seiner demokratischen Institutionen. Diese real gegebenen historischen Voraussetzungen hemmten, nicht nur weil sie äußere Schranken darstellten, sondern auch, weil sie das Denken und Verhalten der Liberalen selbst beeinflußten, die Entwicklung einer machtvollen liberalen Bewegung in Deutschland. (Sheehan 1983, 319)

Wir können, nach diesem Gang durch die Öffentlichkeitsgeschichte in Deutschland und der exemplarischen Betrachtung eines Öffentlichkeitskonzeptes, noch eine andere Erklärung für das Scheitern des Liberalismus hinzufügen: Das Prinzip der Öffentlichkeit, ein tragender Pfeiler des liberalen Staatsdenkens, ist nie in der Weise verwirklicht worden, wie es zum Funktionieren der vorgestellten freiheitlichen Staats- und Gesellschaftsordnung nötig gewesen wäre. Und das hatte zwei Gründe: Einmal standen jene Organe, die Öffentlichkeit garantieren und herstellen, die ein Forum zur Ermittlung der öffentlichen Meinung und damit der jeweils gültigen ‚Wahrheit' sein sollten, nie allen interessierten Bürgern tatsächlich offen. Die ‚freie' Presse wurde noch im Laufe des 19. Jahrhunderts zu einem oligarchisch geführten Instrument der gezielten Lenkung von Meinungen. Die „öffentliche Meinung" verkam schließlich zur veröffentlichten Meinung einiger weniger. Zum anderen hat es der Staat – ganz gleich, in welcher Gestalt er sich den Bürgern repräsentierte – immer wieder verstanden, die Öffentlichkeit so weit zu beherrschen, dass seine Machtinteressen kaum ernsthaft gefährdet wurden. Und selbst dort, wo er – einmalig in der deutschen Geschichte – unter dem Druck des Volkes und der öffentlichen Meinung das Feld räumen musste, 1989 in der DDR, zeigte sich postwendend das Janusgesicht der heutigen Öffentlichkeit: auf der einen Seite Freiheit und Selbstbestimmung, auf der anderen vermeintliche Notwendigkeiten und Verlockungen, die ganz schnell das Volk vergessen ließen, wofür es einst gekämpft hatte.

Dazu passt der Gedanke eines anderen liberalen Denkers aus der ersten Hälfte des 19. Jahrhunderts. Karl Salomo Zachariä schrieb 1839 die folgenden Sätze, bei deren Lektüre einen heute das schaudernde Gefühl beschleicht, er habe bis in die allerjüngste Geschichte hineingeblickt und schon damals gewusst, dass auch in einer Demokratie selbst dann nichts umsonst ist, wenn man nach langen Entbehrungen zur freien Wahl geladen wird: „Nicht wenige Menschen scheinen zu glauben", schreibt Zachariä, „daß der Staat [...] geben könne ohne zu nehmen [...]. Die, welche vom Staat alles, was sie wünschen und verlangen, erwarten und fordern, gleichen den Gästen, welche zu einem Freimahl geladen zu seyn glauben, aber am Ende des Mahles mit der Rechnung überrascht werden." (Zit. nach Sheehan 1983, 44)

6.5 Ausblick: Politische Öffentlichkeit?

Die liberale Öffentlichkeit des beginnenden 19. Jahrhunderts verstand sich als eine politische Öffentlichkeit. Sie hatte einerseits – reagierend – die Funktion eines Korrektivs, bestehend in dem Anspruch, staatliche Gewalt zu kontrollieren, willkürliche Machtausübung aufzudecken, „öffentlich" zu machen, und sie durch den Aufweis ihrer Unrechtmäßigkeit zu beseitigen. Andererseits verstand sie sich – agierend – als eine eigenständige politische Kraft, die den Herrschenden die im öffentlichen Diskurs ermittelte Meinung der Beherrschten gegenüberstellte und ihre Berücksichtigung bei politischen Entscheidungen einforderte. In diesem Sinne ist „Öffentlichkeit" ein typisches Produkt der Aufklärung: rational, kommunikationsorientiert, idea-

Reagierende und agierende Funktion der liberalen Öffentlichkeit

listisch, humanistisch. Gerade der idealistische Zug eines solchen Öffentlichkeitskonzeptes aber birgt die Gefahr autoritärer Setzungen. Ist Kommunikation stets rational? Ist Humanität – vorausgesetzt, der Begriff wäre geklärt – ein um jeden Preis anzustrebender Wert? Aus der Sicht einer kommunikativen und anthropologischen Ethik müssten diese Fragen bejaht werden. Aber die Erfahrung weist in eine andere Richtung.

Öffentlichkeit und die Wirklichkeit der Medien

All jene, die an dem liberalen öffentlichen Diskurs nicht teilnehmen konnten, kritisierten diese Öffentlichkeit und proklamierten – wie beispielsweise das Proletariat und seine Fürsprecher (vgl. Negt/Kluge 1972) – für sich eine eigene. Doch die proletarische Öffentlichkeit blieb im Grunde ebenso ein rein virtuelles Konstrukt wie die liberale. Überlagert wurden beide, wie auch alle anderen in der Geschichte und der Gegenwart adjektivisch näher charakterisierten Öffentlichkeiten, durch die Wirklichkeit der Medien, in denen der Inhalt zurück- und die Kommunikation hervortritt. So besteht Öffentlichkeit heute aus von den Medien bereit gestellten Informationen zu von ihnen gesetzten Themen und einem entsprechenden Kommunikationsangebot für ein disperses Publikum. Da diese Kommunikation weitgehend unidirektional, von den (Massen-)Medien zum Publikum und kaum zurück verläuft, wird die Bildung einer eigenständigen Öffentlichkeit als politischer Kraft mit dem Anspruch auf unmittelbare Wahrnehmung unmöglich. Öffentlichkeit erscheint vielmehr als ein Sammelsurium diverser und diffuser Kommunikations- und Funktionszusammenhänge, in denen sich der Mensch als gesellschaftliches Wesen befindet. So können Merten/Westerbarkey (1994, 198) denn auch feststellen:

Fachwissenschaftliche Blicke auf „Öffentlichkeit"

Heute verweisen unterschiedliche Bedeutungszuweisungen [des Begriffs „Öffentlichkeit"; J.Sch.] vor allem auf verschiedene Disziplinen und Praxisfelder: Juristen interessiert der Aspekt der allgemeinen Zugänglichkeit, Politologen fragen nach den Partizipationschancen, Soziologen problematisieren Mitgliedschaften und die System-Umwelt-Perspektive, Meinungsforscher suchen nach Mehrheiten und Kommunikationswissenschaftler denken an konkrete oder potentielle Publika. Folglich meint der Begriff hier Offenheit, dort Wähler, Kunden oder Klienten, hier Gesellschaft, dort Publizität oder gar ‚die Presse'.

In dieses von den Medien beherrschte System fügt sich auch die Politik. Soweit sie noch eine Selbstständigkeit besitzt, findet sie, durchaus auch kontrovers, zumeist hinter verschlossenen Türen statt. Dort, wo sie ‚öffentlich', d.h. wahrnehmbar

kommuniziert wird, nimmt sie schon immer eine medienförmi-
ge Gestalt an. Politische Öffentlichkeit – sofern man diesen Begriff heute überhaupt noch verwenden will – ist folglich kein
Akt der Politik, die in den Medien Themen setzen und diskutieren würde, sondern ein Produkt der medialen Konstruktion
politischer Wirklichkeiten, die für vermittlungswürdig gehalten
werden.

Zusammenfassung:
Öffentlichkeit im Spannungsfeld von Staat und Gesellschaft

„Öffentlichkeit", das sollte deutlich geworden sein, war in der Geschichte – und ist es in der Gegenwart immer noch – ein äußerst komplexes Phänomen. Allein bezogen nur auf die kommunikationsgeschichtlichen Aspekte ergibt sich ein facettenreiches Bild. Zwar kann, wie in den sechs Kapiteln dieses Buches, versucht werden, die verschiedenen Facetten näher zu beschreiben und auch zusammenzusetzen, ein einheitliches Bild aber, in dem sich das Phänomen scharf umrissen erkennen und kompakt betrachten ließe, muss sich daraus aber noch nicht unbedingt ergeben. Die folgende Zusammenfassung will, bewusst an einigen Stellen vereinfachend und verkürzend, die Sache und die Bezeichnung „Öffentlichkeit" abschließend knapp bestimmen. Bewusst wird dabei das Hauptaugenmerk auf die *Entstehung*, nicht auf den Wandel von Öffentlichkeit gerichtet.

Zunächst kann in Form einer Aufzählung ganz allgemein festgehalten werden:

1. Mit „Öffentlichkeit" kann grundsätzlich zweierlei gemeint sein, nämlich
   a. die prinzipielle Zugänglichkeit von Kenntnissen, Themen, Meinungen, Fakten, Institutionen, Kompetenzen usw. für alle Menschen innerhalb eines bestimmten politischen Systems und
   b. eine bestimmte Formation der Gesellschaft, in der sich Meinungen bilden, durch die diese Gesellschaftsformation ihre Identität erhält, und in der diese Meinungen die Funktion einer eigenständigen politischen Kraft beanspruchen.
2. Öffentlichkeit in beiden Bedeutungen kann nur innerhalb einer Gesellschaft entstehen und bestehen, in der die Menschen weitgehend die gleiche Sprache sprechen, so dass also prinzipiell ein Verstehen und Verstandenwerden möglich sein muss.
3. Öffentlichkeit ist eine Erscheinung des schriftlichen Zeitalters. Sie ist (zunächst) gebunden an schriftliche Sprache in gedruckter, d.h. ‚veröffentlichter' Form. Die Bindung an Schrift betrifft beide unter Punkt 1 genannten Bedeutungen von Öffentlichkeit:
   a. Kenntnisse, Themen, Meinungen usw. sind dann öffentlich, wenn die schriftlichen Formen, in denen sie festgehalten werden, Verbreitung finden und damit allen zugänglich sind;
   b. verschiedene Meinungen werden in schriftlicher Form ausgetauscht und bilden dann als Öffentlichkeit eine politische Kraft, wenn sie, wiederum schriftlich, mit dem Anspruch auftreten können, die Mehrheit der Bevölkerung zu repräsentieren.
4. Öffentlichkeit im Sinne einer Formation der Gesellschaft, die als eigenständige Kraft den Anspruch auf Mitwirkung in politischen Belangen erhebt, bedarf be-

stimmter Schriftformen, die es erlauben, Nachrichten und Meinungen rasch, umfassend und breit gestreut umlaufen zu lassen. Diese Schriftformen werden im Laufe der dreihundert Jahre zwischen 1500 und 1800 nach und nach hervorgebracht und weiterentwickelt. Ihre Ausprägung zu einem Öffentlichkeit herstellenden und garantierenden Mediensystem erfolgt in vollem Maße erst gegen Ende des 18. Jahrhunderts.

Vertiefen wir diese Punkte noch einmal, um die kommunikationsgeschichtlichen Aspekte von Öffentlichkeit deutlicher hervortreten zu lassen.

Der begriffsgeschichtliche Überblick (Kapitel 1) hat gezeigt, dass das Adjektiv „öffentlich" bis in die zweite Hälfte des 18. Jahrhunderts hinein das einzige Wort war, das von seiner Form her auf die spätere, am Ende des 18. Jahrhunderts erfolgte Bildung des Begriffs „Öffentlichkeit" vorausdeutete. Allerdings darf man innerhalb der Begriffsgeschichte nicht lediglich die formal verwandten Wortformen im Auge haben, sondern man muss die Bestimmung des Begriffsfeldes umfassender vornehmen. Verfährt man dementsprechend, dann lassen sich dem Wort „öffentlich" noch weitere an die Seite stellen: zunächst „gemein" und „publicus", später dann „Publikum" und „Publizität", schießlich „öffentliche Meinung" und „Öffentlichkeit". Der Weg, den die Begriffsbildung geht, ist ein Weg vom Konkreten zum Abstrakten. Zugleich ist es der Weg von der Bedeutung „Öffentlichkeit als allgemeine Zugänglichkeit" zu der Bedeutung „Öffentlichkeit als politische Kraft".

Methodisch ist hierbei etwas Wichtiges zu bemerken: Sprechen wir von Öffentlichkeit zu den Zeiten, da der Begriff noch nicht vorlag, also für die Zeit bis fast gegen Ende des 18. Jahrhunderts, dann verwenden wir entweder die Bedeutung von „Öffentlichkeit" im Sinne von „allgemeiner Zugänglichkeit" oder aber wir projizieren die zweite Bedeutung, also den späteren Begriff „Öffentlichkeit" im Sinne einer „politischen Kraft", zurück in eine Zeit, die sich der Existenz von Öffentlichkeit noch nicht bewusst war. Es sind dies zwei unterschiedliche Blickrichtungen, die grundsätzlich auseinander gehalten werden müssen.

Das Wort „öffentlich" hat im Grunde bis heute seine ursprüngliche Bedeutung behalten: etwas war und ist öffentlich, wenn alle es wahrnehmen können; etwas öffentlich tun hieß und heißt, dass es vor den Augen aller geschieht. Den Gegensatz dazu bildeten früher wie zum Teil noch heute die Wörter „heimlich" oder „geheim". Daneben existierte das Wort „gemein", mit dem die Gesamtheit der Mitglieder einer Gesellschaft bezeichnet wurde oder auch das Recht aller auf die Nutzung eines Gegenstandes.

Unter dem Einfluss des lateinischen „publicus", das mit der Rezeption des römischen Rechts in Deutschland zunehmend die Bedeutung „staatlich" erhält, wandelt sich auch die Bedeutung von „öffentlich". „Öffentlich" wird mehr und mehr als Übersetzung von „publicus" verwendet, so dass es die Bedeutung von „staatlich" übernimmt und nun den Gegensatz zu „privat" ausdrückt. Diese begriffliche Verteilung liegt zu Beginn des 18. Jahrhunderts vor und konkurriert im Laufe des Jahrhunderts mit einer neu entstehenden Bedeutung.

Zum einen waren es die bildungspolitischen Absichten der Aufklärung, zum anderen die vor allem aus Frankreich übernommenen Bedeutungen von „le public" und „la publicité", die die Schaffung der Wörter „Publikum" und „Publizität" auch im Deutschen anregten. War das Publikum zunächst noch der Empfänger staatlicher (also: öffentlicher) Verlautbarungen, so wird es mehr und mehr zu einem gesellschaftlichen Verbund, der mit der Bedeutung „staatlich" nichts mehr zu tun hat. Das Publikum ist jener Kreis von Menschen, der sich mit den Gegenständen der Aufklärung (hauptsächlich Theater und Literatur) beschäftigt. Für diese Gegenstände wird Publizität, allgemeine Zugänglichkeit für das Publikum, gefordert. Unter dem Einfluss dieser beiden Wörter wandelt sich auch die Bedeutung von „öffentlich". Ist damit nach „staatlich" zunächst noch das „staatlicherseits Erlaubte und Garantierte" gemeint, so wird aus „öffentlich" zunehmend ein Anspruch des Publikums gegenüber dem Staat.

Die Wörter „Publikum", „Publizität" und „öffentlich" wirken mit, als nach der Französischen Revolution das Publikum sich von einem literarischen zu einem politischen wandelt und für sich eine „öffentliche Meinung" reklamiert, an der vorbei staatliche Entscheidungen nicht mehr getroffen werden sollen. Es ist dies die Geburtsstunde des Begriffs „Öffentlichkeit": die Forderung politisch bewusster Bürger, ihrer reflektierten Meinung als einer repräsentativen „öffentlichen Meinung" auch ein politisches Gewicht zuzugestehen.

Dem Begriff „Öffentlichkeit" entsprach allerdings nur teilweise auch ein gesellschaftliches und politisches Faktum „Öffentlichkeit". Versuchte der Staat vor allem während der so genannten Befreiungskriege noch, sich die „öffentliche Meinung" für seine Interessen zunutze zu machen, so unterband er, als die „öffentliche Meinung" nach dem Wiener Kongress ihm zunehmend gefährlich wurde, jede Form von Öffentlichkeit, die eine „öffentliche Meinung" hätte hervorbringen können. Die Zeit zwischen 1790 und 1848 ist insofern als eine Zeit zu betrachten, in der ein schon fester Begriff nach Verwirklichung strebt, diese Verwirklichung aber durch den bewussten und massiven Einsatz des Staates noch für einige Zeit verhindert wird. Begriffsgeschichtlich gesehen, existiert eine Öffentlichkeit schon um 1790, realgeschichtlich wird sie noch unterdrückt, bis sie nach 1848, nicht zuletzt durch die Einführung der Pressefreiheit, sich zu einer existenten politischen Kraft formieren kann.

Eine „öffentliche Meinung" – und damit die Voraussetzung und der Ausdruck von „Öffentlichkeit" – wird nur hervorgebracht, wenn eine Reflexion der ihr zugrunde liegenden Einzelmeinungen stattfinden kann. Dazu muss eine wesentliche Bedingung erfüllt sein, die im Zusammenhang der Diskussion über Öffentlichkeit oft vergessen wird. Jene Gesellschaftsformation, innerhalb derer die Entstehung einer Öffentlichkeit möglich sein soll, muss eine Sprache zur Verfügung haben, die prinzipiell jeden Angehörigen der Gesellschaft erreichen kann (Kapitel 2). Zeitlich parallel zur Herausbildung einer Öffentlichkeit als politische Kraft verläuft in Deutschland die Vereinheitlichung und Normierung der Schriftsprache. Zwischen 1500 und 1800 werden nach und nach die verschiedenen regionalen Drucker- bzw. Schriftsprachen in einer normierten Einheitssprache aufgelöst, so dass am Ende dieses Zeitraums für die Schrift kaum noch regionale Differenzierungen anzutreffen sind.

In welchem Maße die Entstehung einer öffentlichen Meinung von der Existenz einer überregionalen Schriftsprache abhängt, zeigt das Beispiel Martin Luthers, der nach einem Ausgleich zwischen den verschiedenen Schriftsprachen strebte und dadurch den reformatorischen Gedanken über die relativ engen Sprachgrenzen hinweg zu verbreiten suchte. Die Existenz einer überregionalen Einheitssprache allein aber muss, das wiederum hat Carl Gustav Jochmann bemerkt, nicht unbedingt eine Öffentlichkeit zur Folge haben. Genauso wichtig wie die Aufhebung regionaler Unterschiede ist die Überwindung sozialer Sprachgrenzen. Noch für das erste Drittel des 19. Jahrhunderts hat Jochmann hervorgehoben, dass in Deutschland gerade eine durch Herrschaftsstrukturen hervorgerufene Sprachentrennung ein ,öffentliches Leben' behindert, ja verhindert hat. Jochmann hat zugleich aber auch die Kehrseite dieses Verhältnisses gesehen: nur in öffentlichen Gesellschaftsformen kann seiner Meinung nach auch eine schichtenübergreifende Sprache entstehen. Die wechselseitige Abhängigkeit von Öffentlichkeit und Sprache, ihre gegenseitige Behinderung, ist in Deutschland somit auch erst in dem Moment durchbrochen worden, als die bis Mitte des 19. Jahrhunderts bestehenden Kommunikationsbeschränkungen aufgehoben wurden.

Beides, Sprache und Öffentlichkeit, braucht konkrete, greifbare Formen. Diese sind in den Schriftmedien gegeben, die zur Verbreitung einer Sprache und zur Einsetzung von Öffentlichkeit beitragen (Kapitel 3). Die sich im Laufe der Zeit wandelnden Medien können nach formalen, inhaltlichen und funktionalen Gesichtspunkten unterschieden werden, so dass der jeweils erreichte Grad von Öffentlichkeit an ihrer Ausbildung zu messen ist.

Die Ausführungen zur Mediengeschichte haben gezeigt, dass wiederum erst am Ende des 18. Jahrhunderts von den Medien her die Bedingungen für die Entstehung einer umfassenden und selbständigen Öffentlichkeit gegeben waren. Die Flugblätter und Flugschriften der Reformationszeit stellten zu sehr ein Mittel der einseitigen Meinungserzeugung und –steuerung dar, die „Neuen Zeitungen" und auch die periodische Zeitung des 17. Jahrhunderts dagegen waren zu sehr ein Organ zur Nachrichtenverbreitung, als dass sich aus, in und mit ihnen schon ein meinungsbildendes Forum hätte ergeben können. Erst mit der systematischen Erziehung zum Lesen, der Vermittlung bestimmter Einsichten und Verhaltensweisen sowie der Einbindung des Publikums in den durch die Zeitschriften des 18. Jahrhunderts gesteuerten Prozess der Aufklärung wurden Funktionen der Medien geschaffen, die eine, wenn auch noch thematisch gebundene, Öffentlichkeit herstellen konnten. Der am Ende des 18. Jahrhunderts durch und mit den Medien vertretene Anspruch auf die Repräsentation einer „öffentlichen Meinung" auch im politischen Bereich wurde von Seiten des Staates durch die Zensur vor allem der Zeitschriften weitgehend gehemmt. Gerade an dieser Kommunikationsunterbindung zeigt sich der enge Bezug zwischen der Existenz bestimmter Medien und der Ausbildung von Öffentlichkeit.

Blicken wir abschließend noch einmal auf die Zeit um 1800, die den Begriff „Öffentlichkeit" hervorgebracht hat. Mit der Französischen Revolution von 1789 begann ein neues Zeitalter der europäischen Geschichte – jedoch nicht so, dass es von heute auf morgen angebrochen wäre. In Deutschland brauchten die freiheitlichen Ideen sechzig Jahre, bis sie, verbunden mit Rückschlägen und Hoffnungen, aus den Köpfen in die politische und gesellschaftliche Realität übergehen konnten. In dem Datum der Revolution sind nicht nur die Wurzeln für die meisten politischen Ereignisse des 19. Jahrhunderts zu suchen, es prägte darüber hinaus auch das Denken über die Möglichkeiten politischer Veränderungen, über die Realisierung von Entwürfen, die bislang bloß als ferne Utopien bestanden hatten. Thomas Nipperdey (1983, 11) schreibt dazu in seinem Standardwerk *Deutsche Geschichte 1800-1866*: „Für die Deutschen ist der Umsturz der alten Ordnung reale Erfahrung erst unter Napoleon und in der Form des Militär-Imperiums geworden."

Der Kaiser der Franzosen erschütterte mit seinem festen Willen, die Revolution in alle übrigen Länder Europas zu tragen, die politische Ordnung auch der vielen deutschen Kleinstaaten. Doch sein Machtwille rief in den von ihm eroberten und besetzten Ländern – zwischen 1807 und 1812 war fast ganz Europa von ihm beherrscht – nationale Reaktionen hervor. Es kam zu Erhebungen gegen die ‚Fremdherrschaft' – in Spanien, Österreich, Tirol. Die Bereitschaft zum Widerstand gegen die Besetzung wuchs, vor allem im aufgeklärten liberalen Bürgertum und in der Jugend. Ein neu erwachtes Nationalbewusstsein, das die Schriftsteller der Aufklärung und des Sturm und Drang schon seit 1750 verbreitet hatten, griff um sich. Während der konservative Publizist Friedrich von Gentz 1806 in seinen Aufrufen noch einzig davon bestimmt war, Europa von Napoleon zu befreien (vgl. Gentz 1837), ging Johann Gottlieb Fichte, der Philosoph, in seinen *Reden an die deutsche Nation* (1807/08) schon darüber hinaus: sein politisches Leitbild war der Nationalgedanke, eine „deutsche Nation", die, wenn sie sich erst einmal gebildet habe, auch in der Lage wäre, jegliche ‚Fremdherrschaft' abzustreifen. „Wir müssen", schreibt er in einem fast erzwungenen Selbstbewusstsein, „um es mit einem Worte zu sagen, uns Charakter anschaffen; denn Charakter haben und deutsch seyn, ist ohne Zweifel gleichbedeutend [...]" (Fichte 1807/1808, 446).

Was hier noch relativ verdeckt zum Ausdruck kommt, wird nach Napoleons Niederlage im Russlandfeldzug, die als entscheidendes psychologisches Ergebnis die Zerstörung jenes Mythos seiner Unbesiegbarkeit zu Folge hatte, im Jahre 1813 dann zum offenen politischen und militärischen Kampf. Die ‚Befreiungskriege' waren nicht zuletzt auch getragen von dem Gedanken einer nationalen Erhebung. Sie fanden ihren Höhepunkt in der Völkerschlacht von Leipzig vom 16. bis 19. Oktober 1813 und ihr Ende in der Besetzung von Paris durch die Koalitionstruppen im Frühjahr 1814. Napoleon war besiegt. Der Friede von Paris, am 30. Mai 1814 geschlossen, führte Frankreich in die Grenzen von 1792 zurück. Es blieb das Problem der politischen Neuordnung Europas. Der Weg war offen; man traf sich im Herbst 1814 zum Wiener Kongress. Die entscheidende Frage lautete: Sollten die Gedanken der Französischen Revolution aufgenommen und für ganz Europa weitergedacht werden oder sollte man hinter 1789 zurückgehen, die alte Ordnung restaurieren und sie neu etablieren?

Die teilnehmenden Mächte schienen sich von Anfang an darüber einig zu sein, dass nur die zweite Möglichkeit in Betracht komme. Die Politik des österreichischen Gesandten Fürst von Metternich zielte auf ein System des europäischen Gleichgewichts zwischen den Mächten, um so der Vorherrschaft eines Staates – er dachte selbstverständlich an Preußen – vorzubeugen. Seine Politik wurde bestimmend für den Verlauf des Kongresses. Drei Ergebnisse kennzeichnen die Wiener Verhandlungen (vgl. Görtemaker 1983, 63 f.):

1. Die alte Ordnung in Europa wird wieder hergestellt („Restauration");
2. die Herrschaft beruht weiterhin auf dem monarchischen Prinzip oder – wie in England – auf einer historisch gewachsenen Form („Legitimität");
3. die legitimen Monarchen stehen bei der Abwehr revolutionärer Bestrebungen zusammen („Solidarität").

Die epochale politische Forderung der Aufklärung, die Herrschaft nach den Prinzipien der Vernunft einzurichten und nicht nach einem ‚Gottesgnadentum‘, war damit vom Tisch. Und auch der Nationalgedanke, die sich ‚progressiv‘ verstehende Forderung nach einer politischen Nation ‚Deutschland‘, wurde nicht mehr diskutiert. Von der „deutschen Frage" war auf dem Wiener Kongress kaum die Rede. Zustande kam der Deutsche Bund, eine lose Vereinigung von Staaten, die – so die Bestimmung in der *Deutschen Bundesakte* – die „Erhaltung der äußeren und inneren Sicherheit Deutschlands und [die] Unabhängigkeit und Unverletzbarkeit der einzelnen deutschen Staaten" gewährleisten sollte (zit. nach Huber [Hrsg.] 1978, 85). Die ‚reaktionären‘ Kräfte, allen voran der Fürst von Metternich, hatten gesiegt. Die Restauration Deutschlands war besiegelt.

Gesellschaftspolitisch betrachtet führte diese Wende in der Politik – spätestens 1819, mit der Entlassung Wilhelm von Humboldts aus dem Staatsdienst, war die Reformära auch in Preußen beendet – zu einem Rückzug ins Privatleben. Resignation machte sich breit, der politische Geist wanderte aus in die romantische Phantasie. Jener damals wohl oft zu hörende Ausruf „Die Nation fühlt sich betrogen" war nicht unberechtigt. Auf dem Höhepunkt der nationalen Erhebung gegen Napoleon nämlich hatte am 17. März 1813 Friedrich Wilhelm III. in einem Aufruf *An mein Volk!* – der erste direkte Appell eines preußischen Königs an die Bevölkerung überhaupt – eine „Nationalrepräsentation" versprochen. Dieses Versprechen war ein wichtiges Motiv gewesen für den Einsatz der Bevölkerung auf Seiten ihrer Herrscher gegen Napoleon. Nach dem Sieg wurde es nicht eingelöst.

Während der Großteil des Volkes in Resignation verharrte, blieb einzig unter den Studenten jener Ausruf von der betrogenen Nation nicht nur Wehklage, sondern wurde zum Ausgangspunkt einer bis dahin nicht gekannten Erhebung an den Universitäten. Die Folge davon war eine nochmalige Verschärfung der ohnehin schon restriktiven Innenpolitik.

1815 wurde in Jena die „Allgemeine Deutsche Burschenschaft" gegründet. Die „Einheit des deutschen Volkes" sei, so die Verfassung von 1818, das anzustrebende Ziel: „Einheit, Gleichheit und Freiheit" lautete der studentische Wahlspruch (vgl. Wentzcke 1919, 288). Um im Kleinen vorzuführen, was im Großen nicht zustande gekommen war, hob man die Zersplitterung in Landsmannschaften auf. Auf dem Wartburgfest 1818 wurden die Grundsätze zusammengefasst: nationale Einheit und konstitutionelle Freiheit, Verfassung und nationale Repräsentation gegen den Partikular- und Polizeistaat und gegen die feudale Gesellschaftsordnung. Besonders Metternich war auf der Hut vor diesen Bestrebungen, in denen er den Beginn ‚revolutionärer Umtriebe' entdeckte. Seine Befürchtungen waren nicht ganz ungegründet, vor allem weil die Studenten in der Bevölkerung eine beachtliche Sympathie genossen. Metternich fasste den Plan, die Freiheit der Universitäten einzuschränken, scheiterte aber auf dem Kongress in Aachen noch an dem Widerstand der liberalen Staatsmänner Humboldt und Hardenberg.

Der äußere Anlass für ein hartes Durchgreifen bot sich jedoch, als der Student Karl Ludwig Sand den Dichter August von Kotzebue am 23. März 1819 in Mannheim ermordete. Kotzebue, Verfasser von über zweihundert so genannter ‚Triefkomödien', war nicht nur Dichter, sondern, wie damals vermutet und später nachgewiesen, ein Informant der russischen Regierung, der er Berichte über ‚jakobinische' Tendenzen an den deutschen Universitäten lieferte. Zudem zog er spottend in seiner Zeitschrift *Literarisches Wochenblatt* über die Ideale der Burschenschaften her. Für die Studenten war er der Inbegriff der Reaktion. Seine Ermordung symbolisierte für die meisten den Dolchstoß der Freiheit gegen die Despotie und den erhofften Beginn eines politischen Frühlings. Das Volk stand gefühlsmäßig wohl auf der Seite des Mörders. Metternich dagegen erblickte in der Tat selbst und in den Reaktionen darauf ein Symptom für die revolutionäre Bewegung, die – wie er meinte – aus dem Sumpf der Universitäten und der freien Presse genährt wurde. Die einzige Möglichkeit, diesen schon zu weit fortgeschrittenen Anfängen zu wehren, sah er in der Beseitigung aller „demagogischen Umtriebe". Nach anfänglichen Schwierigkeiten, dann aber im Eilverfahren, wurden am 20. September 1819 die „Karlsbader Beschlüsse"[1] von der Bundesversammlung – Metternich führte den Vorsitz – verabschiedet. Vier Gesetze traten damit in Kraft: das Bundes-Universitätsgesetz, das Bundes-Preßgesetz, das Bundes-Untersuchungsgesetz sowie die vorläufige Exekutions-Ordnung. Damit hatte sich der Staat in ein Polizeiregime verwandelt, „das Herrschaftssystem wurde ein System der Repression" (Nipperdey 1983, 285). Im Einzelnen enthielten die Beschlüsse folgende Bestimmungen:

1. Im Zuge des Universitätsgesetzes wurde für jede Universität ein Kommissar bestimmt, der über die konsequente Ausführung des Gesetzes zu wachen hatte. Alle Universitäts- und anderen öffentlichen Lehrer, die „durch Verbreitung verderblicher, der öffentlichen Ordnung und Ruhe feindseliger oder die Grundlagen der bestehenden Staatseinrichtungen untergrabender Lehren" auffielen, waren von den Lehranstalten zu „entfernen". Die Burschenschaft wurde verboten, ihre Mitglieder von

---

[1] Protokolle der deutschen Bundesversammlung. Achter Band. Drittes Heft, Frankfurt a.M. 1819, 266-287.

jedem öffentlichen Amte ausgeschlossen. Bei Universitätswechsel musste jeder Studierende ein „befriedigendes Zeugniß seines Wohlverhaltens" vorlegen; relegierte Studenten durften an keiner anderen Hochschule aufgenommen werden.

2. Das Preßgesetz unterwarf alle Zeitungen, Zeitschriften, Broschüren und Bücher unter zwanzig Bogen Umfang (das sind 320 Oktavseiten) der Vorzensur. Das Verbot einer Einzelnummer konnte auf die gesamte Zeitschrift ausgedehnt werden, den Redakteuren drohte ein Berufsverbot. Sogar die Bundesversammlung konnte direkt Schriften verbieten, so dass diese in keinem Land des Bundes erscheinen durften.

3. Das Untersuchungsgesetz verfügte die Errichtung einer „Central-Untersuchungs-Commission" mit Sitz in Mainz. Sie stellte „eine Art erster Bundesexekutive mit der Funktion von Verfassungsschutz und Geheimpolizei" dar (Nipperdey 1983, 283).

4. In der Exekutions-Ordnung wurde noch einmal ausdrücklich die Kompetenz des Bundes gegen die Gliedstaaten, die die Verfassung mangelhaft ausführen oder vom Umsturz bedroht sein sollten, festgelegt. Zweck dieser Ordnung war es, liberal gesinnten Staaten die Möglichkeit zu nehmen, die Bundesgesetze zu unterlaufen oder weniger streng zu handhaben.

Trotz dieser Exekutionsbestimmungen wurden die Karlsbader Beschlüsse in den einzelnen Ländern in unterschiedlicher Strenge ausgeführt. Besonders die süd- und mitteldeutschen Verfassungsstaaten (Bayern, Württemberg, Sachsen-Weimar) fügten sich nur widerstrebend den Gesetzen. Preußen, Österreich, Baden dagegen legten sie sehr streng aus. Damals wurden bekannte Professoren, die so genannten „Demagogen", suspendiert (Ernst Moritz Arndt) oder entlassen (Lorenz Oken, Jakob Friedrich Fries, Martin Leberecht de Wette). Burschenschaftler wurden relegiert und zum Teil über Jahre hinweg gefangen gesetzt. Die Zensur war scharf. Viele Bücher, darunter Fichtes *Reden an die deutsche Nation*, die vor und während der ‚Befreiungskriege' den Fürsten gegen Napoleon nützlich waren, durften nun nicht mehr erscheinen. Man verbot sogar das Turnen. Der Gründer dieser Bewegung, der ‚Turnvater' Friedrich Ludwig Jahn, wurde verhaftet und bis 1840 wegen ‚demagogischer Umtriebe' unter polizeiliche Aufsicht gestellt. „Die Untersuchungskommission freilich war", schreibt Nipperdey (1983, 284), „trotz umfangreicher Verhöre, nicht sehr effektiv: 1827 erstatte sie einen Bericht, in dem z.B. Fichte, Schleiermacher und Arndt zu den intellektuellen Urhebern, Stein, Gneisenau, ja Hardenberg zu den Förderern und Beschützern gerechnet wurden: dieser Konservativismus war antipreußisch. Aber Dauer und Ertrag der Untersuchung standen in keinem Verhältnis; soweit es noch eine Öffentlichkeit gab, wurde die Kommission zur Zielscheibe des Spottes."

Damit kommen wir zu der Frage, wie es um diese Öffentlichkeit in Deutschland während der Restaurationszeit bestellt war? Zunächst seien noch einmal einige äußerst scharfsinnige Beobachtungen Carl Gustav Jochmanns, jenes eines Zeitgenossen, den man zu den liberal Gesinnten der Zeit zählen kann, ausgebreitet, bevor dann in allgemeiner Form auf das Thema „Öffentlichkeit im Spannungsfeld von Staat und Gesellschaft" eingegangen werden soll.

Jochmann stellt in seinem Buch *Ueber die Sprache* von 1828 fest, dass ein gesellschaftliches Leben in Deutschland kaum existiert. Das liege, wie er meint, an einer Lücke im sozialen Gefüge. Zwischen einem sprachlich auf „Befehle und Berichte" reduzierten öffentlichen und einem „häuslichen" Leben, das lediglich „die ärmlicheren Zwecke und Sorgen" zum Inhalt habe, fehle das eigentlich politische Leben, dessen Träger ein „zahlreicher Mittelstand" sein müsse, „von dem wir überall die ersten Funken des Lichtes und die ersten Bewegungen eines geordneten bürgerlichen Lebens, und in dem Maaße wie er die ihn umgebenden roheren Bestandtheile der Gesellschaft veredeln in sich aufnimmt, alle Gesittung der Gesellschaft ausgehen sehn" (Jochmann 1828, 222).

Die gesellschaftliche Schichtung, wie sie Jochmann vorführt, besteht aus den Höfen, der Verwaltung und dem Militär einerseits sowie dem privaten, häuslichen Bereich andererseits. Betrachten wir die Sprachhaltung beider Gruppierungen, dann fällt auf, dass sie, bei allen inhaltlichen Unterschieden, gleich ist. Sie ist zweckgebunden und zielgerichtet, formalisiert und thematisch eingeengt sowie weitgehend monologisch, auf bloße ‚statements' hin angelegt. Überhaupt handelt es sich um Gruppensprachen, deren soziale Reichweite beschränkt ist. Eine übergreifende, diese Gruppensprachen sprengende und sie, soweit es ihren Zwecken entspricht, absorbierende Gebrauchssprache, mit der sich alle wichtigen gesellschaftlichen Gegenstände erfassen ließen, scheint es, so jedenfalls Jochmanns Diagnose, nicht zu geben. Eine solche Gebrauchssprache, als Ausdruck und gleichzeitig Werkzeug einer gesellschaftlichen Öffentlichkeit, ist zwangsläufig durch eine den Gruppensprachen konträre Haltung charakterisiert: sie ist offen für alle denkbaren Zwecke und Themen, sie hat kein bestimmtes Ziel und ist variabel in ihren Möglichkeiten. Vor allem ist sie dialogisch angelegt, verbindet die Menschen also untereinander und versucht, Prozesse auszudrücken und zu erfassen.

Jochmann sieht das öffentliche Leben beherrscht von zwei Institutionen, die vor allem in dem deutschen Musterstaat Preußen als vorbildliche Einrichtungen zum Wohle des Bürgers ausgegeben wurden: von der Verwaltung und dem Militärwesen. Beide Einrichtungen bezogen ihre Legitimation und ihr Selbstverständnis aus einer im Protestantismus und Absolutismus begründeten Hierarchisierung der Gesellschaft, folgten also aus dem Schema von Befehl und Gehorsam. Ganz offensichtlich setzte das Militär dieses Schema auch sprachlich bis in die feinsten Nuancen hinein auf leicht durchschaubare Weise um, ja es baute geradezu sein gesamtes Funktionieren hierauf auf, es organisierte seine Sprache nach den Erfordernissen einer Befehl-Gehorsam-Struktur. Dass aber „der Wachstubendienst [...] so wenig eine Sprache als denjenigen, der sie spricht" (Jochmann 1828, 225), bildet, ist unmittelbar einsichtig und bedürfte auch keiner weiteren Aufmerksamkeit, wenn hiermit nicht schon die Hälfte des faktisch bestehenden öffentlichen Lebens abgedeckt würde.

Die andere Hälfte, die Verwaltung mit ihrem „Friedensheer der Beamten", war ebenfalls hierarchisch gegliedert, wenn auch differenzierter und deshalb weniger offenkundig als das Militärwesen. Verdeutlicht man sich jedoch einerseits die innerhalb dieser Institution bestehende Beamtenhierarchie mit der dazugehörigen Vorgesetzten- bzw. Untergebenenmentalität und andererseits die weit bis ins 20. Jahrhundert hineinreichende, mit einem hohen sozialen Prestige behaftete Vormachtstellung des Beamtenstandes gegenüber anderen gesellschaftlichen Gruppen, dann wird klar, dass auch dieser Bereich des ‚öffentlichen Lebens' von Befehl und Gehorsam geprägt war. Der offizielle sprachliche Verkehr beschränkte sich im verwaltungsinternen Bereich auf die ‚Order' des Vorgesetzten und den ‚Bericht' des Untergebenen sowie auf die ‚Anordnung' der Behörde und die ‚Bitte' oder ‚Eingabe' oder bestenfalls den ‚Antrag' des Bürgers im gesellschaftlichen Bereich. Gerade für letzteres sind die von Jochmann angeführten „Regierungs- und Wochenblätter" – sie vor allem dienten der Bekanntgabe obrigkeitlicher Anordnungen – ein verlässlicher Indikator. Je nach Stellung in der internen Hierarchie ergeben sich somit sprachliche Formen, die entweder in „dictatorischer Kürze aufstampfen" (Order, Anordnung) oder in „unterthäniger Breite hinkriechen" (Bericht, Eingabe). In beiden Fällen ist die Sprache bloßes Mittel zum Zweck. Ihr kommt weder ein eigener Wert zu noch ist sie Ausdruck eines „lebendigen Gedankenaustausches" (Jochmann 1828, 224).

Jochmanns Kennzeichnung des gesellschaftlichen Zustandes legt die Interpretation nahe, dass die mit den Karlsbader Beschlüssen begonnene innerstaatliche Restauration erfolgreich durchgesetzt wurde. Gerade die soziale Schicht, die im Begriff war, als Träger eines politischen Bewusstseins Reformen zu fordern, der bürgerliche Mittelstand, fiel dadurch, dass ihr jegliches politisch-öffentliches Betätigungsfeld genommen wurde, als gesellschaftliche Kraft weitgehend aus. Das beanspruchte Recht, die eigenen Angelegenheiten auch im politischen Bereich selbstverantwortlich zu regeln, eine nicht auf bloßes Räsonnement angelegte Mitwirkung im öffentlichen Leben also, verkehrte sich unter dem Druck der administrativen Macht in einen erneuten Zustand relativer Rechtsunsicherheit, in ein Untertanenverhältnis. Die Folge war eine ‚Zweiklassengesellschaft' von Befehlenden und Befehlsempfängern, wobei beide Rollen von ein und derselben Person zu verschiedenen Gelegenheiten eingenommen werden konnten.

Diese machtpolitisch bedingte Trennung der Gesellschaft spiegelt sich nach Jochmanns Auffassung wider in einer Sprachentrennung, die ohne Aufhebung der politischen Strukturen nicht zu überbrücken ist. Jochmann (1828, 197) charakterisiert das öffentliche Leben in Deutschland als ein „Buch, in dem die wenigsten die es angeht, lesen dürfen und zu lesen verstehn". Diese Rede von einem ‚Buch' ist nicht nur im übertragenen Sinne zu verstehen. Tatsächlich sieht er in der weitgehenden Verschriftlichung aller öffentlich relevanten Bereiche den hauptsächlichen Grund für den desolaten und reduzierten Zustand der deutschen Sprache. Im Grunde konstatiert Jochmann hier einen Konflikt, der sich aus einer Übermacht der Politik (als Bereich des Staatlichen) gegenüber der Gesellschaft ergeben hat. Das öffentliche Leben in Deutschland zur Zeit der Restauration ist seiner Meinung nach ein einseitiger Vorgang. Es besteht aus schriftlich fixierten Anordnungen der

Politik (also der Regierung und der Verwaltung) an die Gesellschaft, die ihrerseits keine Möglichkeiten besitzt, auf diese Anordnungen kritisch zu reagieren, sich gegen sie zu wehren, weil die Kommunikationsbeschränkungen der Karlsbader Beschlüsse eine aktiv sich artikulierende Öffentlichkeit zwischen Politik und Gesellschaft unmöglich gemacht haben.

Jochmann sah Sprache und Politik, Gesellschaftsformen und Kommunikationsverhältnisse eng miteinander verbunden, stark aufeinander bezogen. Indem er die Sprachgeschichte als Erscheinungsform der Öffentlichkeitsgeschichte betrachtete, und zwar jeweils bezogen auf die gegebenen politischen Verhältnisse, hat er eine Blickrichtung eingenommen, die so weder in der Sprach- noch in der Geschichtswissenschaft allgemein üblich ist, die aber zu wichtigen Einsichten führen kann. Zwei dieser Einsichten aus Jochmanns Buch *Ueber die Sprache* sollen hier noch besprochen werden.

Zunächst wäre die Frage zu stellen, warum die enorme Publizität der Literatur im 18. Jahrhundert sich nicht positiv auf den Gesamtzustand der deutschen Sprache ausgewirkt hat. Jochmann verweist hierbei wiederum auf das Verhältnis von Mündlichkeit und Schriftlichkeit. Er bestreitet, dass eine Sprache, die nicht zuerst als gesprochene gut ausgebildet worden ist, auch gut geschrieben werden kann. Das öffentliche Schreiben ist niemals ein Ersatz für das öffentliche Sprechen, mehr noch, eine Gesellschaft, in der nicht ‚gut‘ gesprochen wird, kann auch keine gute Literatur besitzen. Jochmanns Feststellung, dass es in einem Land, „dessen Sprache in allen höheren Beziehungen des Lebens nur geschrieben wird, möglicherweise einzelne große Schriftsteller geben dürfte, nicht aber darum auch eine gebildete Sprache, und im ganzen doch keine Literatur", ist in diesem Sinne genau auf Deutschland gemünzt. Wenig später nämlich urteilt er: „[...] die Deutschen, das vielschreibendste Volk der Erde, aber ‚Ruhe, aber stumme Ruhe die erste Bürgerpflicht‘, aber ‚das Maul nicht gebrauchen‘ die erste Klugheitsregel, haben mit allen ihren Gänsekielen und Pressen kaum denken oder sprechen, und nicht einmal schreiben gelernt" (Jochmann 1828, 234 f.). Publizität des Geschriebenen allein also wirkt weder auf die politischen und gesellschaftlichen Verhältnisse noch auf die Sprache.

Ein Publikum, das nicht angesprochen, sondern nur ‚angeschrieben‘ wird, kann sich zwar bilden, d.h. es kann mit großer Gründlichkeit auswendig lernen und Gedanken sammeln, aber solange es nicht zugleich auch lernt oder die Möglichkeit besitzt, seine Gedanken mitzuteilen, zu verbreiten und somit seine Rolle als Publikum aufzugeben, um ein selbstständiger und gleichberechtigter Teil des öffentlichen Lebens zu werden, bleibt es stumm und für die Gesellschaft leblos. Blickt man genau hin, dann wird Jochmanns Einschätzung der Kommunikationsverhältnisse auch an der semantischen Verschiebung deutlich, die beim Übergang des Begriffs „Publizität" zu „Öffentlichkeit" festzustellen ist. Während „Publizität" das passiv rezipierende Publikum voraussetzt und die Sprachverwendung einseitig von der Produktion einzelner zur Rezeption vieler verläuft, ist mit „Öffentlichkeit" keine bestimmte Zielgruppe intendiert: hier ist der Kreis von Produzenten und Rezipienten offen, ebenso wie die Sprache prinzipiell offen ist, deren Verwendung ständig zirkuliert.

Noch eine zweite Einsicht ergibt sich aus Jochmanns Ansatz der Sprachbetrachtung. Neben der Verschriftlichung von Politik und Kultur wirkte sich auch die Akademisierung des Wissens nachteilig auf die Sprache und das öffentliche Leben in Deutschland aus. Gemeint ist damit die Beobachtung, dass das Schrifttum der ersten Hälfte des 19. Jahrhunderts vorbeiging an den eigentlichen Konflikten und Bedürfnissen, die den größten Teil des Volkes bewegten. Entweder in philosophischer Überhöhung, so meint Jochmann, oder in rückwärtsgewandter Verklärung, auf jeden Fall ohne Bezug zur gesellschaftlichen Realität, genügten die geistigen Produkte nur sich selbst. Auch hierin setzt er sich von der zum Buchstabenwissen gesunkenen Aufklärung und zugleich von ihrem Gegenpol, der bloß historisierenden Romantik, ab. In einer großartigen Sentenz am Ende des Abschnittes *Wodurch bildet sich eine Sprache?* in seiner Sprachschrift hat Jochmann diese Akademisierung angegriffen. Diese Passage soll, wegen ihres beispielhaften Redecharakters und weil ihr Inhalt noch heute beachtenswert erscheint, am Ende dieses Streifzugs durch Jochmanns Gedankenwelt ganz zitiert werden:

> Lernen wir endlich, daß die Sprache, der treue Wiederhall eines innern Lebens, das mit äußern Verhältnissen im genauesten Zusammenhange steht, so wenig ein Erzeugniß bloßer Gelehrten seyn kann, als die Geschichte das unsrer Staatsmänner, wie sehr auch beide in ihren vertraulichen Berathungen beide auszufertigen sich einbilden; daß wir nimmer, wie etwa auf der Schaubühne Leidenschaften durch deren Gebehrdenspiel, auch bleibende Ursachen durch das Darstellen ihrer Wirkungen hervorrufen; daß der Baum, an den einige Papierblumen gehängt wurden, darum kein blühender ist, und man Todte nicht erweckt, indem man sie schminkt. Erkennen wir besser die Unnatur sogenannter ‚Gelehrter von Profession' und ihres der Gesellschaft entfremdenden ‚gelehrten Standes', mit seiner heillosen, die Trennung zwischen Lehre und Leben verewigenden Wirksamkeit; arbeiten wir für einen reicheren Umlauf des Gedankens, als bei dem er sich mühselig aus einem Lehrbuche in ein Heft, und etwa aus einem Hefte wieder in ein Lehrbuch schleppt, und weiter nicht, und befreien wir ihn von jener schwerfälligen Bevormundung des Zunftgeistes, die wir nach gerade im Handwerke unerträglich finden, aber für die Wissenschaft in unsern Universitäten forthegen, den Scherben, in die, weil sie den Ableger schützten, nun auch der Baum sich fügen soll. Schämen wir uns der Genügsamkeit, mit der wir an dem Ruhme, den die achthundert oder tausend Abnehmer und etwa halb so wenigen Leser einer gelehrten Zeitung austheilen, genug haben; merken wir endlich, wie klein die Schule, wie groß die Welt, und entschließen wir uns, wenn diese nun einmal unsre Bekanntschaft nicht suchen mag, unsrerseits die ihrige zu machen, und um ihr nicht unverständlich zu bleiben, s i e zu verstehn. Gleichen wir dem bescheidenen Wunderthäter, wir, die wir keine Wunder thun, und gehn wir zum Berge, der zu uns nicht kommen will! (Jochmann 1828, 244-246)

Wie steht es nun, vor dem Hintergrund von Jochmanns Kennzeichnungen der deutschen Verhältnisse im ersten Drittel des 19. Jahrhunderts, um den Stellenwert der Öffentlichkeit im Spannungsfeld von Staat und Gesellschaft? Der Zugang zu diesem Feld – das wäre aus den bisherigen Überlegungen zu abstrahieren – eröffnet sich, wenn man den Blick auf die Kommunikationsverhältnisse richtet. Rekapitulieren wir noch einmal ganz kurz:

- In dem Zeitraum vom 16. bis zum beginnenden 19. Jahrhundert bildet sich eine standardisierte, normierte, überregionale deutsche Schriftsprache heraus.
- Es entstehen Schriftmedien, die in zeitlich immer dichterer Folge und in immer größeren Kommunikationsräumen immer mehr Nachrichten verbreiten.
- Diese Veränderungen sind eine wichtige Voraussetzung dafür, dass die Grenzen zwischen den Ständen zunehmend niedriger werden und eine neue Schicht, das Bildungsbürgertum, als eine gesellschaftliche Kraft wahrgenommen wird.

Von dem Wandel in diesen drei Bereichen hatte, etwas vereinfacht gesagt, letztlich vor allem das Volk – also die große Gruppe der ‚Nicht-Herrschenden‘, der Untertanen – einen Gewinn. Immer mehr Teile dieser von der politischen Macht ausgeschlossenen Schicht konnten ihren geistigen Horizont dadurch erweitern, dass einzelne aus dieser Schicht ihr Wissen und ihre Meinungen an sie durch gedruckte Schriften weitergaben. Diese Form der ‚Selbstreflexion‘ und ‚Selbstaufklärung‘ führte schließlich gegen Ende des 18. Jahrhunderts für einen Teil der ‚Nicht-Herrschenden‘ zu einer Art Gruppenidentität als ‚Gesellschaft‘, genauer: als „bürgerliche Gesellschaft“. Nach außen grenzte sich diese bürgerliche Gesellschaft einerseits ab gegen die Herrschenden, den Staat, andererseits gegen den ‚Pöbel‘, die Nicht-Gebildeten.

Überblickt man den genannten Zeitraum noch einmal unter dem Gesichtspunkt der Herausbildung selbstständiger Gesellschaftsstrukturen, also der Konstituierung einer neben der politischen Macht bestehenden Gruppe von Menschen, die sich innerhalb der Gruppe über bestimmte Themen verständigen und ihre Ansichten auch nach außen weitergeben, dann lässt sich Folgendes beobachten:

- Seit Beginn des 16. Jahrhunderts formieren sich derartige Gesellschaftsstrukturen durch den zunehmenden Gebrauch von Schrift. Die Gestalt der neuzeitlichen Schriftlichkeit differenziert sich im Laufe der Jahrhunderte aus. Es entstehen verschiedene Medien, die immer gezielter zur Selbstverständigung jener gesellschaftlichen Gruppen, zur Herstellung ihrer Identität, dienen.
- Auf das Einsetzen dieser neuzeitlichen Schriftlichkeit reagieren die beiden Machtträger Staat und Kirche mit der Errichtung von Kontrollmechanismen: sie verfügen eine Zensur, um auf diese Weise die Inhalte, über die sich die gesellschaftlichen Gruppen verständigen, überwachen und gegebenenfalls die Verbreitung bestimmter Meinungen unterbinden zu können. Letztlich dient die Zensur dazu, den Machtbereich von Staat und Kirche zu sichern, indem die Formierung gesellschaftlicher Kräfte verhindert wird, die einen Anspruch auf Eigenständigkeit und Mitwirkung in politischen Entscheidungen erheben.
- Die Entstehung selbständiger Gesellschaftsstrukturen ist begleitet von einem Bedeutungswandel des Wortes „öffentlich“ und einer langsamen Herausbildung der Begriffe „Öffentlichkeit“ und „öffentliche Meinung“, in denen und mit denen die ‚bürgerliche Gesellschaft‘ am Ende des 18. Jahrhunderts sich eine Gestalt gibt.

Staat und Gesellschaft befinden sich grundsätzlich in einem Spannungsverhältnis zueinander. Solange sich das Volk – oder Teile des Volkes – jedoch nicht zu einer gesellschaftlichen Kraft mit politischen Mitwirkungsansprüchen zu formieren versucht und die alte hierarchische Ständeordnung mit ihrer genauen Verteilung von Herrschafts- und Untertanenverhältnissen intakt bleibt, kommen die Spannungen noch nicht zum Tragen. Ein ausgesprochenes Spannungsverhältnis zwischen den beiden Größen ergibt sich erst im Laufe des 18. Jahrhunderts. Die Frage aber ist, ob aus diesem Spannungsverhältnis in Deutschland damals die Kraft entwickelt wurde oder auch nur sich der Anspruch erhob, den Staat grundsätzlich verändern zu wollen. Hierauf gibt Rudolf Vierhaus (1976, 182 f.) die folgende Antwort:

> [...] die Position des Adels am Ende des 18. Jahrhunderts in Preußen, und nicht nur hier, [ist] eher stärker als in den ersten Jahrzehnten gewesen; er konnte seine Standesinteressen ausgiebig zur Geltung bringen, war sozial, aber nicht intellektuell tonangebend und lenkte [...] nicht mehr die vorherrschenden Meinungen. Diese Rolle war auch in Deutschland den Schriftstellern zugefallen. Sie aber waren durchweg Männer ohne materielle Unabhängigkeit und deshalb auf ein Amt, eine Professur, eine Sinekure, eine fürstliche Pension angewiesen. Noch fehlten in Deutschland selbst in großen Städten wie Hamburg, Leipzig, Frankfurt fast alle Voraussetzungen, daß ein Schriftsteller oder ein Künstler sich für längere Zeit hätte unabhängig halten können. Noch war das aufgeklärte bürgerliche Publikum von geringer Zahl und geringem Wohlstand. Noch fanden die Schriftsteller an Höfen und in der Aristokratie mehr ‚Welt‘, mehr Vorurteilslosigkeit als in einer städtischen Gesellschaft, wo Standesschranken und Besitzstanddenken aufdringlich sich bemerkbar machten. Die Ausnahmeversuche Klopstocks, Weckherlins, Mozarts bestätigen die Regel! Auch der freieste Kopf des deutschen 18. Jahrhunderts, Lessing, hat von seiner Feder nicht zu leben vermocht; er hat Berlin und Hamburg verlassen, auf den Kaiser gehofft, nach Dresden und Mannheim geblickt und in Wolfenbüttel, wo er in Herzog Karl und seinem Sohn Karl Wilhelm Ferdinand von Braunschweig aufgeklärte und wohlwollende Landesherrn hatte, sich zwar einsam und abhängig gefühlt, aber doch, wie sich im Fragmentenstreit zeigte, mehr Freiheit zu schreiben gehabt als vermutlich an den meisten anderen Orten im damaligen Deutschland.
>
> Wird man sagen dürften, daß die finanzielle Unselbständigkeit der Schriftsteller sie zu Verteidigern der bestehenden Verhältnisse gemacht habe? Bei Lessing verbietet sich solche Annahme [...]. Aber auch allgemein ist jene Annahme unrichtig. Einerseits ist tatsächlich [...] scharfe Kritik an Despotismus, ungerechter Justiz, Meinungszwang, Adelsprivilegien usw. geübt worden (wenn man auch lieber generell als gezielt sprach und nicht gerade den eigenen Staat und den eigenen Landesherrn angriff). Andererseits haben die allermeisten Schriftsteller und weithin auch ihr Publikum Staat und Obrigkeit bejaht, weil sie auf den guten Willen der über ihre wahren Pflichten aufgeklärten Fürsten glaubten setzen zu dürfen und weil sie hofften, in Behörden, Ämtern, Schulen, Gerichten, auf Kanzeln und Kathedern die Grundsätze der Aufklärung und der Humanität zur Geltung bringen zu können. Daß sie so dachten, war nicht nur eine Folge ihrer sozialen Lage und der politischen Philosophie [...], sondern auch Folge der Reformpolitik des sogenannten aufgeklärten Absolutismus und des Vorhandenseins eines gewissen Consensus grundlegender Anschauungen über Staat und Gesellschaft bei Regierenden und Regierten.

So bleibt am Ende dieser Darstellung das Resümee, dass die Entstehung der bürgerlichen Gesellschaft im 18. Jahrhundert und mit ihr der modernen Form von Öffentlichkeit keine Gegenbewegung zum Staat, sondern eine integrierende Reformbestrebung war, die kein eigenes politisches Profil entwickelt hat. Genau das ist es auch, was Jochmann noch in den zwanziger Jahren des 19. Jahrhundert beklagt: den Mangel an politischer Kultur, den Mangel an wirkungsvollen Formen der politischen Auseinandersetzung, letztlich wohl den Mangel an einer wirklich demokratischen Öffentlichkeit. So richtig und vor allem dauerhaft wurde eine demokratische Öffentlichkeit, wurde eine politische Kultur in Deutschland auch später nicht entwickelt. Sie anzustreben, auszubilden und nach Möglichkeit zu bewahren, bleibt, auch im Zeitalter massenmedialer Wirklichkeitskonstruktionen, eine stete Aufgabe.

Abbildungsverzeichnis

Literaturverzeichnis

Abel, Karl-Dietrich (1968): Presselenkung im NS-Staat. Berlin.

Adelung, Johann Christoph (1793-1801): Grammatisch-kritisches Wörterbuch der Hochdeutschen Mundart, mit beständiger Vergleichung der übrigen Mundarten, besonders aber der Oberdeutschen. Zweyte vermehrte und verbesserte Ausgabe. 4 Bände. Leipzig.

Alewyn, Richard (1985): Das große Welttheater. Die Epoche der höfischen Feste. 1. Auflage 1959. München.

Archiv für Geschichte des Deutschen Buchhandels (1878-1898). Hrsg. von der Historischen Commission des Börsenvereins der Deutschen Buchhändler. Leipzig. Band 1-20.

Aspekte mittelhochdeutscher Literatur (1980). Teil I: Quellen. Auswahl und Zusammenstellung von Hannes Kästner, Konrad Kunze, Eckart Conrad Lutz, Bernd Schirok, Eva Schütz. Freiburg 1980 (Unveröffentlichter Quellenband der Universität Freiburg, Deutsches Seminar).

Assmann, Aleida (1980): Die Legitimität der Fiktion. Ein Beitrag zur Geschichte der literarischen Kommunikation. München.

Assmann, Aleida (1994): Aspekte einer Materialgeschichte des Lesens. In: Hoffmann, Hilmar [Hrsg.]: Gestern begann die Zukunft. Darmstadt.

Assmann, Aleida; Assmann, Jan; Hardmeier, Christof [Hrsgg.] (1983): Schrift und Gedächtnis. Beiträge zur Archäologie der literarischen Kommunikation. München.

Auerbach, Erich (1965): Das französische Publikum des 17. Jahrhunderts. 2. Auflage. München.

Aulich, Reinhard (1988): Elemente einer funktionalen Differenzierung der literarischen Zensur. Überlegungen zu Form und Wirksamkeit von Zensur als einer intentional adäquaten Reaktion gegenüber literarischer Kommunikation. In: „Unmoralisch an sich ...". Zensur im 18. und 19. Jahrhundert. Hrsg. von Herbert G. Göpfert und Erdmann Weyrauch. Wiesbaden (= Wolfenbütteler Schriften zur Geschichte des Buchwesens; 13), 177-230.

Bahr, Ehrhard [Hrsg.] (1996): Was ist Aufklärung? Kant, Erhard, Hamann, Herder, Lessing, Mendelssohn, Riem, Schiller, Wieland. Thesen und Definitionen. Stuttgart.

Balet, Leo; Gerhard, E. (1979): Die Verbürgerlichung der deutschen Kunst, Literatur und Musik im 18. Jahrhundert. Mit einem Nachwort von Eberhard Rebling. 1. Auflage 1936. Dresden.

Barbian, Jan-Pieter (1989): Filme mit Lücken. Die Lichtspielzensur in der Weimarer Republik: von der sozialethischen Schutzmaßnahme zum politischen Instrument. In: Jung, Uli [Hrsg.]: Der deutsche Film. Aspekte seiner Geschichte von den Anfängen bis zur Gegenwart. Trier, 51-78.

Barner, Wilfried; Grimm, Gunter; Kiesel, Helmuth; Kramer, Martin [Hrsgg.] (1987): Lessing. Epoche, Werk, Wirkung. 5., neubearbeitete Auflage. München.

Barth, Dieter (1974): Zeitschrift für alle. Das Familienblatt im 19. Jahrhundert. Ein sozialhistorischer Beitrag zur Massenpresse in Deutschland. Münster.

Bauer, Gerhard (1988): Sprache und Sprachlosigkeit im „Dritten Reich". Köln.

Bayle, Pierre (1727): Préface. Nouvelles de la Republique des Lettres 2.1. In: Oeuvres diverses. Den Haag. Neudruck hrsg. von Elisabeth Labrousse. Band 1. Hildesheim 1964.

Behmer, Markus; Krotz, Friedrich; Stöber, Rudolf; Winter, Carsten [Hrsgg.] (2003): Medienentwicklung und gesellschaftlicher Wandel. Beiträge zu einer theoretischen und empirischen Herausforderung. Wiesbaden.

Behrens, Tobias (1986): Die Entstehung der Massenmedien in Deutschland. Ein Vergleich von Film, Hörfunk und ein Ausblick auf die Neuen Medien. Frankfurt a.M., Berlin, New York.

Beisswenger, Michael (2000): Kommunikation in virtuellen Welten: Sprache, Text und Wirklichkeit. Eine Untersuchung zur Konzeptionalität von Kommunikationsvollzügen und zur textuellen Konstruktion von Welt in synchroner Internet-Kommunikation, exemplifiziert am Beispiel eines Webchats. Stuttgart.

Bender, Klaus (1987): Die deutschen Meßrelationen von ihren Anfängen bis zum Ende des Dreißigjährigen Krieges. Ein Forschungsvorhaben. In: Presse und Geschichte II. Neue Beiträge zur historischen Kommunikationsforschung. München, London, New York, Oxford, Paris, 61-70.

Bender, Klaus (1994): Relationes historicae. Ein Bestandsverzeichnis der deutschen Messrelationen von 1583 bis 1648. Zusammengestellt und eingeleitet von K.B. Berlin, New York.

Benjamin, Walter (1980): Karl Kraus. In: Ders.: Gesammelte Schriften. Hrsg. von Rolf Tiedemann und Hermann Schweppenhäuser. Bd. II,1, Frankfurt a.m., 334-367.

Berding, Helmut; François, Etienne; Ullmann, Hans-Peter [Hrsgg.] (1989): Deutschland und Frankreich im Zeitalter der Französischen Revolution. Frankfurt a.M. (= edition suhrkamp, Neue Folge; 521).

Berger, Arnold E. [Hrsg.] (1964): Die Sturmtruppen der Reformation. Flugschriften der Jahre 1520-1525. Ausgewählt von Arnold E. Berger. Leipzig 1931. Reprographischer Nachdruck Darmstadt.

Berger, Arnold E. [Hrsg.] (1967): Die Schaubühne im Dienste der Reformation. 2 Bände. Leipzig 1935. Reprographischer Nachdruck Darmstadt.

Bergsdorf, Wolfgang [Hrsg.] (1979): Wörter als Waffen. Sprache als Mittel der Politik. Stuttgart.

Bg. (1819): Oeffentlichkeit. In: Allgemeine deutsche Real=Encyclopädie für die gebildeten Stände. (Conversations=Lexicon.) In zehn Bänden. Siebenter Band. O bis Q. Fünfte Orignal=Ausgabe. Mit Königl. Württembergischen Privilegien. Leipzig: F.A. Brockhaus, 39.

Biedermann, Karl (1880): Deutschland im 18. Jahrhundert. 2 Teile in 4 Bänden. Leipzig. 2. Auflage. Neudruck Aalen 1969.

Bittner, Johannes (2003): Digitalität, Sprache, Kommunikation. Eine Untersuchung zur Medialität von digitalen Kommunikationsformen und Textsorten und deren varietätenlinguistischer Modellierung. Berlin (= Philologische Studien und Quellen; 178).

Blackall, Eric A. (1966): Die Entwicklung des Deutschen zur Literatursprache 1700-1775. Mit einem Bericht über neue Forschungsergebnisse 1955-1964 von Dieter Kimpel. Stuttgart.

Blühm, Elger (1977): Fragen zum Thema Zeitung und Gesellschaft im 17. Jahrhundert. In: Presse und Geschichte. Beiträge zur historischen Kommunikationsforschung. Referate einer internationalen Fachkonferenz der Deutschen Forschungsgemeinschaft und der Deutschen Presseforschung/Universität Bremen. 5.-8. Oktober 1976 in Bremen. München, 54-70.

Bodin, Jean (1986): Sechs Bücher über den Staat. Übersetzt und mit Anmerkungen versehen von Bernd Wimmer. Hrsg. von P.C. Mayer-Tasch. 2 Bände. Erste Ausgabe 1576. München.

Böning, Holger [Hrsg.] (1992a): Französische Revolution und deutsche Öffentlichkeit. Wandlungen in Presse und Alltagskultur am Ende des 18. Jahrhunderts. München.

Böning, Holger (1992b): Zeitungen für das „Volk". Ein Beitrag zur Entstehung periodischer Schriften für einfache Leser und zur Politisierung der deutschen Öffentlichkeit nach der Französischen Revolution. In: Böning 1992, 467-526.

Bogel, Else; Blühm, Elger (1971/1985): Die deutschen Zeitungen des 17. Jahrhunderts. Ein Bestandsverzeichnis mit historischen und bibliographischen Angaben zusammengestellt von Else Bogel und Elger Blühm. Band 1 und 2. Bremen 1971. Band 3: Nachtrag. München, New York, London, Paris 1985.

Bolz, Norbert (1993): Am Ende der Gutenberg-Galaxis. Die neuen Kommunikationsverhältnisse. München.

Bosse, Heinrich (1981): Autorschaft ist Werkherrschaft. Über die Entstehung des Urheberrechts aus dem Geist der Goethezeit. Paderborn (= UTB; 1147).

Bosse, Heinrich (1985): „Die Schüler müßen selbst schreiben lernen" oder Die Einrichtung der Schiefertafel. In: Boueke, Dietrich; Hopster, Norbert [Hrsg.]: Schreiben – Schreiben lernen. Rolf Sanner zum 65. Geburtstag. Tübingen, 164-199.

Bosse, Heinrich (1990): Der geschärfte Befehl zum Selbstdenken. Ein Erlaß des Ministers v. Fürst an die preußischen Universitäten im Mai 1770. In: Diskursanalysen 2. Institution Universität. Hrsg. von Friedrich A. Kittler, Manfred Schneider, Samuel Weber. Opladen, 31-62.

Brandes, Helga (1991): Die Zeitschriften des Jungen Deutschland. Eine Untersuchung zur literarisch-publizistischen Öffentlichkeit im 19. Jahrhundert. Opladen.

Braun, Volker (1975): Es genügt nicht die einfache Wahrheit. Notate. Leipzig.

Breuer, Dieter (1982): Geschichte der literarischen Zensur in Deutschland. Heidelberg.

Brockmeier, Peter (1996): Zensur und Selbstzensur in der Literatur. Würzburg.

Broder, Henryk M. (1976): Die Schere im Kopf. Über Zensur und Selbstzensur. Köln.

Brunner, Ludwig (1943): Land und Herrschaft. Brünn.

Brunner, Otto; Conze, Werner; Koselleck, Reinhart [Hrsgg.] (1972 ff.): Geschichtliche Grundbegriffe. Historisches Lexikon zur politisch-sozialen Sprache in Deutschland. Stuttgart.

Brückner, Wolfgang (1962): Die Gegenreformation im Kampf um die Frankfurter Buchmesse. Die kaiserliche Zensur zwischen 1567 und 1619. In: Archiv für Frankfurts Geschichte und Kunst 48, 67 ff.

Bucher, Max; Hahl, Werner; Jäger, Georg; Wittmann, Reinhart [Hrsgg.] (1975): Realismus und Gründerzeit. Manifeste und Dokumente zur deutschen Literatur. Bände. Stuttgart.

Büchner, Georg; Weidig, Friedrich Ludwig (1980): Der Hessische Landbote. Gegenüberstellung der Fassungen vom Juli und November 1834. In: Büchner, Georg: Werke und Briefe. München, Wien, 209-233.

Buschmann, Silke (1997): Literarische Zensur in der Bundesrepublik nach 1945. Frankfurt a.M. (= Gießener Arbeiten zur neueren deutschen Literatur und Literaturwissenschaft; 17).

Campe, Joachim Heinrich (1779): Robinson der Jüngere, zur angenehmen und nüzlichen Unterhaltung für Kinder. Hamburg.

Campe, Joachim Heinrich (1788): Ein Einwurf wider die Nützlichkeit periodischer Schriften, von Herrn Prof. Garve; aus einem Briefe desselben an den R[ath] Campe. Beantwortung dieses Einwurfs. In: Braunschweigisches Journal philosophischen, philologischen und pädagogischen Inhalts. Erster Stück, Januar, 32-33.

Campe, Joachim Heinrich (1790a): Briefe aus Paris zur Zeit der Revolution geschrieben. Braunschweig.

Campe, Joachim Heinrich (1790b): Proben einiger Versuche von deutscher Sprachbereicherung. In: Braunschweigisches Journal. Hrsg. von E. Chr. Trapp. Dritter Band. 11. Stück, November, 257-296.

Campe, Joachim Heinrich (1794): Ueber die Reinigung und Bereicherung der Deutschen Sprache. Dritter Versuch welcher den von dem königl. Preuß. Gelehrtenverein zu Berlin ausgesetzten Preis erhalten hat. Braunschweig.

Campe, Joachim Heinrich (1801): Wörterbuch zur Erklärung und Verdeutschung der unserer Sprache aufgedrungenen fremden Ausdrücke. Ein Ergänzungsband zu Adelungs Wörterbuche. 2 Bände. Braunschweig.

Campe, Joachim Heinrich (1807-1811). Wörterbuch der deutschen Sprache. 5 Bände. Braunschweig.

Campe, Joachim Heinrich (1813) Wörterbuch zur Erklärung und Verdeutschung der unserer Sprache aufgedrungenen fremden Ausdrücke. Ein Ergänzungsband zu Adelung's und Campe's Wörterbüchern. Neue starkvermehrte und durchgängig verbesserte Ausgabe, Braunschweig.

Campe, Joachim Heinrich (1977): Briefe aus Paris zur Zeit der Revolution geschrieben. Mit Erläuterungen, Dokumenten und einem Nachwort von Hans-Wolf Jäger. Hildesheim.

Campe, Joachim Heinrich (1996): Briefe von und an Joachim Heinrich Campe. Hrsg., eingeleitet und kommentiert von Hanno Schmitt. Band 1: Briefe von 1766-1788. Wiesbaden.

Cherubim, Dieter; Walsdorf, Ariane (2004): Sprachkritik als Aufklärung. Die Deutsche Gesellschaft in Göttingen im 18. Jahrhunderts. Hrsg. von Elmar Mittler. Göttingen.

Chronik der Gesellschaft der Mahlern 1721-1722 (1887). Hrsg. von Theodor Vetter. Frauenfeld.

Coulmas, Florian (1985): Sprache und Staat. Studien zur Sprachplanung und Sprachpolitik. Berlin, New York.

Czygan, Paul (1911): Zur Geschichte der Tagesliteratur während der Freiheitskriege. Band I: Einleitung und Einführung in die Aktenstücke. Darstellung der Geschichte einiger Zeitungen, Flugschriften, Gedichte etc. Band II/1 und II/2: Aktenstücke. Leipzig.

Dann, Otto [Hrsg.] (1981): Lesegesellschaften und bürgerliche Emanzipation. Ein europäischer Vergleich. München.

Darnton, Robert (1991): Berlin Journal: 1989-1990. New York.

Daum, Andreas W. (1998): Wissenschaftspopularisierung im 19. Jahrhundert. Bürgerliche Kultur, naturwissenschaftliche Bildung und die deutsche Öffentlichkeit 1848-1914. München.

Dhuez, Nathanael (1642): Dictionnaire française-allemand-latin. Dernière édition. 2 Bände. Leyden.

Dickmann, Fritz [Hrsg.] (1966): Renaissance, Glaubenskämpfe, Absolutismus. München (= Geschichte in Quellen; 3).

Dictionnaire de Trevoux (1721). 2. Auflage. 5 Bände. Paris.

Die Wahrheit muß ans Licht! Dialoge aus der Zeit der Reformation (1982). Hrsg. und mit einer Einleitung von Rudolf Bentzinger. Leipzig.

Die Zeitung. Deutsche Urteile und Dokumente von den Anfängen bis zur Gegenwart (1967). Ausgewählt und erläutert von Elger Blühm und Rolf Engelsing. Bremen.

Diefenbach, Lorenz (1857): Glossarium latino-germanicum mediae et infimae aetatis. Frankfurt.

Du Cange, Charles Dufresne (1883-1887): Glossarium ad scriptores mediae et infimae aetatis. 9. Auflage. Hrsg. von G.A.L. Henschel. 7 Bände. Paris.

Du Marsais, César Chesneau (1770): Essai sur les préjugés. London.

Dülmen, Richard van (1977): Die Aufklärungsgesellschaften in Deutschland als Forschungsproblem. In: Francia. Forschungen zur westeuropäischen Geschichte. Band 5, 251-275.

Dülmen, Richard van (1986): Die Gesellschaft der Aufklärer. Zur bürgerlichen Emanzipation und aufklärerischen Kultur in Deutschland. Frankfurt a.M.

Dussel, Konrad (1999): Deutsche Rundfunkgeschichte. Eine Einführung. Konstanz.

Eggers, Hans (1986): Deutsche Sprachgeschichte. Band 2: Das Frühneuhochdeutsche und das Neuhochdeutsche. Reinbek bei Hamburg (= Rowohlts Enzyklopädie; 426).

Eilers, Gerd (1860): Meine Wanderung durchs Leben. Ein Beitrag zur inneren Geschichte der ersten Hälfte des 19. Jahrhunderts. Fünfter Theil. Leipzig.

Eisenhardt, Ulrich (1967): Ein Eingriff in das kaiserliche Bücherregal. In: Archiv für Urheber-, Film- (Funk) und Theaterrecht, 265 ff.

Eisenstein, Elizabeth L. (1979): The Printing Press as an Agent of Change. Communications and Cultural Transformations in Early-Modern Europe. 2 Bände. Cambridge (Mass.).

Elias, Norbert (²1969): Über den Prozeß der Zivilisation. Soziogentische und psychogenetische Untersuchungen. Erster Band: Wandlungen des Verhaltens in den weltlichen Oberschichten des Abendlandes. Zweiter Band: Wandlungen der Gesellschaft. Entwurf zu einer Theorie der Zivilisation. Bern (Reprographischer Nachdruck: 4. Aufl. Frankfurt a.M. 1977).

Elkan, Georg (1922). Die preußische Zeitungssteuer. Ein Beitrag zur Geschichte der Pressepolitik unter Benutzung der Akten Bismarcks und der preußischen Ministerien. Jena.

Engelsing, Rolf (1973): Analphabetentum und Lektüre. Zur Sozialgeschichte des Lesens in Deutschland zwischen feudaler und industrieller Gesellschaft. Mit 12 Abbildungen. Stuttgart.

Engelsing, Rolf (1974): Der Bürger als Leser. Lesergeschichte in Deutschland 1500-1800. Stuttgart.

Erhard, Christian Daniel (1792): Über das Recht, die Gesetze in öffentlichen Schriften zu beurteilen. In: Deutsche Monatsschrift 1792, Bd. 3, 7 f.

Ewiger Friede? Dokumente einer deutschen Diskussion um 1800 (1989). Hrsg. von Anita und Walter Dietze. München.

Faschismus (1976). Hrsg. von der Neuen Gesellschaft für Bildende Kunst und dem Kunstamt Kreuzberg. Berlin, Hamburg.

Faulstich, Werner [Hrsg.] (1994): Grundwissen Medien. München (= UTB; 1773).

Faulstich, Werner (1996): Medien und Öffentlichkeit im Mittelalter. 800-1400. Göttingen (= Die Geschichte der Medien; 2).

Faulstich, Werner (1997): Das Medium als Kult. Von den Anfängen bis zur Spätantike (8. Jahrhundert). Göttingen (= Die Geschichte der Medien; 1).

Faulstich, Werner (1998): Medien zwischen Herrschaft und Revolte. Die Medienkultur der frühen Neuzeit (1400-1700). Göttingen (= Die Geschichte der Medien; 3).

Faulstich, Werner (2002): Die bürgerliche Mediengesellschaft. 1700-1830. Göttingen (= Die Geschichte der Medien; 4).

Fertig, Ludwig (1977): Campes politische Erziehung. Eine Einführung in die Pädagogik der Aufklärung. Darmstadt.

Feuerbach, Anselm von (1821/25): Betrachtungen über die Öffentlichkeit und Mündlichkeit der Gerechtigkeitspflege. 2 Bände. Gießen.

Fichte, Johann Gottlieb (1807/1808): Reden an die deutsche Nation. In: Fichtes Werke. Hrsg. von Immanuel Herrmann Fichte. Band VII: Zur Politik, Moral und Philosophie der Geschichte. Berlin 1845/46. Nachdruck Berlin 1971, 257-516.

Fischer, Heinz-Dietrich [Hrsg.] (1972): Deutsche Zeitungen des 17. bis 20. Jahrhunderts. Pullach b. München.

Fischer, Heinz-Dietrich [Hrsg.] (1973): Deutsche Zeitschriften des 17. bis 20. Jahrhunderts. Pullach b. München.

Fix, Ulla [Hrsg.] (1998): Ritualität der Kommunikation in der DDR. Frankfurt a.M., Berlin, Bern, New York.

Flad, Ruth (1929): Der Begriff der öffentlichen Meinung bei Stein, Arndt, Humboldt. Studien zur politischen Begriffsbildung in Deutschland während der preußischen Reform. Berlin, Leipzig.

Forster, Georg (1794): Kleine Schriften. 3 Theile. Berlin.

Foucault, Michel (1969): Wahnsinn und Gesellschaft. Eine Geschichte des Wahns im Zeitalter der Vernunft. Frankfurt a.M. (= suhrkamp taschenbuch wissenschaft; 39).

Foucault, Michel (1971): Die Ordnung der Dinge. Eine Archäologie der Humanwissenschaften. Frankfurt a.M. (= suhrkamp taschenbuch wissenschaft; 96).

Friedell, Egon (1989): Kulturgeschichte der Neuzeit. Die Krisis der europäischen Seele von der schwarzen Pest bis zum Ersten Weltkrieg. Ungekürzte Sonderausgabe in einem Band. Erste Ausgabe in drei Bänden 1928-1931. München.

Frühsorge, Gotthardt (1974): Der politische Körper. Zum Begriff des Politischen im 17. Jahrhundert und in den Romanen Christian Weises. Stuttgart.

Frühwald, Wolfgang (1976): „Ruhe und Ordnung". Literatursprache – Sprache der politischen Werbung. Texte, Materialien, Kommentar. München, Wien.

Führer, Karl Christian (1997): Wirtschaftsgeschichte des Rundfunks in der Weimarer Republik. Potsdam.

Fulda, Friedrich Carl (1778): Versuch einer allgemeinen teutschen Idiotikensammlung. Berlin, Stettin.

Gadamer, Hans-Georg (1965): Wahrheit und Methode. Grundzüge einer philosophischen Hermeneutik. 2. Auflage. Tübingen.

Gardt, Andreas (1999): Geschichte der Sprachwissenschaft in Deutschland. Vom Mittelalter bis ins 20. Jahrhundert. Berlin, New York.

Garve, Christian (1800): Über die Veränderungen unserer Zeit in Pädagogik, Theologie und Politik. In: Ch.G.: Vermischte Aufsätze. 2 Teile. Berlin.

Garve, Christian (1802): Versuche über verschiedene Gegenstände aus der Moral, der Litteratur und dem gesellschaftlichen Leben. Fünfter Theil. Breslau.

Gentz, Friedrich von (1837): Ausgewählte Schriften. Hrsg. von Wilderich Weick. Band 2: Politische Abhandlungen. Stuttgart, Leipzig.

Germanisches Nationalmuseum (1983). Martin Luther und die Reformation in Deutschland. Ausstellung zum 500. Geburtstag Martin Luthers. Veranstaltet vom Germanischen Nationalmuseum Nürnberg in Zusammenarbeit mit dem Verein für Reformationsgeschichte. Frankfurt a.M.

Gerth, Hans H. (1976): Bürgerliche Intelligenz um 1800. Zur Soziologie des deutschen Frühliberalismus. Mit einem Vorwort und einer ergänzenden Bibliographie hrsg. von Ulrich Herrmann. Göttingen.

Gessinger, Joachim (1979): Schriftspracherwerb im 18. Jahrhundert. Kulturelle Verelendung und politische Herrschaft. In: Osnabrücker Beiträge zur Sprachtheorie (OBST) 11, 26-47.

Gessinger, Joachim (1980): Sprache und Bürgertum. Sozialgeschichte sprachlicher Verkehrsformen im Deutschland des 18. Jahrhunderts. Stuttgart.

Giesecke, Michael (1979): Schriftsprache als Entwicklungsfaktor in Sprach- und Begriffsgeschichte. Zusammenhänge zwischen kommunikativen und kognitiven geschichtlichen Veränderungen. In: Historische Semantik und Begriffsgeschichte. Hrsg. von Reinhart Koselleck. Stuttgart (= Sprache und Geschichte; 1), 262-302.

Giesecke, Michael (1991): Der Buchdruck in der frühen Neuzeit. Eine historische Fallstudie über die Durchsetzung neuer Informations- und Kommunikationstechnologien. Frankfurt a.M.

Giesecke, Michael (1998): Sinnenwandel, Sprachwandel, Kulturwandel. Studien zur Vorgeschichte der Informationsgesellschaft. Frankfurt a.M. (= suhrkamp taschenbuch wissenschaft; 997).

Göpfert, Herbert G.; Weyrauch, Erdmann [Hrsg.] (1988): „Unmoralisch an sich …" Zensur im 18. und 19. Jahrhundert. Wiesbaden.

Görtemaker, Manfred (1983): Deutschland im 19. Jahrhundert. Entwicklungslinien. Bonn.

Goethe, Johann Wolfgang von (1902 ff.): Zum Andenken Wielands. In: J.W.v.G.: Sämtliche Werke. Jubiläumsausgabe. Stuttgart. Band 36, 311-346.

Goethe, Johann Wolfgang von (1982): Werke. Hamburger Ausgabe in 14 Bänden. Hrsg. von Erich Trunz. Hamburg.

Goldfriedrich, Johann (1908): Geschichte des Deutschen Buchhandels vom Westfälischen Frieden bis zum Beginn der klassischen Literaturperiode (1648-1740). Leipzig (= Band II der Geschichte des Deutschen Buchhandels).

Goldfriedrich, Johann (1909): Geschichte des Deutschen Buchhandels vom Beginn der klassischen Literaturperiode bis zum Beginn der Fremdherrschaft (1740-1804). Leipzig (= Band III der Geschichte des Deutschen Buchhandels). Fotomechanischer Nachdruck Leipzig 1970.

Goody, Jack; Watt, Ian (1981): Konsequenzen der Literalität. In: Goody, Jack [Hrsg.]: Literalität in traditionalen Gesellschaften. Frankfurt a.M. 1981, 45-104.

Gottsched, Johann Christoph (1902): Die Vernünfftigen Tadlerinnen. In: J.Chr.G.: Gesammelte Schriften. Hrsg. von Eugen Reichel. Band 1. Berlin.

Gorr, Doris (1998): Nationalsozialistische Sprachwirklichkeit als Gesellschaftsreligion. Eine sprachsoziologische Untersuchung zum Verhältnis von Propaganda und Wirklichkeit im Nationalsozialismus. Aachen.

Grau, Conrad (1993): Die Preußische Akademie der Wissenschaften zu Berlin. Eine deutsche Gelehrtengesellschaft in drei Jahrhunderten. Heidelberg.

Grenzmann, Ludger; Stackmann, Karl [Hrsgg.] (1984): Literatur und Laienbildung im Spätmittelalter und in der Reformationszeit. Symposium Wolfenbüttel 1981. Stuttgart.

Grosse, Siegfried (1986): Zur Entwicklung der deutschen Sprache des 19. Jahrhunderts. In: Kontroversen, alte und neue. Akten des VII. Internationalen Germanisten-Kongresses Göttingen 1985. Hrsg. von Albrecht Schöne. Band 4. Tübingen, 210-217.

Groth, Otto (1928-1930): Die Zeitung. Ein System der Zeitungskunde (Journalistik). 4 Bde. Mannheim, Berlin, Leipzig.

Habermas, Jürgen (1990): Strukturwandel der Öffentlichkeit. Untersuchungen zu einer Kategorie der bürgerlichen Gesellschaft. Mit einem Vorwort zur Neuauflage 1990. Frankfurt a.M. (1. Aufl. 1962).

Hagemann, Jürgen (1970): Die Presselenkung im Dritten Reich. Bonn.

Hamann, Johann Georg (1996): Brief an Christian Jacob Kraus vom 18. Dezember 1784. In: Bahr [Hrsg.] (1996), 17-22.

Harms, Wolfgang (1987): Die kommentierende Erschließung des illustrierten Flugblatts der frühen Neuzeit und dessen Zusammenhang mit der weiteren Publizistik im 17. Jahrhundert. In: Presse und Geschichte II. Neue Beiträge zur historischen Kommunikationsforschung. München, London, New York, Oxford, Paris, 83-111.

Hartmann, Fritz; Vierhaus, Rudolf [Hrsgg.] (1977): Der Akademiegedanke im 17. und 18. Jahrhundert. Bremen und Wolfenbüttel (= Wolfenbütteler Forschungen; 3).

Hegel, Georg Friedrich Wilhelm (1970 ff.): Werke in zwanzig Bänden. Frankfurt a.M.

Heidelberger, Michael; Thiessen, Sigrun (1981): Natur und Erfahrung. Von der mittelalterlichen zur neuzeitlichen Wissenschaft. Reinbek bei Hamburg.

Heine, Heinrich (1827): Reisebilder. Theil 2. Hamburg.

Hennis, Wilhelm (1957): Meinungsforschung und repräsentative Demokratie. Zur Kritik politischer Umfragen. Tübingen (= Recht und Staat in Geschichte und Gegenwart, Heft 200/201).

Hensing, Ulrich (1973): Acta Eruditorum (1682-1782). In: Fischer, Heinz-Dietrich [Hrsg.]: Deutsche Zeitschriften des 17. bis 20. Jahrhunderts. Pullach bei München, 29-47.

Herder, Johann Gottfried (1877-1913): Sämmtliche Werke. Hrsg. von Bernhard Suphan. 33 Bände. Berlin (= Herder SW).

Herder, Johann Gottfried (1899): Vom Einfluß der Schreibekunst ins Reich der menschlichen Gedanken. In: Ders: Sämmtliche Werke. Hrsg. von Bernhard Suphan, Bd. 32, Berlin 1899, 517-518.

Hilgers, Joseph (1904): Der Index der verbotenen Bücher. In seiner neuen Fassung dargelegt und rechtlich-historisch gewürdigt. Freiburg i.Br.

Hilgers, Joseph (1907): Die Bücherverbote in Papstbriefen. Freiburg i.Br.

Hinrichs, Ernst (1980): Einführung in die Geschichte der frühen Neuzeit. München.

Hirsch, Rudolf (1973): Bulla Super impressione librorum, 1515. In: Gutenberg-Jahrbuch, 248 ff.

Hirt, Hermann (1919): Geschichte der deutschen Sprache. München.

Hocks, Paul; Schmidt, Peter (1975): Literarische und politische Zeitschriften 1789-1805. Von der politischen Revolution zur Literaturrevolution. Stuttgart.

Hodermann, Richard (o.J. [1891]): Universitätsvorlesungen in deutscher Sprache um die Wende des 17. Jahrhunderts. Eine sprachgeschichtliche Abhandlung. O.O.

Hoffmann, Leopold Aloys (1977): Ueber die politischen Angelegenheiten Frankreichs. In Briefen an den Herrn Edukationsrath und Buchhändler J.H. Campe in Braunschweig. In: Wiener Zeitschrift, Jahrgang 1, Band 1, 1792. Teilabdruck in: Campe 1977, Anhang, 53-57.

Hofmann, H. (1984): Öffentlich/privat. In: Historisches Wörterbuch der Philosophie. Hrsg. von Joachim Ritter und Karlfried Gründer. Band 6. Darmstadt, Sp. 1131-1134.

Hölscher, Lucian (1978): Öffentlichkeit. In: Brunner, Otto; Conze, Werner; Koselleck, Reinhart [Hrsgg.]: Geschichtliche Grundbegriffe. Historisches Lexikon zur politisch-sozialen Sprache in Deutschland. Band 4. Stuttgart, 413-467.

Hölscher, Lucian (1979): Öffentlichkeit und Geheimnis. Eine begriffsgeschichtliche Untersuchung zur Entstehung der Öffentlichkeit in der frühen Neuzeit. Stuttgart.

Hölscher, Lucian (1984): Öffentlichkeit. In: Historisches Wörterbuch der Philosophie. Hrsg. von Joachim Ritter und Karlfried Gründer. Band 6. Darmstadt, Sp. 1134-1140.

Hörisch, Jochen (2001): Der Sinn und die Sinne. Eine Geschichte der Medien. Frankfurt a.M.

Hohendahl, Peter Uwe [Hrsg.] (2000): Öffentlichkeit – Geschichte eines kritischen Begriffs. Unter Mitarbeit von Russell A. Berman, Karen Kenkel und Arthur Strum. Stuttgart, Weimar.

Holly, Werner; Biere, Bernd U. [Hrsgg.]: Medien im Wandel. Opladen.

Holzweißig, Gunter (1997): Zensur ohne Zensor. Die SED-Informationsdiktatur. Bonn.

Huber, Ernst Rudolf [Hrsg.] (1978): Dokumente zur deutschen Verfassungsgeschichte. Band 1: Deutsche Verfassungsdokumente 1803-1850. 3., neubearbeitete und vermehrte Auflage. Stuttgart, Berlin, Köln, Mainz.

Hubrig, Hans (1957): Die patriotischen Gesellschaften des 18. Jahrhunderts. Weinheim (= Göttinger Studien zur Pädagogik, Heft 36).

Hume, David (1882): The Philosophical Works. Hrsg. von T.H. Green und T.H. Grose. 4 Bände. London.

Hutten, Ulrich von (1970): Deutsche Schriften. Hrsg. und mit Anmerkungen versehen von Peter Ukena. Nachwort von Dietrich Kurze. München.

Hutten, Ulrich von (1972): Deutsche Schriften. Ausgewählt und hrsg. von Heinz Mettke. 2 Bände. Leipzig.

Illich, Ivan (1984): Schule ins Museum. Phaidros und die Folgen. Mit einer Einleitung von Ruth Kriss-Rettenbeck und Ludolf Kuchenbuch. Bad Heilbrunn (= Schriftenreihe zum Bayerischen Schulmuseum Ichenhausen, Zweigmuseum des Bayerischen Nationalmuseums; 3.1).

Illich, Ivan (1991): Im Weinberg des Textes. Als das Schriftbild der Moderne entstand. Ein Kommentar zu Hugos „Didascalicon". Aus dem Englischen von Ylva Eriksson-Kuchenbuch. Frankfurt a.M.

Im Hof, Ulrich (1982): Das gesellige Jahrhundert. Gesellschaft und Gesellschaften im Zeitalter der Aufklärung. München.

Jacobeit, Sigrid; Jacobeit, Wolfgang (1987): Illustrierte Alltagsgeschichte des deutschen Volkes 1810-1900. Mit einem Vorwort von Jürgen Kuczynski. Köln.

Jacobeit, Sigrid; Jacobeit, Wolfgang (1988): Illustrierte Alltagsgeschichte des deutschen Volkes 1550-1810. Mit einem Vorwort von Jürgen Kuczynski. 2. Auflage. Köln.

Jacobsen, Wolfgang; Kaes, Anton; Prinzler, Hans Helmut [Hrsgg.] (1993): Geschichte des deutschen Films. Stuttgart, Weimar.

Jäger, Manfred (1994): Kultur und Politik in der DDR. 1945-1990. Köln.

Jenisch, Daniel (1801): Geist und Charakter des achtzehnten Jahrhunderts, politisch, moralisch, ästhetisch und wissenschaftlich betrachtet. 3 Bände. Berlin.

Jentsch, Irene (1937): Zur Geschichte des Zeitunglesens in Deutschland am Ende des 18. Jahrhunderts. Mit besonderer Berücksichtigung der gesellschaftlichen Formen des Zeitunglesens. Diss. Leipzig.

Jentzsch, Rudolf (1912): Der deutsch-lateinische Büchermarkt nach den Leipziger Ostermeß-Katalogen von 1740, 1770 und 1800 in seiner Gliederung und Wandlung. Leipzig.

[Jochmann, Carl Gustav] (1828): Ueber die Sprache. Heidelberg.

[Jochmann, Carl Gustav] (1830) [signiert: X....]: Ueber die Oeffentlichkeit. In: Allgemeine politische Annalen. Neueste Folge. Hrsg. von C[arl] von Rotteck. Erster Band. Zweites Heft. München, Stuttgart und Tübingen, 105-143.

Jochmann, Carl Gustav (1836/1837/1838): Carl Gustav Jochmann's, von Pernau, Reliquien. Aus seinen nachgelassenen Papieren. Gesammelt von Heinrich Zschokke. (Erster/Zweiter/Dritter Band). Hechingen.

Jochmann, Carl Gustav (1969): Über die Sprache. Faksimiledruck nach der Originalausgabe von 1828, mit Schlabrendorfs „Bemerkungen über Sprache" und der Jochmann-Biographie von Julius Eckardt, hrsg. von Christian Johannes Wagenknecht. Göttingen (= Deutsche Neudrucke. Reihe Texte des 19. Jahrhunderts).

Jochmann, Carl Gustav (1983): Politische Sprachkritik. Aphorismen und Glossen. Hrsg. von Uwe Pörksen. Ausgewählt und kommentiert von Uwe Pörksen und Siegfried Hennrich, Hubert Klausmann, Eva Lange, Jürgen Schiewe. Stuttgart (= Reclams UB; 7933).

Jochmann, Carl Gustav (1990): Die unzeitige Wahrheit. Aphorismen, Glossen und der Essay ‚Über die Öffentlichkeit'. Hrsg., erläutert und mit einer Lebenschronik und einem Register versehen von Eberhard Haufe. Dritte, überarbeitete und um ein Register vermehrte Auflage. Leipzig und Weimar.

Johnson, Samuel (1755): A Dictionary of the English Language. 2 Bände. London. Nachdruck New York 1967.

Kant, Immanuel (1977): Werkausgabe. Hrsg. von Wilhelm Weischedel. 12 Bände. Frankfurt a.M.

Kapp, Friedrich (1886): Geschichte des Deutschen Buchhandels bis in das siebzehnte Jahrhundert. Leipzig (= Band I der Geschichte des Deutschen Buchhandels).

Kiesel, Helmuth; Münch, Paul (1977): Gesellschaft und Literatur im 18. Jahrhundert. Voraussetzungen und Entstehung des literarischen Marktes in Deutschland. München (= Beck'sche Elementarbücher).

Kilian, Jörg (1997): Demokratische Sprache zwischen Tradition und Neuanfang. Am Beispiel des Grundrechte-Diskurses 1948/49. Tübingen (= Reihe Germanistische Linguistik; 186).

Kirchhoff, Albrecht (1879): Zur Geschichte der kaiserlichen Bücher-Commission in Frankfurt am Main. In: Archiv für Geschichte des Deutschen Buchhandels, Band 4, 96 ff.

Kirchhoff, Albrecht (1884): Die kurfürstlich-sächsische Bücher-Commission zu Leipzig. In: Archiv für Geschichte des Deutschen Buchhandels, Band 9, 47 ff.

Kirkness, Alan (1998): Das Phänomen des Purismus in der Geschichte des Deutschen. In: Sprachgeschichte. Ein Handbuch zur Geschichte der deutschen Sprache und ihrer Erforschung. 2., vollständig neu bearb. u. erw. Aufl. Hrsg. von Werner Besch, Anne Betten, Oskar Reichmann, Stefan Sonderegger. 1. Teilband,. Berlin, New York 1998, 407-416.

Klemperer, Victor (1995): LTI. Notizbuch eines Philologen. 15. Aufl. Leipzig (1. Aufl. 1946).

Kluge, Friedrich (1999): Etymologisches Wörterbuch der deutschen Sprache. Bearbeitet von Elmar Seebold. 23., erweiterte Aufl. Berlin, New York.

Knoop, Ulrich (1988): Zur Begrifflichkeit der Sprachgeschichtsschreibung: Der 'Dialekt' als Sprache des 'gemeinen mannes' und die Kodifikation der Sprache im 18. Jahrhundert. In: Deutscher Wortschatz. Lexikologische Studien. Ludwig Erich Schmitt zum 80. Geburtstag von seinen Marburger Schülern. Hrsg. von Horst Haider Munske, Peter von Polenz, Oskar Reichmann, Reiner Hildebrandt. Berlin, New York 1988, 337-350.

Köhler, Hans-Joachim (1986): Erste Schritte zu einem Meinungsprofil der frühen Reformationszeit. In: Press, Volker; Stievermann, Dieter [Hrsgg.]: Martin Luther. Probleme seiner zeit. Stuttgart, 244-281.

Köhler, Hans-Joachim (1987): Die Erforschung der Flugschriften des frühen 16. Jahrhunderts als Beitrag zur Presse- und Kommunikationsgeschichte. In: Presse und Geschichte II. Neue

Beiträge zur historischen Kommunikationsforschung. München, London, New York, Oxford, Paris, 21-55.

Körber, Esther-Beate (1998): Öffentlichkeiten in der Frühen Neuzeit. Teilnehmer, Formen, Institutionen und Entscheidungen öffentlicher Kommunikation im Herzogtum Preußen von 1525 bis 1618. Berlin, New York.

Kohl, Horst [Hrsg.] (1903): Die politischen Reden des Fürsten Bismarck. Bd. 2: Die Reden des Ministerpräsidenten von Bismarck-Schönhausen im preußischen Landtag 1862-1865. 2. Aufl. Stuttgart, Berlin.

Kopitzsch, Franklin [Hrsg.] (1976a): Aufklärung, Absolutismus und Bürgertum in Deutschland. Zwölf Aufsätze. München.

Kopitzsch, Franklin (1976b): Einleitung: Die Sozialgeschichte der deutschen Aufklärung als Forschungsaufgabe. In: Kopitzsch, Franklin [Hrsg.] (1976), 11-169.

Koselleck, Reinhart (1972): Einleitung. In: Brunner, Otto; Conze, Werner; Koselleck, Reinhart [Hrsgg.]: Geschichtliche Grundbegriffe. Historisches Lexikon zur politisch-sozialen Sprache in Deutschland. Band 1. Stuttgart, XIII-XXVII.

Koselleck, Reinhart (1973, 2. Aufl. 1959): Kritik und Krise. Eine Studie zur Pathogenese der bürgerlichen Welt. Frankfurt a.M.

Koselleck, Reinhart (1979a): Vergangene Zukunft. Zur Semantik geschichtlicher Zeiten. Frankfurt a.M.

Koselleck, Reinhart (Hrsg) (1979b): Historische Semantik und Begriffsgeschichte. Stuttgart.

Koszyk, Kurt (1966): Deutsche Presse im 19. Jahrhundert. Geschichte der deutschen Presse Teil II. Berlin (= Abhandlungen und Materialen zur Publizistik; 6).

Koszyk, Kurt (1972): Deutsche Presse 1914-1945. Geschichte der deutschen Presse Teil III. Berlin (= Abhandlungen und Materialien zur Publizistik; 7).

Krämer, Sybille [Hrsg.]: Medien – Computer – Realität. Wirklichkeitsvorstellungen und Neue Medien. Frankfurt a.M. (= suhrkamp taschenbuch wissenschaft; 1379).

Kuchenbuch, Ludolf (1987): Einführungskurs in die Ältere Geschichte. Kurseinheit 1: Einleitung, Hagen.

Krempel, Oswald (1921): Das Zensurrecht in Deutschland zu Ausgang des 18. und Beginn des 19. Jahrhunderts. Diss. (masch.) Würzburg.

Kühlmann, Wilhelm (1982): Gelehrtenrepublik und Fürstenstaat. Entwicklung und Kritik des deutschen Späthumanismus in der Literatur des Barockzeitalters. Tübingen.

Kurth, Karl [Hrsg.] (1944): Die ältesten Schriften für und wider die Zeitung. Brünn, München, Wien.

La Bruyère, Jean de (1688-1696/1894): Les caractères ou les moeurs de ce siècle. Hrsg. von G. Servois und A. Rébelliau. Paris.

Lackmann, Heinrich (1962): Die kirchliche Bücherzensur nach geltendem kanonischen Recht. Unter Berücksichtigung ihrer geschichtlichen Entwicklung und der heutigen Reformgedanken. Köln.

Lang, Helmut W. (1987): Die Neue Zeitung des 15. bis 17. Jahrhunderts. Entwicklungsgeschichte und Typologie. In: Presse und Geschichte II. Neue Beiträge zur historischen Kommunikationsforschung. München, London, New York, Oxford, Paris, 57-60.

Leibniz, Gottfried Wilhelm (1961): Nouveaux essais sur l'entendement humain. Neue Abhandlungen über den menschlichen Verstand. Hrsg. von Wolf Engelhardt und Hans Heinz Holz. 2 Bände. Frankfurt.

Leibniz, Gottfried Wilhelm (1983): Unvorgreifliche Gedanken, betreffend die Ausübung und Verbesserung der deutschen Sprache. Zwei Aufsätze. Hrsg. von Uwe Pörksen. Kommentiert von Uwe Pörksen und Jürgen Schiewe. Stuttgart.

Lenin, Wladimir I. (1961): Über das Selbstbestimmungsrecht der Nationen. In: Ders.: Werke, Bd. 20, Berlin, 398 f.

Lessing im Gespräch (1971). Berichte und Urteile von Freunden und Zeitgenossen. Hrsg. von Richard Daunicht. München.

Lessing, Gotthold Ephraim (1886-1924): Sämtliche Schriften. Hrsg. von Karl Lachmann. 3., aufs neue durchgesehene und vermehrte Auflage, besorgt durch Franz Muncker. 22 Bände und ein Registerband. Stuttgart, Leipzig (ab Band 12). Nachdruck Berlin 1968.

Lessing, Gotthold Ephraim (1893): Hamburgische Dramaturgie. In: G.E.L.: Sämtliche Schriften. Hrsg. von Karl Lachmann. 3. Auflage besorgt durch Franz Muncker. Band 9. Stuttgart.

Lessing, Gotthold Ephraim (1968): Gesammelte Werke. Hrsg. von Paul Rilla. 10 Bände. 2. Auflage. Berlin und Weimar.

Leweling, Beate (2002): Reichtum, Reinigkeit und Glanz – Sprachkritische Konzeptionen in der Sprachreflexion des 18. Jahrhunderts. Ein Beitrag zur Sprachbewusstseinsgeschichte. Diss. (masch.) Freiburg i.Br.

Leyser, Jakob Anton (1877): Joachim Heinrich Campe. Ein Lebensbild aus dem Zeitalter der Aufklärung. 2 Bände. Braunschweig.

Lichtenberg, Georg Christoph (1967 ff.): Schriften und Briefe. Hrsg. von Wolfgang Promies. 4 Bände. Hamburg.

Lichtenberg, Georg Christoph (o.J.): Werke in einem Band. Hrsg. von Peter Plett. Hamburg.

Locke, John (1894): An Essay Concerning Human Understanding. Hrsg. von C. Fraser. Oxford.

Loest, Erich (1984): Der vierte Zensor. Vom Entstehen und Sterben eines Romans in der DDR. Köln.

Lorant, Stefan (1979): Sieg Heil! Eine deutsche Bildgeschichte von Bismarck zu Hitler. Aus dem Amerikanischen von Johanna Borek und Reinhard Kaiser. Frankfurt a.M.

Lünig, Johann Christian (1716): Grundfeste Europäischer Potenten Gerechtsame. Leipzig.

[Luther, Martin] (1983): Martin Luther und die Reformation in Deutschland. Ausstellung zum 500. Geburtstag Martin Luthers. Veranstaltet vom Germanischen Nationalmuseum Nürnberg in Zusammenarbeit mit dem Verein für Reformationsgeschichte. Frankfurt a.M.

Maas, Utz (1984): „Als der Geist der Gemeinschaft eine Sprache fand." Sprache im Nationalsozialismus. Versuch einer historischen Argumentationsanalyse. Opladen.

Manheim, Ernst (1979): Aufklärung und öffentliche Meinung. Studien zur Soziologie der Öffentlichkeit im 18. Jahrhundert. Hrsg. und eingeleitet von Norbert Schindler. Stuttgart, Bad Cannstatt (= Kultur und Gesellschaft. Neue historische Forschungen; 4).

Martens, Wolfgang (1968): Die Botschaft der Tugend. Die Aufklärung im Spiegel der deutschen Moralischen Wochenschriften. Stuttgart.

Martens, Wolfgang (1971): Die Botschaft der Tugend. Die Aufklärung im Spiegel der Moralischen Wochenschriften. Stuttgart.

Marx, Karl; Engels, Friedrich (1952): Manifest der kommunistischen Partei. In: Dies.: Ausgewählte Werke in zwei Bänden. Bd. 1, Berlin, 23-54.

Merten, Klaus (1987): Öffentliche Meinung. In: Görlitz, Axel; Prätorius, Rainer [Hrsgg.]: Handbuch Politikwissenschaft. Grundlagen – Forschungsstand – Perspektiven. Reinbek bei Hamburg, 327-332.

Merten, Klaus; Westerbarkey, Joachim /1994): Public Opinion und Public Relations. In: Merten, Klaus; Schmidt, Siegfried J.; Weischenberg, Siegfried [Hrsgg.]. Die Wirklichkeit der Medien. Eine Einführung in die Kommunikationswissenschaft. Opladen, 188-211.

Meyer, Reinhart (1987a): Novelle und Journal. Erster Band: Titel und Normen. Untersuchungen zur Terminologie der Journalprosa, zu ihren Tendenzen, Verhältnissen und Bedingungen. Stuttgart.

Meyer, Reinhart (1987b): Limitierte Aufklärung. Untersuchungen zum bürgerlichen Kulturbewußtsein im ausgehenden 18. und beginnenden 19. Jahrhundert. In: Über den Prozeß der Aufklärung in Deutschland im 18. Jahrhundert. Personen, Institutionen und Medien. Hrsg.

von Hans Erich Bödeker und Ulrich Herrmann. Göttingen, 139-200 (= Veröffentlichungen des Max-Plank-Instituts für Geschichte; 85).

Mischke, Ricarda (1958): Die Entstehung der öffentlichen Meinung im 18. Jahrhundert. Phil. Diss. (masch.) Hamburg.

Mix, York-Gothart [Hrsg.] (1993): Ein ‚Oberkunze' darf nicht vorkommen. Wiesbaden.

Moeller, Bernd (1979): Stadt und Buch. Bemerkungen zur Struktur der reformatorischen Bewegung in Deutschland. In: W.J. Mommsen [Hrsg.]: Stadtbürgertum und Adel in der Reformation. Stuttgart (= Veröffentlichungen des Deutschen Historischen Instituts in London; 5), 25-39.

Moser, Hugo (1969): Deutsche Sprachgeschichte. Mit einer Einführung in die Fragen der Sprachbetrachtung. 6., überarb. Aufl. Tübingen.

Müller, Adam (1983): Zwölf Reden über die Beredsamkeit und deren Verfall in Deutschland (1812). Hrsg. von Jürgen Wilke. Stuttgart.

Mussmann, [Johann Georg] (1832): Öffentliche Meinung. Öffentlichkeit. In: Allgemeine Encyklopädie der Wissenschaften und Künste in alphabetischer Folge von genannten Schriftstellern bearbeitet und herausgegeben von J.S. Ersch und J.G. Gruber. Mit Kupfern und Charten. Dritte Section O-Z. Herausgegeben von M.H.E. Meier und L.F. Kämtz. Zweiter Theil. Leipzig, 52-56.

Negt, Oskar; Kluge, Alexander (1972): Öffentlichkeit und Erfahrung. Zur Organisationsanalyse von bürgerlicher und proletarischer Öffentlichkeit. Frankfurt a.M.

Nehring, Johann Christoph (1710): Historisch-politisch-juristisches Lexicon. Gotha.

Neumeister, Sebastian; Wiedemann, Conrad (1987): Res Publica Litteraria. Die Institution der Gelehrsamkeit in der frühen Neuzeit. 2 Teile. Wiesbaden (= Wolfenbütteler Arbeiten zur Barockforschung; 14).

Nicolai, Friedrich (1987): ‚Kritik ist überall, zumal in Deutschland, nötig'. Satiren und Schriften zur Literatur. Mit 20 zeitgenössischen Abbildungen. Hrsg. und mit Nachwort, Anmerkungen sowie Register versehen von Wolfgang Albrecht. München.

Nipperdey, Thomas (1983): Deutsche Geschichte 1800-1866. Bürgerwelt und starker Staat. München.

Nöll von der Nahmer, Robert (1968): Bismarcks Reptilienfonds. Aus den Geheimakten Preußens und des deutschen Reiches. Mainz.

Olszewski, Wolf von (1951): Die Besteuerung der Presse als Mittel zur Beschränkung der Pressefreiheit. Diss. Heidelberg.

Orgeldinger, Sibylle (1999): Standardisierung und Purismus bei Joachim Heinrich Campe. Berlin, New York.

Otto, Ulla (1968): Die literarische Zensur als Problem der Soziologie der Politik. Stuttgart.

Petersen, Klaus (1995): Zensur in der Weimarer Republik. Stuttgart, Weimar.

Pörksen, Uwe (1986a): Deutsche Naturwissenschaftssprachen. Historische und kritische Studien. Tübingen (= Forum für Fachsprachenforschung; 2).

Pörksen, Uwe (1986b): Der Übergang vom Gelehrtenlatein zur deutschen Wissenschaftssprache. Zur frühen deutschen Fachliteratur und Fachsprache in den naturwissenschaftlichen und mathematischen Fächern (ca. 1500-1800). In: Pörksen 1986a, 42-71.

Pörksen, Uwe (1988): Plastikwörter. Die Sprache einer internationalen Diktatur. Stuttgart.

Pörksen, Uwe (1994): Wissenschaftssprache und Sprachkritik. Untersuchungen zu Geschichte und Gegenwart. Tübingen (= Forum für Fachsprachenforschung; 22)

Pörksen, Uwe (1997): Weltmarkt der Bilder. Eine Philosophie der Visiotype. Stuttgart.

Polenz, Peter von (1978): Geschichte der deutschen Sprache. Erweiterte Neubearbeitung der früheren Darstellung von Prof. Dr. Hans Sperber. 9., überarb. Aufl. Berlin, New York.

Polenz, Peter von (1994/1999/²2000): Deutsche Sprachgeschichte vom Spätmittelalter bis zur Gegenwart. Band 1: Einführung. Grundbegriffe. 14. bis 16. Jahrhundert. 2., überarbeitete und ergänzte Aufl. 2000. Band 2: 17. und 18. Jahrhundert. 1994. Band 3: 19. und 20. Jahrhundert. 1999. Berlin, New York

Pollack, Detlef; Ring, Dieter [Hrsgg.] (1997): Zwischen Verweigerung und Opposition. Politischer Protest in der DDR 1970-1989. Frankfurt a.M., New York.

Presse und Geschichte. Beiträge zur historischen Kommunikationsforschung (1977). Referate einer internationalen Fachkonferenz der Deutschen Forschungsgemeinschaft und der Deutschen Presseforschung/Universität Bremen. 5.-8. Oktober 1976 in Bremen. München (= Studien zur Publizistik; 23).

Presse und Geschichte II. Neue Beiträge zur historischen Kommunikationsforschung (1987). München, London, New York, Oxford, Paris (= Deutsche Presseforschung; 26).

Protokolle der deutschen Bundesversammlung (1819-1848). Frankfurt a.M.

Prüsener, Marlies (1972): Lesegesellschaften im 18. Jahrhundert. Ein Beitrag zur Lesegeschichte. In: Börsenblatt des deutschen Buchhandels. 28. Jg., Sp. 189-301.

Publizistik. Massenkommunikation (1989). Hrsg. von Elisabeth Noelle-Neumann, Winfried Schul, Jürgen Wilke. Frankfurt a.M. (= Das Fischer Lexikon).

Ranke, Leopold von (1832): Die Theorie und die öffentliche Meinung in der Politik. In: Historisch-politische Zeitschrift. Hrsg. von Leopold v. Ranke. Band 1, 482 ff.

Reichs-Abschiede (1747). Neue und vollständigere Sammlung der Reichs-Abschiede, Welche von den Zeiten Kayser Conrads des II. bis jetzo, auf den Teuschen Reichs-Tägen abgefasset worden, sammt den wichtigsten Reichs-Schlüssen, so auf dem noch fürwährenden Reichs-Tage zur Richtigkeit gekommen sind. In vier Theilen. [...] Franckfurt am Mayn, bey Ernst August Koch.

Reusch, Franz Heinrich (1883): Der Index der verbotenen Bücher. Ein Beitrag zur Kirchen- und Literaturgeschichte. In zwei Bänden. Bonn. Neudruck Aalen 1967.

Rheinisches Conversationslexikon, oder encyclopädisches Handwörterbuch für gebildete Stände (1837-1845). Hrsg. von einer Gesellschaft rheinischer Gelehrter. 4. Auflage. 12 Bände. Köln.

Richelet, Pierre (1680): Dictionnaire francois. Genf. Weitere Ausgaben: Genf 1693; 2 Bände Genf 1710.

Riedel, Friedrich Just (1768): Über das Publicum. Briefe an einige Glieder desselben. Jena.

Ries, Paul (1987): Der Inhalt der Wochenzeitungen von 1609 im Computer. In: Presse und Geschichte II. Neue Beiträge zur historischen Kommunikationsforschung. München, London, New York, Oxford, Paris, 113-125.

Roelcke, Thorsten (1995): Periodisierung in der deutschen Sprachgeschichte. Analysen und Tabellen. Berlin, New York.

Rossi, Pietro (1987): Theorie der modernen Geschichtsschreibung. Frankfurt a.M.

Rousseau, Jean Jacques (1762/1968): Der Gesellschaftsvertrag oder die Grundsätze des Staatsrechts. Deutsch von H. Denhardt. Stuttgart (Du contrat social ou priciples du droit politique. Paris).

Rousseau, Jean Jacques (1817): Essai sur l'origine des langues. Hrsg. von A. Belin. Paris. Neudruck Paris 1970.

Saine, Thomas P. (1974): „Was ist Aufklärung?" Kulturgeschichtliche Überlegungen zu neuer Beschäftigung mit der deutschen Aufklärung. In: Zeitschrift für deutsche Philologie. 93. Jg., 522-545.

Saine, Thomas P. (1987): Von der Kopernikanischen bis zur Französischen Revolution. Die Auseinandersetzung der deutschen Frühaufklärung mit der neuen Zeit. Berlin.

Saussure, Ferdinand de (^{3}2001): Grundfragen der allgemeinen Sprachwissenschaft. Hrsg. v. Charles Bally u. Albert Sechehaye unter Mitwirkung v. Albert Riedlinger. Übers. v. Herman Lommel. Mit einem Nachwort v. Peter Ernst. Berlin New York (= de Gruyter Studienbuch) [zuerst frz. Lausanne, Paris 1916].

Schade, Oskar [Hrsg.] (1863): Satiren und Pasquille aus der Reformationszeit. Zweite Ausgabe. 3 Bände. Hannover.

Schelksy, Helmut (1965): Auf der Suche nach Wirklichkeit. Gesammelte Aufsätze. Düsseldorf, Köln.

Schenda, Rudolf (1977): Volk ohne Buch. Studien zur Sozialgeschichte der populären Lesestoffe 1770-1910. München.

Scheuringer, Hermann (1996): Geschichte der deutschen Rechtschreibung. Ein Überblick. Mit einer Einführung zur Neuregelung von 1998. Wien.

Schiewe, Andrea; Schiewe, Jürgen (2000): Witzkultur in der DDR. Ein Beitrag zur Sprachkritik. Göttingen (= Kleine Reihe V & R; 4025).

Schiewe, Jürgen (1988): Joachim Heinrich Campes Verdeutschungsprogramm. Überlegungen zu einer Neuinterpretation des Purismus um 1800. In: Deutsche Sprache. Zeitschrift für Theorie, Praxis, Dokumentation. 16. Jg., Heft 1, 17-33.

Schiewe, Jürgen (1989a): Sprache und Öffentlichkeit. Carl Gustav Jochmann und die politische Sprachkritik der Spätaufklärung. Berlin (= Philologische Studien und Quellen; Heft 118).

Schiewe, Jürgen (1989b): Sprachpurismus und Emanzipation. Joachim Heinrich Campes Verdeutschungsprogramm als Voraussetzung für Gesellschaftsveränderungen. Hildesheim, New York (= Germanistische Linguistik; 96-97/1988).

Schiewe, Jürgen (1991): Ein Weltbürger in den Fängen der Völkischen. Über die Rezeption der aufklärerischen Sprachkritik Carl Gustav Jochmanns durch den Allgemeinen deutschen Sprachverein. In: Muttersprache. Zeitschrift zur Pflege und Erforschung der deutschen Sprache 102, 1-14.

Schiewe, Jürgen (1996): Sprachenwechsel – Funktionswandel – Austausch der Denkstile. Die Universität Freiburg zwischen Latein und Deutsch. Tübingen (= Reihe Germanistische Linguistik; 167).

Schiewe, Jürgen (1998): Die Macht der Sprache. Eine Geschichte der Sprachkritik von der Antike bis zur Gegenwart. München.

Schiewe, Jürgen (2001): Carl Gustav Jochmann und die Öffentlichkeit im Baltikum, in Deutschland und in England. In: Schwidtal, Michael; Gutmanis, Armands [Hrsgg.]: Das Baltikum im Spiegel der deutschen Literatur. Carl Gustav Jochmann und Garlieb Merkel. Beiträge des Internationalen Symposions in Riga vom 18. bis 21. September 1996 zu den kulturellen Beziehungen zwischen Balten und Deutschen. Heidelberg, 153-164.

Schiewe, Jürgen (2002): Joachim Heinrich Campes „Gesellschaft von Sprachfreunden". Struktur und Wirkung einer metasprachlichen Diskursgemeinschaft um 1800. In: Borgards, Roland; Lehmann, Johannes Friedrich [Hrsgg.]: Diskrete Gebote. Geschichte der Macht um 1800. Festschrift für Heinrich Bosse. Würzburg, 237-250.

Schlegel, Friedrich (1958 ff.): Kritische Friedrich Schlegel Ausgabe. Hrsg. von Ernst Behler unter Mitarbeit von Jean-Jacques Anstett, Hans Eichner u.a. 35 Bände. München, Wien, Paderborn, Zürich.

Schlieben-Lange, Brigitte (1983): Traditionen des Sprechens. Elemente einer pragmatischen Sprachgeschichtsschreibung. Stuttgart, Berlin, Köln, Mainz.

Schlosser, Horst Dieter (1990): Die deutsche Sprache in der DDR zwischen Stalinismus und Demokratie. Historische, politische und kommunikative Bedingungen. Köln.

Schmieder, Eberhard; Kellner, Ernst (1940): Schrift und Buch. Eine Fibel. Leipzig.

Schmidt, Wilhelm [Hrsg.] (1984): Geschichte der deutschen Sprache. Mit Texten und Übersetzungshilfen. 5., überarbeitete u. erweiterte Aufl. Berlin.

Schmitt, Hanno (1979): Schulreform im aufgeklärten Absolutismus. Leistungen, Widersprüche und Grenzen philanthropischer Reformpraxis im Herzogtum Braunschweig-Wolfenbüttel 1785-1790. Mit einem umfassenden Quellenanhang. Weinheim, Basel 1979 (= Studien und Dokumentationen zur deutschen Bildungsgeschichte; 12).

Schmitt, Hanno (1985): Pressefreiheit, Zensur und Wohlverhalten. Die Braunschweigische Schulbuchhandlung zur Zeit der französischen Revolution. In: Die bürgerliche Gesellschaft zwischen Demokratie und Diktatur. Festschrift zum 65. Geburtstag von Prof. Dr. Walter Grab. Hrsg. von Jörn Garber und Hanno Schmitt. Gestaltet von Kasseler und Marburger Freunden und Kollegen. Mit einem Vorwort von Wolfgang Abendroth. Marburg, 78-102 (= Schriftenreihe der Studiengesellschaft für Sozialgeschichte und Arbeiterbewegung; 49).

Schmitt, Hanno (1989): Politische Reaktionen auf die Französische Revolution in der philanthropischen Erziehungsbewegung in Deutschland. In: Französische Revolution und Pädagogik der Moderne. Aufklärung, Revolution und Menschenbildung im Übergang vom Anciene Régime zur bürgerlichen Gesellschaft. Hrsg. von Ulrich Herrmann und Jürgen Oelkers. Zeitschrift für Pädagogik. 24. Beiheft, 163-184.

Schmitt, Hanno (1992): Philanthropismus und Volksaufklärung im Herzogtum Braunschweig-Wolfenbüttel in der zweiten Hälfte des 18. Jahrhunderts. In: Aufklärung in Nordwestdeutschland. Hrsg. von Rudolf Vierhaus (= Wolfenbütteler Studien zur Aufklärung; 13), 171-195.

Schneider, Franz (1966): Pressefreiheit und politische Öffentlichkeit. Studien zur politischen Geschichte Deutschlands bis 1848. Neuwied, Berlin.

Schöne, Albrecht [Hrsg.] (1976): Stadt – Schule – Universität – Buchwesen und die deutsche Literatur im 17. Jahrhundert. Vorlagen und Diskussionen eines Barock-Symposions der Deutschen Forschungsgemeinschaft 1974 in Wolfenbüttel. München.

Schottenloher, Karl (1985): Flugblatt und Zeitung. Ein Wegweiser durch das gedruckte Tagesschrifttum. Mit 73 Text-Abbildungen und XV Tafeln. Berlin 1922. Neu hrsg., eingeleitet und ergänzt von Johannes Binkowksi. München.

Schreiber, Ilse [Hrsg.] (1980): Ich war wohl klug, daß ich Dich fand. Heinrich Christian Boies Briefwechsel mit Luise Mejer 1777-1785. Mit einem Nachwort von Joachim Kaiser. Nachdruck der 2., durchgesehenen und erweiterten Auflage 1963. München.

Schröder, Thomas (1995): Die ersten Zeitungen. Textgestaltung und Nachrichtenauswahl. Tübingen.

Schubart, Christian Friedrich Daniel (1984): Briefe. Mit acht zeitgenössischen Illustrationen. Hrsg. von Ursula Wertheim und Hans Böhm. München.

Schultz, Hans (1888): Die Bestrebungen der Sprachgesellschaften des XVII. Jahrhunderts für Reinigung der deutschen Sprache. Göttingen. Fotomechanischer Neudruck Leipzig 1975.

Schwan, Christian Friedrich (1782-1784): Nouveau dictionnaire de la langue allemande et française. 2 Bände. Mannheim.

Schwitalla, Johannes (1983): Deutsche Flugschriften 1460-1525. Textsortengeschichtliche Studien. Tübingen.

Schwitalla, Johannes (1999): Flugschrift. Tübingen (Grundlagen der Medienkommunikation; 7).

Seckendorff, Veit Ludwig von (1737): Deutscher Fürsten=Staat. Samt des sel. Herrn Autoris Zugabe Sonderbarer und wichtiger Materien, Vor itzo aber Mit Fleiß verbessert, und mit dienlichen Anmerckungen samt dazu gehörigen Kupffern, Summarien und Register versehen, durch Andres Simson von Biechling. Die neueste [3.] Auflage. 1. Auflage 1656. Jena.

Sennett, Richard (1983): Verfall und Ende des öffentlichen Lebens. Die Tyrannei der Intimität. Aus dem Amerikanischen von Reinhard Kaiser. Frankfurt a.M.

Sevin, Dieter (1994): Textstrategien in DDR-Prosawerken zwischen Bau und Durchbruch der Berliner Mauer. Heidelberg.

Shaftesbury, Anthony Earl of (1723): Sensus communis. An Essay on the Freedom of Wit and Humour. 3. Auflage. O.O.

Sheehan, James J. (1983): Der deutsche Liberalismus. Von den Anfängen im 18. Jahrhundert bis zum Ersten Weltkrieg 1770-1914. Aus dem Englischen übersetzt von Karl Heinz Siber. München.

Sieyes, Emmanuel (1789): Was ist der dritte Stand? Deutsch von Otto Brandt. Berlin (Qu'est-ce que le tiers état. Paris 1789).

Sonnenfels, Joseph von (1765-1776): Grundsätze der Polizey, Handlung und Finanzwissenschaft. 3 Bände. Wien.

Sonnenfels, Joseph von (1817): Über öffentliche Sicherheit oder von der Sorgfalt, die Privatkräfte gegen die Kraft des Staats in einem untergeordneten Verhältnisse zu erhalten. Wien.

Sperander (d.i. Gladow, Friedrich) (1728): A la Mode-Sprach der Teutschen oder compendieuses Hand-Lexicon, in welchem die meisten aus fremden Sprachen entlehnte Wörter und gewöhnliche Redensarten ... klar und deutlich erkläret werden. Nürnberg.

Stern, Selma (1915/16): Ein Kampf um die Pressefreiheit in Braunschweig zur Zeit der französischen Revolution. In: Jahrbuch des Geschichtsvereins für das Herzogtum Braunschweig. 14. Jg., 18-76.

Stieler, Kaspar (1969): Zeitungs Lust und Nutz. Vollständiger Neudruck der Originalausgabe von 1695. Hrsg. von Gert Hagelweide. Bremen.

Stöber, Rudolf (1998): Die erfolgverführte Nation. Deutschlands öffentliche Stimmungen 1866 bis 1945. Stuttgart.

Stöber, Rudolf (2000): Deutsche Pressegeschichte. Einführung, Systematik, Glossar. Konstanz.

Stolleis, Michael (1988): Geschichte des öffentlichen Rechts in Deutschland. Erster Band: Reichspublizistik und Policeywissenschaft 1600-1800. München.

Storek, Henning (1972): Dirigierte Öffentlichkeit. Die Zeitung als Herrschaftsmittel in den Anfangsjahren der nationalsozialistischen Regierung. Opladen.

Stützel-Prüsener, Marlies (1981): Die deutschen Lesegesellschaften im Zeitalter der Aufklärung. In: Dann [Hrsg.] 1981, 71-86.

Stuke, Horst (1972): Aufklärung. In: Brunner, Otto; Conze, Werner; Koselleck, Reinhart [Hrsgg.]: Geschichtliche Grundbegriffe. Historisches Lexikon zur politisch-sozialen Sprache in Deutschland. Band 1. Stuttgart, 243-342.

[Stuve, Johann] (1793): Ueber Aufruhr und aufrührische Schriften. Braunschweig.

Stuve, Johann (1794/1982): Kleine Schriften gemeinnützigen Inhalts. Gesammelt und herausgegeben von Joachim Heinrich Campe. Braunschweig. Unveränderter Neudruck. Mit einer Einleitung von Hanno Schmitt. Vaduz.

Ter-Nedden, Gisbert (1988): Das Ende der Rhetorik und der Aufstieg der Publizistik. Ein Beitrag zur Mediengeschichte der Aufklärung. In: Kultur und Alltag. Hrsg. von Hans-Georg Soeffner. Göttingen, 171-190 (= Soziale Welt. Sonderband; 6).

Thimm, Caja [Hrsg.] (2000): Soziales im Netz. Sprache, Beziehungen und Kommunikationskulturen im Internet. Opladen, Wiesbaden.

Thomasius, Christian (1970): Deutsche Schriften. Ausgewählt und hrsg. von Peter von Düffel. Stuttgart.

Träger, Claus [Hrsg.] (1986): Wörterbuch der Literaturwissenschaft. Leipzig.

Totzauer, Birgit (1993): Luther und die öffentliche Meinung. Magisterarbeit Mainz.

Tschirch, Fritz (1975): Geschichte der deutschen Sprache. Zweiter Teil: Entwicklung und Wandlungen der deutschen Sprachgestalt vom Hochmittelalter bis zur Gegenwart. 2., verbesserte u. vermehrte Aufl. Berlin.

Turkle, Sherry (1998): Leben im Netz. Identität im Zeiten des Internets. Reinbek bei Hamburg.

Ukena, Peter (1977): Tagesschrifttum und Öffentlichkeit im 16. und 17. Jahrhundert in Deutschland. In: Presse und Geschichte. Beiträge zur historischen Kommunikationsforschung. Referate einer internationalen Fachkonferenz der Deutschen Forschungsgemeinschaft und der Deutschen Presseforschung/Universität Bremen. 5.-8. Oktober 1976 in Bremen. München, 35-53.

Ullmann, Stephen (1973): Semantik. Eine Einführung in die Bedeutungslehre. Deutsche Fassung von Susanne Koopmann. Frankfurt/M.

Ungern-Sternberg, Wolfgang von (1980): Leihbibliothek und Zensur im 18. und 19. Jahrhundert. In: Die Leihbibliothek als Institution des literarischen Lebens im 18. und 19. Jahrhundert. Organisationsformen, Bestände und Publikum. Hrsg. von Georg Jäger und Jörg Schönert. Hamburg, 255-310.

Ungern-Sternberg, Wolfgang von (1982a): Die Armut des Poeten. Zur Berufsproblematik des Dichters im frühen 18. Jahrhundert am Beispiel von Johann Christian Günther. In: Text + Kritik. Zeitschrift für Literatur. Hrsg. von Heinz Ludwig Arnold. Nr. 74/75: Johann Christian Günther, 85-109.

Ungern-Sternberg, Wolfgang von (1982b): G.E. Lessing: „Leben und leben lassen. Ein Projekt für Schriftsteller und Buchhändler". Datierungsproblem, buchhandelsgeschichtlicher Kontext, Interpretation. In: Buchhandel und Literatur. Festschrift für Herbert G. Göpfert zum 75. Geburtstag am 22. September 1982. Hrsg. von Reinhard Wittmann und Bertold Hack. Wiesbaden, 55-128.

Ungern-Sternberg, Wolfgang von (1988): Medien. In: Handbuch zur deutschen Bildungsgeschichte. Band III: Von der Neuordnung Deutschlands bis zur Gründung des Deutschen Reiches. Hrsg. von Karl-Ernst Jeismann und Peter Lundgreen. München, 379-416.

Valjavec, Fritz (1951): Die Entstehung der politischen Strömungen in Deutschland 1770-1850. München.

Vierhaus, Rudolf (1976): Deutschland im 18. Jahrhundert: soziales Gefüge, politische Verfassung, geistige Bewegung. In: Kopitzsch 1976a, 173-191.

Vierhaus, Rudolf [Hrsg.] (1980): Deutsche patriotische und gemeinnützige Gesellschaften. München (= Wolfenbütteler Forschungen; 8).

Vierhaus, Rudolf (1984): Deutschland im Zeitalter des Absolutismus (1648-1763). 2., durchgesehene und bibliographisch ergänzte Auflage. Göttingen (= Deutsche Geschichte; 6).

Vierhaus, Rudolf [Hrsg.] (1985): Wissenschaften im Zeitalter der Aufklärung. Aus Anlaß des 250jährigen Bestehens des Verlages Vandenhoeck & Ruprecht. Göttingen.

Vierhaus, Rudolf (1987): Deutschland im 18. Jahrhundert. Politische Verfassung, soziales Gefüge, geistige Bewegungen. Ausgewählte Aufsätze. Göttingen.

Vincke, Friedrich Frhr. von (1968): Denkschrift vom 3. August 1808 über die Zwecke und Mittel der preußischen Staatsverwaltung, welche dieselbe verfolgen, deren dieselbe sich bedienen dürfe. In: Das Reformministerium Stein. Akten zur Verfassungs- und Verwaltungsgeschichte aus den Jahren 1807/8. Hrsg. von Heinrich Scheel. Band 3. Berlin, 704-717.

Wartburg, Walter von; Bloch, Oscar (1928 ff.): Französisches Etymologisches Wörterbuch. Eine Darstellung des galloromanischen Sprachschatzes. 20 Bände. Bonn, Leipzig, Berlin.

Wehler, Ulrich (1987a): Deutsche Gesellschaftsgeschichte. Band I: Vom Feudalismus des Alten Reiches bis zur Defensiven Modernisierung der Reformära 1700-1815. München.

Wehler, Ulrich (1987b): Deutsche Gesellschaftsgeschichte. Band II: Von der Reformära bis zur industriellen und politischen „Deutschen Doppelrevolution" 1815-1845/49. München.

Wehler, Ulrich (1995): Deutsche Gesellschaftsgeschichte. Band III: Von der „Deutschen Doppelrevolution" bis zum Beginn des Ersten Weltkriegs 1849-1914. München.

Wehler, Ulrich (2003): Deutsche Gesellschaftsgeschichte. Band IV: Vom Beginn des Ersten Weltkriegs bis zur Gründung der beiden deutschen Staaten 1914 1949. München.

Weingarten, Rüdiger [Hrsg.] (1997): Sprachwandel durch Computer. Opladen.

Weithase, Ingrid (1961): Zur Geschichte der gesprochenen deutschen Sprache. 2 Bände. Tübingen.

Welcker, C[arl] Th[eodor] (1836): Censur als Sittengericht in alter und neuer Zeit. In: Staats-Lexikon oder Encyklopädie der Staatswissenschaften, in Verbindung mit vielen der angesehensten Publicisten Deutschlands hrsg. von Carl von Rotteck und Carl Welcker. Dritter Band. Altona, 317-366.

Welcker, C[arl] Th[eodor] (1841): Oeffentlichkeit; Oeffentlichkeit der Gesetzgebung, der Regierung, der Ständeverhandlung und der Verwaltung; Oeffentlichkeit des Civil- und Criminalprocesses. Oeffentliche Meinung und Zeitgeist und deren staatsrechtliche Theorie, Staatscontrole, System der öffentlichen und der Geheimregierung. In: Staats-Lexikon oder Encyklopädie der Staatswissenschaften, in Verbindung mit vielen der angesehensten Publicisten Deutschlands hrsg. von Carl von Rotteck und Carl Welcker. Zwölfter Band. Altona, 252-309 (2. Auflage unter dem Titel: Das Staats-Lexikon. Encyklopädie der sämmtlichen Staatswissenschaften für alle Stände. In Verbindung mit vielen der angesehensten Publicisten Deutschlands hrsg. von Carl von Rotteck und Carl Welcker. Neue durchaus verbesserte und vermehrte Auflage. Zehnter Band. Altona 1848, 246-282).

Welke, Martin (1976): Russland in der deutschen Publizistik des 17. Jahrhunderts (1613-1689). In: Forschungen zur osteuropäischen Geschichte. Band 23. Berlin, 105-276.

Welke, Martin (1977): Zeitung und Öffentlichkeit im 18. Jahrhundert. Betrachtungen über reichweite und Funktionen der periodischen deutschen Tagespublizistik. In: Presse und Geschichte. Beiträge zur historischen Kommunikationsforschung. Referate einer internationalen Fachkonferenz der Deutschen Forschungsgemeinschaft und der Deutschen Presseforschung/Universität Bremen. 5.-8. Oktober 1976 in Bremen. München, 71-99.

Welke, Martin (1981): Lektüre und frühe Formen von Gruppenbildungen im 17. und 18. Jahrhundert: Zeitungslesen in Deutschland. In: Dann [Hrsg.] 1981, 29-63.

Weller, Emil (1872): Die ersten deutschen Zeitungen. Mit einer Bibliographie (1505-1599). Stuttgart.

Wentzcke, Paul (1919): Geschichte der Deutschen Burschenschaft. Band 1: Vor- und Frühzeit bis zu den Karlsbader Beschlüssen. Heidelberg.

Werlen, Iwar (2002): Sprachliche Relativität. Eine problemorientierte Einführung. Tübingen, Basel.

Wichner, Ernest; Wiesner, Herbert [Hrsgg.] (1991): Zensur in der DDR. Geschichte, Praxis und ‚Ästhetik' der Behinderung von Literatur. Berlin.

Wichner, Ernest; Wiesner, Herbert [Hrsgg.] (1993): ‚Literaturentwicklungsprozesse'. Die Zensur der Literatur in der DDR. Frankfurt a.M.

Wieckenberg, Ernst-Peter [Hrsg.] (1988): Einladung ins 18. Jahrhundert. Ein Almanach aus dem Verlag C.H. Beck im 225. Jahr seines Bestehens. Mit 19 Erstdrucken von Texten aus der Goethezeit. München.

Wieland, Christoph Martin (1794-1805): Sämmtliche Werke. 44 Bände. Leipzig. Nachdruck in 12 Bänden Hamburg 1984.

Wieland, Christoph Martin (1799): Über die öffentliche Meinung. Gespräche unter vier Augen. IX. Gespräch (1798). In: Chr.M.W.: Sämmtliche Werke. Ein und dreyssigster Band. Leipzig, 304-346.

Wieland, Christoph Martin (1939): Deutscher Merkur. In: Chr. M. Wieland: Gesammelte Schriften. Hrsg. v.d. Königlich Preußischen (bzw. Deutschen) Akademie der Wissenschaften. Berlin. Band 21.

Wilke, Jürgen (2000): Grundzüge der Medien- und Kommunikationsgeschichte. Von den Anfängen bis ins 20. Jahrhundert. Köln, Weimar, Wien.

Winker, Klaus (1994): Fernsehen unterm Hakenkreuz. Organisation, Programm, Personal. Köln, Weimar, Wien.

Wohlfeil, Rainer (1982): Einführung in die Geschichte der deutschen Reformation. München.

Wohlfeil, Rainer (1984): ‚Reformatorische Öffentlichkeit'. In Grenzmann, Ludger; Stackmann, Karl [Hrsgg.] 1984, 41-52.

Wolf, Hans Jürgen (1992): Geschichte der Druckverfahren. Historische Grundlagen, Portraits, Technologie. Elchingen.

Wollenberg, Jörg [Hrsg.]: „Niemand war dabei und keiner hat's gewußt." Die deutsche Öffentlichkeit und die Judenverfolgung 1933-45. München, Zürich.

X. Schriftstellerkongreß der DDR (1988). Protokoll Arbeitsgruppen. Berlin, Weimar.

Zachariä, Karl Salomo [1820]: Vierzig Bücher vom Staate. Bd. 2, Tübingen.

Zachariä, Karl Salomo [1839]: Vierzig Bücher vom Staate. Bd. 3, 2. Aufl. Heidelberg.

[Zedler, Johann Heinrich] (1740): Grosses vollständiges Universal-Lexikon Aller Wissenschafften und Künste [...]. Fünf und Zwantzigster Band, O. Leipzig und Halle.

Zeising, Gert (1967): Die Bekämpfung unzüchtiger Gedankenäußerungen seit der Aufklärung. Marburg.

Ziegler, Edda (1983): Literarische Zensur in Deutschland 1819-1848. Materialien, Kommentare. München, Wien.

Zipser, Richard (1995): Dauer im Wechsel: Literaturzensur in der Deutschen Demokratischen Republik. In: Ders. [Hrsg.] (1995): Fragebogen: Zensur. Zur Literatur vor und nach dem Ende der DDR. Leipzig.

Zöllner, Johann Friedrich (1783): Ist es ratsam, das Ehebündnis nicht ferner durch die Religion zu sanciren? In: Berlinische Monatsschrift. Hrsg. von F. Gedike und J.E. Biester, Band 2, Dezember 1783, 508 ff.

Namenregister

Stolberg Stolberg, Christian Graf zu 149
Stolleis, Michael 32
Storek, Henning 239
Stuarts (britisches Königshaus) 267
Stützel-Prüsener, Marlies 188, 190
Stuve, Johann 198, 223

Teniers, David 172
Tentzel, Wilhelm Ernestus 137
Terenz 276
Thiessen, Sigrun 135
Thomas von Aquin 271
Thomasius, Christian 136 f., 141, 254
Totzauer, Birgit 116
Träger, Claus 239 f.
Trajan 201
Trapp, Ernst Christian 198, 200, 210, 223
Tucholsky, Kurt 153

Ukena, Peter 132
Ullmann, Stephen 23
Ungern-Sternberg, Wolfgang von 229 f.

Valjavec, Fritz 261
Vierhaus, Rudolf 294
Voß, Johann Heinrich 149

Walsdorf, Ariane 186
Watt, Ian 105 f.
Weber, Wilhelm 184
Wekhrlin (Weckherlin), Wilhelm Ludwig 294
Wehler, Ulrich 93, 152 f., 173-177, 182-185, 193 f., 237
Weise, Christian 33

Weithase, Ingrid 65
Welcker, Carl Theodor 56 f., 266
Welke, Martin 143, 187
Weller, Emil 121
Wentzcke, Paul 258, 287
Werlen, Ivar 83
Westerbarkey, Joachim 195, 278
Wette, Martin Leberecht de 288
Wichner, Ernest 240
Wieckenberg, Ernst-Peter 190
Wieland, Christopf Martin 184, 262, 264, 266
Wienbarg, Ludolf 227, 231
Wiesner, Herbert 240
Wilke, Jürgen 116, 150, 152, 154 f., 231, 233 f., 238
Wittmann, Reinhart 230
Wöllner, Johann Christoph von 220, 221
Wohlfeil, Rainer 116, 117
Wolf, Hans Jürgen 150
Wolf, Hieronymus 73
Wolff, Christian 184
Wolke, Christian Hinrich 40

Zachariä, Karl Salomo 57, 277
Zedler, Johann Heinrich 35
Zehrer, Hans 153
Zeising, Gert 217
Zeller, Bernhard 237
Ziegler, Edda 226, 230 f., 246
Zipser, Richard 240 f.
Zola, Emile 236
Zweig, Arnold 236

Sachregister